Martin Schongauer: Johannes Evangelista auf Patmos,
Kupferstich, Öffentliche Kunstsammlung Basel, Kupferstichkabinett

Hartmut Raguse

Psychoanalyse und biblische Interpretation

Eine Auseinandersetzung
mit Eugen Drewermanns
Auslegung der Johannes-Apokalypse

Verlag W. Kohlhammer
Stuttgart Berlin Köln

Die Deutsche Bibliothek – CIP-Einheitsaufnahme

Raguse, Hartmut:
Psychoanalyse und biblische Interpretation :
eine Auseinandersetzung mit Eugen Drewermanns
Auslegung der Johannes-Apokalypse / Hartmut Raguse. –
Stuttgart ; Berlin ; Köln : Kohlhammer, 1993
   ISBN 3-17-012342-4

Alle Rechte vorbehalten
© 1993 W. Kohlhammer GmbH
Stuttgart Berlin Köln
Verlagsort: Stuttgart
Umschlag: Studio 23
Gesamtherstellung:
W. Kohlhammer Druckerei GmbH + Co. Stuttgart
Printed in Germany

Inhalt

Vorwort *(Ekkehard W. Stegemann)* 11

0. Einführung 13

1. Eugen Drewermanns tiefenpsychologische Hermeneutik 18

1.1 Einleitung 18
1.2 Archetypisches Verstehen 18
1.3 Regeln der Interpretation 18
1.4 Der Gebrauch der Gefühle 28
1.5 Übertragung und Gegenübertragung 31

2. Übertragung und Gegenübertragung als Grundlage des
   psychoanalytischen Prozesses 33

2.1 Aufgabenstellung 33
2.2 Übertragung 33
2.2.1 Die Anfänge bei Freud 33
2.2.2 Sandor Ferenczi und Otto Rank 39
2.2.3 James Strachey 41
2.2.4 Melanie Klein 45
2.2.5 Fritz Morgenthaler 47
2.2.6 Alfred Lorenzer 49
2.3 Gegenübertragung 50
2.3.1 Die Anfänge bei Freud 50
2.3.2 Paula Heimann 52
2.3.3 Heinrich Racker 52
2.3.4 Projektive Identifizierung 54
2.3.5 Szenisches Verstehen bei A. Lorenzer 56
2.3.6 Gegenübertragung in der Schule Jungs 57
2.4 Übertragung/Gegenübertragung und außeranalytische
    Informationen 58
2.5 Zusammenfassung 59

3. Psychoanalytische Interpretation von biblischen Texten –
   Versuch einer systematisierenden Übersicht 61

3.1 Einleitung 61
3.2 Systematische Übersicht 62
3.2.1 Exopoetische Interpretationen 62
3.2.1.1 Der Autor als Interpretationsebene 62

3.2.1.1.1	Autorinterpretation	63
3.2.1.1.2	Pathographie	66
3.2.1.2	Ereignisorientierte Interpretationen	66
3.2.1.3	Kultur- und religionsgeschichtliche Analyse	68
3.2.2	Endopoetische Interpretationen	69
3.2.2.1	Der Text als Text	69
3.2.2.2	Die Leserrezeption als Ausgangspunkt	71
3.2.2.2.1	Rezeptionspathographie	73
3.2.2.3	Der implizite Autor als Ebene der Interpretation	74
3.2.2.4	Mythographische Interpretation	75
3.2.3	Psychoanalytische Interpretation von Textelementen	78
3.2.3.1	Symboldeutungen	78
3.2.3.2	Der „enzyklopädische" Gebrauch der Psychoanalyse	79
3.2.3.2.1	Deutung von Begriffen und Vorstellungen	80
3.2.3.2.2	Figurenanalyse	81
3.2.3.3	Psychoanalyse als Mittel der Deutung von in Texten enthaltener Theologie	84
3.2.3.4	Psychoanalytische Interpretation als klinisches Beispiel	84

4. Lesen und klinische Psychoanalyse als dialogische Situationen ... 87

4.1	Einleitung: Ist psychoanalytisches Lesen möglich?	87
4.2	Autorinstanzen	89
4.2.1	Der historische Autor oder die historische Autorin	90
4.2.2	Der implizite Autor	91
4.2.3	Der Erzähler	92
4.2.4	Der Beobachter	94
4.2.4.1	Beobachter und Erzähler in der Apokalypse	94
4.2.5	Die Hierarchie der Autorinstanzen	95
4.3	Leserinstanzen	97
4.3.1	Der historische Leser oder die historische Leserin	97
4.3.2	Der implizite Leser	98
4.3.2.1	Aktives und passives Lesen	100
4.3.2.2	Der implizite Leser und das second self des Lesers	102
4.3.3	Der fiktive Leser und der narrataire	103
4.3.4	Der Leser als Beobachter	106
4.4	Fiktion und Realität in der psychoanalytischen Situation	107
4.4.1	Die analytische als eine fiktive Situation	107
4.4.2	Das Konzept der Ich-Spaltung	108
4.4.3	Die analytische Arbeitsbeziehung	109
4.5	Arbeitsbeziehung in der analytischen Situation und beim Lesen: Gemeinsamkeiten	110
4.5.1	Unterscheidung von Fiktion und konventioneller Realität	110
4.5.2	Das Erfordernis eines minimalen gemeinsamen Codes	113
4.5.3	Die Sprache der psychoanalytischen Situation	114
4.5.3.1	Linguistische Eigenschaften der „freien Assoziation"	116
4.5.3.1.1	Semantik	116
4.5.3.1.2	Syntaktik	117
4.5.3.1.3	Pragmatik	117
4.5.3.1.4	Sigmatik	118
4.5.4	Vorläufige Zusammenfassung: Die Parallelität von analytischer und Lesesituation und die Möglichkeit psychoanalytischer Textinterpretation	118

4.6	Die Ebene der psychoanalytischen und der literaturwissenschaftlichen Interpretation	119
4.7	Fiktion und Realität	122
4.7.1	Literaturwissenschaftliche Unterscheidungen	123
4.7.2	Realität, Fiktion und „potential space"	124
4.7.3	Drewermanns Beziehung zum Text	128

5. Drewermanns Interpretation der Apokalypse ... 130

5.1	Einleitung	130
5.2	Eschatologie	130
5.3	Apokalyptik	132
5.4	Die Apokalypse des Johannes	134
5.4.1	Einzelauslegungen von Texten der Apokalypse	136
5.5	Drewermanns Auseinandersetzung mit Lohfink und Pesch um die Interpretation der Apokalypse	139

6. Psychoanalytische Interpretationen von Texten der Apokalypse ... 143

6.1	Explizite Leserlenkung in der Apokalypse	143
6.1.1	Einführung	143
6.1.2	Auseinandersetzung mit Drewermann	143
6.1.3	Der Briefcharakter der Apokalypse und die Frage der Textpragmatik	143
6.1.3.1	Die Leserlenkung in Apk. 1,1-8	144
6.1.3.2	Apk. 1,9	145
6.1.3.3	Die Leserlenkung in den Sendschreiben	145
6.1.3.4	Leserlenkung durch den Gesamtaufbau des Textes	148
6.1.3.5	Leserlenkung durch Makarismen und eingestreute Worte	151
6.1.3.6	Leserlenkung im Buchschluß	152
6.1.4	Versuch einer ersten Interpretation der Leserlenkung	153
6.1.5	Leserlenkung als Übertragung – Versuch einer psychoanalytischen Interpretation	154
6.2	Drewermanns Auslegung der Vision von den sieben Posaunen	158
6.3	Depressive Position und Ödipus-Komplex – zur Wirkungsgeschichte von Apk. 12	163
6.3.1	Einleitung	163
6.3.2	H. R. Jauß, H. Bloom und die Rezeptionsgeschichte	164
6.3.3	Die Rolle der Psychoanalyse in der Interpretation der Wirkungsgeschichte eines Textes	165
6.3.4	Paranoid-schizoide und depressive Position und der Ödipus-Komplex	165
6.3.5	Zur Auslegung des 12. Kapitels der Apokalypse	167
6.3.6	Beispiele für die Wirkungsgeschichte des Textes	172
6.3.6.1	Es erhub sich ein Streit...	172
6.3.6.2	Michael – ein deutsches Schicksal	173
6.3.6.3	Antwort auf Hiob	175
6.3.6.4	Der Stumme	176
6.3.7	Rückblick	181
6.4	Das himmlische Jerusalem	182
6.4.1	Drewermanns Interpretation	182
6.4.2	Exegetische Vorbemerkungen	183

6.4.3	Psychoanalytische Deutungsansätze	186
6.4.3.1	Béla Grunberger	186
6.4.3.2	Janine Chasseguet-Smirgel	191
6.4.3.2.1	Perversion	191
6.4.3.2.2	Das Ichideal	194
6.4.3.2.3	Die archaische Matrix des Ödipus-Komplexes	195
6.4.4	Psychoanalytische Interpretationen des Textes vom himmlischen Jerusalem im Kontext der Apokalypse	198
6.4.4.1	Rückblick auf die Textpragmatik	198
6.4.4.2	Reinheit	198
6.4.4.3	Das himmlische Jerusalem	199
6.4.4.3.1	Die Geschlossenheit und Ebenmäßigkeit der Stadt	199
6.4.4.3.2	Die Transparenz der Stadt und der Mauer	200
6.4.4.3.3	Die Zugänglichkeit der Stadt	200
6.4.4.3.4	Der Strom von Lebenswasser und das Holz des Lebens	201
6.4.4.3.5	Die Entdifferenzierung	202
6.4.4.3.6	Die Hochzeit des Lammes	203
6.4.4.3.7	Die Einheit der apokalyptischen Welt	206

7.	Psychoanalytische Textinterpretation – eine systematisierende Übersicht	210
7.1	Einführung	210
7.2	Erstes und zweites Verständnis	210
7.2.1	Klaus Weimar	210
7.2.2	Norman N. Holland: Die Selbst-Findung des Lesers im Text	212
7.2.3	David Bleich und Stanley Fish als Kritiker Hollands	213
7.2.4	Eine psychoanalytische Reflexion über Hollands Interpretationstheorie	215
7.3	Der historische Hintergrund des Textes	221
7.3.1	Carl Pietzckers Gegenübertragungsanalyse – ein Weg zum Kunstwerk und zum Autor	221
7.3.2	Alfred Lorenzers „Kulturanalyse" und der historische Ort der Apokalypse	224
7.3.3	Die Apokalypse in ihrem historischen Umfeld – einige kulturanalytische Reflexionen	226
7.3.3.1	Das Problem	226
7.3.3.2	Das gesellschaftliche Umfeld der Apokalypse	227
7.4	Psychoanalytische Textinterpretation als Isotopiebildung	231
7.4.1	Rückblick	231
7.4.2	Ist ein psychoanalytischer Textsinn im Text vorhanden?	232
7.4.2.1	Origenes und Freud	233
7.4.3	Eco: Der mehrfache Schriftsinn als Isotopiebildung	234
7.4.3.1	Der Begriff der Isotopie nach Greimas	235
7.4.3.2	Der Topic als pragmatisches Instrument der Isotopiebildung	237
7.4.4	Isotopiebildung	239
7.4.4.1	Elementare Semanalyse	239
7.4.4.2	Das kulturelle Raster	240
7.4.4.3	Das Konzept der Sem-Übertragung	240
7.4.5	Die psychoanalytische Interpretation des himmlischen Jerusalem als Isotopiebildung	242
7.4.6	Erstes und zweites Verständnis, dyadische und triadische Interpretation	243
7.4.7	Die Objektivität der psychoanalytischen Interpretation	245
7.4.8	Zusammenfassung	248

8. Nachwort: Rückblick auf Drewermann 251

Bibliographie 256

Namenregister 269

Vorwort

Können Text und Leser wie Analysand und Analytiker in Beziehung treten? Ist also eine psychoanalytische Art des Lesens möglich? Hartmut Raguses Buch bejaht diese Fragen, indem es bei aller Rücksicht auf die Unterschiede die substantielle Parallelität zwischen psychoanalytischer und literarischer bzw. biblischer Hermeneutik aufzeigt. Eine psychoanalytische Interpretation biblischer oder überhaupt literarischer Texte muß allerdings nach Raguse in Theorie und Praxis dem Kern des psychoanalytischen Verfahrens, also dem Prozeß von Übertragung und Gegenübertragung, gerecht werden. Diesem Anspruch genügen aber zum Beispiel all diejenigen Versuche psychoanalytischer oder tiefenpsychologischer Auslegung nicht, die meinen, man könne den Text ohne weiteres als Reflex außertextlicher Phänomene, also etwa als Zeugnis über den Autor und dessen Psyche, lesen. Doch eignen Texte selbst gewisse personale Züge, wie zumal die neueren literaturwissenschaftlichen Überlegungen zu den "Textpersonen" (Autor- und Leserinstanzen) gezeigt haben, so kann psychoanalytisches Interpretieren in der Tat bei der Pragmatik eines Textes, bei seiner Leserlenkung, ansetzen.

Texte sind Handlungen, sehen Leser als "jemand" an; und Leser reagieren darauf, ob ihnen das bewußt ist oder nicht. Hier haben wir also der Übertragung und der Gegenübertragung Vergleichbares. Und dieses wird uns von Raguse lehrreich und überzeugend an der Johannesapokalypse verdeutlicht, an einem Text also, der mit höchst eindringlichen Bildern auf seine Leserinnen und Leser einzuwirken versucht und dessen Rezeptionsgeschichte zeigt, wie auf diese "Übertragungen" immer wieder in identifizierender oder abwehrender Weise reagiert wurde.

Die vorliegende Untersuchung gehört nach meinem Urteil zum Besten, was gegenwärtig im Zusammenhang der Diskussion über psychoanalytische Interpretation des Neuen Testaments bzw. biblischer Texte und psychoanalytischen Lesens überhaupt vorhanden ist. Sie verbindet in souveräner Weise psychoanalytische und literaturwissenschaftliche Theoriebildung mit theologischer Hermeneutik und exegetischer Forschung, und zwar immer auf ganz hohem Niveau, aber gleichwohl auch für Leser und Leserinnen verständlich, die sich in den fachwissenschaftlichen Einzeldiskursen nicht auskennen. Raguse gelingt, soweit ich es beurteilen kann, eine Fundierung psychoanalytischer Textinterpretation, die komplexe textwissenschaftliche Reflexionen ebenso ernst nimmt wie die verschiedenen psychoanalytischen Theoriemodelle. Deren Recht und Kreativität wird durch die Anwendung auf die Johannesapokalypse unter Beweis gestellt. Raguse würdigt dabei sowohl die literarische Qualität wie die historische Situation dieses Buches. Aber er verhilft darüberhinaus zu einer Einsicht, die die Problematik dieser Schrift aus psychoanalytischer Perspektive erhellt.

Basel, im Oktober 1992   Ekkehard W. Stegemann

0. Einführung

Diese Arbeit ist ein Versuch, Gedanken auszuarbeiten und zu systematisieren, die mich schon seit längerer Zeit begleiten. Eine erste Anregung, über die hermeneutischen Probleme der Anwendung von Psychoanalyse auf biblische Texte nicht nur nachzudenken, sondern auch etwas darüber aufzuschreiben, gab mir eine Einladung von Professor Dr. Wenzel Lohff ins Studienseminar der VELKD nach Pullach. Ich habe schon in diesem Vortrag, der 1985 in "Wege zum Menschen" erschien, betont, daß die psychoanalytische Textdeutung kein neuer "Schriftsinn", sondern ein theorieabhängiges Konstrukt sei. Aber erst wenig später wurde mir anläßlich der Lektüre von Klaus Weimars "Enzyklopädie der Literaturwissenschaft", einem der für mich wichtigsten Bücher der letzten Jahre, blitzartig die Möglichkeit klar, die Beziehung Erzähler - Leser als übertragungsähnliche Beziehung zu deuten und damit die Möglichkeit einer psychoanalytischen Textdeutung zu eröffnen, die den Ansprüchen der psychoanalytischen Theorie klinischer Technik entspricht. In einem kleinen Aufsatz an einem versteckten Ort habe ich 1986 diesen Gedanken erstmals veröffentlicht.

Es brauchte aber für mich noch einen neuen Anstoß von außen, um die Arbeit wieder aufzunehmen. Im Wintersemester 1988/1989 boten die Professoren Dr. Christoph Müller und Dr. Ekkehard Stegemann ein Seminar über Eugen Drewermanns Buch "Tiefenpsychologie und Exegese" an. Ich hatte Drewermann bis dahin nicht gelesen und nahm die Gelegenheit des Seminars dankbar an, um das Versäumte nachzuholen. In einem längeren Referat, in dem ich eine psychoanalytische Kritik Drewermanns versuchte, zeigte ich auf, wie Drewermann am Erzähler vorbei die Ereignisse des Textes unmittelbar zu interpretieren versucht und sich damit mehr zum Rivalen als zum Interpreten des Textes macht. Wichtiger noch als dieses war mir aber eine zweite Einsicht. Mir fiel auf, mit welcher Aggressivität er seine Deutung der Apokalypse als eines integrativen Prozesses gegen seine Gegner Lohfink und Pesch verteidigte. War das nicht viel *mehr* als ein normaler Gelehrtenstreit, sondern eher eine Art "Agieren" mit dem Text, sogar etwas wie seine "Inszenierung"? Mir kam zum ersten Male die Idee einer Interpretation der Wirkungsgeschichte eines Textes, um von dorther zu einer psychoanalytischen Interpretation zu gelangen. Da ich bis zum damaligen Zeitpunkt mich mit der Apokalypse nie ausführlicher beschäftigt hatte, zugleich aber den Eindruck bekam, daß Drewermann sie mit seiner Interpretation verfehlte, begann ich, den Text mit zunehmender Faszination zu lesen. Das ist bis zum heutigen Tag so geblieben, obwohl ich sagen muß, daß ich meine eigene Theologie *nicht* in ihr finde. Aber Faszination rührt von anderen Schichten her.

Aus dieser Entstehungsgeschichte der Arbeit rührt die Verbindung einer Kritik an Drewermann (und den meisten anderen Versuchen psychoanalytischer Textauslegung) mit dem Versuch, einzelne Texte aus der Apokalypse psychoanalytisch zu verstehen.

Aber meine Apokalypsen-Exegesen sind mir selber in dieser Arbeit nicht das wichtigste, sondern vor allem mein Versuch, für die psychoanalytische Textinterpretation die gleichen Maßstäbe anzulegen, wie ich sie für die klinische Arbeit in meiner freudianischen psychoanalytischen Ausbildung erlernt hatte. Daß Texte und Analysanden etwas Verschiedenes sind, ist mir dabei zwar immer klar geblieben, aber daß die Psychoanalyse auch bei einer anderen Aufgabe *dieselbe* bleiben muß, davon wollte ich mit größtmöglicher Konsequenz nicht abweichen. Mir will nicht einleuchten, daß jene reflektierte Interpretationstechnik, die von allen Analytikern so hoch gehalten wird, beim Umgang mit Texten überhaupt nicht gelten soll. Von daher rührt auch meine Kritik an fast allen Versuchen psychoanalytischer Textinterpretation, ob an biblischen oder an literarischen Texten.

Mein eigener Ansatz wurde mir vor allem dadurch ermöglicht, daß ich bald nach 1980 das Werk von Roy Schafer kennenlernte. Zwar konnte ich mich mit seiner "neuen Sprache für die Psychoanalyse" nicht recht befreunden, aber er vermittelte mir die ersten Berührungen mit der angelsächsischen Literaturwissenschaft. Namen wie Wayne Booth, Frank Kermode, Northrop Frye, Stanley Fish lernte ich bei Schafer kennen. Erst später öffnete sich mir auch die deutschsprachige Literaturwissenschaft. Besonders wichtig wurde für mich im Jahre 1989 das Oberseminar bei Professor Dr. Karl Pestalozzi über Umberto Ecos "Lector in fabula". Die Einflüsse dieses Seminars sind allenthalben in meinem Text festzustellen. Auch spätere Anregungen aus seinen Oberseminaren sind noch in die Arbeit eingegangen, vor allem Harold Bloom und auch schon ein wenig Gérard Genette aus dem laufenden Wintersemester 91/92. Ohne die Anregungen und Ermutigungen von Professor Pestalozzi hätte ich mich kaum getraut, die Hauptargumentation dieser Arbeit in einem Gebiet zu suchen, das ich leider nicht studiert habe. Er ermöglichte es mir auch, in seinem Seminar meinen Vortrag vom Mitteleuropäischen Psychoanalytischen Kongreß in Murten (1990) zu diskutieren.

In diesem Vortrag habe ich erstmals versucht, den Inhalt meiner Arbeit kurz zusammenzufassen und einem analytischen Fachpublikum vorzulegen. Eine Fortführung dieses Ansatzes, in diese Dissertation als Kapitel 6.3 aufgenommen, konnte ich an den Psychoanalytischen Seminaren in Zürich, Bern und München, sowie an der Theologischen Fakultät in Bern vortragen. Allen Einladenden und Diskutierenden sei hier gedankt.

Die Professoren Chr. Müller und E. Stegemann haben während des Schreibens immer wieder einzelne Teile gelesen und mir neben Kritik auch das Gefühl vermittelt, daß ich auf einer sinnvollen Spur bin. Ihnen sei hier gedankt und ebenso Betty, meiner Frau, die als Psychoanalytikerin viel mehr Erfahrung hat als ich, die mich vor allem auch zum Lesen von Belletristik angeregt hat und mit der ich immer wieder einzelne fachliche Fragen diskutieren konnte.

Vielleicht ist es den Leserinnen und Lesern eine Hilfe, schon am Anfang eine gewisse Übersicht über den Gedankengang zu erhalten. Hier ist sie, und ich verbinde sie zugleich mit einigen "Ratschlägen" zum Lesen oder Nicht-Lesen.

Im ersten Kapitel referiere ich möglichst nüchtern Drewermanns Hermeneutik. Zugleich aber versuche ich, auf einige kritische Punkte hinzuweisen und den Standard herauszuarbeiten, den er sich mit seinem psychoanalytischen Anspruch setzt: er verspricht eine vom Gefühl ausgehende Interpretation im Rahmen einer Übertragungs- und Gegenübertragungsbeziehung.

Im zweiten Kapitel versuche ich diesen Maßstab historisch und systematisch herauszuarbeiten. Ich bleibe dabei im Rahmen der "klassischen" Freudschen Theorie. Kundige Leser werden allerdings merken, wie stark ich von Melanie Klein, Roy Schafer und Alfred Lorenzer beeinflußt bin.

Im dritten Kapitel gebe ich einen systematischen, wenn auch nicht vollständigen Überblick über verschiedene Versuche psychoanalytischer Interpretation biblischer Texte. Das ist ein recht kritisches Kapitel.

Für mich selber ist das vierte Kapitel zentral. Ich versuche hier, die psychoanalytischen Begriffe der "analytischen Situation" und "Übertragung und Gegenübertragung" mit literaturwissenschaftlichen Begriffen so zu interpretieren, daß sie für die Textinterpretation handhabbar werden.

Im fünften Kapitel leite ich zur Arbeit an der Apokalypse des Johannes über und fasse Drewermanns Interpretation und seine Auseinandersetzung mit Lohfink und Pesch zusammen.

Das sechste Kapitel ist der Versuch, vier Interpretationen zu Texten aus der Apokalyse unter verschiedenen Gesichtspunkten anzubieten. Die Sendschreiben, die Makarismen und das Schlußkapitel deute ich vorwiegend unter textpragmatischem Gesichtspunkt, meine Interpretation der Vision der 7 Posaunen ist vor allem eine Exegese der Exegese Drewermanns, zum 12. Kapitel bringe ich einige Beispiele aus der direkten und indirekten Wirkungsgeschichte, und schließlich setze ich mich in meinen Überlegungen zum "himmlischen Jerusalem" speziell mit Béla Grunberger und Janine Chasseguet-Smirgel auseinander. Mein Vorgehen in diesem Kapitel ist vor allem ein wirkungsgeschichtliches, ich interpretiere Interpretationen und nähere mich dabei einem Verfahren an, das der psychoanalytischen Supervision ähnelt.

Im siebten Kapitel versuche ich, meine verschiedenen Überlegungen zur psychoanalytischen Textinterpretation zu systematisieren und durch einige Gedanken vor allem aus der Semiotik zu erweitern. Mit der Beschreibung psychoanalytischer Deutung als einer Isotopiebildung aufgrund eines pragmatisch gefundenen Topic nähere ich mich zugleich praktisch-methodischen Ausführungen, die an sich nicht das Ziel meiner Arbeit sind.

Im achten Kapitel halte ich eine kurze Rückschau auf den Ausgangspunkt meiner Argumentation, auf Eugen Drewermann.

Der interdisziplinäre Anspruch meiner Arbeit hat mehrere Nachteile. Erstens wird es sowohl für Psychoanalytiker wie Theologen wie Literaturwissenschaftler immer wieder Abschnitte geben, die ihnen recht fremd sind. Daneben werden sie aber auch Kapitel finden, deren Inhalt ihnen ganz vertraut ist, und in denen es ihnen leicht fallen wird, mir Fehler nachzuweisen. Das ist bereits der zweite Nachteil, und der dritte ist, daß ich ständig mit einer Überfülle von ganz verschiedener Literatur zu kämpfen hatte, die teils meine Arbeit entscheidend förderte, teils aber auch sie zu ersticken drohte. Fachleute werden in allen drei Bereichen zahlreiche fehlende Titel suchen und nicht finden. Der Vorteil meines Vorgehens scheint mir zu sein, überhaupt einmal drei scheinbar so unterschiedliche Gebiete zusammen zu bringen, was in dieser Form kaum Vorbilder haben dürfte. Für mich jedenfalls war es überaus gewinnbringend, während der letzten vier Jahre ständig theologische, psychoanalytische und literaturwissen-

schaftliche Literatur parallel zu lesen. Nicht zuletzt meine Identität als Psychoanalytiker wurde dadurch wesentlich beeinflußt.
Wer sich für Drewermann nicht interessiert, kann die Kapitel 1 und 5 fortlassen, Analytiker werden vermutlich im 2. Kapitel nicht viel Neues finden. Die Kapitel 4, 6 und 7 sind es, die das Zentrum meiner Argumentation darstellen.
Wer meine Arbeit ganz gelesen hat, wird sich vielleicht fragen, ob eine Auseinandersetzung mit Drewermann für dieses Buch unumgänglich war. Materiell gesehen vermutlich nicht, aber mir sind erst durch ihn wesentliche Punkte klar geworden. Drewermann behauptet, eine tiefenpsychologische Deutung zu liefern, die die Gefühle in den Mittelpunkt stellt und die zugleich zu ewigen Wahrheiten im Text vorstößt. Aber die Gefühle, von denen er spricht, sind meistens die der anderen, der Personen im Text, und wenn er von eigenen spricht, so sind es oft ärgerliche, die er zum Anlaß nimmt, so lange zu interpretieren, bis das Ärgernis verschwunden ist. Seine Deutungen gehen immer auf, und damit bleibt die Wahrheit der Bibel, so, wie er sie sieht, erhalten. Mit der Forderung, daß diese Wahrheit zugleich auch ewig sein soll, bürdet er der Tiefenpsychologie oder Psychoanalyse eine Last auf, die sie weder tragen kann noch soll, ohne ihre Stärke zu verlieren, gerade das Unverrechenbare, Individuelle gegen alles andere zu erhalten.
Ich bin Drewermann dankbar für die Möglichkeit, mich mit seinen kenntnisreichen und originellen Büchern auseinandersetzen zu können. Allerdings muß ich einschränkend sagen, daß ich nach ihrer Lektüre deutlicher denn vorher weiß, was Psychoanalyse nicht ist, und wie man Texte, wenn man sich auf die Psychoanalyse beruft, nicht auslegen sollte.
Gelegentlich habe ich mich gefragt, ob ich wohl Drewermann mit meiner Kritik schaden könnte, was ich durchaus nicht will. Ich glaube aber aus zweierlei Gründen nicht, daß hier eine Gefahr bestünde. Erstens denke ich, daß es nie falsch ist, sich mit einem Autor kritisch auseinanderzusetzen und ihn damit ernst zu nehmen - selbst dann, wenn das Ergebnis meiner Überlegungen eher negativ ist. Zweitens aber, und das scheint noch wichtiger zu sein, ist mein eigener psychoanalytischer Standpunkt so konsequent, daß er sich kaum zur Polemik seitens der katholischen Gegner Drewermanns eignen dürfte. Vielmehr: Wenn sich einer von diesen Kritikern meinen Standpunkt in der Kritik an Drewermann zu eigen machen würde, so hätte Drewermann selber einen großen Erfolg erzielt. Kirchliche Leser, die mein Buch als Waffe gegen Drewermann benutzen wollen, mögen sich darüber klar sein, worauf sie sich einlassen.
Ich habe mich immer bemüht, auch für einen nicht-analytischen Leserkreis verständlich zu schreiben, ohne die Ansprüche an die Argumentation herabzuschrauben. Einige Themen und Personen kommen im Laufe des Buches mehrfach vor: Melanie Klein und die depressive Position, Winnicott und der Übergangsraum, die Auseinandersetzung mit Norman Holland. Ich hoffe, daß die Wiederholungen weniger stören als das Verständnis fördern.
Einige neuere Bücher, die nach Fertigstellung meines Manuskriptes erschienen sind, habe ich nicht mehr berücksichtigt. Ich denke vor allem an Gerd Lüdemanns "Texte und Träume" sowie an Anton A. Buchers "Bibel-Psychologie". Ich möchte allerdings nicht verschweigen, daß ich Buchers Darstellung Freuds

und der Psychoanalyse in keiner Weise teile. Schwieriger allerdings war es für mich, dasjenige nicht mehr einzuarbeiten, was ich selber in den letzten Monaten hinzugelernt habe: die Dekonstruktion. Ich glaube nicht so sehr, daß meine Ergebnisse ganz anders wären, aber ich hätte einiges differenzierter und eleganter begründen können. Vor allem wurde mir auch klar, daß mein Grundgedanke, wie psychoanalytische Interpretation vorzugehen hätte, doch mehr Vorgänger - oder eher Vorgängerinnen - hat, als ich wußte. Ich verweise hier vor allem auf Arbeiten von Barbara Johnson (1978) und Shoshana Felman (1977). Der Gedanke der Interpretation von Textinterpretationen ist in der dekonstruktiven Literaturkritik geläufig.

Es hat sich eingebürgert, für viele Bezeichnungen von Personen die feminine und die maskuline Form nebeneinander zu gebrauchen. Dort, wo ich es sinnvoll fand, habe ich es getan. Aber bei dem zahlreichen Vorkommen von "Analytiker/Analysand" und "Autor/Erzähler/Leser" habe ich meistens darauf verzichtet, was mir um so leichter fiel, als es in der Regel dabei um Funktionen und nicht um Personen geht.

Eine kurze Erläuterung noch zum Frontispiz: Der Kupferstich von Schongauer illustriert zunächst einmal Kap. 6.3 meines Buches und soll etwas von der Anziehung des Textes der Apokalypse verbildlichen. Aber zugleich stellt das Bild auch den theoretischen Ansatz meiner Arbeit dar: Johannes ist der Repräsentant des Betrachters im Bild und zeigt damit, wie dieser die Erscheinung der Frau zu sehen habe. Und in ähnlicher Weise ist der Johannes im Text das Vorbild des Lesers der einzelnen Texte, und alles, was er schreibt, ist auch ein Mittel, ihn genau dazu zu zwingen. Schongauers Kupferstich ist die Darstellung derjenigen Rezeption, die auch der Text fordert.

Bei der Fertigstellung des endgültigen Manuskriptes habe ich einige Hilfe empfangen, für die ich herzlich danke. Dr. Niklaus Peter und Florian von Albertini haben mein ursprüngliches Schreibmaschinenmanuskript mit einem Scanner für die Weiterverarbeitung mit dem Computer eingelesen. Der erstgenannte und Nico Rubeli-Guthauser haben mir bei meinen ersten eigenen Schritten mit dem Computer erfolgreich geholfen und letzterer hat das endgültige Manuskript nicht nur gelesen, sondern auch nach Fehlern durchforscht und erstaunlich viele gefunden. Dem Kunstmuseum Basel sei für das Photo des Kupferstichs von M. Schongauer gedankt. Frau Siebert in Neuendettelsau richtete meinen Text präzise so weit ein, daß er dem Verlag als Druckvorlage dienen konnte.

1. Eugen Drewermanns tiefenpsychologische Hermeneutik

1.1 Einleitung

Es geht mir in der folgenden Darstellung der tiefenpsychologischen Hermeneutik von Eugen Drewermann nicht um eine umfassende Würdigung und Kritik seines umfangreichen Werkes[1]. Wie ich bereits in der Einführung ausgeführt habe, ist es das Hauptziel dieser Arbeit, anhand und teils auch gegen Drewermann zu zeigen, wie eine konsequent psychoanalytische Interpretation biblischer und auch literarischer Texte aussehen könnte und wie sie sich hermeneutisch begründen ließe. Ich werde mich bei meiner Darstellung zunächst vor allem auf sein zweibändiges Hauptwerk "Tiefenpsychologie und Exegese" berufen. Später, im Kapitel 5, wenn es um die Interpretation der Johannes-Apokalypse durch Drewermann geht, dann wird seine Kampfschrift "An ihren Früchten sollt ihr sie erkennen" speziell wichtig werden. Sein monumentales Frühwerk "Strukturen des Bösen" ziehe ich vor allem dort heran, wo ich den Eindruck habe, daß Drewermann in ihm einen abweichenden Standpunkt vertritt. Mir geht es zunächst vor allem um eine Herausarbeitung des Anspruches, den Drewermann an eine tiefenpsychologische Auslegung stellt. Die darin implizite Theologie soll zunächst ausgeklammert bleiben[2]. Allerdings nehme ich sie im letzten Kapitel noch kurz auf, wenn es um eine Würdigung von Drewermanns Ansatz geht, zumal es mir scheint, daß es gewisse Parallelen zwischen der Theologie der Apokalypse und der Drewermanns gibt. Wichtig ist es auch, sich darüber klar zu sein, daß Drewermann, im Gegensatz zu den meisten Autoren, die bisher über die Vermittlung von Psychoanalyse bzw. Tiefenpsychologie und biblischen Texten geschrieben haben und die wir im 3. Kapitel näher kennenlernen werden, vor allem ein theologisches Ziel hat. Für ihn ist die Psychoanalyse kein Mittel, um Autorenpersönlichkeiten, Leserreaktionen oder Textstrukturen zu analysieren, sondern ein Vehikel, um *seine* Form der Theologie herauszuarbeiten und zu begründen. Er argumentiert primär als Theologe, wenn er versucht, mit der Tiefenpsychologie, wie er sie versteht, auf ewige und göttliche Schichten in der menschlichen Seele zu stoßen, die von religiösen Texte angesprochen würden.

1.2 Archetypisches Verstehen

Zusammenfassend schreibt Drewermann: "Wieso, das wollten wir wissen, kann eine einzelne Begebenheit, die erzählt wird, in sich selbst, also nicht erst durch

---

[1] Ein erster, recht gelungener Versuch dazu ist die Dissertation von G. Fehrenbacher (1991). Der Autor vertritt zwar keinen eigenständigen psychoanalytischen Standpunkt gegenüber Drewermann, aber seinen klaren Nachzeichnungen der Gedanken Drewermanns verdanke ich einige Anregung. Wichtig zur Auseinandersetzung mit Drewermann sind noch die Kampfschrift von G. Lohfink und R. Pesch (1987) und die Sammelbände von A. Görres und W. Kasper (Hrsg.) (1988) und H. Meesmann (Hrsg.) (1990).

[2] Vgl. dazu G. Fehrenbacher (1991) S. 210-223. Im Gegensatz zu den meisten anderen Kritikern möchte ich mich möglichst lange auf die Frage nach der Anwendung der Psychoanalyse durch Drewermann beschränken.

ihre Wirkungsgeschichte oder durch die Gleichartigkeit der sozialhistorischen Bedingungen ihres Zustandekommens, eine Bedeutung besitzen, die zu allen Zeiten und Zonen gelten soll? ... So hat ein theologisches Anliegen ... sich zunächst zu einer tiefenpsychologischen Fragestellung entwickelt"[3].

Der zentrale Vorwurf, den Drewermann immer und immer wieder gegen die übliche historisch-kritische Wissenschaft richtet, ist, daß sie nur auf die Ebene der "'äußeren' Tatsachen" schaue. Damit aber sei "diese Form der 'Exegese' prinzipiell gottlos, sooft sie auch den Namen Gottes in ihrem Munde führen mag"[4]. Die historische Forschung frage immer nur nach einem: "Was in der Bibel an historischer Wirklichkeit in den einzelnen Überlieferungen und redaktionellen Zusammenfügungen zum Ausdruck kommt und welche historischen Bedingungen die jeweiligen Aussageabsichten geformt habe"[5]. Beides führt für Drewermann nicht in die "bleibende Bedeutung des Textes". Drewermann stellt hier zutreffend zwei Fragestellungen[6] der historisch-kritischen Forschung nebeneinander: die Benutzung von Texten als Quelle zur Rekonstruktion von Ereignissen, die im Text beschrieben oder angedeutet sind, und ihre Verwendung als literarisches Produkt, das, unabhängig von der Faktizität der beschriebenen Ereignisse[7] Träger eines Sinnes ist, von dem man bei der Auslegung vermutet, daß der Autor ihn intendierte. Beide Sichtweisen treffen sich darin, daß jeder Text, auch wenn er inhaltlich ausschließlich fiktiv ist, doch insofern auch eine historische Quelle ist, als er etwas über Meinungen eines Autors zu einer bestimmten Zeit in einer bestimmten Situation verrät. Beides aber genügt Drewermann nicht, denn das Historische ist relativ, und wenn die historisch-kritische Forschung ausschließlich herrscht, dann richtet sie sich "gegen jede Art ... von theologisch verbindlicher Erkenntnis"[8]. Aber diese Form von Wissenschaft zerstöre das Religiöse. Entscheidend müßte es dagegen sein, "dieses Ewig-Gültige, Überzeitliche *hinter* den Variationen und Modifizierungen durch die jeweiligen sozialen und kulturellen Faktoren selbst herauszuarbeiten"[9]. Man sollte deshalb vielmehr gerade die sozialen Faktoren vernachlässigen, um an das Wesentliche zu gelangen. Die entscheidende Frage ist, ob sich im Religiösen nur etwas Zufälliges ausdrücke, oder etwas, "das in seiner

---

3 Tiefenpsychologie und Exegese (abgekürzt im folgenden mit "T. u. E.") I 374/375.
4 T. u. E. I 12.
5 T. u. E. I 23. Wenn man heute P. Szondi (1975) auf Drewermann hin liest, speziell seine erste Vorlesung, in der er einen Überblick über die historische Entwicklung der Hermeneutik gibt, so kann man Drewermanns Fragestellung und Polemik schon in der alten Auseinandersetzung zwischen "Grammatikern" und "Allegorikern" wiederfinden.
6 Daß eine Lektüre unter historischem Aspekt vom Lesen unter literarischem Aspekt unterschieden werden muß, wird vor allem bei W. Egger (1987) deutlich. Eine grundlegende Diskussion des Problems weiterhin bei H.-G. Gadamer (1990[1960]) 340-346. Beide Arten der Lesung sind zwar historisch-kritisch, aber die eine (re)konstruiert extratextuelle Ereignisse, die andere einen intratextuellen Sinn. In der exegetischen Literatur wird diese Unterscheidung nicht immer klar durchgehalten.
7 Die existentiale Interpretation Bultmanns schließt einen radikalen Verzicht auf die Frage nach Faktizität der im Text beschriebenen Ereignisse ein, während Drewermann, der so oft die ewige innertextliche Wahrheit betont, in manchen Jesus-Geschichten doch wieder faktische Ereignisse sucht, nun aber als solche, die sich im Inneren Jesu abgespielt haben. In dieser Weise versteht Drewermann die Geschichte von der Verklärung Jesu: "Ohne ein Tabor-Erlebnis ist der Augenblick von Golgotha psychologisch kaum vorstellbar, und nur wer bis zum Himmel emporgestiegen ist, wird den Mut besitzen, in die Hölle hinabzusteigen" (T. u. E. II 349).
8 T. u. E. I 37.
9 T. u. E. I 50.

besonderen Gestalt im Menschen selbst grundgelegt" ist, *"anthropologische Konstanten"*[10], die von speziellen historischen Ereignissen zwar auf den Plan gerufen, nicht aber verursacht werden.

Diese Konstante, die geforderte "apriorische Typologie des Psychischen"[11] findet Drewermann in der Archetypenlehre von C. G. Jung[12]. Die Archetypen sind nicht etwas Individuelles, sondern Bestandteil einer "menschheitliche(n) *Kollektivpsyche*"[13]. Auch sind sie nicht sozial hervorgebracht und gehören nicht in den Bereich des Ich, des Bewußtseins. Erst mit dieser Annahme ist es möglich, das Vergangene, jenseits des geschichtlich Zufälligen, *"als Typos einer gegenwärtigen (unvergänglichen) Wahrheit"*[14] zu deuten. Drewermann räumt freilich ein, daß diese Methode zunächst nur allgemein menschlich sei, "aber für die Theologie ist sie unerläßlich, um auf dem Boden der Bibel die eigentlich religiöse Tiefenschicht wiederzuentdecken"[15]. Allerdings interpretiert Drewermann die Jungsche Archetypenlehre theologisch in einer Weise, daß sie als mehr als nur allgemein menschlich erscheint[16]. Zwar schreibt er einerseits, die Archetypen hätten sich "in ungeheuren Zeiträumen der Evolution geformt, und sie waren zunächst Gegebenheiten der äußeren Natur, ehe sie sich in der menschlichen Natur niederschlugen und nun im mythischen Denken als menschliche Symbole in die Natur reproduziert werden können"[17]. Aber auf der anderen Seite spricht er vom Menschen, der es wagt, sich denjenigen Bildern in der Psyche anzuvertrauen, "die von Natur aus in ihm angelegt sind und die unzweifelhaft von Gott stammen, wenn irgend der Schöpfungsgedanke von der Gottesebenbildlichkeit theologisch Sinn und Berechtigung besitzt"[18]. In diesen Bildern offenbart sich Gott zwar nicht direkt, aber man kann doch sagen, daß er die Seele so eingerichtet habe, "daß sie mit einem absoluten Vertrauensvorschuß in Form von bildhaften Urszenen der Hoffnung und Geborgenheit auf die Welt gekommen ist"[19]. Und an einer Stelle schreibt er sogar, "daß es nichts Kostbareres gibt, als die ewigen Träume Gottes im Herzen des Menschen, die gerade ihrer überzeitlichen Wahrheit wegen auch in die Bibel Eingang finden mußten und, Gott sei Dank, auch gefunden haben"[20]. Trotzdem aber bleibt für Drewermann die Tiefenpsychologie eine profane Wissenschaft, die nicht von Gott direkt, sondern von Vorstellungen von Gott spricht. Indem

---

10 T. u. E. I 53.
11 T. u. E. I 67. Drewermann bildet diese Formulierung im Anschluß an Dilthey.
12 Eine nüchterne und kompetente Darstellung dieser Theorie bei A. Samuels (1989) S. 58-109. Kritisch, aber wohl eher von einem Standpunkt außerhalb der Psychoanalyse, A. A. Bucher (1988) in Auseinandersetzung mit Drewermann.
13 T. u. E. I 67.
14 T. u. E. I 58.
15 T. u. E. I 58.
16 Deshalb distanziert sich Drewermann oft von Jung, deutlich z. B. im Polit-Forum-Interview in: H. Meesmann (Hrsg.) (1990) S. 39. Vgl. dazu G. Fehrenbacher (1991) S. 49-55.
17 T. u. E. I 139.
18 T. u. E. II 452. Diese Formulierung Drewermanns geht weit über Jungs Anschauungen hinaus. Für diesen sind die Archetypen vor allem unanschauliche Schemata, die der konkreten Erfahrung vorausgehen. Anschaulich werden sie nur als "archetypische Vorstellungen", und das sind Archetypen, die mit kulturell hervorgebrachtem Material bereits angereichert sind. Vgl. dazu A. Samuels (1989) S. 68. Daraus eine unzweifelhafte Schöpfung Gottes zu machen, ist eine unzweifelhafte Schöpfung Drewermanns. Zur Kritik an der Theologie der Bilder bei Drewermann vgl. Dieter Neuhaus (1987).
19 T. u. E. II 451.
20 T. u. E. II 21.

sie aber zeigt, daß diese Vorstellungen "nicht von außen durch die Einmaligkeit historischer Gegebenheiten vermittelt werden, sondern dem Menschen innerlich sind, vermag sie jenseits der historischen Kritik allererst die innere Wahrheit der religiösen Aussagen zu erschließen"[21]. Diese Formulierungen sind nicht eindeutig, anscheinend reicht für Drewermann die Tiefenpsychologie nur bis zu Vorstellungen, die sie aber als apriorische erweisen kann. Der Weg zur "inneren Wahrheit der religiösen Aussagen" ist von hier aus aber noch weiter, als es die Formulierung suggeriert. Erst eine theologische Interpretation der Archetypen, die genau das bereits voraussetzt, was sie zeigen soll, kann die seelischen Bilder zu etwas machen, was über das hinausgeht, was eine profane Interpretation nahelegt. Ein gewisse Bestätigung dafür, daß auch Drewermann diese Ansicht teilt, finden wir an einer anderen Stelle[22]. Hier distanziert sich Drewermann zunächst von der Bedeutung der "Masse" für die Religion und fährt dann fort: "*Wesentlich* aber ist der Glaube, den die Religion mitbringt: daß der Mensch nicht das Produkt biologischer Anlage, soziologischer Herkunft und psychologischer Prägung sei, sondern daß er als Person sich einzig Gott verdanke". Dieses scheint das religiöse Vorverständnis auszudrücken, von dem her allein die Tiefenpsychologie uns lehren kann, "das menschliche Leben wieder zu lesen wie ein Traumbuch Gottes vom Menschen, und sie sollte uns in den Stand setzen, das Leben des Einzelnen in seiner Einmaligkeit und Unableitbarkeit so nachzuträumen, daß seine Suche nach Gott, sein Verlangen nach Liebe, sein Bemühen um Größe und sein Streben nach Vollendung ihn selber als Dramaturgen seines eigenen Mythos, seines eigenen Märchens, seiner eigenen Sage und seiner eigenen Legende in Erscheinung treten läßt"[23].

Wenn es erst das theologische Vorverständnis ist, das es erlaubt, die Psyche des Menschen als Traumbuch Gottes zu lesen, dann ist auch die Tiefenpsychologie an sich nicht weniger gottlos als die geschmähte historisch-kritische Forschung. Der Unterschied zwischen Drewermanns Form der Tiefenpsychologie und der historischen Forschung wäre nur der, daß die erstere apriorische "ewige" Wahrheiten postuliert, die sich in und hinter der Geschichte manifestieren, während die andere genau auf diese Voraussetzung verzichtet. Ziel meiner eigenen Arbeit wird es sein zu zeigen, wie eine andere Form von "Tiefenpsychologie", nämlich die auf Freud zurückgehende Psychoanalyse[24] die Existenz von "Präkonzepten"[25] und vielleicht auch von bestimmten "Urphanta-

---

21 T. u. E. II 762.
22 T. u. E. II 782.
23 Für den aufmerksamen Leser Drewermanns ist dieser Satz eher überraschend. Wenn der Einzelne Dramaturg des göttlichen Traumes in ihm ist, warum polemisiert Drewermann dann so gegen die Erhebung der historischen Aussageabsicht eines Textes? Läge darin nicht die vermutete Dramaturgie des Einzelnen, eben des Autors, die den Leser anregen könnte, in gleicher Weise mit dem göttlichen Traum umzugehen? Ich komme am Schluß dieser Arbeit im 8. Kapitel darauf zurück, wenn ich etwas über die Verbindlichkeit biblischer Texte sagen werde.
24 Es hat sich eingebürgert, den Ausdruck "Psychoanalyse" ausschließlich für die in der Tradition Freuds stehende Richtung zu benutzen, während "Tiefenpsychologie" für die Jungsche Schule verwendet wird. Freud selber (1923a, S.227) benutzte beide Wörter, und sie implizieren keinerlei Wertung. Weder ist die Psychoanalyse analytischer noch auch die Tiefenpsychologie tiefer.
25 Die beste Diskussion der Theorie der Präkonzepte (angeborene, der Erfahrung vorausgehende Strukturen möglicher Wahrnehmung und Erkenntnis) und Urphantasien bei Th. H.

sien"[26] nicht ausschließt (ohne ihnen jedoch im geringsten das Prädikat "ewig" zuzugestehen), aber doch darauf verzichtet, in der Geschichte und in Geschichten überzeitliche Wahrheiten zu suchen und zu finden. Allerdings muß man dann die Hoffnung aufgeben, mit Hilfe von Tiefenpsychologie zu situationsunabhängigen Wahrheiten zu kommen. Aber wir werden sehen, daß es zum Zentrum einer psychoanalytischen Hermeneutik gehört, sprachliche Äußerungen nur als konkrete Akte des Sprechens zu verstehen und zu interpretieren, nicht aber als Träger von situationsunabhängigen ewigen Wahrheiten. Und was wir bei einer psychoanalytischen Interpretationen finden können, sind dann nicht die ewigen Träume Gottes im Menschen, sondern Schemata von Konfliktbewältigung in bestimmten konkreten Situationen, die von Lesern in ähnlichen oder auch in anderen Situationen rezipiert werden können. Der Wunsch nach ewigen Wahrheiten bestimmt in dieser Sicht nicht das Ziel einer psychoanalytischen Interpretation historischer Sachverhalte, sondern ist allenfalls einer der Gegenstände klinischer Interpretation.

Doch kehren wir nach diesem Ausblick zur Argumentation Drewermanns zurück. Wenn die Archetypen das Ewig-Gültige im Menschen sind, wo begegnet man ihnen am ehesten? Am wenigsten im Historisch-Zufälligen, sondern am meisten im Mythisch-Ewigen. In einer Auseinandersetzung mit Martin Dibelius[27] fordert Drewermann, gerade bei *der* biblischen Textgattung einzusetzen, die am weitesten von einem historischen Tatsachenbericht entfernt ist: beim Mythos, der für ihn ein kollektiver Traum ist, so wie er Träume umgekehrt als individuelle Mythen kennzeichnet. Der Mythos stelle "eine Art bildhafter *Theologie* dar, indem er eine Sinndeutung des Daseins vermittelt, die den Menschen in eine spannungsvoll-harmonische Wechselbeziehung zu Zeit und Raum ebenso wie zu Gesellschaft und Psyche setzt"[28]. Daher müsse man nicht auf die Übereinstimmung einer Erzählung mit der äußeren Wirklichkeit achten, "sondern ihren symbolischen Ausdrucksgehalt gemäß der inneren Wirklichkeit der menschlichen Psyche in den Mittelpunkt der Untersuchung ... stellen"[29]. Nicht die *Predigt* ist der eigentliche Ort des Religiösen, sondern das bildhaft-wortlose Erleben in den Tiefenschichten der menschlichen Psyche, der *Traum,* bildet den Ausgangspunkt zum Verständnis religiöser Überlieferung[30]. Wenn nun Mythos und Traum am ehesten das Ewige im Menschen symbolisieren, also den Archetypen am nächsten stehen, wie sind sie dann sachgemäß auszulegen? Sicherlich nicht nach Art der historisch-kritischen Methode. Aber gerade hier hebt Drewermann doch auch deren Verdienst hervor, in der formgeschichtlichen Schule das Erbe der Romantik aufgenommen zu haben, um den Blick "auf die unverstellten Quellen der Imagination"[31], auf die Zeugnisse reicher Volksüberlieferung zu richten. Aber die Wissenschaft habe dieses Erbe

---

Ogden (1990) S. 9-39. Ogden beruft sich dafür auf die Theorie des Spracherwerbs von Chomsky, ähnlich übrigens wie auch A. Samuels (1989) S. 85 für die Jungschen Archetypen. Der Verfasser verweist dabei auf die Nähe Jungs zu Bion und Klein (S. 88-93).
[26] Zu den Urphantasien bei Freud vgl. J. Laplanche u. J.-B. Pontalis (1973) II S. 573-576.
[27] T. u. E. I 78-92.
[28] T. u. E. I 138.
[29] T. u. E. I 99.
[30] Hiergegen vor allem protestiert R. Schnackenburg in: A. Görres und W. Kasper (Hrsg.) (1988) S. 47.
[31] T. u. E. I 72.

verfehlt, indem sie doch nur wieder historisch fragte. Wir können deutlich die Verwurzelung Drewermanns in der Romantik feststellen, der hier und sonst immer wieder gern die Begriffe "unverstellt" und "unverfälscht" benutzt. Ich werde darauf zurückkommen, wenn ich später in dieser Arbeit die der Apokalypse zugrundeliegenden Wunschphantasien vor einem psychoanalytischen Hintergrund diskutiere.

Die einzige sachgemäße Interpretation archetypischer Erzählungen, also vor allem von Mythen und Märchen, muß ihre Methodik von der tiefenpsychologischen Traumdeutung übernehmen. Diese aber ist für Drewermann weitgehend identisch mit der Methodik von C. G. Jung. Freuds Ansichten dazu tauchen in "Tiefenpsychologie und Exegese" nur gelegentlich im Hintergrund auf[32], und von der freudianischen Diskussion nach Freud ist Drewermann gar nicht beeinflußt[33].

1.3 Regeln der Interpretation

Es würde den Rahmen sprengen, Drewermanns Interpretationsregeln in allen Einzelheiten zu referieren. Statt dessen möchte ich versuchen, einerseits seinen Standpunkt kurz und möglichst neutral darzustellen, andererseits aber dürfte es für Leserinnen und Leser hilfreich sein, wenn ich jeweils gleich einige kritische Anmerkungen anfüge, die bereits auf die spätere Auseinandersetzung hinweisen.

Drewermann stellt die folgenden Interpretationsregeln auf[34]:

---

[32] Das ist anders in seiner Auslegung der jahwistischen Urgeschichte in "Strukturen des Bösen", wo sich Drewermann vor allem auf Freud beruft. Er gebraucht dafür allerdings eine sehr merkwürdige Begründung, die mir erst durch G. Fehrenbacher ganz deutlich wurde. In Band I S. XLIII/XLIV schreibt Drewermann, daß der Jahwist den Menschen der Urgeschichte als heillos in Sünde verstrickt schildere, "eine Einstellung, die, psychologisch ausgedrückt, einer "Neurose" gleichkommt und die wir daher am günstigsten so interpretieren, daß wir uns den klinischen Scharfsinn der Schule Freuds zueigen machen"(XLIV). Wo ist nach Drewermann hier die Neurose, im Autor oder in den von ihm geschilderten Verhältnissen? Wenn der Autor in neurotischer Weise die Welt schildert, dann stimmt Drewermanns Argument, aber dann verstehe ich nicht seine Hochschätzung für den Text. Wenn hingegen die Ereignisse in neurotischer Weise ablaufen, vom Autor aber nicht neurotisch, sondern realitätsangemessen geschildert werden, dann trägt Drewermanns Argument nicht. Entscheidend in der Analyse sind nicht die Ereignisse, sondern die spezifische Sicht *auf* die Ereignisse. Mir scheint eine derartige Inhaltsbezogenheit der Deutungstheorien sehr problematisch zu sein, weil sie Vorentscheidungen voraussetzt, die vielleicht erst das Ergebnis der Interpretation sein können. Ein guter Psychoanalytiker benutzt seine analytische Methodik, um allenfalls am Schluß eines jahrelangen Prozesses verstanden zu haben, worum es immer schon ging.

[33] Drewermann selber sagt in: H. Meesmann (Hrsg.) (1990): "Mein eigener Ort ist die Neo-Psychoanalyse von Schulz-Henke" (sic, originale Orthographie des Zitates), von der er in "Strukturen des Bösen" I XLV schreibt, daß sie versuche, "die verschiedenen analytischen Schulen durch eine Reduktion ihres theoretischen Anspruchs an einen Tisch zu bringen". Drewermann erwägt nicht, das eine solche Reduktion auch Verlust bedeuten könne, und man kann sich immerhin fragen, ob die Neo-Analyse genügend reduziert war, um das Dritte Reich zu überdauern, noch viel mit Psychoanalyse zu tun hat. Die kühnen Behauptungen von Drewermann veranlassen mich zum Hinweis, daß er fast die gesamte deutschsprachige Diskussion nach Freud nie zitiert, also vermutlich nicht kennt, von der englischen, amerikanischen und französischen Diskussion ganz zu schweigen. Auch die kaum übersehbare Diskussion über die Anwendung von Freudscher Psychoanalyse auf literarische oder biblische Texte ist ihm fast ausnahmslos unbekannt.

[34] T. u. E. I 164-250, zusammengefaßt auf S. 376-383.

a. Weil es nicht um historische Ableitung gehen soll, sondern um die Feststellung des ewigen Gehaltes, deshalb ist es wichtig, Analogien zum interpretierten Textmaterial aus möglichst weit entfernten Kulturen heranzuziehen. Nur sie bieten die Gewähr, daß sie unabhängig entstanden sind und gerade darum das Überzeitliche im Text anzeigen. Was Drewermann im Anschluß an Jung hier fordert, sieht zunächst so aus wie eine unbegrenzte "Intertextualität"[35]. Aber der Schein trügt, es geht nicht um das radikale Spiel der sprachlichen Beziehung, sondern ausschließlich um Analogien aus anderen Texten, die einen vermuteten archetypischen Sinn verstärken und bestätigen sollen.

b. Es ist zu beachten, daß mythologische Vorstellungen keine einheitliche Vorstellung repräsentieren, sondern immer eine Bedeutungsvielfalt, vor allem auch von Gegensätzen symbolisieren[36].

c. Alles Äußere ist als Ausdruck des Inneren zu lesen. Drewermann nennt diese Regel in Anlehnung an Jung die "Regel der Deutung auf der Subjektstufe".
Dazu zitiert er in Strukturen des Bösen ausführlich Jung. Dieser unterscheidet bei der Deutung von Träumen eine "Deutung auf der Objektstufe", bei der alle Traumteile auf real existierende Personen bezogen werden, von der Deutung auf der Subjektstufe, in der alle Traumteile innere Teile des Träumers repräsentieren. Die erste Form der Interpretation sei kausal-reduktiv und stelle das Verfahren von Freud dar, die zweite Form, die Jung selber neu eingeführt habe, sei hingegen synthetisch-konstruktiv. Auf der Objektstufe gehe es um das individuelle Unbewußte, auf der Subjektstufe käme auch das kollektive, das Individuum überschreitende Unbewußte in Sicht[37].

d. Weil die menschliche Psyche zu allen Zeiten und Orten gleich ist, deshalb ist es bei der Interpretation auch erlaubt, zur Interpretation biblischer Texte Traummaterial aus der psychotherapeutischen Praxis als Analogie heranzuziehen. Ähnliches gilt für die "große" Literatur. Damit ist der "Ort" jeder Interpretation nicht draußen in einem historischen Geschehen, sondern nur "*im Leser selbst*". In ihm selber spielen alle Ereignisse, und was in Texten nicht symbolisch ist, "ist in der Tat nur noch historisch relevant; es hat religiös nichts mehr zu sagen". Drewermann postuliert damit einen überzeitlichen Code, der es dem Leser zu jeder Zeit erlaubt, das Zeichensystem des Textes in gleicher Weise zu entschlüsseln. Dieser Code aber gilt nur für die Textebene, die das

---

[35] Vgl. vor allem M. Pfister in: U. Broich/M. Pfister (Hrsg.) (1985) S. 12: "So ist für Roland Barthes jeder Text eine 'chambre d'echos', und den gleichen Sachverhalt formulieren andere Kritiker in metaphernloser Apodiktik: Jeder Text ist nach Michael Riffaterre un ensemble de présuppositions d'autres textes'".
[36] Vgl. dazu Freuds Schrift "Über den Gegensinn der Urworte" (1910) und A. Samuels' (1989) Diskussion auf den Seiten 70/71.
[37] In seiner Schrift "Über die Beziehung der analytischen Psychologie zum dichterischen Kunstwerk" (1922) schreibt Jung, daß das symbolische Kunstwerk aus dem kollektiven Unbewußten stamme. Aber auch aus dem persönlichen Unbewußten "fließen der Kunst Quellen zu, aber trübe, welche, wenn überwiegend, das Kunstwerk nicht zu einem symbolischen, sondern zu einem *symptomatischen* machen. Diese Art von Kunst dürfen wir wahrscheinlich ohne Schaden und ohne Reue der *Freud*schen Purgiermethode überlassen". (S. 35/36) Vgl. unten 6.3.6.3.

kollektive Unbewußte repräsentiert, und das sind für ihn die traumnahen Symbole. Im 4. Kapitel werde ich zu zeigen versuchen, auf welche Weise der gesamte Text wie in der analytischen Situation fiktionalisiert werden kann, daß damit aber die Berufung auf einen überzeitlichen Code fortfallen muß.

e. Träume und archetypische Erzählung sind als Darstellung einer inneren Entwicklung zu lesen, und das heißt, daß sie bei einer Deutung auf der Subjektstufe als Prozeß der Selbstfindung zu verstehen sind. Die Traumfolge einer Nacht, die Bilderserie einer Erzählung kreisen jeweils um dasselbe Thema und versuchen, es einer Lösung zuzuführen.

Diese Regel scheint mir besonders wichtig zu sein, spielt sie doch die Rolle eines maßgebenden Vorverständnisses. Bedeutsame Geschichten sind Geschichten von innerer Entwicklung, und wir werden später sehen, wie Drewermann es nicht leicht hat, diesen Gesichtspunkt in der Apokalypse durchzuführen - und welchen Preis er zu zahlen hat, wenn er es dann doch tut.

f. Anfang, Ziel und Zentrierung sind zu beachten.

1. In der Finalitätsregel der Auslegung auf der Subjektstufe geht es darum, alle Traumelemente als Mittel oder als Hindernis der Selbstfindung zu verstehen. Und erst, wenn die Ganzheit aller Details sich zu einem geschlossenen Bild zusammenfügt, ist eine Auslegung befriedigend. Hier widerspricht sich allerdings Drewermann ein wenig, denn er hatte kurz zuvor[38] ausgeführt, man brauche abweichende Details nicht zu berücksichtigen, wenn man die Gesamtstruktur verstanden habe, sie fielen als Bedeutungsträger aus.

2. Weil die archetypischen Motive vieldeutig sind, gilt es, die Anfangs- und die Endregel zu beachten. Normalerweise diene der Anfang einer Erzählung der Stellung der Aufgabe, um die es in einem Text gehe. Wichtig ist es vor allem, beim Lesen auf die Gefühle am Anfang zu achten. Darauf, als einem Zentrum meiner Diskussion der Hermeneutik Drewermanns, werde ich am Schluß des Kapitels noch ausführlich zurückkommen.

3. Die Deutung auf der Subjektstufe verlangt, alles Äußere als Inneres zu verstehen. Aber wo ist das Zentrum dieser "inneren" Teile eines Textes? Darauf lenkt uns die Zentrierungsregel. Sie besagt, daß normalerweise der Held der Erzählung den Leser repräsentiert. In einem sehr spannenden späteren Abschnitt wendet Drewermann diese Regel auf das Verständnis der "Korporativpersonen" im Alten Testament an. Sie seien Symbole im Text, die nach vorne hin offen seien und damit dem Leser einen Platz anböten, den dieser mit seinen eigenen Gefühlen und lebensgeschichtlichen Erfahrungen füllen könne[39].

Alle Einzelregeln unter f. haben das Ziel, die Einheit und Einheitlichkeit der Auslegung zu gewährleisten. Die archetypische Interpretation auf der Subjektstufe ist für Drewermann das Finden eines objektiven, an sich vorhandenen Schriftsinnes[40].

---

[38] T. u. E. I 201.
[39] Leider kennt Drewermann nicht das wichtige Kapitel: "Ästhetische Identifikation - Versuch über den literarischen Helden" in: H. R. Jauß (1982), das ihm eine noch differenziertere Behandlung des Themas ermöglicht hätte.
[40] Meine eigene Diskussion dieses Themas findet sich unter 7.4.2. Drewermann berührt sich mit seiner Lösung, wie oft, mit W. Dilthey. Vgl. W. Dilthey (1900) S. 329: "Die Möglichkeit

25

g. In enger Verbindung damit steht die Realisierungsregel. Nach ihr liegt die Hauptaufgabe einer Interpretation darin, "die Bildersprache eines Märchens oder Mythos, einer Sage oder Legende auf die darin angesprochene psychische Realität hin auszulegen, mithin zunächst die archetypische Symbolsprache durch eine psychologische Begriffssprache zu ersetzen und dann wiederum die psychologischen Termini mit den Erfahrungen rückzuverbinden, aus denen sie gewonnen wurden"[41]. Die historisch-kritische Forschung will nach Drewermann herausfinden, was bestimmte Autoren vor 2000 Jahren haben sagen wollen. Drewermann geht es vielmehr "1) darum, was über die bewußte Aussageabsicht eines Autors hinaus *objektiv* mit bestimmten archetypischen Symbolen gemeint ist und 2) darum, welch eine psychische Realität innerhalb der Bedeutungsbreite der archetypischen Symbole anzutreffen ist"[42].

Ich möchte bei der Kommentierung dieser Regel etwas länger verweilen. Mit ihrer Formulierung zeigt Drewermann, wie er sich die Verbindung zwischen dem historischen Autor und dem kollektiven Unbewußten vorstellt. Dieses ist für ihn ein Objektivum, das jenseits der Intention des Autors liegt. Daß es auch unbewußte Intentionen, also ein individuelles Unbewußtes, gäbe, ist zwar unbestritten, aber in diesem Zusammenhang unwesentlich. Der Autor eines Textes ahnt lediglich, daß da etwas sei, das seine Vorstellungskraft übersteige, und wählt deshalb die symbolische Sprache. Aber das Unbewußte ist von ihm nicht eigentlich gemeint, es offenbart sich durch ihn hindurch[43]. Noch deutlicher wird diese Auffassung etwas später, wo sich Drewermann gegen den Vorwurf von Subjektivismus und Willkür verteidigt. Das Gegenteil träfe zu, so argumentiert er, die Archetypen stünden dem Menschen als ein nicht weiter hinterfragbares Objektivum gegenüber, sie verlangten ein Höchstmaß an *Gehorsam*[44]. Die Archetypen haben hier den Charakter von Subjekten im Subjekt[45], aber sie sind keine individuellen Subjekte, sondern es ist das kollektive Unbewußte, das sich in ihnen manifestiere und das letztlich die Ebene der Interpretation bilde. Die Auffassung ist weit entfernt von der Freudschen Lehre, daß letztlich alle Intentionen ihren Ursprung von einem Subjekt nähmen, aber als unbewußt-verdrängte vom Subjekt gleichsam entfremdet seien und daher mit den bewußten Intentionen in einen Konflikt gerieten, der nur durch eine Symptomatik einer scheinbaren Lösung zugeführt werden könne.

---

allgemeingültigen Verstehens kann aus der Natur des Verstehens abgeleitet werden. In diesem stehen sich die Individualität des Auslegers und die seines Autors nicht als zwei unvergleichbare Tatsachen gegenüber: auf der Grundlage der allgemeinen Menschennatur haben sich beide gebildet, und hierdurch wird die Gemeinschaftlichkeit der Menschen untereinander für Rede und Verständnis ermöglicht."

[41] T. u. E. I 219.
[42] T. u. E. I 219.
[43] Diesen Gedanken betont auch Jung in seiner Schrift, die ich in Anm. 37 schon erwähnt habe: "Diese Werke drängen sich dem Autor förmlich auf, seine Hand ist gleichsam ergriffen, seine Feder schreibt Dinge, deren sein Geist mit Erstaunen gewahr wird" (S. 27).
[44] T. u. E. I 223. In meiner Rezension (1990) seines Buches "Kleriker" schreibe ich zu diesem Zitat: "Das hat mit Psychoanalyse nichts mehr zu tun, sondern mit einem Katholizismus, der in die individuelle Seele verlagert wurde" (S. 1090). Wenn Drewermann gleich anschließend behauptet: "*Gehorsam* ist die eigentliche Art interpretativer Verinnerung archetypischer Symbolik", so klingt das für mich wie eine weitere, moderne Form von Fundamentalismus.
[45] Eine differenzierte Diskussion der Personifizierungen innerhalb der Jungschen Theoriebildung bei A. Samuel (1989) S. 101-104. Innerhalb der Freudschen Tradition nimmt R. Schafer (1976) einen radikal kritischen Standpunkt dazu ein.

Die Objektivität des Unbewußten zeigt sich auch noch in einer anderen Weise: was ein Symbol bedeutet, wird nur deutlich, wenn "man den Text verläßt und sich der psychischen Realität zuwendet, die es anzeigt"[46]. Diese Realität kann aber nur die eigene, innere des Lesers sein, die anscheinend identisch ist mit der des Textes. Hier zeigt sich eine Art von Platonismus bei Drewermann: die innere Welt des Lesers ist eine Verdoppelung der durch die Symbole angezeigten Welt des kollektiven Unbewußten. Dieses ist für Drewermann jener schon erwähnte zeitlose, überhistorische Code, der jedem Leser die ewige Gleichzeitigkeit mit dem Text ermöglicht.

h. In einer letzten Regel geht es darum, den Zusammenhang von Regression und Progression, von Vergangenheit und Zukunft zu beachten[47]. Wegen der Zeitlosigkeit des Unbewußten wird das Ende nach dem Bilde des Anfangs und umgekehrt gezeichnet.

Das sind die Regeln, die Drewermann für die tiefenpsychologische Interpretation von mythennahen Texten aufstellt. Es dürfte deutlich geworden sein, daß für ihn das Rahmenkonzept seiner Hermeneutik die Psychologie von Jung bildet, auch wenn er sich gelegentlich für inhaltliche Auslegungen auf Freud beruft. In der Jungschen Archetypenlehre findet er jenes Objektive, Ewige, das er in der relativierenden historisch-kritischen Forschung vermißt. Weil die Archetypen unbedingten Gehorsam vom Einzelnen verlangen, schließen sie jede Willkür aus. Sie sind deshalb "auch im *religiösen* Sinne Zeichen und Vermittler von Heil und Unheil im sakramentalen Sinne"[48]. Drewermann verteidigt die Archetypenlehre gegen den Vorwurf des Irrationalismus. Gewiß ist der Weg zu den Archetypen eine Regression, aber diese führt nur dann nicht zu einem Heil, sondern zur Zerstörung, wenn das Unbewußte immer schon verdrängt wurde. Insofern hat die historisch-kritische Forschung eine Mitschuld an der unheilvollen Regression des Nationalsozialismus, denn damals hatte das Volk keine Möglichkeit mehr, zu heilenden Bildern etwa des Christentums zu regredieren[49]. Die Archetypen bekommen in dieser Darstellung einen eigentümlich ambivalenten Charakter, wie auch Drewermann es selber sagt. Von der Freudschen und speziell der kleinianischen Theorie der verinnerlichten Objekte her, würde man allerdings nicht nur von einer Regression zu den Archetypen sprechen, sondern diese Archetypen selber als Verinnerlichungen[50] und

---

[46] T. u. E. I 220.
[47] Dieser Abschnitt (I 230-250) enthält eine für das Verständnis Drewermanns wichtige Auseinandersetzung mit Ernst Bloch. Angemerkt sei hier noch, daß Drewermann hier Jung gegen Blochs Vorwurf der Faschismusnähe zu verteidigen versucht, während er bei H. Meesmann (Hrsg.) (1990) auf S. 39 auch politisch mehr auf Distanz zu Jung geht.
[48] T. u. E. I 225/226.
[49] T. u. E. I 244-248. Ein Beispiel einer inhaltlich maßlosen Polemik, auch wenn sie in der Form zurückhaltend bleibt. Zu Drewermanns Polemik vgl. G. Fehrenbacher (1991) S. 177-181.
[50] So argumentieren G. Atwood und R. Stolorow (1979), die aber leider den argumentativen Diskurs verlassen und die theoretischen Probleme von Jungs psychischen Schwierigkeiten herleiten. A. Samuels (1989) Gegenargumentation auf S. 103 überzeugt mich nicht recht, aber wenn man Jungs Archetypentheorie auf eine Theorie abstrakter Schemata beschränkt, dann trifft die Interpretation der beiden Autoren nicht zu. Etwas anderes ist es allerdings mit dem *Gebrauch*, den Drewermann von Archetypen und archetypischen Symbolen macht; hier scheint mir die Interpretation der beiden Autoren recht zutreffend zu sein.

symbolische Repräsentanzen ganz früher Objektbeziehungen bezeichnen, die entsprechend der paranoid-schizoiden Position[51] aufgespalten werden können[52]. Aber wenn man so argumentiert, verlieren die Archetypen natürlich ihren Wert als ewige innere Bilder, sondern werden zu frühen Internalisierungen, die von sich selber her nichts Religiöses und nichts Ewiges an sich haben, wohl aber zu einer Matrix möglicher religiöser Erfahrung werden können. Das ist zugleich die Position, die im Hintergrund meiner Ausführungen steht.

1.4 Der Gebrauch der Gefühle

Wir haben bisher nur Drewermanns Regeln zur Auslegung von mythennahen Stoffen behandelt. Für Erzählungen, die näher an der Historie stehen, also für Sagen und Legenden, führt er zwei weitere Regeln ein: 1. das Achten auf die spezifische Auswahl archetypischer Motive und 2. die Notwendigkeit einfühlenden Verstehens[53]. Die erste Regel ist im gegenwärtigen Zusammenhang nicht so wichtig, aber der zweite Punkt ist ein zentrales Thema, das der Autor in unermüdlicher Polemik[54] immer wieder mit der historisch-kritischen Forschung verhandelt: der Gebrauch der Gefühle bei der Textinterpretation. Da dieses Thema auch in meinen eigenen Erörterungen eine zentrale Position einnehmen wird, wenn auch eine ganz andere, als Drewermann ihr einräumt, ist es wichtig, hier noch etwas zu verweilen.
Gleich zu Beginn des 1. Bandes von "Tiefenpsychologie und Exegese" sagt der Autor über die historisch-kritische Exegese: "In ihrer Abgetrenntheit vom Gefühl, in ihrer Isolation vom Subjekt, in ihrer Unfähigkeit, die innere, psychische Realität für unendlich wichtiger zu nehmen als die Ebene der äußeren Tatsachen', ist diese Form von 'Exegese' prinzipiell gottlos, soft sie auch den Namen 'Gott' in ihrem Munde führen mag"[55]. Religiös wäre für ihn nur eine "innerliche"[56] Auslegung. Denn: "Die träumende Imagination, nicht das begriffliche Denken bestimmt die Grunderfahrungen des Religiösen, und stets ist der Gedanke später und oberflächlicher als das Bild"[57]. Träumerische Imagination selber ist aber noch kein Gefühl, und deshalb müssen wir Drewermanns Ausführungen noch genauer danach befragen, von welchen Gefühlen er spricht und wie er sie bei der Auslegung benutzt.
Im späteren Verlauf werde ich dann noch einen zweiten Weg wählen: ich werde zu zeigen versuchen, was Drewermann faktisch tut, wenn er von seinen Gefühlen gegenüber einem Text konkret spricht und ihn dabei interpretiert. Diesen Weg werde ich anläßlich der Interpretation seiner Apokalypsen-Inter-

---

[51] In der Terminologie von Melanie Klein ist das eine Form der Beziehung zu inneren und damit auch zu äußeren Objekten, in der es zu einer Aufspaltung zwischen nur-guten und nur-bösen Teilobjekten kommt: Ich komme darauf in Kapitel 6.3 zurück.
[52] So auch, mit anderer Terminologie, Atwood und Stolorow.
[53] T. u. E. I 389-393.
[54] Vgl. Anm. 49.
[55] T. u. E. I 12.
[56] T. u. E. I 13.
[57] T. u. E. I 16/17. Vgl. oben Anm. 18 zur Auseinandersetzung mit Drewermanns Theologie der Bilder.

pretation einschlagen, und er wird sich an einigen Stellen als recht ergiebig erweisen.

Wenn wir uns nun ansehen, wie Drewermann den Gebrauch von Gefühlen bestimmt, so finden wir gewichtige Ausführungen dazu im ersten Band auf den Seiten 434 - 441. Er unterscheidet dabei wiederum zwischen den eigentlich archetypischen Erzählungen, den Mythen und Märchen und den anderen Gattungen, den Sagen und Legenden. Die beiden ersten "lassen sich bereits durch die Regeln der Symboldeutung weitgehend verstehen, und die Analyse der Gefühle der Hauptpersonen in den Erzählungen tritt dort lediglich sekundär als ein freilich sehr wichtiges Hilfsmittel der Interpretation hinzu"[58]. Bei der Gattung allerdings, von der Drewermann hier gerade spricht, bei den "Legenden der Unfertigen" (das sind nichtidealisierte Personen mit individuellen Zügen) "geht es *vorrangig* um die Gefühle der Akteure der jeweiligen Erzählung"[59], die durch Einfühlung eruiert werden können. Wir sehen in großer Klarheit, daß Drewermann, wenn er von Gefühlen spricht, jedenfalls hier nicht die spontanen Gefühle des Lesers beim Lesen meint, dem es frei stünde, gegenüber manchen Personen der Bibel auch Haß und Verachtung zu empfinden, sich zum Beispiel mit den Pharisäern freundschaftlich zu verbünden und Zöllner widerwärtig zu finden, von Huren ganz zu schweigen. Es geht hier auch nicht darum, daß der Leser auf den Autor oder besser: den Erzähler, reagiert. Der ist für Drewermann interpretatorisch unerheblich. Vielmehr besteht die Aufgabe des Lesers ausschließlich darin, die nicht unmittelbar beschriebenen Gefühle der Textpersonen, sozusagen die Leerstellen[60] der Gefühle, auszufüllen. Allerdings ist Drewermanns Formulierung hier eigenartig uneindeutig, wie z.B. das folgende Zitat zeigt: "Statt sich vom Staub der Historie und der Langweile der zeitlichen Entfernung von vornherein abschrecken zu lassen, muß der Hörer religiöser Legenden, im Gegensatz zu allen historisierenden Vermittlungsversuchen, gerade den unmittelbaren Zugang seines eigenen Gefühls zum Verständnis wählen, um sich in die handelnden Personen der Erzählung hineinzuversetzen, und er muß zu diesem Zweck sich ständig die Frage vorlegen, was denn in ihm selber beim Hören der betreffenden Erzählungen ins Schwingen kommt, wie er sich selbst fühlt, wenn er sich an die Stelle der handelnden Personen versetzt, was in ihm vor sich geht, wenn er sich so verhält, wie die Akteure der Erzählung, usw. Ganz entgegen der historisch-kritischen Forschung der Objektivität muß er mithin gerade in seiner eigenen Subjektivität sich mit den handelnden Personen *identifizieren*. Nur so folgt er der eigentlichen Tendenz und Aussageabsicht der Legende, die gerade das Gefühl des jetzigen Hörers durch ihre Gestalten erschüttern und beeindrucken will"[61]. In diesem langen Zitat scheint mir immer wieder die Tendenz durchzuklingen, sich spontan gefühlsmäßig auf den Text einzulassen, aber diese Tendenz wird dann doch umgebogen in die Aufgabe der Identifikation[62], einer sehr speziellen Lenkung der Gefühlsbeteiligung beim Lesen, die sich durchaus gegen das spontane Be-

---

[58] T. u. E. I 435.
[59] T. u. E. I 435.
[60] Damit nehme ich einen zentralen Begriff von Wolfgang Iser auf, vgl. (1976) speziell 284-315.
[61] T. u. E. I 435.
[62] Vgl. Anm. 39.

dürfnis richten kann. Interessant finde ich vor allem die letzte Aussage Drewermanns, die Legende wolle den Hörer erschüttern und beeindrucken. Will man das nicht als Trivialaussage nehmen, die für jede Erzählung gilt, so ließe dieser Satz sich als Vermutung einer Textabsicht verstehen. Woraus aber erschließt man sie, wenn nicht aus den *eigenen* Gefühlen? Und auf wen antworten sie, auf die handelnden Personen im Text, oder auf denjenigen, der die Legende erzählt? Und was bedeutet es, daß er beeindrucken will, was könnte es bedeuten, daß man sich nicht beeindrucken läßt, sich langweilt? Von diesem offensichtlich spontanen Gefühl spricht Drewermann am Anfang des Zitates: wer aber ist es, der sich hier langweilt und sich vom zeitlichen Abstand abschrecken läßt, wer ist dieser Leser, der auf einen Text anscheinend emotional recht heftig (mit Langeweile und Schrecken) reagiert? Drewermann stellt sich nicht einmal die Frage danach, und es ist das Ziel meiner Arbeit zu zeigen, daß erst mit einem konsequenten Ernstnehmen dieser Fragen der Prozeß einer psychoanalytischen Textinterpretation in Sicht kommen kann. Es ist in diesem Zusammenhang auch interessant zu sehen, daß Drewermann für sein Verfahren, Gefühle in den Textpersonen zu verstehen, nicht die Psychoanalyse zu Hilfe ruft, weder die von Freud noch die von Jung noch die Neoanalyse nach Schultz-Hencke, sondern die Gesprächstherapie, wie sie von Carl Rogers begründet wurde, und außerdem noch auf die Transaktionsanalyse nach Eric Berne[63]. Und in der Tat eignen sich diese Beispiele von Psychotherapie, die mit dem Freudschen oder Jungschen Unbewußten gerade nichts im Sinn haben, für sein Vorhaben gut: es geht um eine einfühlende Formulierung der im anderen vermuteten, bewußtseinsnahen Gefühle. Daß das als Therapieverfahren sinnvoll und hilfreich ist, soll nicht geleugnet werden, nur ist der Abstand von der Psychoanalyse sicherlich nicht geringer, als die Vertreter dieser Verfahren es selber behaupten. Drewermann vollzieht hier an einer für ihn selber zentralen Stelle einen Methodenwechsel zu nichtanalytischen Verfahren, und es ist deshalb kaum zu erwarten, daß damit ein *psychoanalytisches* Verstehen von Texten gefördert wird.

Das ist umso mehr zu bedauern, als es andere Ansätze bei ihm gibt, die er aber leider nicht weiter verfolgt hat. Beim Besprechen der schon erwähnten "Anfangsregel" sagt er: "In allem aber geht es wesentlich um *die Betrachtung der Gefühle,* die gerade *die Anfangsmotive* archetypischer Erzählungen beim ersten Lesen oder Hören wachrufen"[64]. Das könnten die spontanen Gefühle des Lesers sein, doch schon in den nächsten Sätzen hat man wieder den Eindruck, daß es "richtige" Gefühle gäbe. Das Gefühl einer "vollkommenen Idylle" (eigentlich kein Gefühl, sondern eher eine Phantasie) im Märchen "Schneeweißchen und Rosenrot", oder Gefühle des Unrechts und der Empörung bei der Lektüre von Frau Holle, wenn man vom Unrecht im Hause von Frau Welt liest, sie beide werden als angemessen dargestellt. Auch hier kann ich nur wieder fragen, ob eine Kontrastlesung nicht auch möglich wäre: Freude darüber, daß Unrecht und nicht Tugend gedeiht, und dem würden dann vielleicht Trauer und Erschrecken am Schluß entsprechen. Ich meine nicht etwa, daß *diese* Gefühle "richtig" wären, das sind Gefühle sowieso nie, wohl aber, daß sie ein

---

[63] T. u. E. I 444-482.
[64] T. u. E. I 206.

möglicher Leser haben könnte und von ihnen her zu einer durchaus sinngebenden Interpretation käme. Ich habe den Eindruck, daß Drewermann, wenn er über Gefühle beim Leser schreibt, immer schon weiß, welche die "richtigen" sind, und daß er deshalb den spontanen Gefühlen, die vielleicht recht eigentümlich und von einer breiten Skala sein mögen, wenig Beachtung schenkt. Ich werde später zeigen, was er in der Interpretation mit seinen Gefühlen von Ärger über Aussagen des Textes tatsächlich macht - aber damit greife ich meinem Gedankengang schon weit voraus.

1.5 Übertragung und Gegenübertragung

Der von Drewermann erwähnte, aber nicht weiter verfolgte Ansatz ist das in der psychoanalytischen Therapie übliche und typische Verstehen und Analysieren der Übertragungsphantasien des Analysanden aufgrund der darauf antwortenden Gefühle und Phantasien des Analytikers, der sog. Gegenübertragung. In seiner Auseinandersetzung mit Lohfink und Pesch[65] beruft sich Drewermann ausdrücklich auf diese Begriffe. Nachdem er zunächst ausführt, daß die Freudsche Psychoanalyse ursprünglich eine eher objektivierende, naturwissenschaftliche Orientierung gehabt habe, so sah sie "sich allerdings recht bald schon gezwungen, die Rolle gerade des subjektiven Faktors im Verlauf jeder psychischen Behandlung einzugestehen, und während sie anfangs noch geneigt war, die Dynamik der 'Gegenübertragung', also der subjektiven Gefühlsbeteiligung des Therapeuten an dem Verlauf einer Analyse, als etwas Störendes und Hinderliches zu betrachten, setzte sich doch immer mehr die Einsicht durch, daß die Gefühle und Empfindungen des Therapeuten, ja sogar seine eigenen Identifikationen und Projektionen bei genügender Reflexion und Diskretheit, die unerläßliche Voraussetzung für ein wirkliches Verstehen des anderen bildeten. Es ist nicht möglich, ein fremdes Du zu verstehen, ohne das eigene Ich dabei ins Spiel zu bringen und aufs Spiel zu setzen; und gerade weil die Psychoanalyse es im Umgang mit Menschen lernen mußte, die übernommenen Aufspaltungen ihres theoretischen Ansatzes zu revidieren, ist sie heute am besten geeignet, die derzeit vorherrschende Form der Bibelauslegung von der bloßen Textanalyse weg in ein Instrument persönlicher Begegnung umzuformen". Drewermann gibt hier das Zentrum der psychoanalytischen Haltung und Tätigkeit[66] richtig wieder, aber schon im nächsten Abschnitt nimmt er davon nur einen Teil auf: ein Gespräch verändere sich, wenn man nicht nur auf die Inhalte, "sondern vielmehr auf die inneren, emotionalen Inhalte des Mitgeteilten das Augenmerk richtet"[67]. Hier sind es nur wieder die Gefühle des anderen, auf die man mithören sollte, nicht primär die spontanen eigenen, die etwas über die Sprechsituation aussagen. Aber gerade dieses wäre, wie Drewermann selber zutreffend ausführt, der Kern psychoanalytischen Vorgehens:

---

[65] (1988) S. 35/36. Ähnlich auch in (1989) III, S. 59.
[66] Ich werde im 2. Kapitel meiner Arbeit die historische Entwicklung dieser zentralen Begriffe der psychoanalytischen Technik nachzuzeichnen versuchen.
[67] (1988) S. 36. In (1989) III auf S. 46 spricht allerdings Drewermann, von einem Interviewer direkt gefragt, über seine eigenen Gefühle gegenüber einem Text.

die eigenen Gefühle so wahrzunehmen, daß sie als Antwort auf die unbewußten Mitteilungen des Gegenübers verständlich werden.

Auch wenn Drewermann die Analyse von Übertragung und Gegenübertragung in "Tiefenpsychologie und Exegese" explizit nicht erwähnt[68], so scheint mir die Weise, in der er im eben aufgeführten Zitat davon spricht, doch zu erlauben, sie als Norm auch an seine tiefenpsychologischen Interpretationen biblischer Texte anzulegen und zu überprüfen, wieweit er ihnen entspricht. Der von mir in dieser Arbeit herangezogene Text ist seine Auslegung der Johannes-Apokalypse. Wir werden seine Interpretation an einigen Stellen daraufhin untersuchen, wieweit Drewermann seine eigenen, sich beim Lesen spontan ereignenden Gefühle benutzt, um ein "fremdes Du" zu verstehen.

---

[68] In den beiden Bänden von T. u. E. wird der Begriff Übertragung im Register nur fünfmal erwähnt. Bei den ersten drei Vorkommnissen ist der Zusammenhang gerade kein spezifisch psychoanalytischer, sondern ein abgeleiteter (I 362, I 466 und II 194, Anm. 4). Die Stelle II 196f beschäftigt sich dann tatsächlich mit Freud und der Psychoanalyse, und die 5. Stelle (II 293) habe ich im Text nicht auffinden können. Der Begriff "Gegenübertragung" ist im Register gar nicht nachgewiesen, ich habe eine Erwähnung in I 466 gefunden, im Kontext der Transaktionsanalyse, also nicht im Rahmen von Psychoanalyse oder Tiefenpsychologie. Anscheinend ist Drewermann auch nicht bekannt, wie wichtig die beiden Begriffe innerhalb der Jungschen Schule sind. Darauf komme ich im 2. Kapitel zurück. Auch insofern ist also mein Anspruch an Drewermann nicht unbillig.

2. Übertragung und Gegenübertragung als Grundlage des psychoanalytischen Prozesses

2.1 Aufgabenstellung

Um den Anspruch Drewermanns würdigen zu können, psychoanalytische Textdeutungen vorzulegen, ist es nötig, sich ausführlicher mit der Entwicklung der Begriffe "Übertragung" und "Gegenübertragung" im Rahmen der Geschichte der Freudschen Psychoanalyse auseinanderzusetzen. Ich hoffe, daß damit auch Nicht-Analytikern deutlich wird, welch eine zentrale Stellung die beiden Begriffe in der Theorie der psychoanalytischen Praxis einnehmen. Im vierten Kapitel dieser Arbeit wird es dann darum gehen, die Begriffe angemessen auf die Situation der psychoanalytischen Textinterpretation zu übertragen.

2.2 Übertragung

2.2.1 Die Anfänge bei Freud

In seiner vermutlich 1903 niedergeschriebenen und 1904 veröffentlichten kurzen Abhandlung "Die Freudsche psychoanalytische Methode" berichtet Freud anschaulich, wie er zu seiner "Deutungskunst"[1] gekommen ist. Seine Methode sei hervorgegangen aus dem sog. "kathartischen Verfahren", das der Wiener Arzt Joseph Breuer anfangs der achtziger Jahre des 19. Jahrhunderts erstmals zur Therapie von Hysterikerinnen angewandt habe. Die Patientinnen wurden zu diesem Zweck hypnotisiert und danach suggestiv in den Zustand versetzt, in dem das Symptom zum ersten Male aufgetreten war. In der Hypnose tauchten dann vergessene Erinnerungen auf, und wenn diese unter heftigen Affektäußerungen dem Therapeuten mitgeteilt wurden, verschwand das Symptom. Die therapeutische Wirkung erklärte sich dabei aus der Abfuhr gleichsam eingeklemmter Affekte. Über die Anwendung dieser Methode hatten Breuer und Freud gemeinsam in ihren "Studien über Hysterie" (1895) eine ausführliche Mitteilung gegeben.

Von einem "deutenden" Verfahren kann hier sicherlich noch nicht die Rede sein, auch die Subjektivität des Therapeuten blieb außer Betracht. Entscheidend war nur das Abreagieren der Affekte des Patienten, die zuvor unbewußt bleiben mußten, weil sie mit unerträglichen unbewußten Vorstellungen verknüpft waren. Was Freud an dem Verfahren im Laufe der Zeit veränderte, war vor allem die Technik des Vorgehens. Weil viele Patientinnen nicht hypnotisiert werden konnten, und auch die Erfolge der Behandlung unsicher blieben, deshalb verzichtete Freud auf die Hypnose und beschränkte sich darauf, die Patientinnen im Wachen auf eine bequeme Couch in Rückenlage zu legen. Durch den Verzicht auf die Hypnose fiel zwar die spezifische hypnotische Bewußtseinserweiterung fort, aber Freud fand - so berichtet er über sich selber -

---

[1] S. 104.

dafür einen vollkommenen Ersatz. Er forderte die Patientinnen (denn solche waren es in der Anfangszeit der Psychoanalyse überwiegend) auf, alles zu sagen, was ihnen durch den Kopf ginge, auch das scheinbar unsinnigste und beschämendste. Es stellte sich dabei heraus, daß die Erzählungen der Patienten immer Lücken aufwiesen, sei es, daß Erlebnisse gar nicht mehr erinnert wurden, oder sei es, daß zeitliche oder kausale Beziehungen zerrissen waren. Diese Lücken aber wiesen auf "Amnesien" hin. "Ohne Amnesien irgendeiner Art gibt es keine neurotische Krankengeschichte"[2]. Die Einfälle, die die Kranken produzieren, sind nun das geeignete Mittel, diese Lücken aufzufüllen. Drängt man die Patienten, wirklich alles zu berichten, dann werden unter heftigsten Widerständen Einfälle genannt, die zwar noch nicht die "verdrängten psychischen Gebilde (Gedanken und Regungen)" selber sind, wohl aber deren "Abkömmlinge"[3], die durch den Widerstand entstellt sind. Es geht nun darum, von den Entstellungen zum Entstellten zu kommen. "Freud hat darauf", so berichtet er wiederum über sich selber, "seine Deutungskunst ausgebildet, welcher diese Leistung zufällt, die gleichsam aus dem Erz der unbeabsichtigten Einfälle den Metallgehalt an verdrängten Gedanken darstellen soll"[4].

Objekt dieser Deutungsarbeit sind nicht allein die Mitteilungen des Patienten, sondern auch seine Träume und Fehlhandlungen im Alltag. Wenn man allerdings bedenkt, daß letztere ja auch nur über die Mitteilungen der Patienten in die Behandlungssituation gelangen, so kann man Freud dahingehend präzisieren, daß sich die Deutungsarbeit fast ausschließlich auf sprachliche Äußerungen richtet. Eine Ausnahme bilden nur Fehlhandlungen in Gegenwart des Therapeuten. Daß auch das übrige Handeln im Sprechzimmer eine Bedeutung haben könnte, bleibt hier theoretisch noch außer Betracht.

Wir haben hier bereits im Jahre 1903 ein frühes Modell sprachlicher Interpretationsarbeit, das mit einigen, allerdings entscheidenden Erweiterungen für viele Psychoanalytiker bis heute maßgeblich geblieben ist.

Als Freud 1903 diese kurze Abhandlung schrieb, hatte er allerdings bereits drei Jahre zuvor seine "Traumdeutung" veröffentlicht, in der er umfassend theoretisch und praktisch darstellt, wie man vom entstellten manifesten Traum zum latenten Trauminhalt gelangen könne. Seine Deutungskunst von 1903 macht aus allen sprachlichen Äußerungen gleichsam einen Traum, und damit wird das Verfahren der Trauminterpretation zum Vorbild der gesamten psychoanalytischen Arbeit.

In eben dieser "Traumdeutung" taucht auch schon ein Gedanke auf, der das Thema der vorliegenden Arbeit ist: dieselbe Deutungskunst nicht nur auf sprachliche Produkte von Patienten, sondern auch auf sprachliche Kunstprodukte anzuwenden. Die Tragödien von Ödipus und von Hamlet deutet Freud als Darstellung unbewußter Konfliktsituationen[5]. Es ist allerdings nicht ganz klar, was nun eigentlich mit den Aussagen des Patienten gleichgesetzt wird: sind es die Helden selber oder der Gesamttext, dessen Autor (= Patient) eine historische Persönlichkeit ist? Diese Frage als Frage der Ebene der Interpreta-

---

[2] S. 103.
[3] S. 103.
[4] S. 104.
[5] (1900a) S. 265-270.

tion wird uns später noch ausführlich beschäftigen. Aber in seiner Literaturinterpretation geht Freud nebenher noch einen weiten Schritt über seine klinische Technik hinaus[6]. Die Deutung des unbewußten Konfliktes dient dazu, die "erschütternde Wirkung" des Stückes auch auf die heutigen Zuschauer zu erklären. Freud führt damit eine wirkungsästhetische Kategorie in die psychoanalytische Interpretationsarbeit ein, die für die klinische Psychoanalyse erst viel später gewürdigt wurde. Wenn das Vorhandensein unbewußter Phantasien und Konflikte die Wirkung auf den Zuschauer oder die Leser erklärt, sollte dann nicht eine starke Wirkung ihrerseits auf einen möglichen unbewußten Konflikt hinweisen? Explizit wurde dieser Gedanke erst 1950 von Paula Heimann in die psychoanalytische Diskussion eingeführt. Doch darüber werde ich erst berichten, wenn ich die Entwicklung der Theorie der Gegenübertragung nachzeichne.

Der Weg dorthin aber lief über eine scheinbare Komplikation im Deutungsprozeß, die sich erst später als der entscheidende Schlüssel erwies. Die erste Therapie in der Vorgeschichte der Psychoanalyse war die therapeutische Arbeit, die der schon erwähnte Arzt Breuer mit seiner berühmten Patientin Anna O. machte[7]. Leider führte diese Behandlung nicht zu dem erwünschten Erfolg, sondern zu einem unerwarteten Ende. Anna O. verliebte sich in ihren Arzt, und dieser bekam es derart mit der Angst zu tun, daß er umgehend in Begleitung seiner Ehefrau zu einer Kur abreiste. Die kathartische Methode hatte zwar Affekte befreit, nur machten sich diese leider scheinbar am falschen Objekt fest, das sich ihnen überdies nicht gewachsen fühlte.

In seiner Schrift "Zur Geschichte der psychoanalytischen Bewegung" (1914) kommentiert Freud: "Breuer stand zur Herstellung der Kranken der intensivste suggestive Rapport zu Gebote, der uns gerade als Vorbild dessen, was wir 'Übertragung' heißen, dienen kann. Ich habe nun starke Gründe zu vermuten, daß Breuer nach der Beseitigung aller Symptome die sexuelle Motivierung dieser Übertragung an neuen Anzeichen entdecken mußte, daß ihm aber die allgemeine Natur dieses unerwarteten Phänomens entging, so daß er hier, wie von einem 'untoward event' betroffen, die Forschung abbrach"[8]. Breuer also erlebte nur ein Übertragungsgeschehen innerhalb einer Therapie, ohne ihm emotional gewachsen zu sein und ohne es in seinem Wesen zu verstehen. Erst Freud konnte aus der Distanz des nicht unmittelbar betroffenen Dritten am Erlebnis des anderen eine seiner wichtigsten psychoanalytischen Entdeckungen machen: die Übertragung. Thomas Szasz (1963) hat darauf hingewiesen[9], daß es diese Distanz brauchte, um aus einem gefühlsmäßig angreifenden Erlebnis eine wissenschaftliche Erkenntnis zu machen. Wenn ich in meiner späteren Argumentation[10] zeigen werde, wie die Analyse der Wirkung eines Textes auf einen oder auf mehrere Leser übertragungsähnliche Erscheinungen aufdeckt, dann werde ich auf Szasz's Beobachtung zurückkommen.

---

6   Darauf weist Lorenzer (1986) S. 20-29 hin.
7   In den schon im Text erwähnten "Studien über Hysterie" (1895d), die er gemeinsam mit Freud veröffentlichte.
8   S. 148. Über den merkwürdigen englischen Ausdruck, den Freud hier gebrauchte, siehe H. Deserno (1990) S. 29.
9   S. 31-36.
10   Vgl. unter 6.3.7. Ähnlich schon in meiner Arbeit von 1991, S. 113.

Im Nachwort der Schrift "Bruchstück einer Hysterie-Analyse" (1905)[11] äußert sich Freud zum ersten Male ausführlicher zum Thema der Übertragung, nachdem er selber mehrfach erlebte, daß sich Patientinnen in ihn verliebten. Er schreibt: "Was sind Übertragungen? Es sind Neuauflagen, Nachbildungen von Regungen und Phantasien, die während des Vordringens der Analyse erweckt und bewußt gemacht werden sollen, mit einer für die Gattung charakteristischen Ersetzung einer früheren Person durch die Person des Arztes"[12]. Manche Übertragungen seien gegenüber ihrem Vorbild gänzlich unverändert, wie Neuauflagen, andere seien gemildert, sublimiert und damit eher Neubearbeitungen zu vergleichen.
In der Praxis ist die Übertragung, so betont Freud, unausweichlich, sie ist aber "das bei weitem schwierigste" "Stück der Arbeit"[13], und Freud fährt fort: "Das Deuten der Träume, das Extrahieren der unbewußten Gedanken und Erinnerungen aus den Einfällen des Kranken und ähnliche Übersetzungskünste sind leicht zu erlernen; dabei liefert immer der Kranke selbst den Text. Die Übertragung muß man fast selbständig erraten, auf geringfügige Anhaltspunkte hin und ohne sich der Willkür schuldig zu machen. Zu umgehen ist sie aber nicht, da sie zur Herstellung aller Hindernisse verwendet wird, welche das Material der Kur unzugänglich machen und da die Überzeugungsempfindung für die Richtigkeit der konstruierten Zusammenhänge beim Kranken erst nach Lösung der Übertragung hervorgerufen wird"[14].
Es scheint nach dieser Formulierung so zu sein, als gäbe es einereits den Text und außerdem noch die Übertragung. Die Bemerkung "Zu umgehen ist sie aber nicht" scheint den Eindruck noch zu verstärken, daß sie zwar notwendig, aber doch ein Übel sei, dessen Bearbeitung der "eigentlichen Textdeutung" vorausgehen müsse. Aber in der Fortsetzung schlägt er einen anderen Ton an. Er läßt - wie so oft in seinen Schriften - einen angenommenen Gegner einwenden, daß die Therapie durch die Übertragung noch erschwert werde und vielleicht sogar eine Schädigung für den Patienten darstelle, wenn seine Erkrankung noch ein neues Stück erschaffe. "Beides wäre irrig. Die Arbeit des Arztes wird durch die Übertragung nicht vermehrt; es kann ihm ja gleichgültig sein, ob er die betreffende Regung des Kranken in Verbindung mit seiner Person oder mit einer anderen zu überwinden hat"[15]. Und auch sonst tue der Patient in seinem Leben nichts anderes, als immer wieder zu übertragen. Die psychoanalytische Kur erschaffe die Übertragung nicht, sondern decke sie nur auf. Allerdings würde der Patient sonst eher nur freundliche Gefühle übertragen, die Psychoanalyse erlaube jedoch auch eine feindselige Regung. Sie werde "durch Bewußtmachen für die Analyse verwertet und dabei wird die Übertragung immer wieder vernichtet. Die Übertragung, die das größte Hindernis für die Psychoanalyse zu werden bestimmt ist, wird zum mächtigsten Hilfsmittel

---

[11] Freud verfaßte sie bereits 1901, ließ sie aber aus Gründen der Diskretion zunächst unveröffentlicht liegen.
[12] S. 180.
[13] S. 181.
[14] S. 181.
[15] S. 181.

derselben, wenn es gelingt, sie jedesmal zu erraten und dem Kranken zu übersetzen"[16].
Der letzte Satz ist in seiner Widersprüchlichkeit interessant und schwierig. Einerseits ist die Übertragung Widerstand und damit ein Hindernis für die analytische Arbeit. Wie das zu verstehen ist, werden wir im Zusammenhang einer weiteren Arbeit von Freud noch diskutieren. Für jetzt genügt es daran zu erinnern, daß Anna O. und auch Dora, die Patientin der gegenwärtig besprochenen Arbeit, wegen ihrer Übertragungsbeziehung zum Arzt entweder die Therapie abbrachen oder aus ihr fortgeschickt wurden, was beides das Ende der Arbeit bedeutete. Aber wenn es gelingt, die Übertragung zu erraten und zu übersetzen, dann und nur dann wird sie zum größten Hilfsmittel. Man muß den Gedanken nur noch etwas weiter ausziehen, um zu einer Auffassung zu kommen, wie sie erst viel später von Ferenczi und Rank (1924) vertreten wurde: wenn die Übertragung unausweichlich ist und tatsächlich alles übertragen werden kann (das schreibt Freud so noch nicht), dann ist die Analyse als Analyse der Übertragung identisch mit der Psychoanalyse als therapeutischem Verfahren.
In seiner Schrift von 1914 "Erinnern, Wiederholen und Durcharbeiten" führt Freud den Gedanken der Unvermeidlichkeit der Übertragung und ihrer Bedeutung für den analytischen Prozeß noch weiter: "Wenn der Patient nur so viel Entgegenkommen zeigt, daß er die Existenzbedingungen der Behandlung respektiert, gelingt es uns regelmässig, allen Symptomen der Krankheit eine neue Übertragungsbedeutung zu geben, eine gemeine Neurose durch eine Übertragungsneurose zu ersetzen, von der er durch die therapeutische Arbeit geheilt werden kann. Die Übertragung schafft so ein Zwischenreich zwischen der Krankheit und dem Leben, durch welches sich der Übergang von der ersteren zum letzteren vollzieht. Der neue Zustand hat alle Charaktere der Krankheit übernommen, aber er stellt eine artifizielle Krankheit dar, die überall unseren Eingriffen zugänglich ist. Er ist gleichzeitig ein Stück realen Erlebens und von der Natur eines Provisoriums. Von den Wiederholungsreaktionen, die sich in der Übertragung zeigen, führen dann die bekannten Wege zur Erwekkung der Erinnerungen, die sich nach Überwindung der Widerstände wie mühelos einstellen"[17]. Die Übertragungsneurose ist der Organisator aller einzelnen Übertragungsreaktionen, und in ihr stellt sich ein zunächst intrapsychischer Konflikt innerhalb einer Beziehung dar.
Von daher wird verständlich, daß Freud schon 1905 schreiben kann, daß die Analyse der Übertragung das schwierigste Stück Arbeit sei: nicht nur deswegen, weil man sie "fast selbständig erraten" muß[18] "auf geringfügige Anhaltspunkte hin", sondern, so betont es Brian Bird[19], weil der Analytiker selber zu einem Teil von ihr wird, vor allem auch zu einem Teil der Übertragungsneurose, in der er sich mitten drin wiederfindet. Dieses ereignete sich in den Therapien, die Breuer mit Anna O. und Freud mit Dora machten, und eben daran sind beide gescheitert. Das alte Textmodell von Freud ist dadurch gekenn-

---
[16] S. 182.
[17] S. 214.
[18] Vgl. Anm. 14.
[19] (1972), zitiert nach: R. Langs, (ed.) (1981) S. 57/58.

zeichnet, daß es eine strikte Trennung von erkennendem Subjekt und erkanntem Objekt aufrecht erhält, und das ist nicht zuletzt deswegen verlockend, weil das erkannte Objekt überaus verführerisch und damit angstauslösend sein kann. Aber mit der Entdeckung der Übertragung mußte das alte Modell langsam aufgegeben werden, nachdem die unausweichliche Verstrickung beider Pole des Prozesses sich aufdrängte. Es ist kein Zufall, daß in dieselbe Zeit[20] auch die Entdeckung der Gegen-Übertragung fällt, der Reaktion des Analytikers auf den Patienten. Aber deren Erörterung sei hier zunächst aufgeschoben. In seiner Schrift von 1912 "Zur Dynamik der Übertragung" führt Freud eine Unterscheidung ein, die sich in der Folgezeit als besonders bedeutsam erweisen sollte: die Differenzierung zwischen einer positiven Übertragung einereits und einer sexualisierten oder einer negativen Übertragung andererseits. Die erste ist eine unumgängliche Bedingung jeder Therapie, aber die beiden anderen Formen sind Widerstand gegen die analytische Arbeit und müssen deutend aufgelöst werden. Allerdings ist diese Auffassung vor dem Hintergrund des Schlusses der Schrift zu verstehen: daß nämlich die Analyse der Übertragungswiderstände das entscheidende Stück der Analyse sei, denn "man darf nicht vergessen, daß gerade sie uns den unschätzbaren Dienst erweisen, die verborgenen und vergessenen Liebesregungen der Kranken aktuell und manifest zu machen, denn schließlich kann niemand *in absentia* oder *in effigie* erschlagen werden"[21]. Damit formuliert Freud die Bedeutung des "Hier und Jetzt" in der Psychoanalyse. Man kann sich von dieser Formulierung her aber auch fragen, wozu dann noch die Erinnerungen an die Vergangenheit nötig sind.
Freud hat diese Gedanken nie ganz konsequent verfolgt. 1920 hält er in seiner Schrift "Jenseits des Lustprinzips" Rückschau auf die Geschichte der Psychoanalyse: "Zuerst konnte der analysierende Arzt nichts anderes anstreben, als das dem Kranken Unbewußte zu erraten, zusammenzusetzen und zur rechten Zeit mitzuteilen. Die Psychoanalyse war vor allem eine Deutungskunst"[22]. Zur Bestätigung der "Konstruktionen" des Analytikers bedürfte es der Erinnerungen des Analysanden, die aber oft ausblieben. Deshalb mußten als nächstes die Widerstände gegen das Erinnern analysiert werden. Aber auch so führte der Weg - nach Freud - noch nicht zum Erfolg: "Der Kranke kann von dem in ihm Verdrängten nicht alles erinnern, vielleicht gerade das Wesentliche nicht, und erwirbt so keine Überzeugung von der Richtigkeit der ihm mitgeteilten Konstruktion. Er ist vielmehr genötigt, das Verdrängte als gegenwärtiges Erlebnis zu *wiederholen*, anstatt es, wie der Arzt es lieber sähe, als ein Stück der Vergangenheit zu *erinnern*"[23].
Diese Wiederholung aber ist die Übertragung und, insofern in ihr die Gesamtheit der inneren und äußeren konflikthaften Beziehungen wiederholt wird, die Übertragungsneurose. Aber hier ist Freud gegenüber der Übertragung doch eher zurückhaltend: Der Arzt bemüht sich, "den Bereich dieser Übertragungs-

---

[20] Siehe dazu Freuds Schrift "Die zukünftigen Chancen der psychoanalytischen Therapie" (1910d).
[21] S. 168.
[22] S. 228.
[23] S. 228.

neurose möglichst einzuschränken, möglichst viel in die Erinnerung zu drängen und möglichst wenig zur Wiederholung zuzulassen"[24]. Freud gesteht zwar zu, daß man "in der Regel" "dem Analysierten diese Phase der Kur nicht ersparen kann; der Analytiker muß ihn ein gewisses Stück seines vergessenen Lebens wiedererleben lassen und hat dafür zu sorgen, daß ein Maß an Überlegenheit erhalten bleibt, kraft dessen die anscheinende Realität doch immer wieder als Spiegelung einer vergessenen Vergangenheit erkannt wird. Gelingt dies, so ist die Überzeugung der Kranken und der von ihr abhängige therapeutische Erfolg gewonnen"[25]. Aber es ist doch die Tendenz deutlich, die Analyse der Übertragung eher als ein notwendiges und nützliches Übel anzusehen, während die "Erinnerung" das Ziel bleibt. Und wenn Freud sagt "in der Regel", dann könnte man sogar meinen, daß in einer idealen Analyse gar nicht übertragen, sondern nur erinnert würde.

2.2.2 Sandor Ferenczi und Otto Rank

Für die Autoren Sandor Ferenczi und Otto Rank verlagerte sich 1924 der Akzent vom Erinnern auf das Wiederholen. Beide gehörten dem engsten Kreis um Freud an, beide wurden später aus ganz unterschiedlichen Gründen zu Abtrünnigen. Ihr gemeinsames schmales Werk trägt den Titel "Entwicklungsziele der Psychoanalyse", und es hat anfangs nur eine geringe Wirkung gehabt[26]. Freud lobt es zwar in seinem Rundbrief[27] vom 15. 2. 1924, aber E. Jones und K. Abraham[28] verdächtigten die Autoren der Verwandschaft mit C. G. Jung, und das war damals der schlimmste Ketzertitel. Hinzu kam noch, daß Rank im selben Jahr sein Buch "Das Trauma der Geburt" veröffentlichte, das er zwar noch Freud widmen konnte, das aber trotzdem für Rank das Ende innerhalb der psychoanalytischen Bewegung bedeutete.
Worum geht es in der kleinen Schrift? Die Autoren setzen innerhalb der Freudschen Trias von Erinnern, Wiederholen und Durcharbeiten das Hauptgewicht auf die Wiederholung, die innerhalb der Übertragung stattfindet. Dabei bleibt für sie, ganz in dem Rahmen, den Freud abgesteckt hatte, die psychoanalytische Technik eine Methode, "die die psychischen Tatsachen der U e b e r t r a g u n g und des W i d e r s t a n d e s zur Grundlage der Beeinflussung des Patienten nimmt"[29]. Der psychoanalytische Prozeß ist ein begrenztes Stück der "Libidoentwicklung" des Patienten, in das der Analytiker korrigierend eingreift, denn der Ablauf der Libidoprozesse ist durch Widerstände gestört und erzeugt so die Neurose. Diese Formulierungen muten heute auch

---

[24] S. 228/229.
[25] S. 229.
[26] Meines Wissens ist es in deutscher Sprache bis heute nie vollständig nachgedruckt worden.
[27] In: Freud/Abraham (1965) S. 320-324.
[28] Vgl. dazu die Briefe von Abraham auf den Seiten 324 und 325-327. Vgl. dazu P. Gay (1989 [1987]) S. 530-535. Nur wird in der deutschen Ausgabe dieser Freud-Biographie der Titel (rückübersetzt) falsch zitiert als "Entwicklung der Psychoanalyse". Der Übersetzer hat sich leider nicht die Mühe gemacht, den Titel zu kontrollieren. Ähnliches gilt für die Freud-Biographie von Clark, dort heißt es "Entfaltung der Psychoanalyse".
[29] S. 10. Merkwürdig sind in dem Buch die vielen Sperrungen von Worten, die die Aufmerksamkeit des Lesers massiv lenken. Ich habe sie getreu beibehalten.

manche freudianischen Analytiker fremdartig an, weil sie von dem Wert exakt erscheinender Begriffe wie Libido nicht mehr überzeugt sind. Die Aussagen von Ferenczi und Rank lassen sich jedoch leicht in eine Alltagsprache übersetzen, wenn man Libido mit "Wunsch" oder mit dem Verb "Lieben"[30] übersetzt und dessen eingedenk ist, daß nach der psychoanalytischen Theoriebildung alle Wünsche mit sexuellen oder mit Selbsterhaltungstendenzen in Beziehung stehen. Ich gebrauche jedoch im folgenden weiterhin die alte Terminologie, weil sie von den beiden Autoren durchgehend benutzt wird. Sie schreiben: "Dieser artifizielle Libidoprozeß wird inauguriert und im Gange gehalten durch die Übertragung, welche F e r e n c z i seinerzeit als speziellen und in der Analyse nur unter besonders günstigen Umständen ablaufenden Fall der a l l g e m e i n e n U e b e r t r a g u n g s s u c h t der Menschen beschrieb, die sich beim Neurotiker besonders stark äußert"[31]. Diesem Prozeß gegenüber verhält sich sich der Analytiker zunächst weitgehend passiv. Gegen die Libido, genauer gegen ihre Manifestierung in der Übertragung auf den Analytiker, richten sich die Widerstände. Und in diesen kommt nach Meinung der Autoren "hauptsächlich das vorbewußte Erinnerungsmaterial des Patienten zum Vorschein oder seine manifesten, vom Ich getragenen Charaktereigenschaften und Idealbildungen"[32]. Hier scheint mir eine recht durchgreifende Veränderung gegenüber Freud deutlich zu werden: die Erinnerungen (allerdings nicht die für Freud entscheidenden verdrängten Erinnerungen) werden zum Widerstand gegen das Hervortreten der Übertragung, die selber nicht mehr Widerstand ist, sondern das, gegen das sich der Widerstand vor allem richtet.

Die Übertragung reproduziert nicht etwas, was auch erinnert werden könnte und *eigentlich* erinnert werden sollte. Es handelt sich dabei vielmehr "immer um die R e p r o d u k t i o n v o n S i t u a t i o n e n , d i e m e i s t g a r n i e b e w u ß t g e w e s e n w a r e n , sondern jenen Tendenzen und Impulsen entsprangen, die in der infantilen Entwicklung teilweise erlebt, aber sofort verdrängt wurden[33]. In der Analyse kann der Patient "diese in der ersten Kindheit sozusagen kupierten Wunschregungen ... z u m e r s t e n M a l e i n t e n s i v ' e r l e b e n '"[34].

Das Erleben ist aber nicht Selbstzweck, sondern dient dazu, in der Übertragung auf den Analytiker die Libido sich entwickeln zu lassen, ihr die infantilen Objekte zu "entziehen"[35] und sie reiferen Zielen zuzuführen.

In dem Zitat wird ein Begriff hervorgehoben, der in der späteren Entwicklung der Psychoanalyse und auch in der sog. "Humanistischen Psychologie"[36] eine große Rolle spielen wird: das "Erleben". In seinem Rundbrief kommentiert ihn

---

[30] Wie es z.B. Roy Schafer vorschlägt in (1982) S. 226-228.
[31] S. 10/11.
[32] S. 12.
[33] S. 13.
[34] S. 13.
[35] Die Autoren sprechen auf S. 12 von einer " L i b i d o - E n t z i e h u n g s k u r ".
[36] Eine eher uneinheitliche Bewegung, die sich als Alternative zur Verhaltenstherapie und zur Psychoanalyse versteht, und die am besten mit den Namen Rogers, Perls, Maslow und Ruth Cohn zu erfassen ist. Rogers war übrigens Analysand von Rank, und zwar zu einer Zeit, als dieser sich bereits von Freud entfremdet hatte.

Freud durchaus lobend[37]. Aber Ferenczi und Rank gehen mit ihm doch über Freud hinaus, indem sie jetzt in der Übertragung den Patienten Situationen erleben lassen, die nie hätten erinnert werden können. Und daran knüpft sich der Vorwurf von Ernest Jones[38], es würden nur noch aktuelle Situationen beachtet und nicht mehr die vergangenen, ebenso, wie es einst Jung getan habe. Aber dieser Vorwurf scheint mir ungerechtfertigt zu sein. Denn offensichtlich benutzen die Autoren die Übertragung auch zur Rekonstruktion der Vergangenheit: "Aus den Phänomenen der Übertragung, die sozusagen einen Wachsabdruck der alten infantilen Libidosituation des Patienten darstellt, gelingt es dann mittels der bekannten Übersetzung der unbewußten Äußerungen in die Sprache des Bewußtseins und mittels der Wiederholungstendenz alter Libidosituationen die wesentlichen Stücke der gestörten infantilen Entwicklung des Individuums zu reproduzieren"[39]. Doch an einer späteren Stelle ergänzen sie ihre Argumentation auf eine charakteristische Weise. In der Übertragung würden Erinnerungen provoziert und bewußt gemacht, aber zugleich schaffe das Erlebnis in der Übertragung "neue aktuelle Erinnerungen"[40] anstelle der alten, die abgesperrt bleiben mußten. Damit anerkennen die Autoren zwar die Bedeutung des genetischen Faktors, aber sie relativieren ihn zugleich, indem sie den neuen Erinnerungen eine Hauptrolle als "Heilungsfaktor" zuweisen[41].

Mir scheint, daß Ferenczi und Rank die ersten Autoren waren, die die gesamte Psychoanalyse um die Übertragung zentrierten. Von daher ist zu vermuten, was aus dem Text allerdings nicht ganz eindeutig hervorgeht, daß sie auch ihre klinischen Interpretationen nur im Zusammenhang mit ihrem Verständnis der je aktuellen Übertragung gaben. Auf jeden Fall aber ist klar, daß sie einerseits den Widerstand gegen die Manifestierung der Übertragung durch Interpretation aufzulösen versuchten, und, wenn dieses gelungen war, die in der Übertragung ans Licht gekommenen infantilen Wünsche ebenfalls deuteten und damit auf reifere Ziele führen wollten. Ferenczi und Rank nahmen damit genau die gegenwärtig diskutierte Auffassung von M. Gill (1982) vorweg, für den sich psychoanalytische Deutungen ausschließlich auf die Übertragung richten sollen, und zwar entweder auf den Widerstand gegen ihre Manifestierung oder auf den Widerstand gegen ihre Auflösung.

2.2.3 James Strachey

Erst zehn Jahre später nahm James Strachey in seinem Aufsatz "The Nature of the Therapeutic Action of Psychoanalysis" (1934) das Thema wieder auf, dieses Mal jedoch in einer Arbeit, deren Wirkung auf die psychoanalytische Gemeinschaft kaum überschätzt werden kann. Sie gehört bis heute zu den meistzitierten Aufsätzen überhaupt. Strachey stellte sich eine Frage, die Ferenczi und Rank nur recht allgemein gestellt und beantwortet hatten: auf welche Weise

---

[37] S. 321.
[38] Vgl. E. Jones (1962) III, 5.75.
[39] S. 13.
[40] S. 28.
[41] S. 28.

wirkt eine einzelne psychoanalytische Deutung, welches ist überhaupt der Wirkungsmechanismus psychoanalytischer Interventionen? Das Bewußtmachen des Unbewußten allein könne es nicht sein, denn Freud habe gezeigt, daß intellektuelle Informationen nicht genügen. Sie blieben wie an einem anderen Ort und vom Unbewußten getrennt wie durch eine Barriere, die der Widerstand bilde. Erst die Analyse und Überwindung des Widerstandes könne zu einer Heilung führen. Der Weg dorthin sei für Freud nicht eine Überredung mit guten Gründen, sondern die positive Übertragung. Es sei hier also tatsächlich etwas wie "Suggestion" am Werke, jetzt aber nicht mehr wie in der voranalytischen Zeit, um Symptome durch Verstärkung der Verdrängung aufzuheben, sondern um die Verdrängung selber zu beseitigen und unbewußte Inhalte manifest werden zu lassen.

Führt aber die Übertragung nicht zur dauernden Abhängigkeit des Analysanden vom Analytiker? Das geschieht dann nicht, wenn auch sie analysiert wird. Und sie muß immer wieder analysiert werden, weil sich in ihr im Laufe der Zeit die gesamte Problematik des Patienten im Hier und Jetzt der Beziehung zum Analytiker darstellt - ein Gedanke, der uns ja schon bekannt ist. Strachey stimmt Freud zu, daß die Auflösung der Übertragungsneurose zugleich eine Befreiung von den Schwierigkeiten des Alltags bedeute. Aber, so fährt der Autor fort, Freud habe zwar in der Zeit bis 1934 sein theoretisches Modell modifiziert, nicht jedoch seine Auffassungen zur Technik, die er alle im 2. Jahrzehnt niedergelegt habe. Es gelte nun, seine technischen Anweisungen an die Entwicklung seiner sog. Metapsychologie anzupassen. Der wichtigste Fortschritt[42] Freuds sei aber die Einführung des strukturellen Modells gewesen und speziell des Begriffes des Über-Ichs.

Strachey führt dann aus, daß erstens das Über-Ich der wichtigste Teil des inneren Konfliktes des Patienten sei, das, woran er am meisten leide, und daß zweitens das Über-Ich von allen seelischen Instanzen am ehesten beeinflußt werden könne. Das habe schon Freud in seiner Schrift "Massenpsychologie und Ich-Analyse" erkannt. Um zu wissen, wie das Über-Ich verändert werden könne, müsse man wissen, wie es gebildet wurde, und das sei durch Prozesse von Introjektion und Projektion geschehen. Hier lehnt sich Strachey eng an die Terminologie von Melanie Klein an, auf die ich anschließend noch ausführlich zu sprechen kommen werde.

Strachey geht von der Frage aus, wie das Kind die Erfahrungen verinnerlicht, die es im Kontakt mit der Außenwelt macht. Das Kind introjiziert und projiziert ständig die Objekte seiner Es-Impulse (also seiner liebevollen und aggressiven Wünsche), und der Charakter dieser Wünsche färbt gleichsam auf die introjizierten Objekte ab[43]. Wenn also seine Wünsche z.B. oral-aggressiv sind, das Kind also den Wunsch hat, lustvoll-aggressiv zuzubeißen, etwa in die Brust, dann nimmt auch das Objekt etwas von diesem Charakter an. Wird dann das Objekt introjiziert, so hat auch das verinnerlichte Gegenüber, die

---

42 Das frühe sog. "topographische Modell" der Seele, in dem Freud vom Bewußten, Vorbewußten und Unbewußten sprach, löste er ab 1920 durch das "strukturelle Modell" (Ich, Überich und Es). Der Unterschied ist sehr viel größer als es die Ausdrücke zunächst nahelegen. Das erste Zeugnis für die neue Theorie ist Freuds Schrift "Jenseits des Lustprinzips" (1920g).

43 S. 366/367, zitiert nach dem Neudruck bei: R. Langs, (ed.) (1981).

Brust, einen "beißenden" Charakter, sie erzeugt "Gewissensbisse" wegen der eigenen Aggressionen und eine Angst, die "gute innere Brust" zerstört zu haben. Der nächste Schritt ist die Projektion des introjizierten Objektes, das dann seinerseits, als getrennte Realität draußen, als gierig-zerstörerisch erscheint. Zum Schutz dagegen muß das Ich wieder seine eigene Haltung verstärken, muß selber noch aggressiver empfinden, und so entsteht durch weitere Introjektion und Projektion ein Teufelskreis von Bedrohung und Aggressivität, der anscheinend nicht durchbrochen werden kann. Die Neurose dient dazu, auf irgendeine Weise mit diesem inneren Konflikt fertigzuwerden, allerdings um den hohen Preis der Symptome. Die Psychoanalyse hat zum Ziel, den Kreis an irgendeiner Stelle zu durchbrechen. Wie kann das geschehen?

Strachey führt hier den Begriff des "Hilfs-Über-Ichs"[44] ein, als das der Analytiker fungiere. Jeder Mensch projiziert auf jeden anderen seine guten und bösen inneren Objekte. Wenn er neurotisch ist, dann überwiegen die bösen, und auch die guten sind archaisch und nicht der gegenwärtigen Realität angemessen. Die Projektion beider Arten von Objekten führt zu keiner inneren Veränderung, sondern zu einer Verstärkung des konflikthaften Erlebens.

In der analytischen Beziehung geschieht nun etwas prinzipiell Neues. Weder bietet sich der Analytiker als böses Objekt an, denn er ist verständnisvoll, noch als ein gutes Objekt im archaischen Sinne, denn er ist "gut" in einer reifen Form, die erwachsener Realität entspricht. Indem der Analytiker freundlich erlaubt, alles zu sagen, was einem durch den Sinn geht, wird er anders erlebt als das eigene Über-Ich. Er ist in seiner gewährenden Art ein Hilfs-Über-Ich, das aber sogleich in einen Konflikt mit dem restlichen Über-Ich gerät. Strachey beschreibt anschaulich, wie das Über-Ich zum Ich gleichsam spricht: "Das darfst Du nicht sagen, denn wenn Du es tust, gebrauchst Du ein obszönes Wort oder mißbrauchst jemandes Vertraulichkeit"[45]. Nur wenn ein Analysand seinen Analytiker als tolerantes Hilfs-Über-Ich gebrauchen kann, ist Psychoanalyse überhaupt möglich. Die Spannung zwischen Hilfs-Über-Ich und Über-Ich ist Gegenstand der Interpretation und damit wichtigstes Vehikel des therapeutischen Fortschritts.

Was aber ist eine Interpretation? Zum einen, und hier bezieht sich Strachey kritisch auf einen Aufsatz von S. Bernfeld[46], sei sie etwas wie die Überreichung eines deutsch-englischen Wörterbuches, in dem man Informationen über Bedeutungen erhält. Aber davon distanziert sich Strachey sogleich. Was er fordert, ist eine "mutative Interpretation"[47], und er erläutert diesen Begriff anhand einer Manifestation eines aggressiven Impulses. In einem ersten Schritt erlaubt der Analytiker als Hilfs-Über-Ich dem Analysanden, sich einer kleinen Dosis seiner Aggressivität bewußt zu werden. Von der Situation her richtet der Patient diesen Impuls auf den Analytiker. In einem zweiten Schritt erlebt der Analysand, daß das Objekt, auf das er seine Impulse richtet, nicht identisch ist

---

[44] Auxiliary Superego S. 367.
[45] S. 368.
[46] Bernfeld (1932). Strachey benutzt die Arbeit hier als dunklen Hintergrund seiner eigenen Ausführungen und verkennt sie völlig. Bernfeld geht es ausdrücklich nicht um die therapeutische Deutung, sondern um eine wissenschaftstheoretische Reflexion des psychoanalytischen Erkenntnisprozesses.
[47] S. 369.

mit dem phantasierten bösen Objekt, das sich deshalb auch nicht in der befürchteten Weise an ihm rächt.

Weil mit der mutativen Deutung immer ein Es-Impuls interpretiert wird, der jeweils gerade auf ein phantasiertes Objekt gerichtet ist, deshalb *muß* sie sich immer auf eine aktuelle Situation beziehen. Und weil das phantasierte Objekt auf den Analytiker "übertragen" wird, deshalb ist sie immer eine Übertragungsdeutung.

Die informative "Wörterbuch-Deutung" erfüllt dieses Erfordernis nicht. Nur die mutative Deutung wirkt unmittelbar und trifft den "point of urgency", um damit einen immer wieder benutzten Begriff zu zitieren[48].

Strachey sagt nicht, daß Deutungen außerhalb der Übertragung "falsch" seien, sie mögen Richtiges aussagen, aber nichts, was zur Zeit gerade wesentlich ist. Und umgekehrt: Das Wesentliche ist immer dasjenige, was den durch die Übertragung angezeigten "point of urgency" berührt[49].

Mutative Deutungen müssen, um wirksam zu sein, präzise, umfassend und vor allem klar formuliert werden. Das auf sie oft folgende "Abreagieren" von Affekten ist eine mögliche und meist hilfreiche Begleiterscheinung, es ist aber nicht das Entscheidende. Deutungen außerhalb der Übertragung sind dann angemessen, wenn sie in eine Übertragungssituation hineinführen, was oft genug der Fall ist. Schließlich[50] macht sich Strachey noch Gedanken darüber, warum Analytiker oft Widerstände haben, mutative Deutungen der Übertragung zu geben. Nach der Beobachtung von Strachey pflegen sie dann auf Fragen oder auf Interpretationen außerhalb der Übertragung auszuweichen. Der Grund dafür sei, daß man sich mit mutativen Deutungen den Affekten der Analysanden unmittelbar aussetze, eine Situation, der auszuweichen man sich unbewußt bemühe[51]. Ich selber vermute, daß Ähnliches auch für die Textinterpretation gelten könnte, wenn der Leser mit unangenehmen Gefühlen, die in ihm aufsteigen, konfrontiert wird.

Strachey's Arbeit ist wohl deshalb zu einem Klassiker der psychoanalytischen Literatur geworden, weil sie zum ersten Male dem praktizierenden Analytiker praktische und eindeutige Hinweise darauf gab, was zu deuten sei und was nicht und wie das zu geschehen habe. Strachey's Aurgumentation dürfte sich übrigens auch umkehren lassen: immer wenn ich meine, etwas ganz Wichtiges deuten zu können, ja deuten zu müssen, dann bin ich, ob ich es nun merke oder nicht, in einer heftigen affektiven Beziehung zu meinem Gegenüber. Das wird später noch bei der Diskussion der Gegenübertragung deutlicher werden. Auch dieser Gedanke ließe sich vielleicht auf Textinterpretation übertragen.

1972 hat Herbert Rosenfeld Strachey's Arbeit weiterführend diskutiert. Der Analysand würde, so schreibt er, nicht nur Objektbilder projizieren, sondern

---

48 Ich zitiere die wichtigsten Sätze: "Every mutative interpretation must be emotionally 'immediate'; the patient must experience it as something actual. This requirement, that the interpretation must be 'immediate', may be expressed in another way by saying that interpretations must always be directed to the 'point of urgency'" (S. 373).
49 Ich werde in 7.4.3.2 als "point of urgency" den durch die Textpragmatik angezeigten "Topic" (in der Terminologie von U. Eco) nehmen, jedenfalls für psychoanalytische Textinterpretationen.
50 S. 377.
51 Vgl. oben S. 25 die Bemerkung über B. Bird.

auch Selbstimagines, die dann ebenfalls mutativ gedeutet werden könnten[52]. Ich erwähne diesen Aufsatz, der sonst Strachey in allem zustimmt, vor allem deswegen, weil wir in der Interpretation der Apokalypse diesen Gedanken werden gebrauchen können.

2.2.4 Melanie Klein

James Strachey, obwohl eher ein "orthodoxer Freudianer" und berühmt und umstritten als Freud-Übersetzer[53], ist doch zugleich auch von Melanie Klein beeinflußt worden und Rosenfeld ist sogar ein dezidierter Kleinianer. Obwohl M. Klein erst 1952 einen eigenen Aufsatz zum Thema der Übertragung veröffentlicht hat, sind ihre Auffassungen zum Thema älter und dürften eine wesentliche Anregung für Strachey und Rosenfeld gewesen sein. In ihrem 1952 erschienenen kurzen Aufsatz "The Origins of Transference" sieht sie *alle* Äußerungen des Analysanden als konstitutiv für und nur im Rahmen von Übertragung. Es gibt nichts außerhalb der Übertragung, und wenn es einmal so erscheint, dann nur, weil man sie noch nicht erkannt hat.
Melanie Klein geht deshalb weiter in der Betonung der Übertragung als Freud, Ferenczi und Rank, weil sie, wenn auch nicht nur sie allein, in der Theoriebildung über ihre Vorgänger hinausgegangen ist, und zwar durch die sogenannte Objektbeziehungstheorie[54]. Für Freud[55] hatten alle Triebe zwar von Anfang an ein Ziel, nämlich Befriedigung, aber kein Objekt, das für ihn erst nachträglich hinzukam. Dagegen vertrat Melanie Klein - und mit ihr die englischen Ojektbeziehungstheoretiker - die Auffassung, daß der Trieb von Anfang an ein Objekt habe, und dieses Objekt sei die Mutter, insofern sie versorgt. Symbolisiert wird diese Mutter durch die "Brust", die damit zum Inbegriff aller Möglichkeiten und allen Reichtums wird. Freud hatte ein Stadium eines primären Narzißmus[56] postuliert, in dem der Trieb gleichsam objektlos in sich ruhe. Melanie Klein wendet dagegen ein, daß auch in diesem Fall der Trieb sich auf ein Objekt richte, nämlich auf die "innere" gute Brust, die vom Kind noch nicht als getrennt von der äußeren erlebt werden könne. Deshalb sei es nicht nötig, ein Stadium eines objektlosen Triebzustandes anzunehmen. Die Geschichte der Objektbeziehungen durchläuft später zwei entscheidende Phasen. Die eine ist gekennzeichnet durch eine strikte Spaltung von guten und bösen Objekten, und die Autorin nennt sie die "paranoid-schizoide Position"[57], weil sich das Kind innerhalb seiner gespaltenen Welt von den bösen Objekten verfolgt fühlt. Im nächsten Stadium, das Melanie Klein die "depressive Position"[58] nennt, verbindet das Kind gute und böse Objekte,

---

[52] S. 456/457.
[53] Vgl. dazu z.B. Heft 3 (1987) und Heft 3 (1991) der International Review of Psycho-Analysis.
[54] Die beste Einführung ist Thomas W. Ogden's "The Matrix of the Mind" (1990), ein Buch, das gerade deshalb so gut lesbar ist, weil es aus einer gewissen Distanz heraus geschrieben wurde. Es wird im 4. Kapitel meiner Arbeit eine wichtige Rolle spielen.
[55] In: "Triebe und Triebschicksale" (1915c).
[56] In: "Zur Einführung des Narzißmus" (1914c).
[57] Als Begriff erstmals eingeführt 1946 in der Schrift "Notes on some Schizoid Mechanisms".
[58] Erstmals in: "A Contribution to the Psychogenesis of Manic-Depressiv States" (1935).

oder besser: Teilobjekte miteinander, es kann seine Liebe und seinen Haß auf *ein* Objekt richten und damit Schuldgefühl und Depression erleben. Einzelheiten können wir uns hier ersparen, deutlich dürfte aber Melanie Kleins Grundsatz sein, daß psychische Entwicklungen "are indivisibly linked with object-relations"[59].
In der Übertragung wiederholen sich diese frühen Objektbeziehungen. Und weil die Entwicklungsgeschichte nur in Beziehung auf Objekte verläuft, deshalb geschieht das gleiche auch in der Analyse in bezug auf den Analytiker, auf den die frühen Objektbeziehungen übertragen werden. Es gibt nichts, was nicht Teil einer Übertragung werden kann[60]. Sie drückt sich keineswegs nur in den manifesten Anspielungen auf den Analytiker aus. Melanie Klein schreibt: "Mein Konzept der Übertragung als verwurzelt in den frühesten Entwicklungsstadien und in tiefen Schichten des Unbewussten ist viel weiter und schliesst eine Technik ein, durch welche vom gesamten Material her die unbewußten Elemente der Übertragung abgeleitet werden"[61]. Und deshalb interpretieren die Kleinianer auch das gesamte Material *nur* als Ausdruck der Übertragung vor dem Hintergrund der frühen Objektbeziehungen. Die von Freud noch getrennten "leicht zu erlernenden Übersetzungskünste" und "die fast selbständig zu erratende Übertragung" fallen also für Melanie Klein in eine Aufgabe zusammen.
Die konkreten Deutungen haben vor allem das Ziel, die paranoiden und depressiven Ängste zu mindern und damit die Spaltungen unnötig zu machen. Melanie Klein betont dabei in einem gewissen Kontrast zu den Freudianern die Notwendigkeit, vor allem die Äußerungen von Haß zu deuten, weil nur so auch ein Zugang zur Liebe gefunden werden könne.
Die Autorin gibt immer wieder zu, daß sie sich mit ihren Aussagen in einem teilweisen Widerspruch zu Freud befinde, sie kann jedoch auf einzelne Sätze Freuds verweisen, die ihre eigene Meinung bestätigen. Sie pocht darauf, daß sie sich in vielem näher an Freuds Meinung befinde als ihre Erzfeindin: Freuds jüngste Tochter Anna Freud. Wir können den persönlichen Konflikt der beiden, der nach Freuds Tod im Londoner Exil voll ausbrach, hier außer acht lassen[62]. Aber in den gegensätzlichen Positionen beider Frauen sind unterschiedliche theoretische Haltungen verkörpert, die sich in Resten auch heute noch auffinden lassen. Für Anna Freud sind Deutungen der Übertragung *eine* Form der Deutung neben vielen anderen, und in einem Vortrag von 1969 warnt sie davor, "den Patienten aufgrund einer fast wahnhaften Übertragung in den Zustand primitiver, vom Ich nicht kontrollierter Gefühlsregungen zurückzuversetzen"[63]. Auch die Traumdeutung ist für Anna Freud eine Kategorie von Deutung, die keinen selbstverständlichen Zusammenhang mit der Übertragung hat. Melanie Klein erwähnt zwar Träume in ihrer kurzen Arbeit, sie geht aber auf die Traumdeutung explizit nicht ein. Es ist aber von ihren anderen Schrif-

---

[59] (1952) S. 53.
[60] Und deshalb sind für die Schule Melanie Kleins - im Prinzip - auch Psychotiker und andere Patienten mit ganz frühen Störungen analysefähig. Sie wurden von Freud für nicht analysierbar gehalten, weil sie anscheinend keine Übertragung entwickeln konnten.
[61] (1952) S. 55. Die Übersetzung ist von mir selber.
[62] Jetzt hervorragend dokumentiert in: P. King/R. Steiner (ed.) 1991.
[63] (1980) Bd. 8, S. 2502.

ten und vor allem durch Hanna Segals[64] Ausführungen über Melanie Kleins Technik deutlich, daß die Kleinianer auch Träume nur innerhalb und als Ausdruck der Übertragung deuten.

2.2.5 Fritz Morgenthaler

Es war der freudianische Analytiker Fritz Morgenthaler aus Zürich, der mit seinem Buch "Der Traum"[65] die Traumdeutung konsequent in den Rahmen des Verständnisses der Übertragung eingefügt hat. Es ist nicht einfach, seine Ausführungen klar darzustellen, ohne sie zu verkürzen. Er schreibt mehr literarisch als wissenschaftlich, genaue Zitate fehlen fast ganz. Wo er präzise zu sein scheint, stößt man oft auf Widersprüche, und der genialische Duktus verführt den Leser oft zu Bewunderung und einer Begeisterung, die einer nüchternen Rechenschaft über den Inhalt im Wege stehen.

Morgenthaler versteht sein Werk als eine Weiterführung von Freuds Ansatz. Freud hatte versucht, den manifesten Traum, also die Erzählung des erlebten einzelnen Traumes, als Ausdruck unbewußter, anstößiger und deshalb verdrängter Phantasien und Wünsche zu verstehen. Der Traumtext selber ist gerade nicht das eigentliche, er ist das entstellte und unkenntlich gemachte Zeugnis für etwas anderes, das es zu entschlüsseln gilt. Das Mittel der Traumdeutung ist die freie Assoziation zu den einzelnen inhaltlichen Elementen des Traumtextes. Durch sie kann man sich den verdrängten Phantasien und Wünschen annähern. Freud hatte diese Technik vor allem an eigenen Träumen in seiner Selbstanalyse entwickelt, nicht jedoch innerhalb von Therapien mit Patienten. Darauf weist Morgenthaler mit Recht hin. Er lehnt diese Form der inhaltlichen Deutung nicht ab, aber er möchte sie durch eine "Traumdiagnostik"[66] erweitern. Damit meint er das Verständnis der Funktion des Traumes im interpersonellen psychoanalytischen Dialog. Morgenthaler betont immer wieder, wie "hochspezifisch"[67] es sei, daß gerade dieser Traum zu dieser Zeit in diesem Kontext diesem Analytiker erzählt werde. Neben die Analyse des Traumes als Inhalt tritt die Analyse des Traumes als Tat. Er schreibt: "Der Träumer erinnert überhaupt nichts von dem 'Vergessenen und Erinnerten', das in den latenten Traumgedanken enthalten ist, sondern er *agiert* es in der Art, wie er träumt und wie er mit dem Traum umgeht. Er reproduziert den Traum nicht als Erinnerung, sondern als Tat, und diese Tat ist der Traum und seine Traumerzählung. Mit seiner Traumerzählung wiederholt er, was erlebnismäßig in den unbewußten Motivationen, die den Traum provozierten, in Bewegung geraten ist"[68]. In einem Beispiel[69], das er gibt, übernimmt Morgenthaler eine Traum-

---

64 (1974) S. 154-162.
65 Der Untertitel "Fragmente zur Theorie und Technik der Traumdeutung" zeigt schon, daß das von Freunden nach dem Tode Morgenthalers herausgegebene Buch kein systematisches Lehrbuch ist, sondern eine Zusammenstellung von Manuskripten und Seminarprotokollen.
66 So die Überschrift des zweiten Kapitels.
67 Z.B. auf S. 80.
68 S. 49/50.
69 Im ersten Kapitel mit dem Titel "Ein Traum als Beweismittel". Der Titel ist ein vieldeutiger Hinweis auf den Inhalt, denn Morgenthaler "entlehnt" den Titel von Freud (siehe nächste Anmerkung). Der Inhalt der Freudschrift ist jedoch die Deutung eines Traumes, den je-

deutung von Freud[70], aber er entwickelt sie weiter. Er akzeptiert auch Freuds Deutung, den Kinderwunsch einer Patientin, aber diesen Wunsch stellt er in die analytische Situation als eine durch den Traum vollzogene Tat. Und diese Tat ist nicht ein unbewußter verdrängter Gedanke, sondern ein Ereignis, das sich in der Analyse vollzieht und an das die Patientin vielleicht nie gedacht hat: der Wunsch, vom Analytiker ein Kind zu erhalten.

Verdrängte Gedanken als Inhalte sind, so Morgenthaler, nach Freuds Strukturmodell nicht Bestandteil des Es. Dieses sei ungestaltet und ohne Inhalt. Gedanken sind immer unbewußte Ich-Teile, die aber vom Es her eine spezifische emotionale Färbung erhalten. Eben diese emotionale Bewegung ist nicht erzählbar, sondern nur in einer Handlung darzustellen.

Morgenthaler schreibt: "Aus der Summe der Übertragungsäußerungen zeichnet sich gleichsam pantomimisch das anachronistische Erlebnismuster ab, wobei die Tendenz der unbewußten Motivationen an der Art und Weise des Umgangs mit Analyse und Analytiker Gestalt annimmt"[71]. Die Einfälle des Analysanden sind nur "das manifeste Bild der von der Zensur der Ichkontrolle unkenntlich gemachten Inhalte des latenten, unbewußten Konfliktes"[72]. Um deuten zu können, muß der Analytiker zuerst die unbewußten Tendenzen, wie sie sich in der Übertragungssituation darstellen, verstehen, um danach gegebenenfalls auch Inhalte zu deuten. Für Morgenthaler sind damit psychoanalytische Deutungen, wenn sie jedenfalls das Unbewußte deuten sollen, überhaupt nur in einer Übertragungssituation möglich. Das Ziel von Morgenthalers Buch ist es zu zeigen, wie man aus einer Analyse der formalen Eigenschaften eines Traumes auf seinen latenten Erlebnisinhalt schliessen könne. Unter "formal" ist zu verstehen, wie und wann, in welchem Kontext und auf welche Weise der Traum erzählt wird, wann der Analysand seine Erzählung unterbricht, was er an Erläuterungen oder an Nachträgen hinzufügt, und wie er überhaupt mit seinem Traum in der Stunde umgeht. Morgenthaler verzichtet auf die sonst übliche Forderung an den Analysanden, zu den einzelnen Traumteilen "frei zu assoziieren", weil damit die freie Entfaltung der formalen Eigenschaften der Traumerzählung verhindert würde[73]. Der Kontext ist - als Tat - jeweils schon genau der Rahmen, in dem dieser Traum in dieser Situation verständlich werden könne.

Die emotionale Bewegung ist nach Morgenthaler ursprünglich ungerichtet und objektlos - hierin unterscheidet er sich von den Objektbeziehungstheoretikern. Um wahrnehmbar zu werden, muß sie "sich den geformten, gezielten, objektbezogenen, inhaltlich relevanten unbewußten Ichanteilen zuwenden"[74]. Nicht recht verständlich ist dabei, wieso die emotionale Färbung, die doch inhaltslos und ungerichtet ist, zum Spezifischen und Unverwechselbaren[75] werden kann.

---

mand als Traum einer anderen Person zitiert, um ihn als ein"Beweismittel" dafür zu benutzen, daß diese andere Person etwas Wichtiges nicht gemerkt hat. Und ebenso zitiert Morgenthaler Freud, um Freuds Schrift, in der dieser einen zitierten Traum zitiert, seinerseits als Beweismittel dafür zu gebrauchen, daß Freud nicht alles gemerkt hat.
[70] "Ein Traum als Beweismittel" (1913a).
[71] S. 64.
[72] S. 64.
[73] S. 79/80.
[74] S. 63.
[75] S. 62.

Aber wie auch immer das zu interpretieren ist, eines ist für Morgenthaler klar: insofern sich die unbewußten Es-Anteile, das ungerichtete Triebhafte, immer an unbewußte Ich-Gedanken und Phantasien anschließen müssen, sind sie erkennbar nur als Hintergund aller objektbezogenen Übertragungsäußerungen. Das eigentlich Unbewußte, das, wofür sich der Analytiker interessiert, ist weder der bewußte noch auch irgend ein unbewußter Text, sondern etwas Drittes, das nur als "Tat" mit den Texten und durch sie erfahrbar wird. Diese Theorie geht noch weit über Ferenczi und Rank hinaus, insofern das Unbewußte nicht mehr als Text, wenn auch vielleicht als nie wirklich erfahrener, verstanden wird, sondern nur noch als das, was sich im unbewußten Handeln ausdrückt, oder wie man jetzt meist sagt, in einer "Inszenierung". Damit sind wir bereits auf dem Weg zu Alfred Lorenzer, aber ich möchte vorher noch anmerken, daß eine psychoanalytische Textinterpretation, die sich darauf beschränkt, einen zweiten unbewußten Text wie einen "psychoanalytischen Schriftsinn" zu konstruieren, niemals den Anforderungen Morgenthalers genügen würde. Kennzeichnend für ihn ist, daß das von ihm gesuchte Unbewußte überhaupt nur im Handeln mit dem Traumtext, in der sogenannten "Textpragmatik"[76] faßbar wird. Sie wird innerhalb der psychoanalytischen Situation durch die Übertragung repräsentiert. Ohne den pragmatischen Aspekt dürfte damit auch eine psychoanalytische Textinterpretation im strengen Sinne unmöglich sein.

2.2.6 Alfred Lorenzer

In Deutschland ist Alfred Lorenzer in seinem 1970 erschienenen Buch "Sprachzerstörung und Rekonstruktion" mit einer etwas anderen Begründung als Morgenthaler zu einem ähnlichen Ergebnis gekommen: daß nämlich ein Verständnis des Unbewußten nur über die Analyse der Übertragung zu erlangen sei. Und Lorenzer versucht in neueren Arbeiten[77], diesen Gedanken auch für die Analyse von kulturellen Produkten anzuwenden.
Hatte Freud noch gemeint, daß "das Extrahieren unbewußter Gedanken und Erinnerungen" ... "leicht zu erlernen"[78] sei, so leugnet Lorenzer die Möglichkeit, auf diese Art zu einem Verständnis des Unbewußten zu kommen. Zwar wird auch ein Analytiker zunächst im "logischen Verstehen"[79] den schlichten Sinn der Sätze aufzunehmen versuchen. Aber dieses Verfahren führe nie zum Unbewußten, denn die unbewußten Inhalte seien verdrängt, aus der sprachlichen Kommunikation ausgeklammert[80], wie es Lorenzer nennt. Deshalb bestehe gerade fürs Unbewußte keine Sprachgemeinschaft geteilter Wortbedeutungen. Neben das logische Verstehen müsse deshalb ein spezifisches "szenisches Verstehen"[81] treten. Lorenzer kommt auf diesen produktiven Begriff von der Einsicht her, daß die verinnerlichten Bilder vom Selbst und von den anderen

---

[76] Diesen Ausdruck benutzt Morgenthaler zwar noch nicht, aber mir scheint, daß er das von ihm Gemeinte trifft. Zugleich verweise ich damit schon auf Kapitel 4.5.3.1.3, S. 117.
[77] Z.B. (1986).
[78] Siehe oben S. 36.
[79] Lorenzer (1970), speziell S. 83.
[80] S. 124.
[81] Ausführlich behandelt im 5. Kapitel seines Werkes.

nicht einfach abstrakte Abbilder seien, sondern Zeugen früherer Interaktionen zwischen dem Selbst und den anderen, daß sie also immer schon einen Beziehungsaspekt enthielten. Alle neuen Beziehungen würden unbewußt nach dem Muster der alten gebildet. Die alten Beziehungen werden dabei nicht als solche erinnert, sondern agiert. Hatte Freud noch geklagt, daß die Patienten leider nicht erinnern, sondern agieren, so stimmt Lorenzer dem zu. Nur: könnten die Analysanden alles einnern, dann wäre ihr gesamtes Erleben symbolisierungsfähig, und sie hätten keine Neurose. Aber weil der Patient nicht alles erinnert, deshalb ist das "szenische Verstehen" der handelnden Darstellung alter, nicht erinnerungsfähiger Szenen *das* zentrale Mittel zum Verstehen des Unbewußten. Das Handeln geschieht innerhalb der Übertragung, es *ist* die Übertragung. Sie wird damit zum einzigen Bezugspunkt, von dem her die aus der Erinnerung und damit aus der Sprache ausgeschlossenen Inhalte faßbar würden. Lorenzer schreibt: "Wenn es gelingt, durch die 'Teilnahme am Sprachspiel' die Schranke des Verstehens, die von der Verdrängung gesetzt wird, zu unterlaufen, dann läßt sich ein Zugang zu verborgenem Sinn finden, der zugleich Zugang zu der lebensgeschichtlichen Individualität des jeweiligen Individuums ist. Die Wiederherstellung der gestörten Sprache kann am historisch exakten Einsatzpunkt ansetzen"[82]. Es ist interessant, daß sich Lorenzer für seine Auffassung auf zwei Kleinianerinnen beruft, auf Susan Isaacs[83] und auf Paula Heimann, die uns in Kürze wiederbegegnen wird. Lorenzer fordert für den Analytiker ein "Eintauchen" in die Szene, eine Identifikation mit dem Ich des Patienten und mit seinen Objekten und eine Reflexion auf diese Identifikation. Dabei scheint es ein eher spontaner Vorgang zu sein, durch den der Analytiker sich in die Szene des Analysanden einbeziehen läßt, gefördert wird er nur durch die spezielle Aufmerksamkeit in der psychoanalytischen Situation. Aber "das Hervorholen der Bedeutungen im Begreifen der Szene als 'verstandene' Situation", das ist ein bewußter Weg, den sich der Analytiker von bloßer Teilhabe zu einer "formulierten Teilnahme" bahnen muß[84].

2.3 Gegenübertragung

2.3.1 Die Anfänge bei Freud

Bei der Erörterung, welche Bedeutung für Lorenzer die Übertragung des Patienten auf den Analytiker hat, sind wir unversehens auf die Reaktion des Analytikers gekommen, wenn dieser sich in die "Szene" des Analysanden einbeziehen läßt. Damit haben wir ein Feld betreten, das ich bisher künstlich ausgeschlossen hatte: die Gegenübertragung. Ihre Darstellung ist nicht einfach, schon allein deswegen, weil verschiedene Autoren darunter sehr Verschiedenes verstehen. Für meine Argumentation ist allerdings nur die Richtung wichtig, die sich nach 1950 unter dem Einfluß von Melanie Klein gebildet hat,

---

[82] S. 199.
[83] Eine der bedeutendsten Anhängerinnen von Melanie Klein, die vor allem durch ihre Arbeit über den Begriff der Phantasie (1943) bekannt geworden ist.
[84] S. 216.

und die jetzt auch bei den "orthodoxen" Freudianern weitgehend akzeptiert ist[85].

Das Wort taucht öffentlich zum ersten Male in einer Rede von Freud vor dem Nürnberger Psychoanalytischen Kongreß (1910)[86] auf und wird von ihm nur noch kurz danach und auch nur selten benutzt. Die emotionalen Reaktionen des Analytikers erscheinen dabei als störend für das Verstehen des Patienten und sollten eigentlich nicht sein. Durch die Autorität von Freud, und weil sie wohl auch dem Bedürfnis nach innerer Sicherheit entgegenkam, ist diese Auffassung über vierzig Jahre herrschend geblieben. Nun hat allerdings kürzlich Klaus Nerenz (1985) in einer Diskussion aller Textstellen darauf hingewiesen, daß die Haltung Freuds so strikt nun doch nicht war, und daß er unter anderen Begriffen genau das beschrieb, was später als Positivum der Gegenübertragung expliziert wurde: die Wahrnehmung des Unbewußten des Patienten durch das Unbewußte des Analytikers. Freud schreibt in einer seiner technischen Schriften über den Arzt: "Er soll dem gebenden Unbewußten des Kranken sein eigenes Unbewußtes als empfangendes Organ zuwenden, sich auf den Analysierten einstellen wie der Receiver des Telephons zum Teller eingestellt ist. Wie der Receiver die von Schallwellen angeregten elektrischen Schwankungen der Leitung wieder in Schallwellen verwandelt, so ist das Unbewußte des Arztes befähigt, aus den ihm mitgeteilten Abkömmlingen des Unbewußten dieses Unbewußte, welches die Einfälle des Kranken determiniert hat, wiederherzustellen"[87]. Nerenz zeigt recht einleuchtend, daß bei Freud zwei Auffassungen der Gegenübertragung noch ungeschieden nebeneinander bestehen, die sich erst später trennten: einerseits die störende Gegenübertragung, aggressive oder erotische Gefühle, die die analytische Fähigkeit des Analytikers beeinträchtigen, und andererseits die positive Gegenübertragung, die überhaupt die Bedingung der analytischen Arbeit ist. Erst danach habe sich in fälschlicher Berufung auf Freud die Auffassung gebildet, daß der Analytiker gänzlich neutral sein müsse und jegliche Gegenübertragung deshalb ein Hindernis der Arbeit sei. Kernberg[88] nennt diese Auffassung den "classical approach" und unterscheidet ihn vom "holistic approach", in dem alle Gefühle und Phantasien des Analytikers, die den Analysanden betreffen, zur Gegenübertragung gerechnet werden, ohne daß damit schon über Schädlichkeit oder Nutzen entschieden sei. In einer sorgfältigen Untersuchung hat A. Gysling[89] gezeigt, daß bis 1950 zwar die Auffassung von der Gegenübertragung als neurotischem Hindernis oder als unabdinglicher Voraussetzung immer wieder diskutiert wurde, daß aber, von ganz seltenen und wirkungslosen Ausnahmen abgesehen, ein reflektierter Gebrauch der Gegenübertragung nicht erwogen oder gar empfohlen wurde. Den entscheidenden Umschlag bewirkte 1950 Paula Heimann - damals noch Anhängerin von Melanie Klein - mit ihrem kurzen Aufsatz "On Countertransference".

---

[85] Vgl. S. M. Abend (1989).
[86] Veröffentlicht unter dem Titel "Die zukünftigen Chancen der psychoanalytischen Therapie" (1910d), vgl. Anm. 21.
[87] (1912) S. 175/176.
[88] (1965) S. 208, deutsche Ausgabe (1978) S. 69/70.
[89] (1985) S. 199-205.

2.3.2 Paula Heimann

Worin besteht die Neuerung, die Paula Heimann[90] einführte? Zunächst einmal nimmt sie Anstoß an dem Bemühen vieler Ausbildungskandidaten, eine möglichst neutrale Haltung ohne jedes Gefühl für den Patienten zu erwerben und über allfällige Gefühle nur mit Schuldgefühlen zu sprechen. Ihre Gegenthese ist, daß die emotionale Antwort des Analytikers auf seinen Patienten innerhalb der analytischen Situation eines der wichtigsten Werkzeuge für seine Arbeit darstelle. "Die Gegenübertragung ist ein Instrument, um das Unbewußte des Patienten zu erforschen"[91]. Die analytische Situation sei nicht dadurch gekennzeichnet, daß der Analysand Gefühle habe und der Analytiker nicht, sondern durch einen verschiedenen Gebrauch der Gefühle. Der Analytiker äußere sie zwar nicht (hierin setzt sich Heimann von Ansichten des späten Ferenczi ab), aber er könne sie benutzen, um sie mit dem Gehörten zu verbinden und auf diese Weise das Unbewußte des Analysanden zu verstehen. An einem klinischen Beispiel zeigt sie, daß die Gefühlswahrnehmung oft dem bewußten Verstehen der sprachlichen Äußerungen vorausgehe. Denn das Unbewußte des Analytikers habe eine tiefe Verbindung zum Unbewußten des Patienten und seine Gefühle seien deren bewußter Ausdruck. Die Gegenübertragung ist, und das ist der Kern der Heimannschen Ausführungen, eine "Schöpfung" des Patienten im Analytiker[92]. Vor allem diese letzte Formulierung hatte einen kaum zu überschätzenden entlastenden Effekt: man konnte ohne Schuldgefühle über Gegenübertragung sprechen, denn sie war nicht mehr Ergebnis der eigenen Neurose (und somit ein Vergehen), sondern Produkt des Analysanden. Wir werden noch sehen[93], daß das eine Vereinfachung ist. Für unser gegenwärtiges Ziel möchte ich folgendes festhalten: Die Gefühle des Analytikers (und damit vielleicht auch des analytischen Lesers) sind ein Anzeichen für die unbewußte Beziehung, die der Analysand zu seinem Therapeuten aufnimmt. Sie werden nicht geäußert, gehen auch nicht unmittelbar in die Deutung ein, sondern tragen aufgrund eines inneren Reflexionsprozesses zu einem Verständnis der Situation und damit auch des Analysanden bei. Für meine spätere Argumentation möchte ich schon hier andeuten, daß die Reflexion auf die Gefühle des Analytikers oder Lesers nicht ein Element subjektiver Willkür in das Verstehen eintragen muß. Denn nicht schon die Gefühle selber sind das entscheidende Verständnis, sondern dieses kann erst in einem Prozeß der Reflexion in Verbindung mit dem Verarbeiten des sprachlichen Materials gewonnen werden.

2.3.3 Heinrich Racker

Entscheidend für die allgemeine Anerkennung der Bedeutsamkeit der Gegenübertragung wurde das 1978 ins Deutsche übertragene Buch von Heinrich

---

[90] (1950) Die Arbeit geht auf einen Vortrag zurück, den P. Heimann 1949 auf dem 16. Internationalen Psychoanalytischen Kongreß in Zürich gehalten hat. In einer späteren Arbeit (deutsch 1964) hat sie allerdings ihre Thesen wieder etwas relativiert.
[91] S. 81, zitiert nach: R. Langs, (ed.) (1981).
[92] S. 84, ebenfalls zitiert nach Langs, (ed.) (1981).
[93] Unten in der Zusammenfassung unter 2.7.

Racker "Übertragung und Gegenübertragung". Racker, Sohn jüdischer Eltern in Polen, wuchs in Wien auf und emigrierte nach Argentinien, wo er bald unter den Einfluß der dort herrschenden Psychoanalyse Melanie Kleins geriet. Schon in den fünfziger Jahren veröffentlichte er seine entscheidenden Arbeiten auf spanisch und auf englisch, aber wirklich bekannt wurde er im deutschsprachigen Bereich erst durch die Bemühungen seines Kollegen Werner Kemper[94], der sich nach dem Krieg in Brasilien niederließ und von dort aus Racker kennenlernte. Heutzutage ist es wohl kaum übertrieben zu sagen, daß es keinen Analytiker gibt, der "den Racker" nicht gelesen hat[95]. Vor allem durch ihn ist das Gedankengut Melanie Kleins mehr und mehr ins analytische Denken auch orthodoxer Freudianer "eingesickert". Für meinen eigenen Gedankengang stellt Racker die wichtigsten Begriffe zur Verfügung.

Wie Paula Heimann versteht auch Racker sämtliche Gefühle, die der Analytiker in der analytischen Situation erlebt, als Gegenübertragung. Aber er will doch diese Gefühle differenziert betrachten. In genauer Analogie zu Freuds Ausführungen über die Übertragung unterscheidet er zunächst die positive Gegenübertragung, die die Voraussetzung jeder analytischen Arbeit ist, von der negativen und von der sexualisierten Gegenübertragung, die er, wie die entsprechenden Übertragungen, als Widerstand ansieht[96].

In seiner Gegenübertragung antwortet der Analytiker auf zwei Schichten des Analysanden, auf seine bewußte, aktuelle und auf seine unbewußte, verdrängte Übertragung. Es ist entscheidend wichtig, daß der Analytiker die innere Lebendigkeit behalten kann, immer auch dieses letztere zu tun. Wenn der Analysand seinen Analytiker mit Kälte behandelt, so wird dieser einerseits die Kälte erleben und eine Neigung haben, entsprechend "erkältet" zu reagieren. Wenn er das aber ausschließlich tut, gerät er mit dem Patienten in einen Teufelskreis. Er muß sich deshalb außerdem noch die Möglichkeit bewahren, "mit der Lebendigkeit der eigenen Einfälle und der Wärme seiner Gefühle all das bei-(zu)steuern (...), was der Patient verdrängt oder blockiert hat"[97].

Wenn es dem Analytiker gelingt, eine angemessene Einfühlung gegenüber dem Patienten zu bewahren, dann spricht Racker von einer "konkordanten" Gegenübertragung[98]. In diesem Fall ist sein Ich mit dem Ich des Patienten, sein Es mit dessen Es und sein Über-Ich und seine anderen inneren Objekte mit den entsprechenden Anteilen des Patienten im Kontakt. Das ist ein kaum erreichbares Ideal. Auf der anderen Seite dieser Skala steht die "komplementäre" Gegenübertragung[99], in der der Patient in seinen verschiedenen Anteilen zum Repräsentanten der konflikthaften inneren Anteile des Analytikers wird. Man müsse hier im Grunde von der primären Übertragung des Analytikers auf seinen Patienten reden. Im extremen Fall sei ein einfühlendes Verstehen nicht mehr möglich. Wir werden später[100] auf diese Form der komplementären Ge-

---

[94] Siehe W. Kemper, in: L. Pongratz (1973) S. 334.
[95] Andere Arbeiten von Racker sind daneben zu Unrecht fast vergessen. Ich erwähne vor allem "On Freud's Position Towards Religion" (1956).
[96] (1978) S. 75. Alle weiteren Zitate von Racker beziehen sich auf dasselbe Buch.
[97] S. 73.
[98] S. 160.
[99] S. 160.
[100] Kap. 7.2.4.

genübertragung zurückkommen, wenn wir das System einer psychoanalytisch orientierten Literaturinterpretation von Norman Holland würdigen.

Von der letzten Unterscheidung zu trennen, wenn auch teilweise mit ihr in Deckung, ist die weitere Differenzierung zwischen "konkordanter" und "komplementärer" Identifikation[101], die später in unserer Auseinandersetzung mit Drewermann eine entscheidende Rolle spielen wird. Konkordant identifiziert ist der Analytiker, wenn er sich mit Ich und Es des Patienten identifiziert, komplementär, wenn die Identifikation mit den inneren Objekten des Analysanden geschieht. Von seiten des Patienten her entsteht diese Identifikation als aktiver Prozeß durch Projektion von Selbstanteilen und andererseits von inneren Objekten, also den Imagines, die letztlich auf das Erleben von Eltern und Geschwistern zurückgehen. Daß sich der Analytiker auf diese Art identifizieren läßt, die Identifikation also annimmt, ist ein normaler Vorgang, aber, und hier übernimmt Racker den Grundgedanken von Paula Heimann: er muß diese Identifikation erkennen und für seinen Deutungsprozeß nutzbar machen. Das kann er, indem er die Gefühle und Phantasien, die der bewußte Ausdruck der Identifikationen sind, als Gegenübertragung wahrnimmt und zunächst für sich selber interpretiert. Obwohl Racker es in dieser Form nicht sagt, glaube ich doch, daß er gerade deshalb den umfassenden Gegenübertragungsbegriff vertritt, weil alle Gefühle, auch sehr konflikthafte, zum symbolischen Vertreter der vom Analysanden induzierten Identifikationen werden können. Racker ermutigt den Leser immer wieder, auch vor sehr neurotischen inneren Reaktionen keine Angst zu haben, solange sie nur bewußt sind und nicht agiert werden. In allen Reaktionen des Analytikers sei mindestens ein Körnlein Wahrheit über den Patienten erhalten. Wenn man die Auffassung von Racker auf sein eigenes Buch und die Leserreaktion anwendet, so könnte man sagen, daß Racker den Leser veranlaßt, sich mit einem sehr liebe- und verständnisvollen Über-Ich zu identifizieren. Auch das mag den großen Erfolg des Buches erklären.

2.3.4 Projektive Identifizierung

Wenn Racker davon spricht, daß der Patient unliebsame Selbst- und Objektimagines auf den Analytiker projiziere, die dieser dann durch seine Gefühlsreaktion wahrnimmt und als Gegenübertragung interpretiert, dann benutzt er einen zentralen Begriff von Melanie Klein, den diese erstmals 1946 in die Diskussion eingebracht hatte: die projektive Identifizierung[102]. Es ist in diesem Zusammenhang unnötig, die neuere Diskussion ausführlich zu referieren[103], aber einige Merkmale seien hier herausgestellt. Es handelt sich dabei nach fast

---

[101] S. 159.
[102] In ihrer Arbeit "On some Schizoid Mechanisms", in der sie zugleich den Begriff der "paranoid-schizoiden Position" einführte, vgl. Anm. 59. Der englische Ausdruck "Projective Identification" sollte im Deutschen eher mit "projektive Identifizierung" als mit "Identifikation" übersetzt werden, weil es sich um einen aktiven *Vorgang* handelt, den der Analysand unbewußt ausführt, und nicht um dessen *Ergebnis*.
[103] Vgl. dazu den Kongreßbericht von R. Zwiebel (1985).

einhelliger Meinung[104] um einen primitiven psychischen Mechanismus, bei dem ein unliebsamer innerer Anteil, meist eine Selbstimago (z.B. eine Selbstimago, in der man sich als ohnmächtig erlebt) abgespalten und auf eine andere Person projiziert wird. Das Ergebnis ist dann, daß nicht mehr "ich" ohnmächtig bin, sondern der andere so erlebt wird. Das ist zunächst einmal ein intrapsychischer Vorgang, der aber, und das ist für die projektive Identifizierung entscheidend, zu einem interaktionellen Prozeß werden kann. Der Patient "manipuliert" den Analytiker unbewußt in der Weise, daß dieser sich nun auch tatsächlich so fühlt, wie es dem auf ihn projizierten Selbst- oder Objekt-Teil entspricht. Wenn ich mich als Analytiker also ohnmächtig und hilflos fühle, und der Analysand sich auch in der Phantasie mit seiner Ohnmacht oder mit seiner Macht beschäftigt, dann kann ich mich fragen, ob ich nicht vor allem ein Gefühl erlebe, das primär induziert ist. Zur projektiven Identifizierung gehört auch - ich deutete es bereits an -, daß der Analysand mit dem abgespaltenen Gefühl, insofern es jetzt im Analytiker ist, in Kontakt bleibt, indem er z.B. davon spricht. Ogden[105] hat von daher noch eine weitere Stufe des Prozesses der projektiven Identifizierung gefordert. Der Patient wünscht zu erleben, wie der Analytiker das abgespaltene Gefühl handhabt und möchte es in veränderter Form re-introjizieren. Für Ogden ist dieser Vorgang, in Anlehnung an W. Bion, der zentrale Teil des therapeutischen Prozesses[106]. Wir können die Nützlichkeit dieses erweiterten Konzeptes auf sich beruhen lassen, wichtiger ist, daß es offensichtlich interpersonelle Mechanismen gibt, die dafür sorgen, daß es im anderen zu Gegenübertragungsreaktionen kommt, und die Frage wird es sein, ob sich Leserreaktionen derart interpretieren lassen.

In mehreren Arbeiten ist Joseph Sandler dem interaktionellen Prozeß der Übertragungs-/Gegenübertragungsbeziehung nachgegangen. Er, als Nicht-Kleinianer, bleibt dabei im Rahmen der klassischen Psychoanalyse, berührt sich aber, anscheinend ohne es zu wissen, mit dem Ansatz von Lorenzer, der im angelsächsischen Bereich weitgehend unbekannt geblieben ist[107]. Schon in der 1973 erschienenen Veröffentlichung "Die Grundbegriffe der psychoanalytischen Therapie" schreiben Sandler und seine Mitautoren[108], daß Übertragung nicht nur eine "illusionäre Apperzeption einer anderen Person" sei, "sondern daß dazu auch die unbewußten (oft subtilen) Versuche gehören, Situationen mit anderen herbeizuführen oder zu manipulieren, die eine verhüllte Wiederholung früherer Erlebnisse und Beziehungen sind"[109].

---

[104] Eine Ausnahme ist die Arbeit von M. Porder (1987), der, nach meinem Urteil zu Recht, betont, daß projektive Identifizierung keineswegs immer einen ganz frühen Mechanismus aus der Epoche vor der Subjekt-Objekt-Differenzierung darstellt. Porder betont vor allem das Element der sozialen Manipulation, nur denke ich, daß er damit wiederum die Beobachtungen von Melanie Klein aus frühen Entwicklungsstufen nicht erklären kann.

[105] Th. Ogden (1979).

[106] Ogden hat in seinem vorletzten Buch diese Auffassung dahingehend modifiziert, daß projektive Identifizierung für den Analytiker jeweils eine Bedrohung seiner Fähigkeit zu verstehen bedeute. Vorgreifend auf meine Ausführungen in Kapitel 4 möchte ich die projektive Identifizierung als Aufhebung der Fiktionalität der analytischen Situation bezeichnen. Das schließt allerdings nicht aus, trotzdem in der Aufarbeit projektiver Identifizierungen einen Hauptteil analytischer Arbeit zu sehen. Die wichtigsten Bemerkungen dazu bei Ogden (1990) S. 227-231.

[107] Mir ist keine englische Übersetzung bekannt.

[108] J. Sandler/ Chr. Dare/ A. Holder (1973).

[109] S. 43.

1976 führt Sandler diesen Ansatz weiter. Der Patient dränge den Analytiker unbewußt dazu, eine bestimmte Rolle zu übernehmen und letzterer kann rationalisierend vermuten, daß er selber es sei, der diese Rolle gewählt habe. Eine Selbstanalyse würde aber oft zeigen, daß die Rollen übernommen wären und eine Aktualisierung der inneren Objektbeziehung des Analysanden darstellten. Dieser versuche, sie vor allem deshalb in die *Tat* umzusetzen, weil er sich der *Erkenntnis* einer zwar gewünschten infantilen, aber eben deshalb abgewehrten Beziehung widersetze. An die Stelle der Erkenntnis trete die Tat. An einem eindrücklichen Beispiel zeigt Sandler den Erkenntnisgewinn auf, den ein Analytiker haben könne, wenn er die Rollenzuweisung, die er erfährt, wahrnehmen und verstehen kann: Er selber erlebt sich bei einem Patienten als aktiver als er es sonst bei sich gewohnt ist. Bald versteht er, daß er um den Patienten wirbt, weil er ihn nicht verlieren möchte und wird daraufhin wieder zurückhaltender. Jetzt kann er deutlicher den weiterbestehenden Sog erleben, aktiv zu sein, und er versteht auch, daß der Analysand das dadurch provoziert, daß er jeden Satz in eine Frage ausklingen läßt. Sandler zeigt dem Patienten das auf, es war diesem gänzlich unbewußt, aber es wird ihm plötzlich deutlich, wie er seinen gewalttätigen Vater immer wieder in Gespräche zu verwickeln sich mühte, um sich zu vergewissern, daß dieser ihm noch gut gesonnen sei. Der Vater aber pflegte meist nicht zuzuhören und deshalb benutzte der Sohn den "Trick" mit der Frage[110].

Ohne die Erkenntnis der Rollenzuweisung aufgrund der Gegenübertragungsgefühle wäre die unbewußte Bedeutung der Szene nicht verstanden worden, und das sprachliche Material selber sagte darüber anscheinend nichts.

1987 nimmt Sandler seine Idee der Rollenübernahme nochmals auf und erklärt mit ihm die projektive Identifizierung als unbewußt manipulativen Akt, ein Selbst- oder Objektbild zu projizieren und die Projektion im anderen zu aktualisieren[111].

2.3.5 Szenisches Verstehen bei A. Lorenzer

Ich komme hier nochmals zu A. Lorenzer zurück, der mit einer ganz anderen Terminologie als Sandler ebenfalls die interaktionelle Bedeutung von Übertragung und Gegenübertragung hervorhebt. Sein Konzept des "Szenischen Verstehens" enthält nicht nur die Übertragung des Analysanden, sondern auch, wie wir schon sahen, das Sich-Einbeziehen-Lassen des Analytikers, die Gegenübertragung. Lorenzer übernimmt dabei die Begriffe der konkordanten und komplementären Identifikation von Racker und zeigt, ganz nach dessen Vorbild, wie sich der Analytiker damit zu einem Teil der Szene des Analysanden macht. Aber, und das ist ein wichtiger Gedanke, der uns im vierten Kapitel noch ausführlich beschäftigen wird, es bleibt nicht bei der bloßen Teilhabe, die als solche ja doch nur Teil der neurotischen Wiederholung wäre. In einem zweiten Schritt geht der Analytiker wieder auf Distanz, doch nicht zum Patienten, sondern zu seinem Erleben mit dem Patienten. Diese Distanz ist der Ort,

---

[110] S. 301/302.
[111] S. 21-23.

von dem her Reflexion möglich ist. Lorenzer nennt die Ebene der Reflexion die "diakritische Ebene"[112]. Erst von ihr her wird zweierlei möglich: erstens, die Szene zwischen Analysanden und Analytiker als "Inszenierung" einer zugrundeliegenden "Situation" zu erkennen. Diesen Gedanken werde ich im 4. Kapitel mit dem Begriff der "Fiktionalisierung" wieder aufnehmen. Und zweitens erlaubt nur die Distanz die "Symbolisierung" des Beziehungsgeschehens[113]. Auch diesen Gedanken möchte ich hier nur erwähnen, weil er im Zusammenhang einer Diskussion von Winnicott und Ogden unter 4.7.2 nochmals auftauchen wird.

2.3.6 Gegenübertragung in der Schule Jungs

Ich bin in meiner bisherigen Diskussion der Begriffe Übertragung und Gegenübertragung ausschließlich den Linien der Tradition Freuds und Melanie Kleins gefolgt. Daß ich dabei vieles ausgelassen habe, ist jedem klar, der sich ein wenig auskennt. Immerhin könnte man mit einem gewissen Recht einwenden, daß meine Ausführungen irrelevant seien, weil Drewermann sich nicht vorwiegend auf Freud, sondern auf Jung berufe. Das ist zwar sicherlich der Fall, aber Drewermann selber zitiert nicht einen einzigen Titel, in dem ein Jungianer sich zu diesen Begriffen äußert. Das ist im Kontext seines Vorhabens um so bedauerlicher, als es in der Tat auch dort eine Auseinandersetzung mit dem Thema gibt. Ein guter Überblick dazu ist bei Samuels[114] zu finden. Allerdings ist es unverkennbar, daß die Diskussion bei den Jungianern sehr viel schmäler ist. Das hänge, so interpretiert es Martin Fordham[115], mit einer gewissen Befürchtung vieler jungianischer Analytiker zusammen, daß die analytische Praxis ihren Bezug aufs Individuum verliere, wenn sie mit zu viel Theorie belastet würde. Fordham[116] selber war es, der sich für die Entwicklung dieser Begriffe eingesetzt hat. Er berührt sich dabei in vielem mit der Kleinschen Schule, die er - als Engländer - sehr schätzt. Er geht ursprünglich von einem umfassenden Konzept der Gegenübertragung aus, das alle Reaktionen des Analytikers umfaßt. Als die der Analyse angemessene und förderliche Form bezeichnet er die "syntonische Gegenübertragung"[117], in der der Analytiker genau auf das abgestimmt ist, was der Analysand ihm "sendet". Später[118] hat er den umfassenden Begriff aufgegeben und möchte jetzt Gegenübertragung auf die neurotischen Reaktionen des Analytikers beschränken. Alle anderen Gefühle seien als Teil des normalen therapeutischen Prozesses anzusehen. Fordhams Theoriebildung erreicht wohl nicht ganz die Differenzierung von Racker,

---

[112] S. 219.
[113] S. 221-224.
[114] (1989) S. 337-342.
[115] (1979) S. 197.
[116] Samuels (1989) S. 338-341, M. Fordham (1960), in: M. Fordham et al. (1989) S. 240-250.
[117] Dieser Begriff entspricht der "konkordanten Gegenübertragung" bei Racker, nicht, wie Samuels S. 338 meint, der "komplementären Gegenübertragung". In dieser letzteren macht der Analytiker den Patienten zum Repräsentanten seiner eigenen inneren Objekte, stellt sich also gerade nicht auf die des Analysanden "syntonisch" oder "konkordant" ein. Vgl. dazu die Nachweise unter Anm. 98 und 99.
[118] (1979) S. 207/208.

seine Fallberichte, in denen er zeigt, wie er konkret arbeitet, sind allerdings vorbildlich und bewundernswert[119].
In Deutschland berichtete 1971 H. Dieckmann über ein Forschungsprojekt, in dem eine kleinere Gruppe von Analytikern ihre Reaktionen auf Patiententräume analysierte und diese Reaktionen mit den Einfällen der Patienten selber verglich. Zwei Phänomene wurden dabei für die Gruppe wichtig:
1.) Die Gegenübertragungseinfälle stammen oft aus dem kollektiven Unbewußten und sind dann meist eine Kompensation von Fehlhaltungen des individuellen Unbewußten.
2.) Analytiker- und Patienteneinfälle sind oft erstaunlich "synchron", und Dieckmann zieht analytische Erklärungsversuche parapsychologischer Phänomene heran, um dieses zu erklären[120]. Für Dieckmann ist die Gegenübertragung ein wichtiges Erkenntnismittel, das aber keineswegs die gleiche Rolle wie in der Schule Melanie Kleins oder im Ansatz Lorenzers spielt.
Weitere Literatur zitiere ich in der Anmerkung[121], aber ich glaube doch gezeigt zu haben, daß auch die Berufung auf Jung genügt, um die Reflexion auf die Gegenübertragung für den analytischen Erkenntnisprozeß in den Vordergrund zu rücken.

2.4 Übertragung/Gegenübertragung und außeranalytische Informationen

Ich möchte, ehe ich schließe, noch etwas über die praktischen Auswirkungen des radikalen Übertragungs-/Gegenübertragungskonzeptes anfügen, was vor allem für Laien in der Psychoanalyse vielleicht fremd klingen wird und was für die Literaturinterpretation einige Auswirkungen hat. Weil Deutungen nur im Kontext der Übertragungsbeziehung geschehen und auf ihn bezogen bleiben, deshalb sind Informationen, die der Analytiker außerhalb des analytischen Rahmens erhält, im besten Falle irrelevant, meist aber störend. Es gehört zu den schwierigsten Situationen in einer Analyse, wenn sich Angehörige, etwa durch Anrufe, in eine Analyse drängen. Weiterhin bringt dieses Konzept mit sich, daß man am Anfang keine ausführliche "Anamnese" macht, sondern allenfalls einige unstrukturierte Vorgespräche führt, in denen man sieht, ob man

---

[119] (1979) S. 204-207.
[120] Die parapsychologischen Erklärungsversuche sind dann nicht so verwunderlich, wenn man sich klar macht, daß auch Freud an diesen Phänomenen interessiert war, allerdings zeitlebens skeptisch blieb (siehe bei Jones (1962) III S. 437-483). Die früheste Arbeit übrigens, in der der Begriff einer "Komplementäreinstellung" mit der Gegenübertragung verbunden wird, ist Helene Deutschs Aufsatz "Okkulte Vorgänge während der Psychoanalyse" (1926). Sie war es auch, die damit Racker zum Konzept der "komplementären Identifikation" angeregt hat. Ihre Arbeit ist allerdings gerade nicht parapsychologisch, sondern psychoanalytisch-rational.
[121] N. Schwartz-Salant/M. Stein (eds.) (1984); M. Fordham (ed.) (1989). In dem letztgenannten ausgezeichneten Band finden sich auch Arbeiten zum Thema der Übertragung in der Jungschen Schule, das ich in diesem Kapitel ausgeklammert habe, weil es den Rahmen sprengen würde. Ich glaube außerdem, daß Darstellungen analytischer Konzepte dann relativ trocken bleiben, wenn man nicht selber mit ihnen arbeitet. Und die Übertragung im Jungschen Sinne ist mir in der *Praxis* fremd.

zu einer Vereinbarung kommt[122]. Informationen haben eine Bedeutung nur im Kontext der sich entwickelnden Beziehung. Das "Tatsächliche" wird in einer Analyse nur dann wichtig, wenn es den Rahmen, die Möglichkeit, überhaupt noch Analyse zu machen, bedroht, sonst ist es *als* Faktisches, *als* außeranalytische Referenz irrelevant. Dafür ist es aber als inneranalytische *Erzählung* um so bedeutsamer[123]. In dieser Hinsicht nähert sich die analytische Situation der fiktiven Literatur - und damit eröffnet sich zugleich die Möglichkeit, fiktive Literatur psychoanalytisch zu interpretieren. Wie das geschehen kann, ist Thema des 4. Kapitels, aber es ist vielleicht schon jetzt deutlich, daß eine Literaturtheorie, die sich auf den gegebenen Text beschränkt, mit diesem Konzept der Psychoanalyse eher zusammentrifft, als eine solche, die vom Autor und seiner überlieferten und rekonstruierbaren Lebens- und Entwicklungsgeschichte ausgeht[124].

2.5 Zusammenfassung

Ich möchte am Schluß die Diskussion um die Konzepte von Übertragung und Gegenübertragung systematisierend zusammenfassen und dabei noch einige Akzente setzen, die für die spätere Diskussion wichtig werden und auch meine eigene Position andeuten. Ich beginne mit der Gegenübertragung. Sie ist, nach Paula Heimann, eine Schöpfung des Analysanden, aber er bzw. sie benutzen zu dieser Schöpfung ausschließlich Material, das im Analytiker bereit liegt: reifes, neurotisches und psychotisches, je nach den Möglichkeiten und Schwierigkeiten des Analytikers. Die Gegenübertragung ist mithin eine Art Collage des Analysanden im Analytiker. Deshalb ist jeder Gedanke, jedes Gefühl, jede Phantasie daraufhin anzusehen, ob und wie sie Teil dieser Schöpfung des Analysanden und damit Gegenübertragung sind[125]. Abgesehen von dieser Interpretation *als* Gegenübertragung in bezug auf einen Patienten sind alle Gefühle des Analytikers sein normales alltägliches Eigentum. Es gibt keine Gegenübertragung an sich, sondern sie ist immer schon das Ergebnis eines interpretativen Prozesses, in dem der Analytiker im Prinzip ständig steht. Deshalb ist auch die Frage, ob es nicht eine primäre Übertragung des Analytikers auf den Patienten gäbe, nicht eindeutig beantwortbar. Interpretiert als Reaktion auf den Analysanden ist auch die Übertragung des Analytikers Gegenübertragung auf den Patienten. Gegenübertragung ist kein Phänomen, sondern eine narrative Strategie, die Reaktionen eines Analytikers auf seinen Patienten interpetierend nachzuerzählen. Sie ist *eine* Strategie, und das heißt, daß es noch andere gibt, z.B. die der konventionellen sozialen Beziehung. Ebenso ist auch "Übertragung" immer schon eine Interpretation, nicht etwas an sich Vorhandenes. Der Analysand überträgt nicht, sondern sieht seinen Analytiker auf eine

---

[122] Die beste neuere Darstellung dieser Konzeption bei Ogden (1989) im 8. Kapitel "The Initial Analytic Meeting", eine gegensätzliche Auffassung in den Kongreßvorträgen von Maastricht (1984) in der "Zeitschrift für psychoanalytische Theorie und Praxis" Null-Nummer 1985.
[123] A. Lorenzer (1970) spricht von der analytischen "Disjunktion von Sinnfrage und Tatsachenfeststellung" S. 235.
[124] Ich werde darauf in 7.3.1 in der Auseinandersetzung mit C. Pietzcker zurückkommen.
[125] Und was nicht Teil der Collage ist, gehört als "Grund" zur "Figur" der Gegenübertragung.

bestimmte Weise als jemand an. Erst die Interpretation[126] macht daraus die Übertragung einer frühen Objekt- oder auch Selbst-Imago, die anachronistisch geworden ist. Übertragung und Gegenübertragung sind keine empirischen Begriffe, sondern Konzepte, die den von ihnen beschriebenen Phänomenen jeweils vorausgehen, sie im Grunde erst erschaffen[127]. Dieser Gedanke ist entscheidend, wenn wir versuchen, das Übertragungs-/Gegenübertragungskonzept auf Texte - was anderes als? - zu übertragen.

---

[126] Vgl. dazu die Arbeit von S. Tarachow (1962), die ich im 4. Kapitel erwähnen werde.
[127] Ich verdanke Roy Schafer (1983) die wesentlichen Anregungen für mein Verständnis des wissenschaftstheoretischen Status der psychoanalytischen Begriffe.

3. Psychoanalytische Interpretation von biblischen Texten - Versuch einer systematisierenden Übersicht

3.1 Einleitung

In der Reflexion auf die Anwendung psychoanalytischer Konzepte auf Texte gab es von Anfang an bis jetzt zwei Hauptströmungen. Die erste, repräsentiert z.B. durch Freuds Schrift "Der Dichter und das Phantasieren" (1908e) beschäftigt sich mit dem Ursprung künstlerischer Produktivität. Sie fragt nach den seelischen Voraussetzungen des Schaffens und nach der Funktion, die dieses für den Künstler hat. Das einzelne Werk kommt dabei nur insoweit in Betracht, als es etwas über den Ursprung des künstlerischen Prozesses aussagt. Die zweite Richtung beginnt beim Werk und gelangt, wenn überhaupt, erst am Schluß zu Betrachtungen über den Produktionsprozeß. In dieser Arbeit, in der es um Interpretation geht, brauchen uns psychoanalytische Produktivitätstheorien nur am Rande zu interessieren. Im Mittelpunkt steht das Werk und seine Bedeutung. Um Versuche von Textinterpretationen vorzustellen, ist es nützlich, sie nicht einfach, etwa chronologisch, aufzureihen, sondern sie sinnvoll zu ordnen. Das ist umso wichtiger, als ein methodisches Bewußtsein für die Vielfalt der Möglichkeiten gerade bei psychoanalytisch orientierten Bibelauslegern, auch bei Drewermann, weitgehend fehlt.

Es sind in der Literatur mehrere Vorschläge zu einer Einteilung gemacht worden, z.B. von R. Wolff (1975)[1], von E. Wright (1984)[2] und von W. Schönau (1991)[3]. Bei allen diesen Autoren geht es um Ebenen der Interpretation, während M. A. Skura (1981)[4] mit einer andersartigen Ordnung nach Analogien zwischen Text einerseits und Fallgeschichte, Phantasie, Traum, Übertragungsgeschehen und dem Gesamten des analytischen Prozesses andererseits sucht. Ihre Einteilung, so anregend sie ist, zeigt trotzdem den Gegenstand möglicher Interpretationen nicht deutlich genug auf. Ich habe deshalb, angeregt durch die genannten Autoren und noch einige andere, eine eigene Einteilung zusammengestellt, die offen ist, aber doch eine Fülle von Phänomenen hinreichend differenziert klassifizieren kann, wobei manche Interpretationen in mehrere Kategorien eingeordnet werden können. In meiner Klassifikation unterscheide ich zunächst, ob es darum geht, Personen und Ereignisse, die ihre Existenz außerhalb des Textes haben, psychoanalytisch zu verstehen, ob sich die Interpretation auf die Erhellung eines textimmanenten Sinnes richtet oder ob es schließlich um die analytische Erhellung einzelner Textelemente geht, die erst danach zu einem Teil eines größeren, nicht unbedingt psychoanalytischen Gesamtsinnes werden.

---

1 (1975) S. 446-449.
2 Ihre Einteilung wird im Inhaltsverzeichnis besonders deutlich.
3 S. 92-105.
4 Auch diese Einteilung ist im Inhaltsverzeichnis des Buches am deutlichsten sichtbar.

Um möglichst viele Typen von Textinterpretationen vorführen zu können, werde ich mich allerdings nicht gänzlich auf Arbeiten über biblische Texte beschränken, da mir nicht von jeder Art Beispiele bekannt sind, und es sie vielleicht auch nicht gibt. Einige Beispiele müssen mehrfach erwähnt werden, es ist ja durchaus denkbar, zunächst textimmanent zu interpretieren, um dann den Text als Quelle für einen außertextlichen Sachverhalt zu benutzen. Ich strebe keinerlei Vollständigkeit[5] in meiner Übersicht an, ich habe aber versucht, auch Arbeiten zu berücksichtigen, die im deutschen Sprachgebiet eher unbekannt sind.

Ich beginne mit außertextlichen oder exopoetischen[6] Untersuchungen, die sich der Reihe nach auf den historischen Autor, auf beschriebene Ereignisse und auf kulturgeschichtliche und ethnologische Phänomene beziehen. Danach, bei den textbezogenen oder endopoetischen[7] Interpretationen treffen wir auf den Text als Text, auf die Leserrezeption mit der Untergruppierung der Rezeptionspathologie, auf den Text als Produkt eines konstruierten impliziten Autors und schließlich auf die psychoanalytische "Mythographie". Als Hilfsmittel der Deutung von Textelementen dient die Psychoanalyse bei der Interpretation von Symbolen und im "enzyklopädischen" Gebrauch. Weiterhin kann sich die Psychoanalyse noch auf die in Texten vorausgesetzte oder dargestellte Ideologie (im nicht wertenden Sinne) richten, und schließlich gibt es einen Gebrauch von Texten, um mit ihnen klinische Sachverhalte zu erläutern. Dabei ist eine - meist neurosenpsychologische - Deutung des Textes auf der Ebene eines abstrakten Textsubjektes immer schon vorausgesetzt, wenn auch oft nicht expliziert. Um den Umfang dieses Kapitels nicht zu sprengen, habe ich nur einen Teil der Arbeiten etwas ausführlicher dargestellt. Dabei war eine gewisse Willkür nicht zu vermeiden.

3.2 Systematische Übersicht

3.2.1. Exopoetische Interpretationen

3.2.1.1 Der Autor als Interpretationsebene

Wie im 4. Kapitel ausführlicher dargestellt werden wird, ist der Autor nicht *Teil* eines von ihm verfaßten Textes, sondern sein Urheber. Trotzdem ist es sinnvoll, den Text gleichsam als Zeichen[8] für seinen Autor zu verstehen und

---

[5] Ganz neue vollständige Bibliographien gibt es dafür meines Wissens nicht. Ältere Literatur findet man bei Y. Spiegel (1972), neuere deutschsprachige Arbeiten bei J. Pfeiffer (1989) Nr. 2350-2398.
[6] Vgl. K. R. Eissler (1968) S. 141-177.
[7] Vgl. Anm. 6.
[8] Angeregt durch die Diskussion bei W. Schmid (1986) S. 304 möchte ich mit einigen Vorbehalten formulieren, daß der "abstrakte Autor" als indiziales Zeichen des konkreten Autors interpretiert werden kann. Mir ist klar, daß Schmid das an der genannten Stelle nicht meint. Aber so, wie die Operationen im Text einen indizialen Bezug auf den abstrakten Autor haben, so läßt sich doch vielleicht dieses Konstrukt insgesamt bei einer exopoetischen Betrachtungsweise seinerseits als vieldeutiger Index des konkreten Autors interpretieren. Jung (1922) spricht in diesem Zusammenhang, freilich abfällig, von einen "symptomatischen" Charakter der Kunst.

ihn damit als Quelle zur Erkenntnis einer Autorpersönlichkeit zu nehmen. Diese Form des Textgebrauches ist eine historische[9]: durch den Text etwas anderes als den Text zu verstehen. Davon ist der literarische Gebrauch zu unterscheiden: den Text selber zum Gegenstand zu machen. Um das Ziel einer solchen Untersuchung der Person des Autors war aber schon in der Anfangszeit der Psychoanalyse eine Kontroverse entbrannt, die sich zum Beispiel in den Protokollen der Wiener Psychoanalytischen Vereinigung widerspiegelt. Als am 4. Dezember 1907 I. Sadger einen Vortrag über Conrad Ferdinand Meyer[10] hält, wird er heftigst dafür kritisiert. Freud wirft ihm die Anwendung eines zweifaches Schemas vor: der "Belastung (scil.: der erblichen Belastung, H. R.) und der modernen erotischen Psychologie"[11]. Sadger verteidigt sich später mit dem Argument, er "schreibe Pathographien aus rein medizinischem Interesse und nicht um den Prozeß des künstlerischen Schaffens aufzuklären; der übrigens auch durch die psychoanalytische Deutung nicht klar werde"[12].

Max Graf[13] stellt gegen diese Form von Psychopathographie die Analyse der Dichterpsychologie, die Analyse der seelischen Hintergründe künstlerischen Schaffens. Vor dem Hintergrund dieser Diskussion ist es sinnvoll, autorbezogene Interpretationen nach Wolff[14] gegen Pathographien abzugrenzen, obwohl beide die Autorpersönlichkeit als Interpretationsebene wählen. Ein weiterer Begriff, den J. Scharfenberg (1985) in Anlehnung an Erikson in die deutschsprachige Diskussion eingeführt hat, die "psychohistorische Sichtweise"[15] deckt einerseits die autorbezogene Interpretation ab, umfaßt aber, indem der so gedeutete Autor zum Deutungshorizont für die Gegenwart wird, zugleich noch einen rezeptionsorientierten Gesichtspunkt.

3.2.1.1.1 Autorinterpretation

1974 schreibt H. Fischer in seinem Buch "Gespaltener christlicher Glaube", daß Paulus die einzige biblische Gestalt sei, deren Persönlichkeit mit psychologischen Mitteln erhellt werden könne[16]. Diese Auffassung hat eine gewisse Plausibilität, weil Paulus als Individuum deutlicher wird als alle anderen biblischen Autoren. Aber das allein müßte noch nicht bedeuten, daß nicht auch an-

---

[9] Genau genommen ist natürlich auch eine textimmanente Lektüre "historisch", insofern ein bestimmter Text synchron innerhalb eines bestimmten historischen Kontextes gelesen wird. Aber hier meine ich etwas Spezielles: die Befragung eines Textes auf ihm beschriebene oder angezeigte Ereignisse. Mit dem ersten meine ich Ereignisse, die auch außerhalb des Textes Wirklichkeit haben oder hatten, die aber im Text geschildert werden, oder auf die er anspielt, in der Apokalypse z.B. Verfolgungen. Angezeigte Ereignisse wären dagegen etwa der biographische Hintergrund eines Autors innerhalb dieser historischen Welt.
[10] (1976), (Hrsg. H. Nunberg/E. Federn) S. 239.
[11] S. 242.
[12] S. 252.
[13] S. 244-249.
[14] (1975) S. 447.
[15] "Das eigentliche Problem der psychohistorischen Betrachtungsweise scheint mir ... darin zu bestehen, ob und wie das Verhältnis des Verstehens zwischen dem Menschen der Gegenwart und der historischen Gestalt als Deutungshorizont ein wechselseitiges Verhältnis sein kann, d. h. ob von einer Anwendung dieser Methode auch Aufschluß über die historische Gestalt selber zu erwarten sein kann, oder ob nur über den Menschen der Gegenwart, der mit dieser Gestalt auf irgendeine Weise in Berührung kommt?" (S. 18).
[16] S. 42.

dere Autoren faßbar würden, z.B. der Verfasser der Apokalypse. Bereits die Tatsache, daß manche Autoren weniger persönlich schreiben, wäre schon ein möglicher Gegenstand psychoanalytischer Reflexion. Es ist aber faktisch so, daß sich fast alle autororientierten biblischen Interpretationen auf Paulus beziehen. Der älteste Versuch mit dem Titel "Die Entwicklung des Apostels Paulus" stammt von O. Pfister (1920). Für ihn ist es "sicher, daß Paulus Hysteriker war"[17]. Er erlebte eine Kindheit in Unschuld, bis das Gesetz in ihm die fleischlichen Gelüste erweckte. So jedenfalls interpretiert Pfister die Aussagen im Römerbrief 7, 7-10 autobiographisch[18]. Um gegen die Gelüste bestehen zu können, unterwirft er sich bedingungslos dem Gesetz und ist so nicht nur Hysteriker, sondern auch Zwangsneurotiker, eine für mein Gefühl etwas merkwürdige Diagnose. Paulus muß nun die gesetzesfeindlichen Christen verfolgen, weil sie seine zwangsneurotische Konfliktlösung bedrohen. Aber in seiner Halluzination vor Damaskus wird ihm das zur Wirklichkeit, wonach er sich schon lange sehnte, und was seiner Geistesart allein entsprach[19].

Pfister fügt dann allerdings noch einen wichtigen Gesichtspunkt an, der über Autorenpsychologie hinausgeht und bereits auf die von Scharfenberg geforderte rezeptionsorientierte Psychohistorie hinweist. Er schreibt, daß die synoptische Frömmigkeit nicht für diejenigen geeignet sei, die an zu starken inneren Bindungen litten. Ihnen böte Paulus die "reiche Symbolik der Bekehrungsfrömmigkeit"[20].

1985 versucht H.-J. Thilo, die Entwicklung des Paulus von seiner Vateridentifikation über die narzißtische Regression aufgrund seiner Ablehnung durch die Apostel in Jerusalem zu einer reifen Identität nachzuzeichnen. Allerdings benutzt Thilo völlig unkritisch auch die Berichte aus der Apostelgeschichte[21], hält die Anrede des Ananias an Paulus nach der Christuserscheinung für die eigentliche Therapie, die den von Thilo so bezeichneten Sehsturz heilt. Mit dieser letzten Diagnose ist die Grenze zur Pathographie überschritten, wie der Artikel auch sonst trotz analytischer Begrifflichkeit methodisch fragwürdig ist und biblisch-historisch etliche Irrtümer[22] enthält. H. Ulonska stimmt 1989 Thilo grundsätzlich zu und untersucht genauer die Krankheit des Paulus, geht aber wiederum über eine Autorzentrierung hinaus auf eine rezeptionsorientierte Sichtweise. Die ritualisierte christliche Demut, die auf Paulus zurückgeht, wird zu einem Mittel, das die Depression fördere und und die Freude an der eigenen Gesundheit zerstöre. M. Klessmann (1989) zeichnet ebenfalls in Anlehnung an Thilo die Entwicklung des Paulus nach und kommt zum Ergeb-

---

[17] S. 269.
[18] S. 271-274.
[19] Daß sich in Paulus längst schon eine innerliche Entwicklung zum Christen vor seiner Bekehrung angebahnt hatte, sagte auch Jung erstmals in einem englischen Vortrag von 1919 (endgültige deutsche Fassung 1948) Gesammelte Werke S. 337.
[20] S. 287.
[21] Damit tut er etwas, was jeder angemessenen psychoanalytischen Technik widerspricht. Er versucht nicht die innere Sicht des Betroffenen analytisch zu (re-)konstruieren, sondern er benutzt äußere Quellen, gleichsam Berichte der "Angehörigen". Selbst wenn wir die relative Zuverlässigkeit der Überlieferung voraussetzen dürften (wozu im Falle der Apostelgeschichte wenig Anlaß besteht), wäre ein solches Vorgehen gänzlich unanalytisch, weil wir in der Analyse nicht Ereignisse, sondern Erlebnisse deuten (vgl. Lorenzer 1984).
[22] Vor allem die sichere Behauptung der Echtheit *des* (!) Timotheusbriefes und die Suggestion, es gäbe zahlreiche zeitgenössische, außerbiblische Quellen über Paulus (S. 2).

nis, daß die neue Identität des Paulus noch brüchig sei und alte jüdische Identitätsstrukturen weiterbestünden. Hier wird nun allerdings mit einer Polarität jüdisch vs. christlich den Selbstaussagen des Paulus ein deskriptiver Sinn[23] beigegeben, der mit Psychoanalyse nichts zu tun hat, sondern ein Stück christlicher Selbstinterpretation darstellt, zu der Paulus allenfalls einigen Anlaß gegeben hat. Über diesen Anteil des Paulus am Antijudaismus reflektierte lange vorher schon S. Tarachow (1955), dessen Beitrag aber hier noch nicht besprochen werden soll.

Ähnlich wie Klessmann hatte schon 1979 D. Stollberg[24] argumentiert, aber er verbindet theologische und psychoanalytische Argumente noch enger und kommt zu dem Schluß, daß die paulinische theologia crucis als Symbol des Allmachtsverzichtes interpretiert werden könne, während eine Ich-Hypertrophie bei Paulus weiterbestünde. Ausführlicher noch als Ulonska beschäftigt sich Fischer (1974) mit der Frage der Krankheit des Paulus. Sie ist für ihn eindeutig eine mißglückte Verdrängung seiner Homosexualität, die zwar nie manifest geworden sein dürfte, aber seine Theologie entscheidend beeinflußt habe. Ähnlich wie Pfister meint Fischer, daß Paulus das Gesetz brauchte, um seine fleischlichen Gelüste zu bekämpfen, die nach Fischer aber vorwiegend homosexueller Art waren. Deshalb mußte er die vom Gesetz freien Christen verfolgen, und seine Bekehrung ist die von einem religiös verkappten Sadisten zu einem Masochisten, der eine leidende Frömmigkeit in den Vordergrund stellt.

Für diese Interpretation des Paulus als eines Mannes, der mit seiner Homosexualität nicht zurecht kommt, hat der Jungianer R. Kaufmann (1983) nur Spott übrig. Für ihn ist die Bekehrung des Paulus vor allem ein emotionaler Durchbruch vom vernunftgelenkten Pharisäer zu einem leidenschaftlichen Mann[25]. In Jesus konnte Paulus seine weiblichen Seiten annehmen, so wie es einst Simson oder Herakles tun konnten[26]. Allerdings geht Kaufmann weit über eine autorbezogene Interpretation hinaus in eine zeitgeschichtliche und mythographische, weshalb er auch noch in spätere Kategorien passen würde.

Das Paulusbuch von G. Theissen (1983) werde ich später auf S. 79 besprechen, denn obwohl der Verfasser aus christlichen Texten menschliches Erleben erschließen will, scheint mir seine Interpretation kaum autorbezogen zu sein, jedenfalls nicht, solange er psychologisch oder speziell psychoanalytisch argumentiert.

Autorbezogen ist weiterhin auch der Aufsatz "The Prophecies of Jeremiah" von Daniel Merkur (1985). Der Verfasser bleibt nahe an einer historischen Auslegung, er wendet aber innerhalb dieser die Psychoanalyse an. Seine Leitfragen richten sich dabei auf die psychischen Wurzeln von Prophetie und auf die Psychogenese des Monotheismus bei Jeremia. Jene stehe in enger Verbin-

---

[23] Wenn Paulus das Evangelium im Gegensatz zum Gesetz interpretiert, so ist das eine Deutung, der wir mit Hilfe der Psychoanalyse einen bestimmten biographischen Sinn geben können (oder mit Hilfe der Theologie einen theologischen Sinn). Das bedeutet keineswegs, daß damit der Gegensatz verbindlich ausgesprochen sei in dem Sinne, daß wir die Interpretation des Paulus einfach übernehmen müßten. Die einzige angemessene historische Aussage ist, daß ein Jude dieser Zeit die Sache so sehen konnte und dabei offensichtlich einige Anhänger fand - und auch Gegner.
[24] In einer Abhandlung, die er teilweise zusammen mit Dieter Lührmann verfaßt hat.
[25] S. 193.
[26] S. 197.

dung zum Wachtraum, dieser erkläre sich aus der Phantasie des Jugendlichen, nicht mehr abhängig, sondern selber "Schöpfer" zu sein. Indem diese Phantasie, die das Ich-Ideal ausmache, in einer religiösen Bekehrung auf Gott projiziert werde, komme es zu einer Loslösung von dem realen Vater oder von dessen symbolischen Stellvertretern, aber nur um den Preis einer exklusiven Unterwerfung unter das sublimierte Vater-Bild. Von daher erkläre sich auch Jeremias Kritik am Königtum[27].

3.2.1.1.2 Pathographie

Diese Gattung soll nur kurz gestreift werden, weil sie meist antipsychoanalytisch orientiert ist. So findet man als deren Autoren vor allem Psychiater. Erwähnt sei die Studie von Karl Jaspers (1947) über den Propheten Hesekiel, die keinen psychoanalytischen Anspruch erhebt. Für seinen psychiatrischen Standpunkt ist es gerade bezeichnend, daß "außer den sinnhaften Zusammenhängen, die der Geisteshistoriker aufdeckt, ein Zugleichsein von Phänomenen aufgewiesen werden könnte, die nicht sinnhaft, sondern als Symptome einer durch Erfahrung gekannten typischen Erkrankung zusammengehören. Das ist vielleicht der Fall"[28]. Jaspers diagnostiziert dann bei Hesekiel, wenn auch in aller Zurückhaltung, eine Schizophrenie. Als Nicht-Psychiater kann ich die psychiatrische Angemessenheit dieser Diagnose nicht beurteilen, aber allein die Behauptung, daß ein Verhalten nicht sinnvoll sei, macht mich skeptisch. Die Weise, wie Hesekiel in Kapitel 20 einen mitleidigen, seinen Zorn zügelnden Gott schildert, deutet bei ihm auf eine Möglichkeit von reifen Objektbeziehungen in der depressiven Position hin, so daß eine Schizophrenie, an die ich selber bei Hesekiel allerdings gar nicht glaube, sehr eingegrenzt sein müßte[29]. Innerhalb der psychoanalytischen Literatur stellt die pathographische Interpretation weniger eine Gattung als eine Gefahr dar, der auch Freud bisweilen, vor allem in seiner Studie über Leonardo da Vinci[30], zu erliegen drohte.

3.2.1.2 Ereignisorientierte Interpretationen

Das Vorbild für diese Art der Fragestellung ist Freuds Spätschrift "Der Mann Mose und die monotheistische Religion" (1939). Im Schlußabschnitt sagt Freud, er habe einiges Licht auf die Frage werfen wollen, "wie das jüdische Volk die Eigenschaften erworben habe, die es kennzeichnen"[31]. Das ist eher

---

[27] S. 33-35. Zum Thema der Berufung des Propheten ist auch die Arbeit von J. A. Arlow (1951) "The Consecration of the Prophet" zu vergleichen, die aber eher in die Figurenanalyse gehört.
[28] S. 77.
[29] Weitere Literatur zur Persönlichkeit des Hesekiel bei W. Zimmerli (1969) Bd. 1, S. 124*/125*.
[30] Freuds Schrift von 1910 "Eine Kindheitserinnerung des Leonardo" ist immer wieder kritisiert worden wegen einiger gravierender philologischer Irrtümer und wegen der Bedeutung, die Freud der Homosexualität für das künstlerische Schaffen Leonardos zumißt. Vgl. die Diskussion bei Clark (1981) S. 389-395.
[31] S. 581.

eine ethnopsychoanalytische Frage, aber Freud beantwortet sie mit der Konstruktion einer historischen Ereignisfolge: es war der Ägypter Mose, der das Volk mit seiner von Ikhnaton übernommenen monotheistischen Aton-Religion erwählte, mit ihm emigrierte und der unterwegs ermordet[32] wurde. Als sein Nachfolger trat ein Priester in der Oase Qades auf, der dem Volke das Gesetz gab, das mit dem Berge Sinai verbunden wurde. Er übernahm den Namen Mose, ebenso wurde mit dem von ihm verehrten Vulkangott die Befreiung aus Ägypten verbunden. Aber seine Religion war eine ganz andere und hatte nichts mehr mit der des ägyptischen Mose zu tun. Erst nach einer langen Zeit, die Freud in Anlehnung an die individuelle Entwicklungsgeschichte die "Latenzzeit" nennt, tauchte in der Verkündigung der Propheten die alte geistige Aton-Religion wieder auf, die dem späteren Judentum ihr Gepräge gab. Der Jude Paulus habe seine Theologie konsequent auf der Sühne der alten Schuld des Vatermordes aufgebaut. Der Sohn mußte dafür geopfert werden. Indem das Christentum den strengen jüdischen Monotheismus aufgab, setzte sich die uralte Gegnerschaft des ägyptischen Polytheismus gegen die Erben des Ikhnaton wieder durch.

So schreibt Freud eine psychoanalytische Religionsgeschichte des Volkes Israel, und er rekonstruiert aus den nachträglich verfälschten Texten die wahre Geschichte, die tatsächlichen Ereignisse. So scheint es wenigstens, und Freud gibt sich rechte Mühe, die historisch-kritische Forschung zu berücksichtigen. Aber eine frühere Fassung nannte Freud "Der Mann Mose, ein historischer Roman"[33], und dieser Titel legt es nahe zu vermuten, daß Freud nicht so sehr Ereignisse, sondern einen verborgenen "Text" rekonstruiert habe, hinter dem sich dann eine weitere, noch ältere Geschichte verbirgt: Die Geschichte von der Ermordung des Urvaters, die sich im Mord an Moses nur wiederholt. Freud nennt sie selber gelegentlich "just a story"[34], und so bleibt offen, ob seine Interpretation nicht letzten Endes mythographisch zu nennen sei. Aber auf einer vorläufigen Ebene geht es Freud ausdrücklich um Historie. Und noch eine weitere Interpretationsebene des Freudschen Werkes ist möglich: Freud hat sich zeitlebens mit Mose identifiziert, und es ist weiterhin bekannt, daß er immer eine ambivalente Stellung zu seinem Judentum beibehielt. Insofern spielt die Subjektivität Freuds in diesem Werk eine wohl maßgebliche Rolle, und man könnte vermuten, daß eine Auseinandersetzung mit seiner jüdischen Identität der Kern seiner Moseinterpretation sei. So hat es M. Robert[35] meisterhaft dargestellt, aber man muß sich dabei klar sein, welche Motive man als Leser hat, seinerseits den Text Freuds autorbezogen und biographisch[36] zu lesen.

---

[32] Hier übernimmt Freud eine Hypothese des Alttestamentlers Ernst Sellin (1922), die, wie mir scheint, kaum noch erwähnt wird, obwohl Sellin sie mit recht interessanten Textauslegungen zu begründen versucht.

[33] In zwei Veröffentlichungen haben kürzlich Y. H. Yerushalmi (1989) und I. Grubrich-Simitis (1990) wichtiges Material zur Vorgeschichte von Freuds Schrift erstmals zugänglich gemacht.

[34] In Anlehnung an eine eher abfällig gemeinte Äußerung des britischen Anthropologen R. R. Marett; vgl. dazu P. Gay (1989) S. 370/371.

[35] In Ihrem Buch "Sigmund Freud - zwischen Moses und Ödipus" (1975).

[36] Vgl. H. Sztulman (1981).

Ähnlich will Th. Reik (1927) die frühe Dogmengeschichte psychoanalytisch erhellen und geht es S. Tarachow (1955) um Paulus und seine Wirkung auf die frühe Kirchengeschichte. Psychoanalytisch ist dabei das Vorverständnis der Interpretation - beide sind erfahrene Kliniker[37] -, aber die Art, wie diese Interpretationen gewonnen werden, ist nicht unmittelbar analytisch. Sie besteht in der Analogiebildung zwischen klinischen Beobachtungen und historischen Sachverhalten. Aber während jeder Kliniker versucht, bei seinen Analysanden so weit wie möglich zu individualisieren, sind die Deutungsschemata in der Ereignisinterpretation recht pauschal und laufen, je nach theoretischer Orientierung, immer auf dieselben Linien hinaus. Erwähnt seien schließlich noch zwei weitere Untersuchungen: A. Fodor (1954) interpretiert die Sündenfallgeschichte in der Genesis als ein Zeugnis für ein ursprüngliches Matriarchat und dessen Ablösung durch das Patriarchat, und er vergleicht den Text mit den Tragödien des Aischylos, in denen der gleiche Vorgang dargestellt sei. Und zuletzt äußert E. M. Rosenzweig (1939/40) die Vermutung, daß "die Apotheose des Landes Israel" "die vorher auf den Kult der Muttergöttin gerichtete Libido der Israeliten"[38] sublimiere. In dieser Arbeit scheint mir der Charakter einer psychoanalytisch-historischen Untersuchung relativ rein gewahrt zu bleiben, aber wir nähern uns in ihr auch schon einer weiteren Gattung, der Analyse kulturgeschichtlicher Phänomene.

3.2.1.3 Kultur- und religionsgeschichtliche Analyse

Auch diese Richtung der Textinterpretation nimmt ihren Ausgang von Freud, und zwar von dessen schon erwähnter, 1913 erschienener Schrift "Totem und Tabu". In ihr hatte Freud die längst bekannten Phänomene des Totemismus und der Exogamie psychoanalytisch gedeutet und sie zurückgeführt auf ein prähistorisches Ereignis, den Mord am Urvater, dem diktatorischen Beherrscher der Urhorde. Nach diesem Mord habe sich eine Gemeinschaft von Brüdern konstituiert, die im Totem den ermordeten Vater weiterhin symbolisch verehren und in der Exogamie auf den eigentlich begehrten Inzest verzichten. Alle archaischen Institutionen der Gemeinschaft könnten von der Urtat und von ihrer Verarbeitung her verstanden werden. In den ersten Jahren nach dem Erscheinen des Buches versuchten die Schüler Freuds, diese Hypothesen an allem möglichen Material zu bewähren, zum Beispiel auch an Texten aus dem Alten Testament. Vor allem Theodor Reik veröffentlichte eine ganze Reihe von scharfsinnigen und immer noch lesenswerten Studien. Das Kainszeichen (1919a) wird zur symbolischen Kastration und damit zum Zeichen einer Initiation des Jünglings in die Stammesgemeinschaft. Der Türhüter im Jerusalemer Tempel[39] ist Wächter des Tabus. Das Verbot der Volkszählung[40] weist auf Am-

---

[37] Vor allem die Arbeit von Tarachow ist zwar als psychoanalytische Arbeit über Paulus mehr als anfechtbar, aber ich muß trotzdem sagen, daß sie vom Niveau des Umgangs mit der Psychoanalyse die bei weitem anspruchsvollste Abhandlung ist. Ähnliches gilt für seinen Aufsatz "Judas, the Beloved Executioner" (1960), der hiermit wenigstens erwähnt sei.
[38] S. 199.
[39] In (1919b), S. 344-350.
[40] A.a.O. S. 350-354.

bivalenz und damit auch auf zerstörerische Gefühle des Herrschers hin. Das Schweigen beim Opfer[41] ist ein Rest des Schweigens der Urhorde nach dem Vatermord. In den "Problemen der Religionspsychologie" (1919) beschäftigt sich Reik weiterhin mit der Kol-nidre-Formel[42], die ein Ausdruck der Ambivalenz gegenüber dem Bund sei, und mit dem "Schophar"[43], das ebenfalls mit dem Totemtier in Verbindung stünde. Karl Abraham ergänzt und vertieft Reiks Studien in seiner Arbeit "Der Versöhnungstag" (1920). Und auch für Erich Fromm gilt 1927 der Sabbath "als Erinnerung an die Tötung des Vaters und die Gewinnung der Mutter". Alle diese Arbeiten sind scharfsinnig und kenntnisreich, sie verdienen auch jetzt noch, in der exegetischen Wissenschaft wenigstens diskutiert zu werden, aber eine gewisse theoretische Eintönigkeit ist doch kaum zu leugnen. Auch gibt es keinerlei Reflexion auf die Subjektivität der Interpreten, obwohl, oder eher: weil jedenfalls ein heutiger kritischer Leser kaum umhin kann, die Texte auch als indirekte Zeugnisse der Beziehung der Freud-Schüler zu ihrem eigenen "Ur-Vater" zu lesen. Aber deren Ambivalenz war wohl leichter im Medium von Text-Interpretationen darzustellen.
Auch zwei neuere Arbeiten von D. Bakan (1968) und M. Tractenberg (1989) verraten einen ähnlichen theoretischen Hintergrund. Bei Tractenberg kommt allerdings noch eine gewisse Beeinflussung durch Jungs Archetypenlehre und durch die Theorien von Melanie Klein hinzu. Sonst scheint mir diese Gattung von psychoanalytisch orientierten Bibelinterpretationen eher ausgestorben zu sein.

3.2.2 Endopoetische Interpretationen

3.2.2.1 Der Text als Text

Eine bisher noch nicht erwähnte Arbeit von Th. Reik "Jaakobs Kampf" (1919)[44] trägt einen Doppelcharakter. Einerseits geht es wiederum um die Urgeschichte aus "Totem und Tabu", aber die Anwendung ist vor allem textorientiert und soll den Text als Text erhellen. In Anlehnung an die historisch-kritische Forschung findet Reik im Text eine Quellenschichtung vor. In der ältesten Fassung überwältigt Jaakob den Mann, der ihm am Fluß begegnete, das entspricht dem Geschehen des Vatermordes. "Eine zweite spätere Sage hielt die Erinnerung daran fest, daß einmal Väter aus Vergeltungsfurcht die Söhne kastrierten und noch später sie am Penis verstümmelten"[45]. Dieses Element taucht im Text als Verletzung des Hüftnervs auf. Aus diesen Sagen ist die Jaakob-Geschichte gewachsen, und Reik versucht, den Traditionsprozeß in Analogie zu neurotischen Prozessen zu deuten. Damit wird "die Tradition" allerdings zu einem abstrakten Autorersatz, der gleichsam das Subjekt der Text-

---

[41] A.a.O. S. 354-357.
[42] In: (1919c) S. 132-177.
[43] A.a.O. S. 178-311.
[44] In: (1919b) 5.325-343. Weitere psychoanalytische Interpretationen desselben Textes von D. Zeligs (1953) und G. Niederland (1954), eine kritische Kommentierung und Weiterführung der Arbeiten von Reik und Niederland bei Harsch (1978).
[45] A.a.O. S. 341.

produktion und Textgeschichte ist. Dieser Gedanke taucht aber bei Reik noch nicht auf[46].

Ein gewichtiges Beispiel einer textbezogenen Interpretation ist die Arbeit von A. Vergote (1973) "Der Beitrag der Psychoanalyse. Leben, Gesetz und Ich-Spaltung im 7. Kapitel des Römerbriefes". Der Autor will ausdrücklich "dem Sinn des Textes selbst nachfragen"[47]. Er möchte sich dabei nicht auf die "Psyche Pauli"[48] einlassen und beruft sich dafür auf den Strukturalismus. Aber anders als die strukturalistische Sicht, die ihm nicht genügt, trifft die Psychoanalyse den Interpreten selber, indem sie "die Zeugnisse der Vergangenheit in Botschaften für die Gegenwart verwandelt"[49]. Was dann allerdings Vergote mit dem Text tatsächlich macht, scheint mir noch etwas anderes zu sein, als das, was er zu tun beansprucht. Er liefert zunächst eine eindringliche, aber durchaus traditionelle Exegese des Textes im Kontext der angrenzenden Kapitel 6 und 8. Entsprechend der heilsgeschichtlichen Deutung von Römer 7 unterscheidet er drei Phasen des Menschen: *vor* dem Gesetz, *unter* dem Gesetz und die Existenz des Christen. Die Darstellung des inneren Konfliktes in Römer 7 sei die Darstellung der zweiten Phase, aber aus der Perspektive der dritten Phase. Vergote wendet sich damit gegen eine einfache autobiographische Deutung, vielmehr stelle sich im Text die *Nachträglichkeit* des Verstehens dar, nicht aber das Bewußtsein des Paulus unter dem Gesetz. Für Vergote läßt sich nun diese theologische Deutung weitgehend mit einer psychoanalytischen Deutung der Entwicklung des individuellen Menschen parallelisieren. Am Anfang stehe der Wunsch, in die verlorene Harmonie zurückzukehren, er manifestiere sich im Inzestwunsch. Gegen ihn richte sich das väterliche Gesetz, das diesen Weg verbietet und deshalb als feindlich erfahren werde. Das Kind kann sich schließlich mit dem Vater versöhnen, indem es sich mit dem Verbot identifiziert, Verzicht leistet und dafür den Vater als Vater erhält.

Vergotes Interpretation scheint mir von seiner historisch-kritischen Deutung abhängig zu sein. Sie wird dadurch analytisch, daß er die historische Deutung mit einem anderen Text in Verbindung setzt, nämlich den psychoanalytischen Theorien Freuds und Lacans. Dabei fallen ihm deutliche Parallelen auf. Vergote diskutiert aber auch die Unterschiede und vermeidet es, eine der Deutungen auf die andere zu reduzieren. Die Subjektivität des Auslegers kommt in ihr nur in der Weise zum Tragen, wie das Ich des Paulus sich im ausgelegten Text darstellt: als abstraktes, nicht als individuelles Ich[50].

---

[46] Vgl. dazu die Ausführungen in 7.4.8 und speziell dort die Anmerkung 123.
[47] S. 81.
[48] S. 81, vgl. auch S. 84: "Die Psychoanalyse der Person des Paulus interessiert uns in keiner Weise - wohl aber die Blickrichtung des Briefes auf das Sein des Christen hinsichtlich der allgemeinen Gesetzlichkeit seines Werdens". Vergotes Verdikt gegen die Anwendung psychoanalytischer Begrifflichkeit scheint mir jedoch in dieser Strenge nicht haltbar zu sein. Denn auch in der klinischen Interpretation kommen diese Begriffe von außen hinzu. Recht hätte Vergote dann, wenn er seine Kritik dagegen richten sollte, diese Begriffe bei der unmittelbaren Textinterpretation anzuwenden, sozusagen auf der "klinischen" Ebene. Vgl. dazu meine Kritik an Drewermanns Sprache vor allem in 6.2 und die Ausführungen am Schluß von 7.4.8.
[49] S. 74.
[50] An dieser Stelle möchte ich eine wichtige Arbeit wenigstens kurz erwähnen, obwohl es in ihr nicht um einen biblischen Text geht. In ihrer Interpretation des Filmes "Letztes Jahr in Marienbad" distanziert sich J. Chasseguet-Smirgel (in: 1988c[1971]) von psychoanalytischen Autorinterpretationen und versucht statt dessen, die intratextuellen Objektbeziehungen zur

Schließlich sei hier noch die Arbeit von Kurt Niederwimmer "Tiefenpsychologie und Exegese" (1970) erwähnt, in der allerdings keine konkreten Texte interpretiert werden. Der Autor sieht die tiefenpsychologische Exegese als Fortführung historisch-kritischer Interpretation, indem sie vor allem deren kritischen Impuls als Auflösung "falschen Bewußtseins" aufnähme. Der Ansatzpunkt für eine tiefenpsychologische Auslegung läge bei archetypischem (mythischem und kultischem) Material und bei sekundären Rationalisierungen, also nachträglichen, verhüllenden Erklärungen. Gegen eine solche Analyse richten sich, wie in der Therapie, Widerstände, die der Ausleger berücksichtigen müsse. Hier nähert sich Niederwimmer dem Gesichtspunkt der Rezeption, ohne ihn allerdings in dieser Hinsicht für die analytische Deutung direkt nutzbar zu machen. Insofern Niederwimmer jedoch fordert, "nach den unbewußten Implikationen der im Text ausgesprochenen Zusammenhänge zu fragen"[51], diese sich aber im Laufe der Geschichte manifestieren, schillert seine Zielrichtung zwischen einer Analyse des Textes als Text, der in ihm angesprochenen Sachverhalte und einer Rezeptionsanalyse mit Anklängen an das Programm von Jauß[52].

3.2.2.2 Die Leserrezeption als Ausgangspunkt

Das ausführlichste Beispiel einer rezeptionsorientierten Bibelinterpretation ist das Buch "L'évangile au risque de la psychanalyse" (1977) der französischen Analytikerin Françoise Dolto, die theoretisch sich der Richtung von Jaques Lacan zurechnet. Allerdings muß ich einschränkend gleich sagen, daß sich ihre Interpretation auch anders als leserorientiert verstehen läßt. Gleich auf S. 13 sagt sie, es ginge ihr darum zu zeigen, daß die Bibel die psychische Dynamik des Unbewußten aufweise und bestätige. Damit wären die Texte analytische Beispielerzählungen und gehörten eher in diese Kategorie. Aber dort, wo sich die Autorin über ihre hermeneutischen Grundlagen ausführlich äußert, wird es deutlich, daß für sie die Rezeption das entscheidende Mittel zum Textverständnis ist.

Zum Verständnis des Folgenden sei noch vorausgeschickt, daß es sich bei dem Buch um ein Interview handelt, das der Analytiker Gérard Sévérin mit F. Dolto zu von ihr ausgewählten Bibeltexten geführt hat.[53] Dolto fordert dabei, daß man mit der Imagination, der Phantasie, in den Text hineingehen müsse[54], um sich die Szene lebhaft vorstellen zu können. Dabei müsse man aber Phantasie und Denken auseinanderhalten. Als Kind bevölkerten wir alle die Welt mit unseren Phantasieobjekten. Erst wenn wir uns an der Realität "verletzen", merken wir, daß diese noch anders ist, als wir sie uns vorstellen. Aber anders als durch die Imagination ist die Realität nicht zugänglich: "Nous ne pouvons la rejoindre que par la médiation, l'entremise de l'imagination. De cette mé-

---

Ebene der Auslegung zu machen. Ihr Ansatz berührt sich in manchem mit meinem, nur daß ich versuche, vor allem von der Objektbeziehung zum Leser auszugehen.
[51] S. 264.
[52] Vgl. H. R. Jauß 1970.
[53] Die entscheidende Diskussion findet sich auf den Seiten 79-84.
[54] S. 79. ein ähnlicher Gedanke findet sich auch schon bei Sartre (1948) S. 43.

diation nous ne pouvons faire l'économie"[55]. Deshalb sei es unumgänglich und auch möglich, alle Phantasien in die biblischen Texte zu projizieren. "La clé de la lecture des évangiles c'est qu'il faut se projeter pour recevoir"[56]. Ohne Projektion ist die Lektüre nur intellektuell und damit tot. F. Dolto verbindet nun diese Form von projektiver Rezeption in einer sehr speziellen Weise mit dem Inhalt der Evangelien, und mir scheint, daß deswegen die Anwendbarkeit ihres Modells sich auf diese Schriften beschränken dürfte. Das Handeln und Sprechen Jesu ist jeweils der Einbruch des Realen, mit dem das vorgestellte Imaginäre durchbrochen wird. Dem Theologen dürfte an dieser Stelle eine gewisse Parallelität mit dem Schriftgebrauch innerhalb der dialektischen Theologie auffallen, und das trotz des Gewichtes, das Dolto auf die Phantasie legt. Ihr Gesprächspartner wendet gegen sie ein, daß für sie der Text vielleicht weniger wichtig würde als die Imagination des Lesers. Aber dagegen protestiert die Autorin: "Il faut que les mots restent les mêmes dans un texte, c'est le point de référence, la pierre de touche"[57]. Kritisch kann man gegen Dolto einwenden, daß sie das Imaginäre nur auf das Handeln der Menschen im Text bezieht, nicht auf die Gestalt Jesu, obwohl sie auf S. 81 schreibt, daß sich seine ganze Botschaft inkarnieren müsse. Aber in dem, was Jesus so anders, so überraschend handelt und sagt, bricht doch für sie jeweils ein nicht imaginiertes "Anderes" ein, das sich zur Phantasie in Kontrast setzt. In der Tat sagt dieses "Andere" zwar nicht dasjenige, was die Leserin Dolto imaginierte, wohl aber immer genau das, was der lacanianischen Theorie, die als Vorverständnis jeweils schon "gedacht" ist, entspricht. Oder sollte man sagen, daß dieses theoretische Vorverständnis ebenfalls nur ein Teil *der* Imagination wäre, gegen die sich der Text erst noch durchsetzen müßte?
Weiterhin ist Doltos Textauswahl sehr eng, sie spricht nur von Geschichten, bei denen es um "Familie" geht. In diesem Rahmen gehen ihre Deutungen, nach denen Jesus jeweils inzestuöse Bindungen auflöst, einigermaßen auf. Aber sie muß dafür doch einen Preis zahlen: vermutlich scheiden erstens viele biblische Texte von vorherein aus, zweitens muß sie in allen Totenauferweckungen, ähnlich wie Drewermann, die Toten für nur annähernd oder scheintot erklären. Drittens aber, und das scheint mir am gravierendsten zu sein, sind das, was sie bei Jesus als psychotherapeutische Interventionen emphatisch feiert, von der Psychoanalyse her gesehen *keine* realisierbaren Möglichkeiten, sondern ein Ausdruck von Allmachtsphantasien, von denen gerade Analytiker Abschied nehmen sollten. Und so erscheint es mir auch in diesem Zusammenhang, daß bei Dolto das Imaginäre - und nicht etwa das von ihr postulierte Reale - gerade dann am meisten herrscht, wenn sie von Jesus spricht. Trotzdem sind ihre Interpretationen geistreich und höchst lesenswert. Allerdings werden viele Leser sie weniger als Beispiele einer individuellen Leserrezeption verstehen, sondern mehr als eine "narrative" Einführung in die Psychoanalyse von Lacan.

---

[55] S. 80.
[56] S. 82.
[57] S. 83.

Ein weiteres geistreiches Beispiel einer Rezeptionsanalyse hat Reik (1919)[58] geliefert. In ihr analysiert er nicht primär seine eigene Rezeption, sondern die von exegetischen Wissenschaftlern. Er geht dabei von Gen. 24, 67 aus, wo nach dem hebräischen Text eindeutig berichtet würde, daß Jakob sich an Rebekka über seine Mutter getröstet habe, eine Stelle, die alle Alttestamentler zu Textemendationen veranlaßt habe. Reik geht den Motiven dieser Änderungen nach und zeigt dabei, wie wissenschaftliche Arbeit von irrationalen Motiven beeinflußt werde und einen wie gut verständlichen Sinn der ursprüngliche Text habe.[59]

Am ehesten rezeptionsanalytisch zu verstehen ist auch die Arbeit von Samuel A. Weiss "The Biblical Story of Ruth: Some Implications of the Hebrew Masoretic Text" (1959). Sein Grundgedanke ist einleuchtend: nachdem Freud gezeigt hat, daß gerade in kleinsten Versehen sich unbewußte Motive offenbaren, ist es auch sinnvoll, textliche Inkonsistenzen nach ihren Hintergründen zu befragen. Durch eine Analyse von Ketib- und Qere-Lesarten der Masorah meint Weiss, etwas von den Motiven der Textfiguren Ruth, Noemi und Boas aufspüren zu können. Danach zeigten die Ketib-Lesarten den Wunsch von Noemi auf, selber Boas zu ehelichen, sowie das Begehren von Boas, mit Ruth unverzüglich zu schlafen, während die Masorah mit dem Qere diese Tendenz unsichtbar zu machen versuche. Aber selbst wenn die sprachlichen Argumente von Weiss stichhaltig sind, so hat er nicht genügend überlegt, auf welcher Ebene des Textes er interpretiert. Um die Motive historischer Personen kann es sich nicht handeln, denn es geht ja um fiktive Literatur. Ob Weiss meint, im Text seien Spuren gegensätzlicher Motive enthalten, die auf den Verfasser zurückgingen? Oder auf die Überlieferung, die in den Text neue Motive eingetragen hätte? Was immer Weiss selber dazu dachte, mir scheint, das man seine Interpretation als Deutung auf der Ebene der Masorah verstehen kann. Danach wäre die Qere-Lesung der Ausdruck einer Befürchtung der Masoreten, daß der Text anders, nämlich im Sinne verbotener Triebbefriedigung verstanden werden konnte. Die Herkunft der Ketib-Lesungen bliebe damit ungeklärt. Vielleicht sind es sprachgeschichtlich ältere Wortformen, die erst später zu Mißverständnissen und damit zu Vorsichtsmaßregeln Anlaß gaben. Eine zweite Ebene wäre die der Rezeption des Autors Weiss, der lustvoll *im* Text einen Gegentext konstruiert, um gleich wieder die Notwendigkeit und Großartigkeit des Triebverzichtes, wie ihn der Jude Freud forderte, zu betonen. Mit einem besseren Methodenbewußtsein erschiene mir der Ansatz von Weiss als vielversprechend und interessant.

3.2.2.2.1 Rezeptionspathographie

In diese Kategorie gehören Textinterpretationen, in denen beschrieben wird, wie Texte einen gewissen Sog auf Personen mit bestimmten psychischen Erkrankungen ausüben. In den mir bekannten Beispielen sind diese Personen

---

[58] Reik (1919b) S. 358-363.
[59] G. Westermann erwähnt die Arbeit von Reik in seinem Kommentar zur Genesis nicht einmal.

nicht - jedenfalls nicht offensichtlich - identisch mit den Autoren der Interpretationen, obwohl diese Möglichkeit durchaus denkbar wäre. Der Rezipient ist also jeweils ein anderer als der Interpret. Kurz erwähnt wird dieser Gesichtspunkt der Rezeptionspathologie öfter. Ein Beispiel ist der schon besprochene Aufsatz von Ulonska (1989), in dem dieser den Satz des Paulus "Denn wenn ich schwach bin, bin ich stark" als "ein Mittel zur Depression und ein Kampfmittel gegen die, die sich um ihre eigene Gesundheit bemühen"[60] charakerisiert. Aber am deutlichsten wird ein solcher Ansatz in zwei Arbeiten des amerikanischen Psychoanalytikers Mortimer Ostow zur Apokalyptik zugrunde gelegt. Der Autor zeigt in dem einen von ihnen (1988), wie das Grundmuster der Apokalyptik, daß nämlich die Welt zerstört und wiederhergestellt werden müsse, in zwei verschiedenen Kontexten erscheinen könne. Der erste sei der individuelle von schizophrenen und Borderline-Patienten, der andere der soziale Kontext der apokalyptischen Gemeinschaften und Schriften[61]. Personen, die schweren traumatischen Demütigungen ausgesetzt seien, phantasierten in ihrer Wut, die Welt zu zertrümmern und danach in einer mystischen Vereinigung mit der Mutter ein neues Leben zu erhalten. Die Apokalyptik sei eine soziale Unterstützung dieser individuellen Illusion. In der anderen Arbeit (1986), einem Vortrag auf dem Internationalen Psychoanalytischen Kongreß in Hamburg, zeigt Ostow dann noch genauer, welche stabilisierende Funktion apokalyptische Vorstellungen bei Patienten haben, die entweder Nachkommen von nationalsozialistischen Tätern oder Opfern oder die selber noch Opfer seien. So sehr Ostow die heilende Funktion apokalyptischer Bilder betont, so zeigt er zugleich deren Preis: es bestünde die Gefahr, daß nicht nur in der Phantasie, sondern auch real ganze Völker zerstört würden[62]. Ostow gibt in seinen Arbeiten keine Einzelinterpretationen von Texten aus der Apokalypse, aber seine Betrachtung möglicher Wirkungsgeschichte wirft auf die Texte ein Licht, das auch deren Interpretation beeinflußt.

3.2.2.3 Der implizite Autor als Ebene der Interpretation

Da dieses Konzept der vorliegenden Arbeit zugrunde liegt, sei hier nur kurz darauf verwiesen, daß der Gedanke im Zusammenhang mit psychoanalytischen Textinterpretationen erstmals bei Schwartz (1982) und Coen (1982, 1984) auftaucht, aber wenig Resonanz gefunden hat. Coen's Interpretation des Frühwerkes von Genet ist ein besonders eindrucksvolles Beispiel dieser Form von psychoanalytischer Literaturinterpretation. Der Autor zeigt, ausgehend von seiner Reaktion auf den Text, was dessen Erzähler mit ihm mache, wozu er ihn im Laufe der Lektüre zwinge: der Leser soll den Erzähler für dessen Fähigkeit bewundern und ihn immer wieder darin bestärken, daß dieser aus Exkrementen Poesie und aus Zerstörung und Tod wieder Leben erschaffen kön-

---

[60] S. 367.
[61] S. 21.
[62] Eine interessante Illustration bietet dazu Claus-Ekkehard Bärsch (1987) in seiner Monographie über J. Goebbels, umfassend zum Thema weiterhin die Arbeit von Klaus Vondung (1988), auf die ich später noch zurückkommen werde.

ne. Die Ebene der Interpretation ist nicht der historische Genet, obwohl Coen Daten aus dessen Lebensgeschichte zur Verifikation und Illustration heranzieht, nicht aber zur Interpretation selber. Coen sagt, daß sein Bild des Autors etwas Verführerisches und Perverses habe. Aber dieses beziehe sich nur auf die Leseerfahrung, nicht auf die Biographie des realen Autors, so ähnlich dieser dem konstruierten Bild im Text auch sein mag. Inhaltlich ist Coen's Interpretation auch deshalb so interessant, weil in ihr die apokalyptischen Motive von Zerstörung und Neuschöpfung auftauchen, die uns noch beschäftigen werden.

Im Kontext der Theorie der psychoanalytischen Technik spielt das erwähnte Konzept bei Schafer (1983) eine wichtige Rolle und für Literaturinterpretation im weiteren Sinne benutzt es Schmid (1986). Ich selber habe es (1991) zum ersten Male für die psychoanalytische Interpretation biblischer Texte angewandt. Dabei wird mein Konzept noch ergänzt durch eine in Analogie zur Übertragungs-Gegenübertragungsanalyse psychoanalytisch interpretierte Rezeptionsanalyse[63], die den Ausgangspunkt bildet für eine Interpretation auf der Ebene der "Bedeutungsposition" des impliziten oder abstrakten Autors.

3.2.2.4 Mythographische Interpretation

Nach der schmalen Basis im letzten Abschnitt ist die Literatur in dieser Kategorie kaum zu übersehen. In sie fallen sämtliche Interpretationen von C. G. Jung und seinen Nachfolgern, die aber zugleich immer auch noch Symbolinterpretationen sind. Weiterhin können hier auch alle diejenigen freudianischen Interpretationen aufgeführt werden, die den jeweiligen Text auf einen Grundmythos reduzieren. Das ist meist die schon mehrfach erwähnte mythische Erzählung von der Urhorde und vom Mord am Urvater. Während Schönau (1991)[64] einen Überblick über die vorhandene Literatur gibt, möchte ich mich auf eine etwas ausführlichere Erwähnung von drei Werken beschränken. Ich beginne dabei mit einem Werk aus der Schule Freuds, den im deutschen Sprachbereich fast unbekannten Vorlesungen von Th. Reik mit dem Titel "Myth and Guilt" (1957)[65]. Man könnte dieses Buch auch als Ereignisanalyse verstehen, denn es geht Reik, in enger Anlehnung an Freuds Schrift "Totem und Tabu", darum, die Urgeschichte der Menschheit zu rekonstruieren. Sie beginnt damit, daß die Gemeinschaft der Brüder den tyrannischen Vater ermordet und ihn daraufhin verzehrt, wobei Reik den Akzent immer wieder auf den Kannibalismus legt. Diese Urtat, die vielleicht Jahrhunderttausende zurückliegt, wird nicht erinnert, denn der Menschheit fehlte damals noch die Sprache. Aber als Ersatz für die Erinnerung übermittelt sich das Geschehen in den Spuren von Handlungen, speziell solchen rituellen Charakters. Der Mythos hat seinen Ursprung nicht in der Erinnerung an die Urzeit, sondern ist gleichsam

---

[63] Auch dieser Gedanke taucht schon bei Coen (1982a, S.11) auf, dessen Arbeit ich aber erst nach Fertigstellung meines 1991 erschienenen Aufsatzes kennenlernte.
[64] S. 194-201.
[65] Es ist recht erstaunlich, daß Eugen Drewermann in seinem monumentalen Werk "Strukturen des Bösen" dieses Buch, das wohl die einzige psychoanalytische Monographie über die Sündenfallgeschichte vor Drewermann darstellt, nicht erwähnt.

eine Auslegung der Tatspuren, die sich im Ritual überliefert haben. Da die Tat allen Menschen gemeinsam vorausliegt, haben auch die Mythen eine gemeinsame Grundstruktur. Um diese geht es Reik in der Auslegung der Geschichte vom Sündenfall und in seiner Konstruktion der israelitischen Religionsgeschichte, als deren Teil er auch das "Christusgeschehen" sieht. Die treibende Kraft sei überall der Versuch, diejenigen Schuldgefühle zu bewältigen, die auf die Urtat zurückgehen, die sich aber zugleich in der Geschichte in immer neuen Variationen wiederhole. Am deutlichsten sei das in dem auch von Reik angenommenen Mord an Mose und im Tod Christi geschehen. Letzterer hätte eigentlich die Urtat sühnen sollen, jedenfalls in der Interpretation des Paulus. Tatsächlich aber wiederholte er sie und verstärkt die Schuldgefühle der Menschen damit noch weiter.

Interpretation ist für Reik Reduktion auf die mythische Struktur, die letzten Endes in verhüllter Form von einem prähistorischen Ereignis Zeugnis ablegt. Damit nimmt Reik die Thesen des späten Freud[66] auf und führt sie zugleich weiter. Sein Buch liest sich wie ein Midrasch zu Freuds "Mann Mose" und ist glänzend geschrieben. Was aber völlig fehlt, ist wiederum die Reflexion auf die Subjektivität des Auslegers. Reiks Freude, sich kannibalistische Einzelheiten auszumalen, grenzt für mich ans Komische. Die ersten Schuldgefühle sind für ihn das Magengrimmen (remorse) der Söhne, die das rohe Fleisch des Vaters zu hastig heruntergeschlungen hätten[67]. Aber als Leser seines Buches ist man angeregt, das Buch selber mythographisch zu lesen, und dann liest es sich leicht als Allegorie der psychoanalytischen Bewegung, innerhalb derer Reik seinen Lehrer Freud wohl am kritiklosesten in sich aufgenommen oder verschlungen hatte. Reiks Werk ist vorwiegend Freud-Auslegung, aber damit ist er nur eines der ersten der zahlreichen Geschwister, die sich um die Liebe des toten Vaters bis heute bemühen.

Ganz anders ist es bei C. G. Jung, der in der Wiederholung des Brüderdramas weniger den kannibalistischen als den mörderischen Teil übernommen hat, jedenfalls sich in seiner Beziehung zu Freud so versteht. In seiner Arbeit von 1922 zum Verstehen von literarischen Texten fordert er, die Quellen des symbolischen Kunstwerkes "nicht im persönlichen Unbewußten des Autors zu suchen (...), sondern in jener Sphäre unbewußter Mythologie, deren urtümliche Bilder Gemeingut der Menschheit sind"[68]. Das persönliche Unbewußte sei eine trübe Quelle, die man der "Freudschen Purgiermethode überlassen"[69] könne. Das von Jung sogenannte "kollektive Unbewußte" sind allen gemeinsame und vererbte "Kategorien der Phantasietätigkeit"[70], seelische "Archetypen", die, als seien sie unabhängige Subjekte, eigenständige unbewußte Vorstellungskomplexe erzeugten. Diese nun sind tätig in der Mythenbildung und auch im künstlerischen Werk. Insofern sie auf gleiche Komplexe im Leser stoßen, hat

---

[66] Freud kommt in seinem Spätwerk wieder auf seine ganz frühe These zurück, daß im Hintergrund des Traumas nicht Phantasien, sondern reale Ereignisse stünden. Diese Meinung über die Ätiologie der Neurosen hatte er einst zugleich mit seiner Verführungstheorie aufgegeben. Eine gute Übersicht zu dem Thema bietet die Arbeit von E. E. Garcia "Freuds Verführungstheorie" (1991[1987]).
[67] S. 212.
[68] S. 52.
[69] S. 52/53.
[70] S. 53.

dieser die Möglichkeit, seine eigenen verschütteten Quellen wiederzufinden. Dazu muß dieser aber zuerst das Werk als Symbol verstehen, in dem sich das kollektive Unbewußte ausdrückt. Insofern er aber an diesem Unbewußten Anteil hat, kann er die Symbole der Mythen und der Kunst entschlüsseln und damit einen Zugang zu ihrer unbewußten Bedeutung finden. Diese unmittelbare Bezogenheit von Symbol und kollektivem Unbewußten, die der freudianischen Schule weitgehend fremd ist[71], bildet die Begründung für die zentrale Stellung der Symbolinterpretation bei den Jungianern.

Der zentrale Archetyp ist für Jung das Selbst, die Vereinigung von Bewußtem und Unbewußtem. Dargestellt wird er z.B. in der Idee Gottes. Die Geschichte der Verwirklichung dieses Selbst, oder anders, die Geschichte der Menschwerdung des Selbst oder Gottes, ist der mythologische Hintergrund von Jungs Bibelauslegung, die in seinem Werk "Antwort auf Hiob" (1952) vom Buch Hiob bis zur Apokalypse des Johannes reicht. Es geht darum aufzuzeigen, wie Gott bzw. das Selbst zu einer Einheit von Licht und Schatten, Gut und Böse finden könne. Den entscheidenden Schritt zu einer Integration findet Jung in der Johannes-Apokalypse. Zwar sei Johannes ein Mann, der nur die Liebe wolle[72], aber gerade deshalb sei er so voll von zerstörerischen Phantasien, wie sonst kein Autor im Neuen Testament. Ganz im Gegensatz zu Drewermann zeichnet dabei Jung ein Bild der Apokalypse, das die Grausamkeit im Text nicht beschönigt. Aber in der Geburt des Kindes im 12. Kapitel breche die Vision des "ganzheitlichen Menschen" ins Bewußtsein ein. Daß dieser Sohn "alle Heiden weiden soll mit eisernem Stabe", paßt dazu nicht, ist ein Rückfall in die Haßphantasien und ist nach Jung "dem Apokalyptiker als geläufige Phrase (...) in die Feder geflossen"[73]. Ich komme auf diese Stelle in 6.3.6.3 nochmals ausführlicher zurück, aber für Jung jedenfalls, so viel können wir hier festhalten, ändert dieser Ausrutscher nichts an der Symbolik künftiger Integration, die er dann fortschreitend im katholischen Dogma von der Himmelfahrt Mariae verwirklicht findet.

Jungs Buch ist ein charakteristisches Beispiel seiner tiefenpsychologischen Methode, in der das individuelle Unbewußte von Autor und Leser keine oder allenfalls eine verfälschende Rolle spielt. Aber es ist nicht zu leugnen, daß seine Interpretation etwas Großartiges hat und, was die Apokalypse betrifft, den Rahmen einer historisch-kritischen Auslegung nicht völlig verläßt, sehr im Gegensatz zu Drewermanns Interpretation.

Eine dritte mythographische Bibelinterpretation sei wenigstens noch kurz erwähnt, weil sie besonders originell ist: Northrop Frye's Buch "The Great Code" (1981). Frye geht es zunächst gar nicht um eine tiefenpsychologische Deutung, er möchte vielmehr Studenten der Literaturwissenschaft die Bedeutung der Bibel für die Literatur zeigen. Dazu liest er die Bibel synchron als ein zusammenhängendes Werk, ohne zugleich ihr Gewachsensein zu leugnen. Weil die

---

[71] In der ersten Auflage von Freuds Traumdeutung fehlt ein Abschnitt über Traumsymbolik noch ganz, er erscheint erst in späteren Auflagen und nimmt von Auflage zu Auflage an Umfang zu. Die heutigen Freudianer leugnen kollektive Symbole keineswegs, betonen aber eher deren kulturelle Determination und interessieren sich vor allem dafür, wie das Individuum die vorgegebenen Symbole, vor allem im Kontext der Übertragung, benutzt.
[72] S. 100/101.
[73] S. 90.

Menschen in einer Kultur meist ohne Bewußtsein vor einem mythischen Hintergrund lebten, der kulturell vermittelt sei, aber auch noch eine allen Menschen gemeinsame psychologische Erbschaft darstelle, deshalb sei es die Aufgabe der Literaturwissenschaft, diesen Hintergrund auch in Werken der Dichtung aufzuweisen. Die Bibel ist nun im hohen Maße Hintergrund der modernen Dichtung, aber auch sie selber hat einen unbewußten Hintergrund, der sich mit den Begriffen "Mythos", "Metapher" und "Typologie" umschreiben lasse. Im Kapitel "Typology II" mit dem Untertitel "Phases of Revelation" kommt Frye am Schluß[74] auch auf die Apokalypse zu sprechen. Der "panoramische" Sinn diese Buches ist ein großes Gericht, in dem das, was real zu sein schien (etwa die Macht des Nero), sich als irreal, und das, was ein Geheimnis war, als die eigentliche Wirklichkeit erweist. Aber es ist noch eine weitere Leseweise des Buches möglich, das, wie die ganze Bibel, nicht auf eine Wirklichkeit außerhalb, sondern auf sich selber verweist. Am Schluß macht Gott alles neu, und damit wird die Spannung zwischen Gut und Böse, die eine Funktion des Gesetzes war, aufgehoben in einer Einheit. Und in dieser Einheit gibt sich auch das Ich des Lesers auf. Schrift und Ich werden eins in dem, was der Heilige Geist ist. Und so ist der Schluß der Apokalypse der Antityp des Typos, der mit der Schöpfung gesetzt wurde.

Obwohl sich Frye nur selten auf Jung oder Freud beruft, berührt sich seine Interpretation doch mit der analytischen Tradition in vielem. Der Prozeß, den der Leser mit der Bibel macht, ist nicht nur ein kognitiver, er rührt an unbewußte Schichten im Menschen, die Angst erzeugen. Diese Angst vor der Bibel und vor dem Glauben aufzulösen, ist eine der wichtigsten Aufgaben des akademischen Lehrers. Frye's originelle Interpretation verbindet mythographische mit rezeptionsästhetischen Aspekten und steht in einer eklektischen Verbindung mit der gesamten modernen Literaturwissenschaft.

Einer weiteren archetypischen und damit mythographischen Interpretation, Drewermanns Auslegung der Apokalypse, ist das 5. Kapitel dieser Arbeit gewidmet.

3.2.3 Psychoanalytische Interpretation von Textelementen

In dieser Kategorie geht es nicht mehr darum, Psychoanalyse auf das Ganze eines Textes anzuwenden, sondern nur auf Teile von ihm. Das schließt allerdings keineswegs aus, daß es nach dieser Teilinterpretation auch noch zu einer Gesamtdeutung kommt. Aber diese ist, was die Anwendung der Psychoanalyse angeht, hier nicht das Primäre, obwohl die Grenzen verschwimmen und manche Unterscheidungen auch anders gezogen werden könnten.

3.2.3.1 Symboldeutungen

In Ansätzen ist diese Form der Interpretation schon öfter aufgetaucht. Ein methodisch reflektiertes Beispiel ist die Auslegung der Sündenfallgeschichte durch Gudrun Jork (1978). Die Autorin schränkt zuerst die Möglichkeit psy-

---

[74] S. 135-138.

choanalytischer Textdeutungen ein, insofern sie außerhalb des notwendigen Zirkels von Übertragung und Gegenübertragung stattfinden müßten. Aber wenn man einen Mythos wie einen Traum ansähe, dann habe Freud in seiner Traumdeutung auf eine *auxiliäre* Methode gewiesen, die Symboldeutung. Mit dieser Art von Dechiffrierung der Symbolik arbeitet Jork dann vorwiegend, was bis in ihre sprachlichen Formulierungen deutlich wird: "Ersetzen wir nun den Baum durch Phallus..."[75]. Es ist die alte Sprache der allegorischen Deutung, die hier wieder auftaucht, und eine gewisse Willkür ist schwer zu vermeiden. Wie kommt man eigentlich zu einer solchen Ersetzung? In der analytischen Situation haben wir das Übertragungsgeschehen, das uns den Rahmen für die Deutung absteckt und damit einen Hinweis auf den individuellen Gebrauch von kulturell vermittelten Symbolen gibt. Das fehlt ganz in einer reinen Symbolinterpretation. Daß der Baum ein "Phallus" sei, wissen wir allenfalls deswegen, weil er es manchmal in Träumen von Analysanden ist und weil man auf diese Weise zu einer gewissen Kohärenz der Deutungen kommen kann. Diese Kohärenz hat für Jork ihre Basis in der Theorie Freuds, und die Zusammenfassung ihrer Arbeit liest sich wie ein kurzes Kompendium von psychoanalytischer Entwicklungspsychologie. Die Deutungen richten sich letzten Endes auf eine Art normativer Entwicklungslinie, die die Autorin im Text angedeutet findet, die aber ein solches Gewicht erhält, daß der Text als Text eher verschwindet. Insofern ließe sich ihre Textinterpretation auch noch in die letzte Kategorie dieser Übersicht einordnen.

Eine jungianische und ebenfalls methodisch reflektierte Symbolanalyse gibt H. Harsch (1968) in seiner Interpretation der Versuchung Jesu. Im Rahmen einer historisch-kritischen Exegese des Textes deutet er die drei Versuchungssituationen als "archetypische Strukturen, die sich in drei dynamischen Bildern verdichten, die sich auch sonst in der Religionsgeschichte finden: Das Bild der 'Großen Mutter', des 'Großen Priesters' und des 'Herrn der Welt'"[76]. Das Ergebnis ist, wie mir scheint, weniger eine tiefenpsychologische Interpretation, als eine Bereicherung traditioneller Exegese durch tiefenpsychologische Elemente[77].

3.2.3.2 Der "enzyklopädische" Gebrauch der Psychoanalyse

Für den Begriff der Enzyklopädie berufe ich mich hier auf Eco, der unter anderem 1987 die Thematik ausführlich dargestellt hat. Danach bedarf der Leser zur Aktualisierung eines Diskurses sowohl der Kenntnis des Regelsystems der verwendeten Sprache, wie auch der enzyklopädischen Kompetenz, "auf die die Sprache aufgrund der kulturellen Tradition verweist"[78]. Ich brauche in diesem Zusammenhang keinen Überblick über die verschiedenen enzyklopädischen Kompetenzen zu geben, die Eco aufzählt, es genügt hier sein letzter Punkt, die

---

[75] S. 49.
[76] S. 54-59.
[77] Eine weitere psychologische Auslegung der Versuchungsgeschichte stammt von R. Rieß (1970). Hinzuweisen ist noch auf die freudianisch orientierten Symbolinterpretationen von Ludwig Levy, z.B. bei Spiegel (Hrsg.) (1972) und in zahlreichen Arbeiten in der Zeitschrift Imago.
[78] S. 94.

"Ideologische Übercodierung"[79]. Der Begriff ist nicht ganz klar, anscheinend ist damit ein Code gemeint, der *über* das unmittelbare Sprachverstehen hinausgeht. Dabei ist zu unterscheiden zwischen der, vielleicht nicht einmal bewußten, Ideologie, mit der der Leser an den Text herantritt, und der ideologischen Kompetenz, die der Text selber für seinen Modell-Leser vorsieht. Letztere besteht in dem Wissen, das kulturell für ein angemessenes Verständnis vorauszusetzen ist.

Die historisch-kritische Forschung hat eben darin eine ihrer zentralen Aufgaben, daß sie den heutigen Leser z.B. mit demjenigen religiösen Wissen vertraut macht, das neutestamentliche Autoren bei den Lesern ihrer Zeit voraussetzen durften.

Die Ideologie hingegen, mit der man an einen Text herantritt, ohne daß sie gefordert wäre, entspricht der Kompetenz, die sich - nach einem traditionelleren Begriff - im Vorverständnis ausdrückt, ob dieses nun von den lutherischen Bekenntnisschriften, von der Existenzphilosophie, vom Marxismus oder von der Psychologie herstammt. Zwar muß im Interpreten eine begründbare Überzeugung vorhanden sein, daß sein Vorverständnis angemessen sei und zu einem Verständnis beitragen könne, aber es muß deshalb nicht unmittelbar vom Text gefordert werden. Eine psychoanalytische Kompetenz ist von neutestamentlichen Texten sicherlich nie vorausgesetzt, und doch sprechen sie etwas an, was im Leser Erinnerungen an psychische Vorgänge und an deren psychologische Deutung wachruft. Und es dürfte kaum zu vermeiden sein, daß jeder Leser sein implizites psychologisches Verstehen auch auf die im Text angesprochenen Themen anwendet.

3.2.3.2.1 Deutung von Begriffen und Vorstellungen

Dieses in einer systematischen Form getan zu haben, ist das Verdienst von G. Theißen (1983). Seine psychologische "Enzyklopädie" ist jedoch vielfältig, sie umfaßt lerntheoretische, psychodynamische und kognitive Ansätze. Nach seinem Selbstverständnis versucht Theißen zwar, wie ich oben schon erwähnte, "Texte als Ausdruck und Vollzug menschlichen Erlebens und Verhaltens zu deuten"[80]. Aber ich kann nicht finden, daß er *diesen* Anspruch einlöst. Ich habe vielmehr den Eindruck, daß er speziell ausgewählte Texte, die sich inhaltlich dafür anbieten, durch den Bezug auf moderne psychologische Theorien "enzyklopädisch" zu bereichern versucht. Diesem Anspruch genügt sein Buch durchaus. Der pluralistische Ansatz schließt allerdings die konsequente Anwendung und Diskussion eines einzelnen Konzeptes aus, und mir scheint, daß vor allem der psychodynamische Ansatz zu kurz kommt. Theißen verwendet eine diffuse Mischung von Theorieteilen von Freud und Jung und ist kaum damit vertraut, wie im analytischen Dialog Interpretationen zustande kommen[81]. So dürfte der

---

[79] Zur Diskussion der "ideologischen Übercodierung" siehe auch unter 7.4.3.2 im Zusammenhang mit der Topicbildung.
[80] S. 11.
[81] Die Frage nach der Übertragung kommt bei Theißen im Zusammenhang mit Interpretationen nicht vor. Wie fern Theißen der Psychoanalyse steht, wird am deutlichsten auf S. 241: Theißen wendet sich dagegen, in einer inhumanen Verfolgungstätigkeit immer gleich

Wert seines Buches für eine psychoanalytische Textinterpretation mehr im Grundgedanken als in seiner Ausführung liegen.

3.2.3.2.2 Figurenanalyse

In die enzyklopädische Auslegung gehört, wie mir scheint, auch die sog. "Figurenanalyse"[82]. Zunächst einmal ist sie psychoanalytisch nur schwer zu vertreten. Der Analytiker analysiert nicht Personen, über die der Analysand/Autor spricht. Aber er fragt sich doch, was die erzählten Personen über den Erzähler aussagen, und insofern wird er sich immer auch mit den erzählten Gestalten beschäftigen. Ähnlich ist es beim Lesen. Auch dort erwecken wir gleichsam die einzelnen Gestalten zum Leben und vermuten bei ihnen auch dann Motive, wenn diese vom Erzähler nicht genannt werden. Oft mögen solche Motivzuweisungen trivial und/oder voll von Projektionen sein. Aber auf alle Fälle ist eine psychoanalytische Deutung des Verhaltens von Textgestalten nur eine Erweiterung dessen, was man beim Lesen immer schon tut. Es ist nur nötig, die Deutungen von Textfiguren nicht mit der Deutung von Texten zu verwechseln. Wir werden im 4. Kapitel sehen, wie beides zueinander in Bezug steht.
Ein Beispiel für eine alttestamentliche Figurenanalyse ist die Arbeit von H. Laughlin "König Davids Zorn" (1954). Der Autor deutet den Zorn, den David gegenüber dem reichen Mann in dem Gleichnis des Propheten Nathan empfindet, als einen Zorn gegen sich selber. Er wußte im Grunde, was er getan hatte und trug bereits schwer daran. Insofern Laughlin dann ähnliche Ereignisse aus Psychotherapien erzählt, wird seine Deutung zur analytischen Beispielerzählung. Irgendeinen Bezug zu einem Gesamtsinn des Textes sucht der Autor nicht.
In zahlreichen Arbeiten hat sich die amerikanische Analytikerin Dorothy F. Zeligs der Figurenanalyse gewidmet. Sie beschäftigt sich darin mit der psychischen Entwicklung von Abraham, Jakob, Joseph, Mose, Saul und anderen[83]. Sie sieht dabei die alttestamentlichen Berichte als im Kern historisch an, wenngleich sie auch von späteren Tendenzen überformt sein mögen. Um diesen sehr originellen Arbeiten gerecht zu werden, darf man sie nicht an den Maßstäben historisch-kritischer Forschung messen. Sie sind, wie viele andere Arbeiten von jüdischen Analytikern[84], in der rabbinischen Tradition verwurzelt und lesen sich wie späte Legenden. Allerdings weisen die Figuren, die Zeligs analysiert, über sich hinaus. In einer wichtigen kurzen Arbeit von 1957[85] faßt sie zusammen, worin sie das Ziel ihrer Figurenanalysen sieht. Das Alte Testament habe für die Hebräer die gleiche Funktion wie die Tragödie und speziell

---

Krankhaftes zu wittern und verweist deshalb auf die "erschreckende 'Normalität' des Bösen". Aber diejenige "Normalität", von der Theißen hier spricht, ist ein scheinbar gelungener Lösungsversuch eines sonst unerträglichen inneren Konfliktes, und der Preis, der dafür zu zahlen ist, eine innere Verarmung durch Spaltung und Projektion. Ich verweise zu dem Thema vor allem auf J. McDougall (1985), darin speziell die Kapitel VI und XIII.
82 Siehe Schönau (1991) S. 102-105.
83 Abraham (1954), Jakob (1953), Joseph (1955), Mose (1966), Saul (1957b). Das ist nur eine Auswahl.
84 Das betont auch Y. Spiegel in: Spiegel (Hrsg.) (1972) S. 11/12.
85 A Psychoanalytic Note on the Function of the Bible (1957a).

der "Ödipus" für die Griechen. Aber während die griechischen Helden das Urvergehen ausagierten (hier steht natürlich Freuds Schrift "Totem und Tabu" im Hintergrund), sei das Alte Testament das Zeugnis einer fortschreitenden Sublimierung, die ihren Ausdruck finde in einem ethischen Monotheismus und in den sozialen und kulturellen Standards des Gemeinschaftslebens[86]. In den Erzählungen von den Helden der alten jüdischen Geschichte reflektiere sich nicht nur individuelle Geschichte, sondern zugleich die des Volkes. Und obwohl Zeligs immer wieder die Historizität der Personen und Ereignisse betont, kann man ihre Interpretationen auch, allerdings gegen ihre Absicht, als Deutung der inneren Geschichte eines Volkes oder sogar als Entwicklung innerhalb einer Literatur, nämlich der alttestamentlichen, lesen. Mit dieser Lesung verlieren die Interpretationen ihren sonst doch eher befremdlichen Charakter, und man hat es leichter, den psychoanalytischen Scharfsinn und das Wissen der Autorin zu würdigen[87].

Figurenanalysen sind auch bei Drewermann häufig. Bei seiner Auslegung der Heilung des Besessenen von Gerasa weiß er alles über dessen Art der Erkrankung und im Falle der Heilung der blutflüssigen Frau und der Tochter des Jairus über deren Familienverhältnisse[88]. Als Legendenbildungen sind diese Texte spannend zu lesen, und auch in analytischen Supervisionsgruppen versucht man gelegentlich, sich aus winzigen Informationen Familienverhältnisse zu phantasieren. Aber Drewermann möchte mit seiner Figurenanalyse[89], in eine Konkurrenz zum Texterzähler treten, um damit zum "unmittelbaren Zeugen oder Betroffenen" der Ereignisse zu werden. Damit ist die Ebene des Textes endgültig verlassen.

Die umfassendsten Beispiele von Figurenanalyse sind aber die beiden analytisch orientierten Jesusbücher von K. Niederwimmer (1968) und von H. Wolff (1975).

Niederwimmers Buch ist allerdings unter "Figurenanalyse" nicht eindeutig einzuordnen. Wir sahen auch oben schon, wie sein Aufsatz zur tiefenpsychologischen Exegese sich gegen eine Kategorisierung sträubt. Niederwimmer benutzt die Jungsche Tiefenpsychologie, um den Sinn der Predigt Jesu von der nahen Gottesherrschaft zu deuten. Hier nähme Jesus einen Mythos auf, den das kollektive Unbewußte in einer Krisenzeit hervorgebracht habe. Die eschatologische Predigt Jesu habe teilweise illusionären Charakter, sie zeige aber zugleich eine Neueinstellung des Bewußtseins an, das sich gegen die Autorität des bisherigen Gottes richte. Indem Niederwimmer sein Interesse nicht auf die Person Jesu, sondern auf die "psychologische(...) Relevanz der von Jesus hervorgerufenen Bewegung" richtet[90], nähert er sich einer historischen Analyse an. Jesus nimmt im Namen Gottes das Unannehmbare an, akzeptiert den Schatten und macht sich damit selber zu einem Schatten; er erscheint als gottlos und

---

[86] (1957a) S. 57.
[87] Man macht es sich zu leicht, wenn man originelle psychoanalytische Interpretationen nur deshalb verwirft, weil sie historisch-kritischen Maßstäben nicht standhalten. Oft sind in ihnen Gedanken enthalten, die auch die kritische Forschung befruchten könnten, die vielleicht nur anders begründet werden müßten.
[88] T. u. E. II 246-309.
[89] Wie er in T. u. E. II, S. 250, zeigt.
[90] S. 80.

muß deshalb sterben. In Jesus ist der kollektive Konflikt zwischen Autorität und Selbständigkeitsdrang manifest geworden, Jesus wurde sein Opfer. "Die Frucht dieses Opfers ist eine Neueinstellung des Bewußtseins, *ein neuer Mensch und ein neuer Gott*"[91]. Aber es bleibt für Niederwimmer ein psychologisch nicht aufzulösender Rest übrig: Jesus wollte mehr, er ist nicht nur rebellischer Sohn, sondern er wollte gerade das System von Autorität selber überwinden. Dieses Mehr setze Jesus immer wieder allen Mißverständnissen aus. Ich muß allerdings hier sagen, daß ich nicht verstehe, warum gerade dieser Rest psychologisch "unverrechenbar" sein soll. Mir scheint, daß Freuds mythische Erzählung in "Totem und Tabu" gerade dafür einen Interpretationsrahmen abgeben könnte[92].

Auch bei H. Wolff ist nicht leicht zu erkennen, wen oder was sie tatsächlich analytisch deutet. Ist es wirklich der Mensch Jesus? Dann wäre ihre Interpretation eine historische Untersuchung, die die Texte als Quelle nimmt. Aber sie spricht von ihm auch als von einem "lebendigen Symbol"; das deutet eher auf den überlieferten, mit Bedeutung angereicherten, immer schon interpretierten und damit "textgewordenen" Jesus. Wolff verbindet dann offensichtlich beide Sichtweisen miteinander und beruft sich dazu auf Jung. Das Symbol steht für etwas Unbekanntes, aber nicht für etwas, was total unbekannt wäre, sondern für etwas, das als *Seinsollendes*[93] geahnt wird. Jesus als Mann war nun tatsächlich in Person genau dieses, was sein sollte: er war ein wahrer und das heißt: ein "integrierter" Mann, der seine "anima", also seine weibliche Seite integriert hatte. Dem Nachweis dieser Integration dient das Buch, das sich damit in einer Spannung zwischen Figuren- und Symbolanalyse bewegt.

Christoph Schneider-Harpprechts jüngst erschienene Arbeit (1991) ist nicht leicht einzuordnen. Es geht ihm zunächst darum, im Streit Drewermanns mit der historisch-kritischen Forschung eine Stellung zu beziehen. Anders als Drewermann sieht er sowohl in der historisch-kritischen wie in einer psychoanalytischen Textauslegung Produkte der Aufklärung mit dem Ziel, den Graben des Zeitabstandes zu überbrücken. Beide Auslegungsweisen ergänzten sich vielmehr, als daß sie sich ausschlössen. Die psychoanalytische Auslegung lasse aber auch Gefühle und Phantasien zu, die von der historischen Kritik sofort als "Vorurteil" zurückgewiesen würden.

Hier setzt nun das methodische Interesse des Autors ein. Er zeigt, welche Gefühle und Einfälle die Geschichten der Hagar-Überlieferung (Gen. 16 und 21) in einer Gruppe auslösen. Dabei stützt er sich auf ein psychoanalytisches Gruppenmodell nach A. Heigl-Evers, mit dem er die Einfälle auf verschiedenen Ebenen des Vor- und des Unbewußten einordnen kann. Das Ergebnis ist interessant, betrifft aber doch vorwiegend nur eine analytische Nachzeichnung des Erlebens der Hauptfiguren der Erzählung mit Hilfe der Narzißmustheorie von Heinz Kohut.

---

[91] S. 82.
[92] Insofern nach dem Mord am Urvater eine Gemeinschaft der Söhne entsteht, in der ein gewisses Maß gegenseitiger Liebe dazu dient, keine neue Herrschaft aufkommen zu lassen. Zugleich aber deutet sich in der zunehmenden Verehrung des "Helden", des ursprünglichen Mörders, die Wiederkehr der autoritären Struktur an.
[93] S. 17.

3.2.3.3 Psychoanalyse als Mittel der Deutung von in Texten enthaltener Theologie

Als Beispiel dieses Grenzfalles einer Textanalyse mögen hier zwei Arbeiten aus dem englischsprachigen Bereich kurz erwähnt werden. In seinem Buch von 1959 vergleicht David Cox die paulinische Rechtfertigungslehre mit der Theorie der Individuation von Jung. Er kommt dabei zu dem Ergebnis, daß der Weg des Christentums Parallelen und Unterschiede zum Weg Jungs habe und daß er "für die Mehrheit bei weitem einfacher ist als der psychotherapeutische"[94]. Was Cox aber nicht tut, ist, den christlichen Glauben einer psychoanalytischen Interpretation zu unterziehen, er begnügt sich mit einem Vergleich des in beiden Systemen Vergleichbaren.

Darin unterscheidet sich eine neue Arbeit von B. Hopkins (1989). Er versucht, den Auferstehungsmythos[95] des Neuen Testamentes mit der Begriffswelt von Winnicott zu deuten. In der Auferstehung zeige sich die Unzerstörbarkeit des "guten Objektes", das allen Angriffen des Subjektes gegenüber erhalten bleibe und sie überlebe. Erst diese Erfahrung der Unzerstörbarkeit ermögliche es dem Menschen, seine destruktiven Phantasien, bzw. seine "Sünde" anzunehmen und Jesus als einen "Anderen" zu erfahren, der konstant bleibe und zu dem man Vertrauen haben könne. Die Geschichte von Jesu Tod und Auferstehung symbolisiere für den Erwachsenen die bedeutsamsten Entwicklungsprozesse seiner frühen Kindheit und mache sie immer wieder erfahrbar, z.B. in der Eucharistie, in der Christus zugleich durch Essen zerstört werde und doch überlebe. Hopkins' Interpretation ist ein eindrückliches Beispiel einer konsequent psychoanalytischen Interpretation, die nicht reduktiv sein will und es auch nicht ist. Der christliche Mythos ist für ihn keine Flucht vor der Realität, sondern eine Weise, eben diese Realität zu sehen. Insofern die analytische Interpretation den Mythos nicht zerstört, kann sie seine fortdauernde Wirkung auf den Glaubenden aufweisen. Sie wird damit zugleich zu einer Analyse der Rezeption.

3.2.3.4 Psychoanalytische Interpretation als klinisches Beispiel

Auch die Arbeiten, die ich in diesem Abschnitt bespreche, haben zum Teil einen Rezeptionsaspekt, aber etwas anderes steht im Vordergrund. Die Autoren erläutern mit ihren Interpretationen klinische Phänomene.

Stephen R. Reid (1973) glaubt, die Probleme des Hiob-Buches mit der Psychoanalyse lösen zu können, indem er den Text als Allegorie einer Über-Ich-Problematik mit Freuds Schrift "Das Unbehagen in der Kultur" (1930a) in eine Beziehung setzt. Während seine Interpretation den Text für mein Empfinden trivialisiert, sind seine Bemerkungen über die Anziehungskraft des Textes nicht uninteressant. Man könne als Leser aus sicherer Distanz ähnliche Phan-

---

[94] S. 68.
[95] Hopkins betont, daß er vom Mythos nicht im pejorativen Sinne spräche, "but to describe a story which appeals on a 'primordial' level to some of the most basic human impulses and needs..." (S. 93. Anm.).

tasien, vor allem den Protest gegen die väterliche Autorität, ausleben und wisse zugleich, daß einen das Schicksal Hiobs nicht treffen werde.

In einer gerade erschienenen Arbeit nimmt Owen Renik (1991) das Hiob-Thema wieder auf. Hiob erinnert ihn an Patienten, die sich überall in der Welt übel behandelt fühlen und dieses in der Übertragung auch mit dem Analytiker wiederholen. Eine häufig angemessene Deutungslinie sei es dann, dem Patienten seine unbewußten Schuldgefühle zu zeigen, aufgrund derer er sich unbewußt durch andere Personen das Unglück gleichsam zur Sühne zufüge. Aber diese Deutung stimme nicht immer, und bei Patienten wie Hiob würde man dann genau die Position seiner Freunde einnehmen, die auf Schuld hinzuweisen versuchen. Hiob hingegen halte an einer Phantasie fest, die gerade das Anfangsstück des Textes deutlich zeige: hinter all dem Unglück, das Gott dem Hiob zufügt, stecke die unerschütterliche Liebe Gottes zu ihm. Ebenso sucht die Patientin, die Renik beschreibt, geradezu das Unglück, aber nicht zur Buße, sondern zur paradoxen Bestätigung, daß der Vater, der sie mißachtet hatte, sie letztlich doch über alles liebe. Klinisch ist die Arbeit von Renik anregend, vor allem sein Vergleich der Freunde Hiobs mit dem Vorgehen des Analytikers bei Patienten, die sich ständig Unglück aufladen, aber der Schluß des Autors von seiner Patientin auf die Gestalt des Hiob scheint mir doch etwas kurzschlüssig zu sein und den Text zu sehr zu reduzieren.

In einer kurzen, aber recht originellen Arbeit deutet Joseph More (1970) das Buch Jona. Es ist für ihn die innere Geschichte eines Geschwister-Konfliktes. Die Bewohner Ninives symbolisieren dabei die bösen Geschwister bei der "bösen" Mutter, deren Vernichtung man sich zugleich wünscht und sie fürchtet. Tarsis ist dann die gute Mutter, zu der Jona fliehen will. Aber er kann damit seinem Haß und seinen Schuldgefühlen nicht entkommen. Das Schlußkapitel deutet More in Analogie zu einer Psychotherapie. Gott gewähre Jona den Genuß des regressiven Gefühls, daß er ganz für ihn sorge (mit dem Rhizinus), aber zugleich konfrontiere er ihn danach mit der Realität, ohne ihn zu verurteilen. Als innerpsychischer Prozeß interpretiert, hätte Jona damit eine innere Instanz bekommen, die weniger hart mit ihm umgehe.

Ich komme als nächstes zu dem Kapitel "Die archaische Matrix des Ödipuskomplexes in der Utopie", in dem Janine Chasseguet-Smirgel (1988d) Texte aus der Apokalypse und aus anderen utopischen Texten mit dem Erleben vom Patienten mit einer Perversion in Verbindung bringt. Das Gemeinsame sei die Illusion, die Realität auszublenden, um sich mit einer archaischen, nur guten Mutter ohne Umstände vereinen zu können. Die Autorin verbindet weiterhin diese Illusion mit manchen geistigen Strömungen der Gegenwart und verfolgt damit recht polemische Tendenzen. Da die Arbeiten von Chasseguet-Smirgel im 6. Kapitel noch ausführlich besprochen werden, gehe ich hier nicht näher auf sie ein[96].

Die letzte Arbeit, die ich erwähne, hat keinen biblischen Text im Zentrum, sie ist aber so vorbildlich, daß ich sie nicht übergehen möchte. Martin Weimer geht von der Frage der Daueranrufer in der Telephonseelsorge aus und von der Erfahrung einer stillstehenden Zeit, die der Berater in solchen Dialogen

---

[96] Statt dessen möchte ich auf drei wichtige Rezensionen des Buches verweisen: H. Beland (1989); M. Weimer (1990); R. Vogt (1990).

oft mache. Die Sprechweise, die die Klienten benutzen, erinnert den Autor an "Absurdes Theater", und anstatt eines theoretischen Diskurses wählt er ein "präsentatives Symbol der Kunst"[97], nämlich Beckett's "Warten auf Godot", bei dem der Zuschauer oder Leser eine ähnliche Erfahrung von Zeitlosigkeit machen könne. Weimer analysiert innerhalb des Dialogs von Estragon und Wladimir die Funktion dreier Träume, die Estragon *nicht* erzählt, deren Kontext aber die in ihnen enthaltenen traumatischen Phantasien erraten läßt. Die Zeitlosigkeit im Stück und bei den Klienten rühre daher, daß niemand das Trauma "aufnehmen", es im metaphorischen Sinne "verdauen" könne. Das zeigen im Dialog die Reaktionen Wladimirs, und im stillstehenden Beratungsgespräch wird der Berater leicht in dieselbe Position gebracht. Erst nachdem das Trauma "symbolisiert" werden könne, würde die Zeit weitergehen. Im Stück von Beckett hätte vielleicht der Zuschauer die wichtigste Rolle. "Ihnen hat Beckett die - eigentlich therapeutische - Aufgabe zugewiesen, das Warten zu 'halten'"[98]. Und das sei es auch, was der Berater trotz allem versuchen müsse. Weimers Gebrauch des Dramas setzt eine von Winnicott inspirierte analytische Teildeutung voraus, die aber auch etwas über den Gesamtsinn, oder besser: über die Unmöglichkeit eines solchen, aussagt. Er demonstriert mit dieser Deutung das klinische Phänomen der "stillstehenden Zeit", indem er zugleich auf die ähnliche Wirkung auf den Zuschauer oder auf den Berater verweist. Eine Rückfrage nach dem historischen Autor ist nicht nötig für diese Interpretation, die in ihrer Differenziertheit einen guten Abschluß meiner Literaturübersicht bildet.

---

[97] S. 84.
[98] S. 96.

4. Lesen und klinische Psychoanalyse als dialogische Situationen

4.1 Einleitung: Ist psychoanalytisches Lesen möglich?

Ich habe im ersten Kapitel dieser Arbeit zu zeigen versucht, wie Drewermann zwar eine tiefenpsychologische Bibelinterpretation fordert, die von der Reflexion auf Übertragung und Gegenübertragung und damit auch von Gefühlen ausgeht[1]. Es wurde dann aber deutlich, daß Drewermann unter Gefühlen tatsächlich meist die vermuteten Gefühle des anderen, fast nie die eigenen versteht[2]. "Der/die andere" im zu interpretierenden Text sind für ihn meist Textfiguren[3], nicht der Text als Text in seiner Gesamtheit. In seinen archetypischen Interpretationen spielen das individuelle Unbewußte und damit die Gefühle und Phantasien des Auslegers dementsprechend kaum eine Rolle. Im zweiten Kapitel habe ich dann ausführlich die historische Entwicklung der Begriffe Übertragung und Gegenübertragung diskutiert, um den Anspruch von Drewermann in seiner Tragweite würdigen zu können. Das dritte Kapitel schließlich war einer Übersicht über Versuche psychoanalytischer Bibelinterpretation gewidmet. Die leitende Frage richtete sich auf die verschiedenen möglichen Ebenen der Interpretation und auch darauf, wieweit allenfalls die Subjektivität des Auslegers für die Interpretation von Bedeutung ist. Das Ergebnis dieser Untersuchung war weitgehend negativ: es gibt zwar zahlreiche Interpretationen, in denen Psychoanalyse mehr oder weniger sachgerecht eine gewisse Rolle spielt. Manchmal, etwa bei Vergote, geschah die Anwendung psychoanalytischer Theorie auf einem hohen Niveau, aber die Art, wie diese Interpretationen gefunden wurden, war in den meisten Fällen weit vom Vorgehen in der klinischen psychoanalytischen Situation entfernt. Zwar forderte auch F. Dolto[4] den Gebrauch individueller Gefühle und Phantasien und damit den Gebrauch ihrer Subjektivität als Auslegerin, aber sie machte damit vor den Jesus-Worten halt. Wirklich befriedigende psychoanalytische Interpretationen fanden wir nur in einigen Versuchen nichtbiblischer Literaturinterpretation.

Nach dem eher negativen Ergebnis des letzten Kapitels kann man sich fragen, ob diese Form von Interpretation überhaupt möglich sei. Das stärkste Argument *für* die Möglichkeit psychoanalytischer Textinterpretation ist kein theoretisches, sondern eine persönliche Erfahrung, die von vielen Autoren geteilt wird und die jeder Leser nachvollziehen kann. Man reagiert auf Texte mit Gefühlen und inneren Bildern, mit Langweile oder mit Interesse. Es scheint unmöglich zu sein, von manchen Büchern nicht gefesselt zu werden, man wird "in Geschichten verstrickt"[5]. Die Selbstwahrnehmung beim Lesen ist nicht unähn-

---

[1] Vgl. oben unter 1.4.
[2] Vgl. T. u. E. I 434-441 und meine Ausführungen dazu auf S. 29-31.
[3] Die er dann mit Hilfe der Gesprächstherapie oder der Transaktionsanalyse zu erschließen versucht, vgl. T. u. E. I 443-482.
[4] Vgl. 3.2.2.2.
[5] So der Titel des bereits 1953 in erster Auflage erschienenen Buches von Wilhelm Schapp, das viele Ergebnisse der Literaturwissenschaft der letzten Jahre vorwegnimmt.

lich im Vergleich zu derjenigen beim Zuhören und Verstehen im psychoanalytischen Prozeß. Es legt sich von dieser Erfahrung her eine einfache Gleichsetzung nahe: "Leser gleich Analytiker" und "Text gleich Analysand oder Patient". Doch dagegen sind immer wieder zwei Einwände erhoben worden. Erstens seien Texte keine Patienten, zu denen der Analytiker eine personale Beziehung entwickeln könne, und weiterhin, lege nicht eher der Text den Leser und nicht der Leser den Text aus? Mit dem zweiten Argument werden zugleich theologische Interpretationen (z.B. Ebeling[6], Weder[7]) des Verstehensvorganges berührt, so daß es sich lohnt, hier etwas zu verweilen.

In einer Arbeit von 1989 sagt Ina Frier: "Die Rollen von Analytiker und Analysand lassen sich denen von Text und Leser nicht linear zuordnen. Einmal, weil 'der Text' eben kein menschliches Objekt ist, die Analyse aber eine personale Beziehung, zum anderen aufgrund folgender Unterschiede: Der Leser befindet sich in einer doppelten Situation. Nämlich in einem Entwicklungsprozeß ähnlich wie der Patient, und umgekehrt antwortet er auf 'den Text' ähnlich wie der Analytiker mit seinen Gefühlen gegenüber dem Patienten"[8]. Frier sieht also den Leser sowohl in der Rolle des Analytikers als auch in der des Analysanden und zwar letzteres, weil auch der Leser in einen Entwicklungsprozeß geriete. Das dürfte wohl heißen, daß der Text etwas mit ihm macht, und, da es sich um einen analytischen Prozeß handeln soll, interpretierend mit ihm etwas macht. Damit kommen wir in die Nähe der Aussagen Ebelings und Weders, daß der biblische Text den Leser auslege. Aber ist deshalb nötig und schlüssig, den Leser nicht mehr als interpretierendes Gegenüber des Textes anzusehen? Sicherlich ist die Beobachtung richtig, daß der Text den Leser in irgendeiner Form auslegt, ihn zu jemand macht, sei es, daß er ihn auf sein Sünder-Sein anspricht (bei Paulus), ihm seine Unerfahrenheit in der Liebe demonstriert (Fielding[9]) oder aber ihn wegen seiner Unempfindsamkeit gegenüber dem Unglück anklagt (Balzac[10]). Aber damit wird der analytische Leser nur genauso weit zum "Patienten", wie auch jeder Analysand und jede Analysandin im analytischen Dialog den Analytiker oder die Analytikerin als "jemand" interpretieren, ihm oder ihr eine Rolle zuweisen und sie oder ihn damit durchaus auch in einen Entwicklungsprozeß bringen, in dem sie oder er etwas Neues über sich erfahren können. Trotzdem ist das nicht das *Ziel* des Prozesses, sondern sein zentrales *Mittel*. Wir sahen ja schon, daß die Übertragung als Interpretation des anderen als eines "anderen", in der Regel als eines infantilen verinnerlichten Objektes, verstanden werden kann. Die analytische Interpretation ist vor allem eine Deutung eben dieser auf den Analytiker gerichteten Interpretationen[11]. Deshalb ist Friers Einwand nur ein Beleg für die Genauigkeit der bestrittenen Analogie. In ähnlicher Weise müßte auch Ebelings und Weders Interpretation der Situation zwischen Text und Leser ergänzt werden: wenn es der biblischen Hermeneutik darum geht, wie der Text den Leser deutet, wozu er ihn macht, dann wäre Textinterpretation ein Bemühen des Lesers, zu inter-

---

[6] G. Ebeling (1959) S. 250.
[7] H. Weder (1986) S. 24.
[8] I. Frier (1989) S. 222.
[9] In dem berühmten 1. Kapitel "Von der Liebe" des 6. Buches seines Romans "Tom Jones".
[10] Gerade am Anfang seines Romans "Pere Goriot".
[11] R. Schafer (1976) S. 369, bzw. S. 286 (1982) (deutsch).

pretieren, auf welche Weise und als wen der Text ihn interpretiert. Biblische Theologie müßte dann als der Versuch angesehen werden, diese Interpretationen zu systematisieren, wozu wiederum andere, auch nichtbiblische, z.B. philosophische Texte herangezogen werden können. Damit bleibt Interpretation eine deutende Aktivität des Lesers.

Wenn Frier weiterhin einwendet, daß der Bezug zum Text nicht personal sei, so muß ich ihr in dem Maße recht geben, wie sie sich damit gegen eine allzu naive biographische Methode abgrenzt, in der der Text an die Stelle der freien Assoziation und der Autor an die Stelle des Patienten rückt. Ich werde aber zu zeigen versuchen, daß sich mit literaturwissenschaftlichen Begriffen eine Art personalen Bezugs zum Text aufweisen läßt, der unabhängig ist vom Rekurs auf den biographischen Autor und der sogar als spezifisch analytisch, ja sogar klinisch-analytisch charakterisiert werden kann. In der Textperson des "fiktiven Lesers", der manchmal als "narrataire" realisiert ist, werden wir unter 4.3.3 denjenigen wiederfinden, zu dem oder der "der Text" den Leser macht.

Die einfachste Form einer personalen Beziehung beim Lesen wird in der Autorinterpretation vorausgesetzt. Sie spielt bei der Auslegung der Bibel, wie wir oben unter 3.2.1.1.1 gesehen haben, vor allem in der Paulus-Forschung eine Rolle. Scheinbar ist hier alles in Ordnung, es gibt eine interpretierende Leser-Person (z.B. Pfister[12] oder Thilo[13]), und es gibt eine interpretierte Person: Paulus aus Tarsus. Was in diesem Modell übersehen wird, ist der Unterschied zwischen Textinterpretation und dem Gebrauch eines Textes als einer historischen Quelle[14]. Ein Autor ist nicht Teil eines Textes, sondern sein Urheber. Wenn ich den Text als Quelle benutze, gehe ich über ihn hinaus oder hinter ihn zurück, um von ihm her etwas zu erschließen, für das er als eine Art "Symptom" steht[15]. Vom Text her den Autor zu verstehen, heißt, etwas anderes als den Text zu verstehen und setzt Textinterpretation bereits voraus. Wie aber läßt sich ein Text als Text verstehen, wenn es zugleich, damit ein genuin psychoanalytisches Verstehen erreicht werden kann, um eine personale Beziehung gehen sollte? Inwiefern könnte ein Text, unabhängig von der historischen und damit abwesenden Person des Autors, selber etwas wie eine Person sein oder personale Züge tragen?

4.2 Autorinstanzen

Diese Frage ist bisher in der psychoanalytischen Textinterpretation kaum gestellt, geschweige denn beantwortet worden. Das ist eher verwunderlich, denn die dafür nötigen Begriffe liegen sowohl in der deutschsprachigen als auch in der angelsächsischen und in einem gewissen Maße auch in der französischen Literaturwissenschaft bereit. Ich werde im folgenden versuchen, die Begriffe systematisch und teilweise auch historisch zu entwickeln. Ich tue das deshalb etwas ausführlicher, als es für den unmittelbaren Zweck meiner Argumenta-

---

[12] O. Pfister (1920).
[13] H.-J. Thilo (1985).
[14] W. Egger (1987) § 15.
[15] W. Schmid (1986) S. 304.

tion nötig wäre, weil es einen entsprechenden Überblick in deutscher Sprache meines Wissens nicht gibt[16], schon gar nicht für die biblische Exegese, abgesehen von wenigen Ansätzen[17].

4.2.1 Der historische Autor oder die historische Autorin

Den Tod des historischen Autors hat Roland Barthes[18] am deutlichsten proklamiert, aber auch für zahlreiche andere Autoren ist es mittlerweile selbstverständlich, daß die biographische Person des Autors für die Erklärung eines Textes als Text keine Rolle spielen darf. Man interpretiert nicht den Autor durch den Text, sondern den Text als Text. Und in ihm ist der historische Autor nicht vorhanden. Der Autor hat sich von seinem Werk getrennt, das nunmehr unabhängig von ihm existiert. In welchem Sinne trotzdem ein Wissen um die Umstände des Autors in eine Textinterpretation einfließen kann, wird uns noch später beschäftigen.
Es war der Strukturalismus, der den Autor völlig aus dem Text verbannte und den Textsinn als Beziehung der Textelemente untereinander definierte[19]. Aber dieser radikale Standpunkt befriedigt deshalb nicht ganz, weil beim Lesen der Eindruck eines personalen Gegenüber sich immer wieder einstellt. Was kann im Text an die Stelle des abwesenden historischen Autors aus Fleisch und Blut treten? Ein theoretischer Versuch, das Schreiben und Lesen von Texten als kommunikativen Vorgang zwischen Personen zu interpretieren, ohne die Ebene des Textes zu verlassen und ohne einem naiven "Biographismus" zu verfallen, ist die Unterscheidung von realem Autor, implizitem oder abstraktem Autor und Erzähler einerseits und realem, implizitem und fiktivem Leser andererseits. Das Modell wird zu einem Teil von sehr vielen Autoren, vollständig aber nur von recht wenigen vertreten. Die vollständige Unterscheidung finden wir bei Booth[20], Chatman[21], Rabinowitz[22], im deutschen Sprachbereich besonders bei H. Link[23] und W. Schmid[24]. Trotzdem müssen aber auch andere Autoren[25] herangezogen werden, weil sie wichtige Nuancen zu Teilen beigetragen haben. Die Schwierigkeit einer systematischen Darstellung wird dadurch recht groß, daß nicht nur die Terminologien voneinander abweichen[26], sondern wir

---

[16] Eine gute, aber keineswegs vollständige Übersicht bietet W. Schmid (1986) auf den Seiten 20-38 und 299-310.
[17] F. Hahn (Hrsg.) (1985), M. Karrer (1986). Die Arbeiten von E. Güttgemanns (z.B. 1987) und Chr. Hardmeier (1990) gehen von wesentlich anderen theoretischen Voraussetzungen aus.
[18] R. Barthes, in: Lodge (ed.) (1988).
[19] Vgl. W. Egger (1987) § 2.
[20] Vor allem im Nachwort der 2. Auflage von "The Rhetoric of Fiction" (1983), besonders S. 428-431.
[21] (1980) S. 147-151.
[22] P. Rabinowitz (1987), aber mit anderer Terminologie und verteilt übers ganze Buch.
[23] H. Link (1980) unter 1.2 und 2.1 - 2.3.
[24] W. Schmid (1986), vgl. Anm. 15.
[25] Z.B. K. Weimar (1980), besonders §§ 222-273, R. Harweg (1979), W. Bronzwaer (1978).
[26] Für den "impliziten Autor" finden wir die Bezeichnungen: "abstrakter Autor" (Schmid), "Autor im Text" (Weimar); der Erzähler heißt bei Booth (1979) "dramatized author" (S.269), bei Link der "fiktive Autor"; der "narrataire" (Prince) wird bei Iser "fiktiver Leser" genannt; der "implizite Leser" heißt bei Weimar "Leser im Text" und wird nicht von einem narrataire unterschieden, bei Iser berührt er sich mit der "Leserrolle".

werden auch sehen, daß die Einschätzung des theoretischen Status dieser Unterscheidung differiert. Die oft nicht ausdrücklich gestellte Frage ist dabei vor allem, ob es sich primär um empirische Sachverhalte handelt oder um ein der Erfahrung vorgängiges Modell, dessen Gültigkeit unabhängig davon ist, ob es sich in jedem Text vollständig manifestiert[27]. Diese Frage läßt sich natürlich nicht empirisch beantworten. Ich hoffe aber, plausibel machen zu können, daß es für die Analyse von Texten sinnvoll ist, von dem Modell als einem vorgängigen auszugehen, das durch das Fehlen einzelner Teile in konkreten Texten nicht widerlegt wird, sondern Anstoß zur Reflexion darüber gibt, warum sie fehlen. Das Modell erweist aber seine Nützlichkeit darüber hinaus dadurch, daß ich mit ihm die psychoanalytische klinische Situation in ihren wesentlichen Elementen beschreiben kann und zwar sogar, wie mir scheint, in einem etwas neuartigen Lichte[28]. Ich folge bei diesem Gedankengang einer Anregung von Roy Schafer[29], die ich aber weiterführe. Es wird sich schließlich zeigen, daß die Parallelen zwischen dem Lesen und dem analytischen Prozeß sehr weit gehen, und daß die Möglichkeit eines genuinen psychoanalytischen Lesens greifbar wird.

4.2.2 Der implizite Autor

Ich gehe aus von der Antrittsvorlesung von Kathleen Tillotson aus dem Jahre 1959. Sie schreibt: "The 'narrator' here as elsewhere, is a method rather than a person"[30]. Sie bezieht sich dafür auf den Literaturwissenschaftler Dowden[31], der über die Dichterin George Eliot gesagt hatte, daß nach dem Lesen nicht etwa einer ihrer Charaktere am meisten im Gedächtnis hafte, sondern, wenn nicht die reale George Eliot, so ein "second self who writes her books, and lives and speaks through them"[32]. Hinter ihm verberge sich ein historisches Selbst, sicher vor zudringlicher Beobachtung.

Es sind diese Formulierungen, die Wayne Booth 1961 aufgenommen und mit seinem Konzept des "implied author" weitergeführt hat. Der Autor, indem er schreibt, erschafft "an implied version of 'himself'"[33]. Diese Version ist weit davon entfernt, nur ein abstrakter Mensch im allgemeinen zu sein, sondern sie hat eine Individualität, ein Wertsystem. Dieses System kann in jedem Werk eines historischen Autors ein anderes sein, wie Booth an den verschiedenen Romanen von Fielding demonstriert, in denen jeweils der implizite Autor verschiedene Werte vertritt. Der implizite Autor wählt aus, was wir lesen. Mit einer immer wieder zitierten Formulierung ist er "the sum of his own choices"[34]. Daß der implizite Autor in jedem Werk ein anderer sei, dafür findet Booth einen interessanten Vergleich: die Briefe, die jemand schreibt, sind je

---

[27] Den empirischen Standpunkt vertreten eher Link, Schmid und Chatman, den der Vorgängigkeit Booth, Weimar (§ 235) Harweg (S. 113, Anm. 2).
[28] Siehe unten unter 4.4 und 4.5.
[29] R. Schafer (1986) S. 52-57.
[30] S. 22.
[31] Er lebte von 1843 bis 1913.
[32] Zitiert nach K. Tillotson (1959) S. 22.
[33] W. Booth (1983[1961]) S. 70.
[34] A.a.O. S. 74.

nach Adressat verschieden. Hiermit erwähnt Booth einen Gedanken, den er zunächst nicht weiterführt. Schreiben und damit das Erschaffen eines impliziten Autors ist ein Akt, der auf ein gedachtes Gegenüber bezogen ist. Wir werden einem ähnlichen Gedanken in der Beschreibung der analytischen Situation wiederbegegnen.

4.2.3 Der Erzähler

Booth ergänzt das Konzept des impliziten Autors durch den "narrator", den Erzähler, der als Textinstanz allerdings schon viel früher beschrieben wurde: "'Narrator' is usually taken to mean the 'I' of a work, but the 'I' is seldom if ever identical with the implied image of the artist"[35]. Booth führt damit gegenüber Tillotson eine Differenzierung ein, die das "second self" des Autors mit dem Erzähler gleichzusetzen schien, und identifiziert seinen eigenen implied author mit ihrem second self. Der Erzähler ist entweder als "Ich" explizit im Text vorhanden[36], oder er ist implizit in den Nicht-Ich-Erzählungen[37] und ist dann erschließbar vor allem als Bezugspunkt der Pronomina und der Tempora. Wie ist nun das Verhältnis zwischen implizitem Autor und Erzähler zu bestimmen? Wir kommen damit zu einer der schwierigsten, aber auch interessantesten Fragen, und sie wird uns mehrfach in diesem Kapitel beschäftigen. Beginnen wir zunächst mit etwas Einfacherem. In Aufnahme der Unterscheidungen von Booth sagt S. Chatman, daß der implizite Autor jenes Prinzip sei, das den Erzähler neben allem anderen in einer Erzählung erfindet: "Unlike the narrator, the implied author can *tell* us nothing. He, or better, it has no voice, no direct means of communicating. It instructs us silently, through the design of the whole, with all the voices, by all the means it has chosen to let us learn"[38]. Damit ist offensichtlich eine hierarchische Abhängigkeit des Erzählers vom impliziten Autor ausgedrückt. Zugleich wird deutlich, daß es bei einer solchen Konstruktion der Begriffe keine erzählerlosen Erzählungen geben kann. Allerdings tritt der Erzähler in sehr verschiedener Form auf, und hier kehre ich für einen weiteren Schritt zu Booth zurück, der im Nachwort zur zweiten Auflage von "The Rhetoric of Fiction" eine Systematik versucht[39]. Seine wichtigste Unterscheidung zwischen der Instanz des impliziten Autors und dem Erzähler scheint mir in deren unterschiedlicher Sicht auf die Welt des Textes begründet zu sein. Aus dem Blickfeld des impliziten Autors gesehen ist die Welt, die im Text erzählt wird, fiktiv, also von einer anderen Art als die alltägliche Wirklichkeit. Was das im einzelnen bedeutet, werde ich später noch erörtern. Aus der Sicht des Erzählers aber ist alles das, was erzählt wird, wahr in genau dem Sinne, in dem es erzählt wird. Der implizite Autor ist also Repräsentant der außertextlichen, der Erzähler der der innertextlichen Welt. Diese Unterscheidung gilt immer und ist unabhängig davon, ob der Erzähler durch eine Gestalt

---

[35] A.a.O. S. 73.
[36] Z.B. im Lukasevangelium 1,3.
[37] Vgl. K. Weimar (1980) § 260.
[38] (1980) S. 148.
[39] (1983) S. 428-431.

im Text dargestellt ist oder nicht. Booth nennt diese Gestalten "surrogate dramatized tellers"[40]. Wenn ich Booth hier richtig verstehe, so unterscheidet er den Erzähler als nichtempirisches Konstrukt einer Textinstanz von deren jeweiligen empirischen Realisationen. Und diese können ganz verschiedene Formen annehmen: der Erzähler kann außerhalb der Erzählung stehen (so vor allem im objektiven Erzählstil des modernen Romans, wie er besonders von Flaubert und Henry James propagiert wurde) oder mehr oder weniger ein Teil der erzählten Geschichte sein. Das klassische Beispiel dafür sind vor allem die Romane Fieldings. Er kann als Ich oder als Nicht-Ich erscheinen, in zuverlässiger Weise die Normen des impliziten Autors vertreten oder unzuverlässig andere einführen, ja sogar in eine offensichtliche Spannung zum impliziten Autor treten[41]. In jedem Fall, ob und wie auch immer realisiert, ist es sinnvoll, von einem Erzähler zu sprechen und ihn wenigstens theoretisch vom impliziten Autor zu unterscheiden.

Die Unterscheidungen von Tillotson, Booth und Chatman sind im angelsächsischen Bereich weithin rezipiert worden[42] und werden auch in vielen europäischen Arbeiten zustimmend zitiert[43]. Nicht eindeutig wird dabei vor allem die schon erwähnte Frage beantwortet, ob man den Erzähler auch dann postulieren dürfe, wenn er explizit nicht vorkommt. Mir scheint, daß diese Frage schon 1955 durch eine Arbeit von Wolfgang Kayser überzeugend beantwortet worden ist. Kayser unterscheidet dabei die im Text verdichtete Erzählergestalt - ob in Ich- oder in Nicht-Ich-Form, die er in Analogie zu einer Geschichten erzählenden Person sieht, - vom "Geist der Erzählung"[44], wie er ihn in Anlehnung an Thomas Manns Roman "Der Erwählte" nennt. Dieser Geist aber ist allwissend, allgegenwärtig, er weiß, was in seinen Figuren vor sich geht, er ist an mehreren Orten gleichzeitig[45]. Er ist, so könnte man Kaysers Gedanken auf biblische Texte anwenden, als einziger anwesend, wenn Jesus im Garten Gethsemane einsam betet, und er hört die Diskussion im himmlischen Rate Gottes[46]. Er ist der produzierende Demiurg der Erzählung, ob er sich nun in einer Gestalt verkörpert oder nicht. Er ist die "Erzählfunktion"[47] und damit ein Konstrukt, das der Empirie vorausgeht und im konkreten Text auf verschiedene Weise realisiert oder auch nicht realisiert werden kann, aber virtuell immer vorhanden ist. In ähnlicher Weise argumentieren Weimar[48] und im Nachwort[49] seines Buches auch Schmid, der in der Erstfassung[50] noch die Möglichkeit erzählerloser Erzählungen erwogen hatte. Ich sagte schon, daß der Erzähler dem

---

40 A.a.O. S. 430.
41 H. Link (1980) S. 19/20 zeigt, wie der Erzähler von Annette von Droste-Hülshoffs Erzählung "Die Judenbuche" nicht weiß, wer der Mörder war, die Autorin hingegen lenkt wissend den Leser so, daß er merkt, wer die Tat beging. Allerdings dürfte es nicht die Autorin sein, die das "tut" (sie hat es allenfalls einmal getan), sondern der (geschlechtslose) implizite Autor.
42 Eine Ausnahme ist das Buch von P. D. Juhl (1980).
43 Vor allem bei W. Schmid (1983), M. Bronzwaer (1978), F. Hahn (Hrsg.) (1985).
44 S. 237/238.
45 Zur Diskussion dieser Instanz vgl. R. Harweg (1979) S. 114/115.
46 Hiob 1, 6-12.
47 Vgl. K. Hamburger (1977³) S. 111-141.
48 (1980) § 235.
49 (1986) S. 308.
50 A.a.O. S. 26, ähnlich H. Link (1980) S. 26.

impliziten Autor hierarchisch untergeordnet sei. Trotzdem kann man letzteren keineswegs mit dem "Geist der Erzählung" gleichsetzen, denn dieser ist Teil der fiktiven Welt, jener die "Vertextung" eines konkreten Autors an der Grenzlinie zwischen konventioneller Realität und Fiktion.

4.2.4 Der Beobachter

Ich sagte, daß sich die allgegenwärtige Erzählfunktion oft in einer Erzählfigur verkörpere. Einem Gedanken von Weimar[51] folgend, könnten wir die Allgegenwart und Allwissenheit aus der Erzählfunktion herauslösen und in einer weiteren fiktiven Person verkörpern: dem Beobachter. Das ist insofern sinnvoll, als wir damit die Erzählfunktion aufs Erzählen eines in der Regel vergangenen Ereignisses beschränken können, also auf einen Vorgang, der dem realen Erzählen in einer Erzählsituation analog ist. Zugleich tragen wir damit der Möglichkeit Rechnung, daß Erzähler und Beobachter verschiedene (fiktive) Personen sind. Das ist immer in Rahmenerzählungen der Fall. Dann ist der Erzähler der Rahmenerzählung ein Beobachter nur noch in bezug auf den Erzählvorgang der eingebetteten Erzählung, nicht mehr in Hinsicht auf die darin berichteten Geschehnisse selber.

4.2.4.1 Beobachter und Erzähler in der Apokalypse

Wir können uns das am Beispiel des 11. Kapitels der Apokalypse verdeutlichen. Der Erzähler - im Text realisiert als ein Mann namens Johannes - ist in V. 1 und 2 unmittelbarer Zeuge oder Beobachter einer Szene, in der ihm als Adressaten von einer himmlischen Stimme der Auftrag gegeben wird, den Tempel zu vermessen. Er ist damit als Ich-Erzähler zugleich eine handelnde Person des berichteten Ereignisses. Wenn dann aber offensichtlich Gott selber[52] in den Versen 3-10 von seinem Auftrag an seine zwei Zeugen berichtet, so ist Johannes nur noch Zeuge der Gottesrede, nicht der darin berichteten Ereignisse. Im literarischen Sinn ist Gott selber der Beobachter und Erzähler. Seine Rede ist aber, vom Standpunkt des Erzählers Johannes aus gesehen, eine "zitierte Welt", die der erzählten Welt des Johannes hierarchisch untergeordnet ist. Er zitiert sie deshalb, weil er damit die Möglichkeit erhält, Ereignisse darzustellen, die er selber nicht gesehen hat, sondern im wahrsten Sinne nur vom Hörensagen kennt. In V. 11-13 ist aber offensichtlich Johannes selber Beobachter *und* Erzähler der Fortsetzung eben jener Szene, von der er vorher nur gehört hatte. Bei einer strikt synchronen Lesung des Textes würde man annehmen, daß Gott während seiner Rede 3-10 dem Johannes die Ereignisse zugleich noch gezeigt habe.

Andere Ereignisse, die in der Apokalypse erzählt werden, hat der Erzähler in Visionen selber gesehen; damit ist er zugleich Beobachter. Selbstverständlich

---

[51] (1980) §§ 240-242.
[52] Das Subjekt der wörtlichen Rede in V. 1b und 2 ist eine himmlische Stimme, mit Gott nicht identisch, während es sich bei dem Sprecher von 3-10 um Gott handeln dürfte.

hat diese Argumentation nur Gültigkeit innerhalb der fiktiven erzählten Welt, denn nur diese ist in sich unhinterfragbar wahr. Damit ist nichts gesagt über die Tatsächlichkeit oder über die Möglichkeit der Annahme, daß eine historische Persönlichkeit des 1. Jahrhunderts diese Visionen wirklich gehabt habe[53]. Und es ist auch nichts gesagt über den literarischen Produktionsprozeß, ob es sich wirklich um die Beschreibung erlebter Visionen oder um den Prozeß einer literarischen Kompilation aus traditionellem Material handelt. In der fiktiven innertextlichen Welt zählt nur das, was dasteht. Das einzige, was wir wissen können, ist, daß es zu den Normen des impliziten Autors dieses Textes gehört, daß solche Visionen und Gottesreden möglich sind und daß es fatal wäre, ihnen nicht Glauben zu schenken. Aber damit greife ich schon weit voraus

4.2.5 Die Hierarchie der Autorinstanzen

Wir haben jetzt auf der Seite der Textproduktion insgesamt vier Instanzen gefunden, die hierarchisch angeordnet sind: den historischen Autor, den impliziten Autor, den Erzähler und den Beobachter.
Innerhalb der fiktiven Welt des Textes stehen neben dem Beobachter noch die "Personen der Handlung", in der Apokalypse z.B. das Lamm, Gog und Magog, die Ältesten und die Engel, neben vielen anderen Figuren. Damit kommen wir zu einem hierarchischen Aufbau des Textes, zu einer Schichtung von "Bedeutungspositionen", wie W. Schmid[54] sie in Anlehnung an Bachtin[55] nennt. Dabei repräsentieren Reden von Handlungspersonen zusammen mit diesen als ihren Urhebern die unterste Ebene der "zitierten Welt". In der Apokalypse sind das z.B. die Reden Christi an Johannes, darin eingeschlossen die sieben Sendschreiben. Die nächsthöhere Ebene ist die der erzählten Welt, also die des Erzählers, in die die zitierten Reden schachtelartig eingefügt sind. Darüber steht, und das ist jetzt speziell wichtig, die dargestellte Welt, deren Urheber der implizite Autor ist[56]. Er ist damit die Interpretationsebene, der man mit Schmid den Gesamtsinn des Textes zusprechen kann. Der implizite Autor ist also das Konstrukt, das nach dem "Tod des historischen Autors" an seine Stelle im Text tritt, und zwar legitimerweise, denn der lebende Autor hätte nie beanspruchen können und hat wohl auch nie beansprucht, innerhalb eines Text wohnen zu dürfen.

---

[53] Die Frage nach der "Erlebnisechtheit der Apokalypse des Johannes" (Carl Schneider, 1930) ist in dieser Argumentation kaum von Belang, weil es eben nicht um den historischen Autor geht.
[54] (1986) S. 30-38.
[55] Schmids Buch ist nicht zuletzt eine Auseinandersetzung mit dem Werk von Michail Bachtin, speziell mit dessen Buch "Probleme der Poetik Dostoevskijs" München 1971.
[56] In einer Auseinandersetzung mit Autoren, die die Notwendigkeit bestreiten, einen abstrakten Autor in Unterscheidung vom Erzähler anzunehmen, sagt Schmid, daß dieser tatsächlich nicht zur dargestellten Welt gehöre: "Die Präsenz des abstrakten Autors in einem Modell der Erzählkommunikation macht das Dargestelltsein des Erzählers, seines Textes und der in ihm ausgedrückten Bedeutungen evident. Letztere erhalten ja erst auf dem Niveau des abstrakten Autors ihre für das Werk ausschlaggebende Sinndeterminierung. Die Instanz des abstrakten Autors wirft sozusagen einen Objektschatten auf den als autonom fingierten Erzähler". Mit dieser Formulierung dürfte Schmid auf Freuds Satz aus "Trauer und Melancholie" Studienausgabe Bd. 3, S. 203 anspielen: "Der Schatten des Objekts fiel so auf das Ich".

Für die Textauslegung ist zu fordern, daß eine Interpretation einer hierarchisch niedrigeren Ebene nur im Zusammenhang mit und als Element der höheren Ebene geschehen darf, wenn es gilt, den Gesamtsinn des Textes zu erheben. Für die konkrete Auslegung bedeutet das, daß auch eine zitierte Gottesrede innerhalb eines Textes nur ein Teil des Gesamtsinnes sein kann, selbst wenn Erzähler oder impliziter Autor zum Ausdruck bringen, daß die Rede besonders wichtig sei. Der implizite Autor ist das Bedeutungskorrelat des Gesamtwerkes, aber, und das ist wichtig hinzuzufügen, nur dieses einen Werkes. Jeder als in sich abgeschlossen zu betrachtende Text hat je einen impliziten Autor und einen Erzähler. Der implizite Autor ist dabei der Inbegriff der Bedeutung eines als synchron angesehenen Textes, ob das nun ein isolierter Vers, eine Perikope, eine Quellenschicht oder eine Redaktion sei. Die Frage nach dem impliziten Autor und nach dem Erzähler ist völlig unabhängig von der Existenz eines historischen Autors; es genügt, daß ein Leser sich eine personale Instanz vorstellt, die den Text absichtlich in dieser Form zusammengefügt oder geschrieben hat. Eben dieses Konstrukt ist der implizite Autor, und seine innertextliche erzählende Repräsentanz ist der Erzähler, ob dargestellt oder nicht. Texte sind in diesem Sinne also in sich abgeschlossen, und der Autor ist mit ihnen gleichzeitig (Barthes)[57]. Wenn ich mehrere Texte in einer Interpretation zusammenfasse, so schließt das immer die über die Ebene des Textes hinausgehende Vermutung ein, daß die verschiedenen impliziten Autoren, mögen sie nun einen Namen tragen oder nicht, auf einen einzigen biographischen Autor zurückgehen. Das Interesse an diesem mit sich identisch bleibenden Autor, das Weinrich[58] als legitimes Leserinteresse herausstreicht, scheint mir jedoch eines zu sein, das über den Text als literarisches Produkt hinausgeht, was nicht ausschließt, daß es viele teilen. Ich frage mich jedoch, ob für sein Argument nicht der Bezug auf den impliziten Autor genügt. Wenn ein Leser in der Buchhandlung nach "dem neuen Simmel" fragt, so wird er den Autor nur als gemeinsamen Namen mehrerer impliziter Autoren kennen, die ihm eine lustvolle Lektüre gewährt haben und von deren neuestem Vertreter er sich eine Wiederholung oder Fortführung dieses Erlebnisses verspricht. Erst, wenn er aus einer Illustrierten noch Einzelheiten aus dem Leben einer realen Person namens Johannes Mario Simmel erfährt und daraufhin beschließt, eine Monographie zu schreiben mit dem Titel "Das Leben und die Entwicklung von J. M. Simmel in den letzten 30 Jahren, dargestellt an seinen Hauptwerken", erst in diesem Falle schiene mir das Interesse mehr historisch-biographisch als werkinterpretierend zu sein und damit über den Text hinauszugehen und den realen Autor zu berühren.

Die Frage nach dem Autor aus Fleisch und Blut jenseits des impliziten Autors ist als historische natürlich legitim, sie wird auch, etwa durch die Heranziehung von privaten Dokumenten, Material für die Textinterpretation liefern. Aber die Fragestellung ist eine prinzipiell andere, und es scheint mir gut begründbar

---

57 In: Lodge (ed.) S. 170: "In complete contrast the modern scriptor is born simultaneously with the text, is in no way equipped with a being preceding or exceeding the writing, is not the subject with the book as predicate; there is no other time than that of the enunciation and every text is eternally written here and now." Ähnlich auch Weimar (1980) §§ 82-84.
58 (1979) S. 722.

zu sein, beides auseinanderzuhalten. Für die kontinuierliche Person hinter den impliziten Autoren hat Booth den Begriff "career author"[59] vorgeschlagen, damit eine Entwicklungslinie andeutend. Auf diese Weise weitet er den Begiff des "implied author", der der Synchronie angehört, in die Diachronie[60] aus. Eine diachrone Fragestellung ist es z.B., ob sich hinter den gleichen Autornamen "Johannes", den fünf Texte innerhalb einer Textsammlung tragen, die ohne Autornamen überliefert ist und die in der Tradition den Titel "Neues Testament"[61] erhalten hat, *ein* Autor verbirgt, und, wenn ja, ob sich zwischen den einzelnen Texten eine Entwicklung ablesen läßt. Aber unabhängig davon ist klar, daß die fünf in sich abgeschlossenen Texte fünf implizite Autoren haben, die als diese nicht identisch sind.

4.3 Leserinstanzen

Kein Autor schreibt einen Text, der nichts bedeuten soll. Und Bedeutung hat er immer für einen anderen, mag dieser "andere" manchmal, etwa bei Eintragungen in ein Tagebuch, auch der Autor selber als sein späterer eigener Leser sein. Schreiben ist also ein kommunikativer Akt und schließt damit immer jemand ein, dem die Botschaft gilt. Die Kommunikationstheorie und die Semiotik, als die Lehre von den Zeichen, können uns helfen, die Beziehung zwischen dem Autor bzw. den Autorinstanzen und dem Leser zu verstehen. Ich werde mich aber darauf beschränken, nur soweit einige Begriffe einzuführen, wie es für meinen Gedankengang unbedingt nötig ist[62].

Wir können die Situation des Schreibens und des Lesens als die zwei Pole einer fast genau symmetrischen Kommunikation[63] interpretieren. Da wir mehrere Instanzen des Autors festgestellt haben, ist zu erwarten, daß wir auch auf der Leserseite entsprechende Positionen finden werden, die die Symmetrie wahren.

4.3.1 Der historische Leser oder die historische Leserin

Wenn wir nun nochmals den historischen Autor aufnehmen, der ja bekanntlich im Text nicht vorkommt, so entspricht ihm der jeweilige historische oder biographische[64], individuelle Leser, der im Text ebenfalls nicht vorkommt. Aber ganz stimmt das nicht. Die Widmung des Lukasevangeliums[65] ist, sofern nicht fiktiv, vielleicht eine Ausnahme, und natürlich gilt das auch für die Brieflitera-

---

59 W. Booth (1979) S. 270/271.
60 Vgl. E. Coseriu (1974) Kapitel VII.
61 Jede synchron zu lesende Textebene hat einen impliziten Autor, dessen Existenz nicht an der Tatsächlichkeit eines historischen Autors hängt. Wenn man also für das Neue Testament oder auch für die ganze Bibel einen impliziten Autor postuliert, stellt man damit keineswegs Thesen über einen möglichen historischen Autor, z.B. den Heiligen Geist auf. Im Sinne dieses Konzeptes der Literaturanalyse wäre der Heilige Geist zwar ein ungewöhnlicher, aber durchaus ein "historischer" Autor, nämlich mehr als eine abstrakte Autorinstanz.
62 Eine nützliche, ganz kurze Einführung bietet W. Schmid (1986) auf S. 17-20.
63 Vgl. z.B. H. Link (1980) S. 25, W. Schmid (1986) S. 29 und K. Weimar (1980) § 320.
64 Mit beiden Wörtern ist hier dasselbe gemeint: der Leser als konkrete Person.
65 Lk. 1,3. Vgl. dazu G. Genette (1987) 100-134.

tur, vor allem für Briefe an einzelne individuelle Empfänger. Darauf weist Karrer[66] besonders hin. Doch diese ursprüngliche Leseranrede steht bei Lukas in der Einleitung zu den darauf folgenden Erzählungen. Sie ist damit ein Metatext[67], der über den folgenden Erzähltext etwas sagt. Aber immerhin ist in ihm ein vermutlich konkreter Leser mit dem Namen Theophilus enthalten. Doch hat er die Funktion in dem Text, einen und nur einen konkreten Leser festzuhalten? In dem Augenblick, in dem der Text öffentlich wird, bekommt der erwähnte Name eine neue Funktion: er wird zum Bild jedes möglichen Lesers. Es am Anfang zu entwerfen, ist aber eine Textstrategie, eine Wahl, so und nicht anders anzufangen, mithin ist sie ein Ausdruck des impliziten Autors[68].

4.3.2 Der implizite Leser

Wir können also sagen, daß ein Text spätestens dann, wenn er sich von der unmittelbaren Kommunikationssituation ablöst, weder den konkreten Autor noch einen konkreten Leser enthält. Der Inbegriff des vom jeweils konkreten Leser zu konstruierenden Bildes des Autors ist, wie wir sahen, der implizite Autor. Ihm entspricht auf der Leserseite der "implizite Leser". H. Link schreibt über ihn: "Vom Leser also wird eine gewisse Kompetenz gefordert, er muß bestimmte Regeln beherrschen, d.h. nach ihnen handeln (rezipieren) können. Dasjenige Leserbewußtsein, das mit seiner Kompetenz den Strategien und Eigenschaften des Textes gewachsen ist, entspricht genau deren Urheber, dem abstrakten Autor. Wir nennen es darum den *abstrakten Leser*. Als die im Text enthaltene Norm für den adäquaten Lesevorgang ist der abstrakte Leser zugleich der *implizite Leser*"[69]. Link konstruiert damit den Leser nicht als ein Abbild eines konkreten Lesers oder einer konkreten Lesergruppe, sondern als genaue Entsprechung zum impliziten Autor auf der Leserseite. In der Sprache der Kommunikationstheorie, die Link für ihre Darstellung durchgängig benutzt, ist der implizite Leser der genau auf den Code des Senders eingestellte Empfänger, womit eine bestmögliche Decodierung garantiert ist. Ein Abbild des "zeitgenössischen Leserpublikums" bietet der implizite Leser nur dann, wenn er mit diesem übereinstimmt. Das ist aber dem Text selber nicht anzusehen und ist nur über außertextliche Informationen zu erschließen[70].
Link lehnt sich in ihrer Terminologie an W. Schmid an, sie verbindet jedoch dessen "abstrakten Leser" mit dem "impliziten Leser" von W. Iser[71]. Aber Iser meint mit seinem Begriff nicht genau dasselbe wie Link. Denn für sie ist der implizite Leser zugleich der ideale Leser[72]. Dagegen wendet Iser (1976)[73] ein, daß jedenfalls ein literarischer Autor die herrschenden Codes umcodiere[74].

---

66 M. Karrer (1986) S. 41-48.
67 Interessante Ausführungen zur Metaprache innerhalb eines literarischen Textes bei Glowinski (1974), zur Funktion von Vorreden G. Genette (1987) S. 182-218.
68 Vgl. dazu W. Schmid (1986) S. 300.
69 (1980) S. 23.
70 A.a.O. S. 28.
71 Vgl. den Titel seines Buches von 1972 "Der implizite Leser".
72 (1980) S. 27.
73 (1976) S. 53.
74 A.a.O. S. 114-143: "Bezugsfeld und Selektion der Repertoires fiktionaler Texte".

Wenn also ein Leser bereits genau den vom Autor benutzten Code hätte, wäre die Lektüre für ihn in einer Hinsicht leer. Für ihn "bezeichnet das Konzept des impliziten Lesers eine Textstruktur, durch die der Empfänger immer schon vorgedacht ist, und die Besetzung dieser strukturierten Hohlform läßt sich auch dort nicht verhindern, wo sich Texte durch ihre Leserfiktion erklärtermaßen um einen Empfänger nicht zu kümmern scheinen oder gar ihr mögliches Publikum durch die verwendeten Strategien auszuschließen trachten"[75]. Der eingezeichneten Textstruktur als Intention entspricht die Aktstruktur als Erfüllung. Der konkrete Leser tritt mit seinem "historisch differenzierten Wert- und Normenrepertoire"[76] in eine spannungsvolle Beziehung zur Textstruktur, die Iser etwas mißverständlich auch "Leserrolle"[77] nennt und die der Leser jeweils individuell - und damit unterschiedlich - realisiert. "Die Leserrolle", so schreibt Iser, "enthält einen Realisierungsfächer, der im konkreten Fall eine bestimmte und damit nur eine 'episodische Aktualisierung' erfährt"[78]. Anders also als nach dem reinen Kommunikationsmodell, wo es nur um die Decodierung einer an sich bereitliegenden Nachricht, oder auch: eines an sich vorhandenen Schriftsinnes, geht, nimmt Iser einen anderen Ausgangspunkt: "Der Sinn literarischer Texte ist nur vorstellbar, da er nicht explizit gegeben ist und folglich nur im Vorstellungsbewußtsein des Empfängers vergegenwärtigt werden kann"[79]. Der implizite Leser ist also nicht nur die Abbildung des Autors auf der Leserseite, sondern mehr: eine Aufforderung, die "Unbestimmtheitsstellen" des Textes je individuell zu füllen und damit den Textsinn zu realisieren. Insofern aber diese Aufforderung Teil der Strategie des impliziten Autors ist, läuft die Konstruktion von Iser letzten Endes doch wieder darauf hinaus, den impliziten Leser als genaue Entsprechung des impliziten Autors zu konstruieren, nur daß zu den zu decodierenden Informationen jetzt noch Regeln kommen, wie mit diesen Informationen im Rahmen einer gewissen individuellen Freiheit umzugehen sei. In eine ähnliche Richtung geht Eco, wenn er sagt, "daß der Text die Mitarbeit des Lesers als wesentliche Bedingung seiner Aktualisierung postulier(e)"[80]. Je offener ein Text sei, um so mehr Mitarbeit überlasse er dem Leser, den Eco den "Modell-Leser" nennt. Dieser Leser wird nun aber nicht einfach vom Text vorausgesetzt, sondern, und das scheint mir ein ebenso wichtiger wie schwieriger Gedanke zu sein, der Text vollzieht "Bewegungen", innerhalb derer sich jener konstituieren könne. "Ein Text beruht nicht allein auf Kompetenz, er trägt auch dazu bei, sie zu erzeugen"[81]. Während Eco selber[82] seinen Modell-Leser unter anderem mit Isers implizitem Leser in Beziehung setzt, scheint er mir aber mit seinem Konzept zweierlei zu bezeichnen: einerseits den Modell-Leser als Textstruktur, aber dann zugleich dessen Realisierung durch den je konkreten Leser, dem der Text durch "Bewegungen" die dazu nötige Kompetenz verschaffe. Da auf diese Weise ein Wort sich auf Be-

---

[75] A.a.O. S. 61.
[76] A.a.O.. S. 61.
[77] A.a.O. S. 61-63.
[78] A.a.O. S. 65.
[79] A.a.O. S. 63.
[80] (1987) S. 65.
[81] A.a.O. S. 68.
[82] A.a.O. S. 283, Anm. 10.

griffe aus kategorial verschiedenen Ebenen bezieht, werde ich diesen Sprachgebrauch vermeiden. Trotzdem ist Ecos Gedanke wichtig, denn er leitet vom textinternen Bereich[83] über zur Beziehung zwischen dem Text und dem realen Leser, der ihn liest. Der Text trägt dazu bei, daß der je konkrete Leser die Kompetenz erhält, die ihn dazu befähigt, den im Text angelegten Modell-Leser (= impliziten oder abstrakten Leser) je individuell zu realisieren. Wenn zum Beipiel ein konkreter Leser eines apokalyptischen Textes am Anfang der Lektüre voraussetzen sollte, darin das Gebot der Feindesliebe zu finden, so wird er zu dem im Text eingezeichneten impliziten Leser in eine mehr oder weniger große Spannung geraten, zugleich aber durch den Text darüber aufgeklärt werden, daß er, wenn er den impliziten Leser realisieren will, eine andere Norm übernehmen müsse: daß es nämlich gut sei, sich über die Vernichtung der Feinde zu freuen[84]. Wenn er diese Norm als mögliche Norm des Textes realisiert, wird er mit geringerer Spannung sich dem impliziten Leser annähern können.

4.3.2.1 Aktives und passives Lesen

Michal Glowinski unterscheidet, nach einem Referat bei Schmid, den aktiven vom passiven "abstrakten Leser" und meint dazu, daß sie "in der verschiedenartigen Darbietung des Sinnes eines Werkes die Ursache ihrer Differenzierung finden"[85]. Schmid interpretiert das im Sinne Isers als Aufforderung des Textes, die Unbestimmtheitsstellen aktiv zu konkretisieren. Aber mir scheint, daß darüber hinaus dieser Gedanke auf etwas hinweist, was in jedem Leseprozeß unausdrücklich geschieht und was uns tiefer in hermeneutische Erwägungen führt.

Eco unterscheidet zwar zwischen geschlossenen Kunstwerken, die nur eine bestimmte Interpretation zulassen, und offenen Kunstwerken, in denen die aktive Mitarbeit des Lesers gefordert sei[86]. Doch er fügt ausdrücklich hinzu, daß man einen geschlossenen Text auch öffnen könne, notfalls mit Gewalt. Das nennt Eco den freien *Gebrauch* eines Textes und unterscheidet ihn von der *Interpretation*[87]. Allerdings hat er einige Mühe, die Grenze genau anzugeben. Während für ihn die christlich-messianische Interpretation der vierten Ekloge von Vergil eine Vergewaltigung seines Diskurses[88] darstellt, so sei andererseits Freuds Ödipus-Deutung legitim. Sie aktualisiere, was im Text vorhanden ist, und das sei unabhängig von dem, was der historische Sophokles dachte oder denken konnte. Es ist nicht so einfach, diese Unterscheidung Ecos nachzuvollziehen, weil sie voraussetzt, was sie beweisen soll. Ich denke vielmehr, daß beide Interpretationen sich auf Appelle stützen, die bereits in den Positionen der impliziten Leser beider Werke angelegt sind: bei Vergil wäre das die Aufforderung des geheimnisvollen Textes, ihn mit einer konkreten Erfüllung zu aktuali-

---

[83] H. Link (1980) S.163, Anm. 4.
[84] H. Raguse (1990).
[85] W. Schmid (1986) S. 25.
[86] (1987) S. 69-72.
[87] A.a.O. S. 72.
[88] A.a.O. S. 225.

sieren[89], bei Sophokles diejenige, nach der eigenen lebensgeschichtlichen Wahrheit so zu suchen, wie es Ödipus tat. Beide Interpretationen sind aber als aktive Interpretationen nicht mehr nur vom Text gelenkt, sondern immer auch von extratextuellen Voraussetzungen: bei Freud war es die Erfahrung seiner Selbstanalyse, die ihm ein neues Verständnis seines kindlichen Phantasielebens und damit der Ödipus-Tragödie erschloß[90], und die christlichen Vergilleser konnten die Ekloge nur deshalb christlich verstehen, weil sie den Text vor dem Hintergrund der Verheißungen anderer Texte, des Alten und des Neuen Testamentes lasen. Geht Glowinski offensichtlich davon aus, daß im Text Markierungen dafür angelegt seien, ob der Leser passiv oder aktiv lesen solle, so möchte ich den Gedanken von Eco dahin erweitern, daß jeder Text, unabhängig von allen Markierungen in der Position des impliziten Lesers, vom *konkreten* Leser aktiv gelesen werden könne, ohne daß ihm schon allein deshalb Gewalt angetan würde. Jeder Bezug des Lesers auf andere Texte, jede Fragestellung, die nicht im Text unmittelbar enthalten ist, geht auf eine Aktivität des Lesers zurück. Und da jeder Text jeweils gerade der letzte in einer Reihe von vorher gelesenen Texten ist[91], scheint es mir unmöglich zu sein, in dieser Weise nicht aktiv zu werden. Lesen schließt, vielleicht vor- oder unbewußt, immer eine Bedeutungskonstruktion im Kontext vorher gelesener Texte ein, ob diese nun planmäßig oder nur unwillkürlich herbeigezogen werden. Die Texte können dabei auch eigene sein, zum Beispiel eigene Träume, nur muß man dabei bedenken, in einem wie hohen Maße auch in diese die mündlichen oder schriftlichen Texte anderer immer schon eingegangen sind. Intertextualität als Bezug des je zu interpretierenden Textes zu anderen Texten ist nicht zu umgehen[92]. Ein "passives" Lesen scheint mir nur jene Aktivität beim Lesen zu sein, die das Lesen mit einer vorgängigen Vorstellung von "Passivität" verbindet[93]. Aktivität in diesem Sinne hat nichts mit Gewalt gegenüber einem Text zu tun, denn jeder Bezug eines anderen Textes auf den je vorliegenden macht es nicht unnötig, dessen Zeichen so genau wie möglich zu dechiffrieren. Ein aktiver intertextueller Bezug beim Lesen bedeutet nicht, daß in dem einen Text genau das gleiche stehen muß wie im anderen, sondern bedeutet eher die Möglichkeit zur Differenzierung von Gleichheit und Verschiedenheit.

Fragen an den Text und intertextuelle Bezüge haben mit den Interessen und dem Erfahrungshorizont des Lesers zu tun, und das heißt: mit dem Vorverständnis, wie naiv oder wie ausgebildet es sein mag. Eco spricht von der ideologischen Kompetenz, die manche Texte für ihren Modell-Leser voraussetzen. Und er fügt hinzu, daß diese Kompetenz "in die Prozesse der Aktualisierung tieferer semantischer Ebenen eingeht, insbesondere derjenigen, die als Aktan-

---

[89] Vgl. dazu H. Hommels Arbeit "Vergils 'messianisches' Gedicht" (1950), in der der Autor sich am Schluß mit der Berechtigung einer christlichen Deutung auseinandersetzt.
[90] Der erste Hinweis darauf im "Manuskript N" (S. 267) und explizit im Brief vom 15. Oktober 1897 an W. Fließ (S. 293) In: S. Freud (1986). Vgl. dazu D. Anzieu (1990) Bd. 1, Kap III.
[91] Vgl. N. Holland (1975): "The literary work I read today represents the latest in the long sequence of gratifying others to whom I have related, beginning with the nurthuring mother of earliest infancy who actualized in me a certain lifestyle. In particular, however, each literary work caps the sequence of literary works that preceded and before them the mixed human and literary experience of being read to" (126).
[92] U. Eco (1987) S. 101-105. Vgl. dazu auch M. Pfister, in: U. Broich/M. Pfister (1985) S. 1-30.
[93] Vgl. R. Schafer (1976) S. 331-333. Ähnlich vielleicht auch das Verzehren des Buches in Apk. 10, 8-10.

tenstrukturen[94] und ideologische Strukturen angesehen werden"[95]. Was Eco hier sagt, hat seine Entsprechung im "Vorverständnis" Bultmanns[96], aber auch in der Forderung konservativerer Exegeten, die etwa, wie Stuhlmacher[97], fordern, daß die Interpretation biblischer Texte nicht vom Kontext der dogmatischen Überlieferung absehen dürfe. Der aktive Leser ist für mich derjenige, der sich einem Text nicht nur scheinbar "hingibt", sondern der von einem Vorverständnis her die Position des impliziten Lesers aktualisiert, ob nun die Forderung nach einer solchen "ideologische Kompetenz" im Text angelegt ist oder nicht[98].

4.3.2.2 Der implizite Leser und das second self des Lesers

Das Vorhaben meiner Arbeit ist es, die Möglichkeit der psychoanalytischen Interpretation von Texten als einer spezifischen und ausgebildeten Form aktiven Lesens aufzuweisen. Zu diesem Zweck möchte ich an dieser Stelle einen Begriff einführen, für den ich mich auf K. Tillotson[99] und R. Schafer[100] berufe. Ich spreche vom "second self des Lesers" immer dann, wenn ich die spezielle Weise meine, in der konkrete Leser die Position des impliziten Lesers vor dem Hintergrund ihrer persönlichen Kompetenz realisieren[101]. So wie der Analytiker ein professionelles Selbst ausbildet, in das einerseits persönliche Eigenschaften und andererseits seine fachliche Kompetenz eingehen, und mit dem er die für ihn vorgesehene Rolle des Psychoanalytikers je dieses speziellen Analysanden realisiert[102], so hat auch der Leser den persönlichen Hintergrund seiner Erfahrung, seine implizite oder explizite "ideologische Kompetenz", sein Leser-Selbst, das sich zusammen mit der im Text angelegten Position des impliziten Lesers zu einem second self eines Lesers je dieses Textes verbindet. Das Leser-Selbst kann ein theologisches, ein materialistisches, ein feministisches, ein ästhetisches oder sonst eines sein, immer aktualisiert es sich mit der Position des impliziten Lesers zu einem entsprechenden second self des Lesers. In meiner Arbeit werde ich den Begriff aber zumeist im Zusammenhang einer psychoanalytisch orientierten Realisation der Leserposition benutzen. Ich möchte diesen Abschnitt abschließen, indem ich sage, daß dieser von mir konstruierte "aktive Leser" *eine* Eigenschaft mit dem "idealen Leser" gemeinsam hat: er versteht am Text etwas, was nicht unmittelbar durch ihn gegeben

---

[94] Das sind die Rollen der Akteure, nachdem sie ihrer Individualität entkleidet sind, vgl. U. Eco (1987) S. 220-222 (nach A. Greimas [1966]).
[95] A.a.O. S. 105.
[96] (1950) S. 227. Ich denke, daß sich auch der schwer faßbare Begriff des Vorverständnisses durch den Bezug auf Intertextualität präzisieren ließe.
[97] Z.B. (1986) S. 250-253.
[98] Gewalt gegen einen Text beginnt nicht dort, wo der Text auf Fragen antworten soll, die nicht in ihm enthalten sind, sondern erst dann, wenn er auf diese Fragen vorherbestimmte Antworten geben muß. Vielleicht liegt tatsächlich Gewalt in der "Christianisierung" Vergils, aber dann wäre auch nach der Gewalt in der christlichen Deutung des Alten Testamentes zu fragen, die spätestens dort begänne, wo das Alte Testament keine Möglichkeit mehr hat, Un- oder Antichristliches zu sagen.
[99] Vgl. S. 91.
[100] Vgl. R. Schafer (1983) S. 43.
[101] Vgl. W. Schmid (1986) S. 306/307.
[102] Vgl. R. Schafer (1983) S. 52-54.

ist, er ist aber insofern nicht "ideal", als daß ihm dieses nur auf einer einzigen der möglichen Verständnisebenen gelingt, während er andere Ebenen gerade aufgrund seiner spezifischen Kompetenz vernachlässigen muß. Weiterhin möchte ich noch darauf aufmerksam machen, daß mein Begriff eine Lücke im System vom H. Link füllt. Während sie den impliziten Autor vom historischen Autor her konstruierte, machte sie aus dem impliziten Leser nur ein komplementäres Abbild des Autors, aus dem der je individuelle Leser begrifflich ausgeblendet sein mußte. Meine Ergänzung erweitert ihr Konzept in Richtung auf den konkreten Leser.

4.3.3 Der fiktive Leser und der narrataire

Der implizite Autor und der implizite Leser sind die Abbilder des realen Autors und des realen Lesers im Text. Innerhalb der fiktiven Textwelt realisiert sich der Autor in der Gestalt des Erzählers, der als ein anderer im Vergleich zum Autor erscheint, als einer, für den die Ereignisse des Textes wahr sind. Wem erzählt er seine Geschichte? Es war W. Gibson, der im Jahre 1950 als erster die in der Textwelt enthaltene Lesergestalt als "mock reader"[103] beschrieb, ohne sie allerdings von dem damals noch nicht geprägten Begriff des impliziten Lesers zu unterscheiden. Gibson schreibt: "The fact is that every time we open the pages of another piece of writing, we are embarked on a new adventure in which we become a new person - a person as controlled and definable and as remote from the chaotic self of daily as the lover of the sonnet. Subject to the degree of our literary sensibility we are recreated by the language. We assume, for the sake of the experience, that set of attitudes and qualities which the language asks us to assume, and, if we cannot assume them, we throw the book away"[104]. In dieser noch immer beeindruckenden Formulierung liegen noch ungeschieden, aber schon angedeutet, der "implizite Leser" (attitudes), das von mir eben definierte "second self" (literary sensibility) und schließlich der "mock reader", die im Text enthaltene Lesergestalt, die ich mit W. Schmid den "fiktiven Leser" nennen möchte. Die zweite mir bekannte Arbeit zu diesem Thema stammt von G. Prince aus dem Jahre 1974[105]. Prince postuliert für jeden narrativen Text mindestens einen Erzähler und einen, wie er es nennt, narrataire. Diese gehören beide der fiktiven Welt an. Nun kann allerdings dieser narrataire im Text markiert sein oder nicht. Ist er es nicht, so spricht Prince von einen zero-degree narrataire[106]. Dieser sei immer vorhanden, gleichsam als fiktives Komplement zum Erzähler. Jede Abweichung von diesem gleichsam "virtuellen" narrataire müsse im Text markiert sein, und auf diese Weise entstehe im Text das explizite, weil markierte, Bild eines fiktiven Lesers. Der narrataire erfülle im Erzählvorgang verschiedene Funktionen, er

---

[103] Mir ist bisher noch keine angemessene Übersetzung eingefallen. "Mock" steht für Nachahmung, Schein, Posse, Spott, also wäre der "mock reader" etwas wie ein nachgeahmter Leser, ein Leserimitat.
[104] In: J. P. Tompkins (1980) S. 1.
[105] Ursprünglich französisch, die englische Fassung in: J. P. Tompkins (1980) ist gekürzt.
[106] Eine Leserfigur, die aller Individualität entkleidet ist, gleichsam ein neutrales Empfangsorgan der Erzählung. Zur Kritik an dieser Begriffsbildung vgl. S. Chatman (1978) S. 253[41].

charakterisiere z.B. den Erzähler, er könne Fragen stellen, oder, und das ist für meine eigene Argumentation am wichtigsten, in der Beziehung zwischen Erzähler und ihm stelle sich ein untergründiges Thema der Erzählung dar. In Balzac's Roman "Le Père Goriot" übe der Erzähler ständig Gewalt über seinen narrataire aus, um ihn von seinen Ansichten zu überzeugen und ihn zu kontrollieren. Das gleiche täten aber auch die Textpersonen fortwährend untereinander. Ähnliche Konzepte eines fiktiven Lesers vertreten Booth[107], Chatman[108], Link[109], Harweg[110] und Schmid[111], während Weimars "Leser im Text"[112] einerseits den impliziten Leser und andererseits einen leserseitigen Beobachter des Textereignisses einschließt, nicht jedoch ein Gegenüber des Erzählvorganges. Durchwegs vertreten alle Autoren und Autorinnen außer Harweg[113] jedoch die Meinung, daß der fiktive Leser eine Möglichkeit, aber keine Notwendigkeit in einem fiktive Text darstellte.

In einer neueren ausführlichen Diskussion des Themas unterscheidet Rabinowitz[114] zwischen einer authorial audience und einer narrative audience. Die erstere Instanz entspricht, wie auch Booth[115] bemerkt, ganz dem traditionellen impliziten Leser. Es ist die Instanz, die den Text so versteht, wie er vom Autor gemeint sein möchte. Dazu gehört auch, daß sie den Text als fiktiv versteht, d.h. als erfunden gegenüber der konventionellen alltäglichen Realität. Die narrative audience hört jedoch die Erzählung als wahr, weil sie innerhalb der fiktiven Welt angesiedelt ist und deshalb nicht den Text als fiktiv einschätzen kann, denn dazu wäre ein Standpunkt außerhalb dieser Welt nötig. Eigenartigerweise setzt Rabinowitz sein Konzept in einen scharfen Gegensatz zum narrataire von Prince. Dieser sei "'out there', a separate person who often serves as a mediator between narrator and reader"[116]. Doch das stimmt zwar oft für die konkrete Realisation des narrataire, wie Prince sie beschreibt, nicht aber für die fiktive Position, die er, unabhängig von der jeweiligen Realisierung, einnimmt. Denn diese Position, etwas eigenartig charakterisiert als zero-degree narrataire, entspricht genau der narrative audience von Rabinowitz. Booth, der im Nachwort zu "The Rhetoric of Fiction"[117] die Argumentation von Rabinowitz übernimmt, nennt diese narrative audience "implied reader [sense two]" und unterscheidet sie von "implied reader [sense three]", und das ist schließlich wieder der fiktive Leser oder narrataire.

Meinen eigenen Sprachgebrauch möchte ich an die zitierten Autoren anlehnen, jedoch etwas präzisieren: ich spreche vom "impliziten Leser" zunächst nach Link als von "der im Text enthaltenen Norm für den adäquaten Lesevorgang"[118]. Ich erweitere diesen Begriff noch um die in ihm angezeigte Möglichkeit, passiv oder aktiv zu lesen und ergänze ihn in Richtung auf den konkreten

---

[107] (1983) S. 428-431.
[108] (1978) S. 147-151 und 253-262.
[109] (1980) S. 24/25 und 41.
[110] (1979) S. 112/113.
[111] (1986) S. 28/29, 33 und 308-310.
[112] (1980) § 273 mit Erläuterungstext.
[113] (1979) S. 113^2.
[114] (1987) S. 21-29 und S. 93-104.
[115] (1983) S. 422.
[116] (1987) S. 95.
[117] Vgl. Anm. 108.
[118] (1980) S. 23.

Leser hin um den Begriff des "second self". Die Repräsentanz des impliziten Lesers, der ja der konventionellen Realität angehört, innerhalb der fiktiven Welt des Textes ist der "fiktive Leser". Dieser ist virtuell immer vorhanden als komplementäre Instanz zum ebenfalls immer vorhandenen Erzähler, und er ist manchmal realisiert in der Gestalt des "narrataire". Für die virtuelle Position benutze ich in Zukunft den Ausdruck "fiktiver Leser" (entsprechend der narrative audience), für ihre Realisation den Begriff von Prince "narrataire"[119]. Harweg, dessen Arbeit ich viel Klärung verdanke, vertritt mit Nachdruck die Notwendigkeit eines fiktiven Lesers, hält aber den Begriff des impliziten Lesers für unnötig[120]. Genau umgekehrt argumentiert Schmid, daß es "autistische" Erzähler gäbe, die eigentlich niemandem etwas erzählten, sondern "deren spontanes Sprechen eher den Charakter einer Selbstentladung als eines adressierten Erzählens hat"[121]. Doch abgesehen davon, daß gerade eine psychoanalytische Betrachtung diese Situation anders ansähe[122], so geht es zunächst doch nur um das theoretische Konstrukt einer Kommunikationssituation[123], nicht um deren empirische Realisierung[124].

Ich möchte noch einmal zum Thema des fiktiven Lesers und seiner Realisation, dem narrataire, zurückkehren. In seinem Roman "Der Fall" erzählt Camus, wie der Rechtsanwalt Clamance, der eine Schuld auf sich geladen und deshalb seine frühere Stellung verlassen hat, einem anonym bleibenden Mann seine Lebensgeschichte erzählt. Wer ist der narrataire? Alle Autoren[125], die sich mit diesem Text beschäftigen, finden ihn in geradezu exemplarischer Weise in dem Gesprächspartner des Anwalts verkörpert. Ein anderes Beispiel: Paulus schreibt z.B. an die Korinther, und wiederum wäre es einfach, in den Adressaten die im Text markierten narrataires und hinter ihnen die fiktive Leserposition zu finden, jedenfalls dann, wenn man die Texte als Literatur lesen will. Aber mir scheint, daß die Argumentation in dieser Form nicht zu halten ist. Wenn wir den Roman von Camus lesen, so sind wir Zeugen eines Ge-

---

119 Zur Erleichterung des Verständnisses noch das folgende Schema:
Impliziter Leser   Norm des angemessenen Lesens, darin auch enthalten, ob passiv oder aktiv
second self   individuelle Realisierung des impliziten Lesers durch einen konkreten Leser
fiktiver Leser   virtuelle Leserposition im Text
narrataire   dessen textliche Realisierung.
120 (1979) S. 112/113.
121 (1986) S. 309.
122 Als Psychoanalytiker wird man immer fragen, ob sich nicht auch eine scheinbar monologische Rede untergründig an ein phantasiertes Gegenüber richtet.
123 So vor allem R. Harweg (1979) S. 113.
124 Hingegen überzeugt mich Schmids Argumentation (teilweise gegen Harweg) für die Instanz des impliziten Lesers mehr. In einer Rezension von 1973 schreibt er: "Mit diesem impliziten Autor korrespondiert auf der Empfängerseite der werkinhärente implizite Leser, freilich ohne daß es zwischen den beiden Instanzen zu einer - realen oder fiktiven - Kommunikation im eigentlichen Sinne käme. Der implizite Leser manifestiert sich in zweifacher Weise, einmal als der durch die Wahl bestimmter Chiffrierungscodes (Sprache, soziale Normen, poetische Kanons usw.) unterstellte Adressat, zum anderen als der Vollstrecker der vom Werk intendierten Reaktionen, als idealer Rezipient." 1986 betont Schmid gerade den letzten Gesichtspunkt noch mehr, um allerdings gleich hinzuzufügen, daß der Leser damit nicht in seiner Freiheit eingeschränkt sei, sich auch andere Rezeptionen zu gestatten. Mögen diese Feststellungen auch diskutierbar sein, wie es vor allem von Autoren in der Nachfolge von Genette geschieht, so scheint mir das Konzept des impliziten Lesers als Korrelat zum impliziten Autor als dem Urheber der dargestellten Welt doch recht sinnvoll zu sein.
125 Z.B. S. Chatman (1978) S. 257/258.

sprächs zwischen zwei Personen, von denen wir allerdings nur den einen Gesprächspartner unmittelbar hören. Dieses monologische Gespräch aber wird uns erzählt, und zwar von einem nicht näher markierten Erzähler. Er bringt den Leser in die Position eines fiktiven Zuhörers[126], eines Dritten bei einem vertraulichen Zwiegespräch. Der Partner des Anwalts ist narrataire allenfalls für dessen Erzählung, er ist keineswegs in irgendeiner Form exemplarisch für die konkrete Rolle, die der Leser des Romans einzunehmen hat. Zwar sind Roman und Erzählung des Anwalts deckungsgleich, aber insofern ganz verschieden, als die Erzählung innerhalb des Buches eben eine erzählte Erzählung ist, und die eine findet in der Bar "Mexico City" in Amsterdam, die andere in einem fiktiven Erzählraum und sekundär in einem Buch statt. Ebenso gilt, daß wir, wenn wir die Briefe des Paulus lesen, Zeugen einer Auseinandersetzung mit den im Text markierten Adressaten werden, nicht aber unbedingt, daß wir deren Position einnehmen müssen. Je deutlicher also in einer Erzählung der narrataire dargestellt ist, um so mehr kann man sich beim Lesen fragen, welche Rolle in dem erzählten Erzählvorgang der Leser als narrative audience einnehmen soll oder kann.

4.3.4 Der Leser als Beobachter

Ich möchte schließlich noch eine vierte mögliche Position des Lesers erwähnen. Weimar schreibt: "Dem Leser, der sich zur Textperson macht, ist im literarischen Text bereits ein Platz reserviert: derjenige des Beobachters, der einzigen Textperson, die von Eigennamen, Personalpronomina und Tempora niemals erreicht wird"[127]. So zutreffend diese Kennzeichnung als solche ist, so wirft Weimar hier den fiktiven Leser, der dem Erzählvorgang beiwohnt und ihm gegenwärtig ist, mit jener fiktiven Person zusammen, die mit dem erzählten Ereignis selber gegenwärtig wird. Gewiß gehören beide derselben fiktiven Welt im Gegensatz zur konventionellen Realität an, aber das Beispiel von Drewermann, der den Erzähler und dessen Sinngebung ausschließt, um den Ereignissen selber gegenwärtig zu werden[128], zeigt, daß hier ein erheblicher Unterschied besteht. Aus diesem Grund spricht man auch unwillkürlich im Präsens, wenn man in einer Inhaltsangabe die Ereignisse berichtet und in einer Vergangenheitsform, wenn man nacherzählt und damit sich mit der Position des Erzählers gegenüber den Ereignissen identifiziert[129].
Die Bestimmung dessen, was fiktive von anderer Literatur unterscheidet, läßt sich mit der hier verwendeten Terminologie besonders deutlich kennzeichnen, und wir nähern uns damit bereits einer psychoanalytischen Interpretation des

---

[126] Auch G. Prince (in J. P. Tompkins 1980 S. 9) differenziert hier: der narrataire von Clamance in der Bar ist nicht mit dem vorgesehenen Leser identisch. Aber für diesen letzteren führt Prince den Begriff "virtueller Leser" ein und meint damit anscheinend etwas Ähnliches wie den impliziten Leser. Was bei Prince fehlt, ist die fiktive Position, die der Leser hier als Zeuge des (monologisch dargestellten) Gespräches einnehmen kann.
[127] (1980) § 273.
[128] T. u. E. II S. 250.
[129] Vgl. R. Harweg (1979) S. 122-124 und K. Weimar (1980) § 169.

Modells. Rabinowitz schreibt[130], daß jede Erzählung auf zwei Ebenen gleichzeitig gelesen werden müsse und daß die beschriebenen Ereignisse zugleich wahr und nicht wahr seien. Literatur sei Nachahmung von Nicht-Literatur, z.B. von Historie oder Biographie. Die narrative audience liest die Ereignisse, als seien sie wahr, die authorial audience hingegen als Nachahmung wahrer Ereignisse, mithin als (in diesem speziellen Sinne) nicht wahre Ereignisse. Ähnlich betont Harweg[131] die beiden Ebenen und argumentiert, daß Fiktion einen nichtfiktiven Bezugsrahmen brauche, um als solche identifiziert zu werden. Erzähler und Leser sind als Textpositionen Teile der fiktiven, also erfundenen Welt, die von der ihr jeweils vorgeordneten Instanz, vom impliziten Autor und vom impliziten Leser her als diese erkannt werden können. Es ist anscheinend eine Haupteigenschaft fiktiver Literatur, daß sie immer diese doppelte Perspektive in sich trägt. Auf dem Umweg über eine Diskussion der psychoanalytischen Situation werden wir später nochmals zum Thema Fiktion und Realität zurückkommen.

4.4 Fiktion und Realität in der psychoanalytischen Situation

4.4.1 Die analytische als eine fiktive Situation

In seiner bahnbrechenden Arbeit von 1961 beschreibt Leo Stone die analytische Situation als gekennzeichnet durch den Zustand "intimer Trennung"[132], der zugleich die hervorragende Bedeutung der Sprache in der Psychoanalyse begründe. Seelische Konflikte zwischen Mutter und Kind, die aus der Zeit der beginnenden Trennung von der Mutter rühren, stellen sich in der Analyse dar und können einer neuen Lösung zugeführt werden. Stone fährt fort: "Ein entscheidendes Element für die Möglichkeit solcher besseren Lösungen ist natürlich die - in der Abhängigkeit von der Kooperation eines reifen Ichs begründete - Fiktivität dieses Zustandes"[133]. 1983 nimmt Schafer diesen Gedanken wieder auf und nennt die Beziehung zwischen den beiden second selves der analytischen Situation in Anlehnung an Booth eine fiktive Situation[134]. Schafer sagt, daß zwar alle Beziehungen einen fiktiven Aspekt hätten, insofern sie aus realistischen und aus unbewußt phantasierten Anteilen konstruiert seien, doch für die analytische Situation sei es zentral, daß alle Beziehungen in ihr notwendigerweise als fiktiv angesehen würden. Was aber speziell das Fiktive ausmacht, wird bei Schafer nicht recht klar. Wie entsteht aus der realen "geschäftlichen" Beziehung zwischen Analytiker und Analysand etwas, was man in An-

---
[130] (1987) S. 94: In the proper reading of a novel, events that are portrayed must be treated as both true and untrue at the same time. One way of dealing with this duality is to add a third term to the distinction between actual and authorial audience. As I have noted, every author designs his or her work rhetorically for a specific hypothetical audience. But since a novel is generally an imitation of some nonfictional form (usually history, including biography and autobiography), the narrator of the novel (implicit or explicit) is generally an imitation of an author. He or she writes for an *imitation* audience (which I call the *narrative audience*) that also possesses particular knowledge".
[131] R. Harweg (1979).
[132] L. Stone (1961) S. 104, vgl. auch 110.
[133] A.a.O. S. 105.
[134] R. Schafer (1983) S. 52.

lehnung an einen literaturwissenschaftlichen Begriff eine "fiktive" Beziehung nennt? Hier hilft uns eine Arbeit von S. Tarachow (1962) weiter. Der Autor schreibt: "For analysis to take place the need of one for another as a real object must be set aside"[135]. Das geschieht durch einen Akt des Analytikers, der eine Barriere gegenüber der Realität aufrichtet, die für beide, für den Analysanden und für den Analytiker gilt. Tarachow fährt fort: "The real situation is transformed into an *as if* situation demanding attention and comprehension. The act which brings about this transformation is interpretation"[136]. Jede uninterpretierte Beziehung gilt als real, erst die Interpretation macht aus ihr eine Als-ob-Beziehung, indem der Analytiker auf sie nicht als auf ein reales Beziehungsangebot eingeht, sondern sie deutet. Durch die Interpretation entsteht also der Raum des analytischen "Als-Ob", einer Realität, die sich von der konventionellen Wirklichkeit außerhalb dieses Raumes grundsätzlich unterscheidet, auch wenn vielleicht alle Elemente aus ihr entnommen sind. Wir werden am Ende dieses Kapitels im Anschluß an Winnicott und Pruyser noch deutlicher sehen, worin sich konventionelle und fiktive Realität voneinander unterscheiden.

Die analytische Situation ist der fiktive Zwilling[137] der konventionellen Realität. Damit hat die analytische Situation eine Ähnlichkeit zum Kunstwerk: bei einem Bild z.B. zeigt der Rahmen die Grenze an, innerhalb derer die Regeln der Fiktion gelten[138], selbst dann, wenn das Bild die äußere Welt darzustellen scheint. In Texten wird der Rahmen durch Titelblatt[139] und durch bestimmte textliche Zeichen[140] dargestellt, die darauf hinweisen, daß ein Text als fiktiv zu lesen sei. Wenn jemand diesen Rahmen zwischen Fiktion und Realität nicht anerkennt wie Don Quichote, der alle Ritterromane als Historienbücher, und damit als nichtfiktive Literatur, versteht, dann gibt er damit Anlaß zu Befremden und zum Verdacht, "verrückt" zu sein.

Es ist bei Tarachow deutlich, daß die Als-ob-Welt der analytischen Situation gleichbedeutend ist dem Verständnis der analytischen Beziehung *als* Übertragungsbeziehung. Fiktive Als-ob-Beziehung oder Übertragung sind nur zwei Wörter für die gleiche Sache, nur daß Übertragung noch ein theoretisches, der Psychoanalyse entstammendes Konzept konnotiert.

4.4.2 Das Konzept der Ich-Spaltung

Aber es genügt noch nicht, die analytische Beziehung ausschließlich als Übertragungsbeziehung zu sehen, denn in der Analyse soll nicht nur etwas als Über-

---

[135] S. Tarachow (1962) S. 377.
[136] A.a.O. S. 379.
[137] R. Harweg (1979) S. 125.
[138] M. Milner (1952) S. 183.
[139] Vgl. K. Weimar (1980) §. 248.
[140] Vgl. für die poetische Sprache A.a.O. § 191, 213 und 214. Einen umgekehrten Standpunkt vertritt St. Fish (1982) in dem Kapitel "How to Recognize a Poem When You See One": Die Erwartung Poesie zu finden, geht dem Finden poetischer Merkmale voraus. Er demonstriert das daran, wie in einem Seminar eine bibliographische Namensliste von den Teilnehmern als esoterisch-religiöses Gedicht wahrgenommen und fast konsistent interpretiert wird. So anregend seine Argumentation auch ist, so schließt sie doch nicht aus, daß ein Schriftsteller durch die Wahl von formalen Sprachmerkmalen die Erwartung des Lesers, Poesie zu finden, beeinflussen kann.

tragung erlebt, sondern auch miteinander verstanden und bearbeitet werden. Stone sprach ja, wie wir oben sahen, von der Kooperation eines reifen Ich. Wie ist diese zu erreichen? Das Mittel dazu ist für Tarachow die Fähigkeit sowohl des Analytikers als auch des Patienten, in einer kontrollierten Weise im Dienste der Therapie das Ich zu spalten. Tarachow nimmt damit den Gedanken eines recht alten Aufsatzes von Sterba (1932) auf, in dem dieser vor allem vom Patienten die Fähigkeit zu einer Ich-Spaltung gefordert hatte. Dabei solle sich der beobachtende, realitätsgerechte Teil des Analysanden mit dem beobachtenden, interpretierenden Teil des Analytikers verbünden, um auf diese Weise den in die Übertragung verwickelten und sie erlebenden neurotischen Teil des Analysanden zu verstehen. Diese Auffassung von Sterba ist oft kritisiert worden[141], weil sie dem Analytiker völlige Distanz gestatte. Tarachow ergänzt sie deshalb durch eine symmetrische Spaltung im Analytiker[142]. Wir werden noch sehen, wie entscheidend dieser Schritt gerade für das Verständnis der analytischen als einer fiktiven Situation ist.

4.4.3 Die analytische Arbeitsbeziehung

Mit der Ich-Spaltung nach Sterba ist ein weiteres Konzept eng verbunden, das bei den Freudianern jahrzehntelang fast unwidersprochen galt und erst jüngst wieder kontrovers geworden ist: die analytische Arbeitsbeziehung[143]. Eine umfassende Übersicht ist im gegenwärtigen Zusammenhang unnötig, deshalb beschränke ich mich hier auf eine klassische Formulierung. Nach Greenson[144] ist die Arbeitsbeziehung (working alliance) der relativ unneurotische, rationale Rapport, den der Patient mit seinem Analytiker hat. Ihr Kern ist die Motivation des Patienten, die Krankheit zu überwinden und zu diesem Zwecke mitzuarbeiten und den Regeln und Einsichten des Analytikers zu folgen: "Das eigentliche Bündnis wird im wesentlichen durch das einsichtsfähige Ich des Patienten und das analysierende Ich des Analytikers gebildet"[145]. Greenson gibt dann allerdings zu, daß diese Trennung nicht absolut sei, auch die Arbeitsbeziehung mag noch neurotische Elemente enthalten[146]. Damit spricht Greenson eine klinische Erfahrung an, die wohl die meisten Analytiker teilen werden: die Motivation von Analysanden, auch sogenannter Lehranalysanden, ist oft alles andere als unneurotisch. In sie können masochistische oder grandiose Wünsche eingehen, ebenso Wunschphantasien, durch eine Analyse Macht oder Reinheit zu erlangen. Die Analyse kann zum Mittel werden, Einsamkeit zu überwinden und einen vollkommenen Partner zu finden, den Vater oder die Mutter der frühen Vergangenheit. Man kann eine Analyse unbewußt auch suchen, um sich zu überzeugen, daß sie nichts bringt. Das ist dann vielleicht eine Beruhigung unerträglicher Angst vor Veränderung oder eine Beschwichtigung des Schuldgefühls, etwas versäumt zu haben. Der analytisch unerfahrene Leser

---

141 Vgl. z.B. J. Körner (1989), H. Deserno (1990) S. 104-106.
142 (1962) S. 382.
143 Einen ausführlichen, aber tendenziösen Literaturbericht gibt H. Deserno (1990).
144 R. R. Greenson (1966).
145 A.a.O. S. 83.
146 A.a.O. S. 83/84.

wird vermutlich befremdet fragen, wieso jemand in Analyse gehe, wenn er solche Motive habe. Darauf ist zu antworten, daß eben auch eine Analyse in ein neurotisches System eingebaut werden kann, anfangs wohl immer tatsächlich darin eingefügt wird, daß es aber daneben meist noch den bewußten Wunsch gibt, die Schwierigkeiten und das damit verbundene Leiden zu überwinden. Aber es ist sicher nicht zutreffend, daß der Ich-Teil, der eine Analyse sucht, der eher unneurotische Teil sei[147]. Ich würde aus eigener Erfahrung sogar zu der Meinung neigen, daß sich in und hinter der Motivation zur Analyse immer gerade der zentrale Konflikt verbirgt. Deshalb kann ich der traditionellen Auffassung der Arbeitsbeziehung nicht folgen. Trotzdem möchte ich das Konzept nicht gänzlich verwerfen, wie es in der Schule von Melanie Klein üblich ist[148], denn ich glaube, daß es einige Elemente enthält, die zum Verständnis der analytischen Situation unentbehrlich sind. Das wird deutlicher werden, wenn ich jetzt versuche, analytische Beziehung und Situation des Lesens fiktiver Texte aufeinander zu beziehen.

4.5 Arbeitsbeziehung in der analytischen Situation und beim Lesen: Gemeinsamkeiten

4.5.1 Unterscheidung von Fiktion und konventioneller Realität

Erinnern wir uns an die Begriffe "narrative audience" und "authorial audience" von Rabinowitz[149]. Der erste kennzeichnet einen Standpunkt, von dem aus der Leser die fiktive Welt nicht als fiktive erkennt, weil er selber ein Teil von ihr ist. In der analytischen Situation entspricht das dem spontanen Gegenübertragungserleben des Analytikers. Dieses kann sich einerseits realisieren, indem sich der Analytiker mit einem inneren Objekt des Analysanden identifiziert und durch dieses eine Beziehung zu einem Selbstanteil des Analysanden aufnimmt, oder aber andererseits, daß der Analytiker sich mit einem Selbstanteil des Analysanden identifiziert und durch ihn mit einem der inneren Objekte des Analysanden in Kontakt tritt[150]. In jedem Fall entsteht zwischen beiden eine Beziehung, die von innen her gesehen als eine reale erscheint. Innerhalb dieser Welt sind Analysand oder Analytiker hilflose Kinder, strafende Väter, spendende Mütter, masochistische Opfer, sadistische Verfolger. Der Analysand ist Erzähler und spricht - als Erzähler - die Wahrheit und der Analytiker ist Hörer, und glaubt - als Hörer - alles, was er hört. Dabei erinnern wir uns daran, was wir bei Gibson und Prince über die Rollen erfahren haben, die der Leser als narrataire in der fiktiven Textwelt einnehmen muß[151]. Wie aber wird

---

[147] In einem Aufsatz über den autobiographischen Roman "Anton Reiser" von K. Ph. Moritz habe ich (1992) zu zeigen versucht, wie in der Spaltung zwischen dem "erzählten Ich" und dem "erzählenden Ich" ersteres als der geschädigte kranke Teil erscheint, während eine genauere Analyse zeigt, daß gerade der fiktive Erzähler einem Konflikt entsprungen ist und dessen Abwehr dient und daher in anderer Weise an derselben Schädigung Anteil hat.
[148] Vgl. z.B. B. Joseph (1985).
[149] Siehe Anm. 129.
[150] Das entspricht der komplementären und der konkordanten Identifikation nach H. Racker, s. o. unter 2.3.3.
[151] Siehe unter 4.3.3.

die Welt der Übertragung als eine solche erkennbar? Durch die Interpretation, so hörten wir von Tarachow, und diese Interpretation kommt von *dem* Teil des Ichs des Analytikers, der nicht so weit in der Übertragungsbeziehung zum Analysanden lebt, daß er diese nicht mehr als fiktive erkennen kann. Dieser Ich-Teil entspricht der authorial audience von Rabinowitz oder dem impliziten oder abstrakten Leser bei anderen Autoren. Wenn das literarische Lesen als ein Lesen zu verstehen ist, in dem ich als "ich selber" und als "ein anderer"[152] lese, so haben wir damit die Ich-Spaltung von Sterba in einem anderen Kontext wieder aufgefunden. Aber hier besagt sie nichts weiter, als daß es für ein literarisches Lesen eine Instanz geben müsse, von der her die Fiktion als Fiktion erkannt werden könne. Nichts ist damit gesagt über die Konflikthaftigkeit oder Konfliktfreiheit dieser Instanz. Das ist auch gänzlich unnötig, insofern nur die Perspektive auf die andere Welt als auf eine fiktive Welt erhalten bleibt. Es ist aber durchaus denkbar, daß es eine weitere Perspektive gäbe, von der aus wiederum der fiktive Gehalt dieser Instanz erkannt werden könne. Der Regress ist letztlich unbeschränkt.

Ich möchte das an einem Beispiel erläutern: Nehmen wir an, jemand läse Romane vor allem deswegen, weil er in ihnen "linkes" oder "jüdisches" oder "faschistisches" Gedankengut aufspüren will. Einerseits reicht dann seine innere Aufspaltung aus, um die Romane als Fiktion zu erkennen (oder man würde diesen Leser schlicht als wahnhaft bezeichnen), aber von einer höheren Reflexionsinstanz her würde sein realitätsorientierter Ich-Teil wiederum als Teil einer Fiktion, zu charakterisieren als fiktive Beziehung zwischen Verfolger und Verfolgtem, zu erkennen sein. Er selber würde das leugnen, aber das ist auch nicht anders denkbar, weil er ja *in* der Fiktion lebt und deshalb glaubt, realitätsangemessen und nicht fiktiv zu erkennen. Seine Sicht könnte er erst ändern, wenn er mit seiner Haltung in einen inneren Konflikt käme, etwa mit Werten, die dem entgegenstehen und an denen er aus anderen Gründen doch festhält. Mit dieser Formulierung ist die Gefahr ausgeschlossen, daß wir irgendwo eine analytisch nicht mehr hinterfragbare "Normalität"[153] postulieren müssen, die zum Sammelplatz weltanschaulicher Grundsätze wird. Die Bewegung der analytischen Reflexion macht vor keiner Instanz Halt, auch nicht vor einer, die als "gewachsener Fels"[154] ausgegeben wird.

Für das analytische Konzept der Arbeitsbeziehung bedeutet das, daß in einer Analyse an irgendeinem Ort die Instanz erhalten bleiben muß, von der her die Übertragung als Übertragung erkennbar ist. Nach der herkömmlichen Meinung muß vor allem der *Analysand* diese Funktion aufrechterhalten. Aber damit wird dieser von Anfang an mit einer Aufgabe belastet, die vor allem ein gutes Therapieziel wäre: die Unterscheidung von innerer und äußerer Realität. Deshalb meine ich, daß es genügt, wenn der *Analytiker* die Fähigkeit zur Ich-Spaltung bewahrt. Damit ist der Bestand der analytischen Situation als einer fiktiven, auf Übertragung beruhenden Situation garantiert.

---

[152] K. Weimar (1980) § 171.
[153] H. Deserno spricht von "Konventionalität", (1990) S. 27-43.
[154] S. Freuds (1937c) berühmter Ausdruck für das, was nach seiner Meinung nicht analysierbar ist: der Peniswunsch der Frau und die passive Einstellung beim Mann (S. 391/192). Vgl. dazu die kritischen Bemerkungen bei D. L. Carveth (1984) S. 519-521.

Ich möchte diesen Gedanken verdeutlichen, indem ich ihn wieder in den literarischen Bereich übersetze. Die traditionelle Auffassung der Arbeitsbeziehung läßt sich mit zwei Theaterbesuchern[155] vergleichen, die im Zuschauerraum sitzen und vereinbart haben, sich ein Drama anzuschauen und über es gemeinsam nachzudenken, das sie zugleich auf der Bühne als fiktive Gestalten dieses Dramas miteinander aufführen. Die Bühnenrampe würde dabei die Grenze zwischen Fiktion und Realität markieren[156]. Von beiden Besuchern wird verlangt, daß sie den Unterschied zwischen Bühne und Zuschauerraum kennen und einhalten können: die Schauspieler bleiben auf der Bühne und die Zuschauer im Saal. Und jeder Theaterbesucher kennt das sichere Gefühl, daß ihm im Saal nichts passiert[157], daß die Schüsse auf der Bühne nicht ihn treffen und daß sie oder er sicherlich nicht von einem Schauspieler verführt werden, jedenfalls nicht während der Aufführung. Es gibt nun im modernen Theater Tendenzen, diese feste Trennung aufzuweichen, die Schauspieler betreten den Zuschauerraum oder kommen aus ihm heraus. Das Publikum wird von der Bühne her beschimpft, oder es entwickeln sich gar Dialoge zwischen Schauspielern und Zuschauern, die dann scheinbar keine solchen sind. Die Fiktion weitet sich aus in den Zuschauerraum, und trotzdem wird der Zuschauer versuchen, solange wie möglich die Grenze aufrechtzuerhalten, nicht mehr die Grenze zwischen Bühne und Zuschauerraum, wohl aber die zwischen Fiktion und Realität[158]. In ähnlicher Weise kann nach meinem Verständnis auch in der analytischen Situation das Übertragungsgeschehen auf die Arbeitsbeziehung übergreifen, ja, vielleicht zeigt es sich, daß das eigentliche Schauspiel gar nicht oben, sondern unten im Zuschauerraum stattfindet: eine sado-masochistische Verklammerung oder ein vergebliches Werben um die Liebe des Vaters. Das alles widerspricht zwar einer *säuberlichen* und *ordentlichen* Trennung zwischen Arbeitsbündnis und Übertragung, aber schon allein die Adjektive, die ich benutzt habe, deuten an, daß diese Trennung in sich Ausdruck eines Konfliktes und des Versuches seiner Lösung sein kann[159]. Es steht noch nicht den Erfordernissen einer Analyse entgegen, daß die sog. Arbeitsbeziehung mit in die Inszenierung des fiktiven Konfliktes einbezogen, damit also ebenfalls fiktionalisiert wird, solange nur irgendwo, auf dem hintersten Stehplatz oder vielleicht sogar im Gang, ein Ort übrig bleibt, von dem aus dieses Geschehen *als* Fiktionalisierung der scheinbar so realen Realität erkannt werden kann. Und diese Aufgabe hat vor allem der Analytiker. Deshalb ist die Wirkung auch so katastrophal, wenn selbst dieser die Fiktion mit der Realität verwechselt. Das geschieht vor allem dann, wenn er oder sie den Patienten/die Patientin in der

---

[155] Die Theatermetaphorik spielt auch eine große Rolle bei F. Morgenthaler (1986) S. 81-84 und J. McDougall (1982), vor allem im Kapitel "Théâtre psychique, scène psychanalytique".
[156] Vgl. J. Groen (1980) (nach W. Schönau (1991)).
[157] Ich erinnere mich noch jetzt an die unangenehmen Gefühle, die ich als Kind hatte, wenn im Theater nach dem Weihnachtsmärchen der Weihnachtsmann leibhaftig auftrat und sich, von den Eltern vorher wohlpräpariert, an einzelne Kinder mit "Ermahnungen" richtete. Es war das Realwerden der Fiktion, das mich damals daran hinderte, mich ganz dem fiktiven Raum hinzugeben.
[158] Vgl. dazu die schöne Beschreibung bei H. Weinrich (1986), vor allem S. 16/17.
[159] Eines Konfliktes, der seinen Ursprung in der Sauberkeitserziehung hat und deshalb als "analer Konflikt" zu bezeichnen ist.

Übertragung verführt und damit die Grenze zwischen Übertragungsfiktion und kontrastierender Instanz einreißt[160].

Ich möchte, ehe ich weitergehe, die bisherige Argumentation zusammenfassen und ergänzen. Die analytische und die Situation des literarischen Lesens sind genau parallel konzipiert. Dabei entsprechen die beiden Pole der Übertragungsbeziehung - der Selbst- und der Objektpol - dem Erzähler und dem fiktiven Leser, bzw. dem narrataire. Beide gehören der fiktiven Welt an. Die Gegenübertragungsgefühle des Analytikers hängen davon ab, wie er das Übertragungsangebot des Analysanden annimmt und verarbeitet. Ihnen entsprechen die Gefühle des Lesers, die er dadurch erlebt, daß ihm der Erzähler die fiktive Rolle eines narrataire zuweist. Erkennbar wird die literarische Fiktion von der Instanz des impliziten Lesers, bzw. Autors her. Denen entsprechen Analysand und Analytiker, insofern sie sich beide auf eine Analyse einigen können. Zur Aufrechterhaltung der Fiktion als Fiktion genügt es, wenn der Analytiker die Wünsche seines Analysanden selbst dann noch als Übertragung begreift, bzw. der Leser seinen Text auch dann noch als Fiktion versteht, wenn Analysand und Text sich selber als nicht-fiktiv ausgeben.

So macht es z.B. der Erzähler des Romans Père Goriot, indem er behauptet, daß alles, was in diesem Buch stünde, wahr sei[161], womit er seine eigene Fiktivität leugnet. Der Leser wird gelassen auch diese Aussage als Teil der Fiktion lesen. Etwas angstfreier allerdings muß er sein, wenn er die Johannes-Apokalypse als Fiktion lesen will, denn dort werden ihm Strafen angedroht, falls er das Buch nicht als Bericht über ganz reale Tatsachen, die unmittelbar bevorstünden, auffaßt. In der Apokalypse wird implizit die Differenz zwischen Erzähler und implizitem Autor verleugnet, was übrigens auch dann immer vorausgesetzt wird, wenn man ein biblisches Buch nicht fiktiv, sondern als Tatsachenbericht versteht[162]. Die Texte selber scheinen dazu einigen Anlaß zu geben, und es ist dann die Aufgabe des Lesers, sich zu entscheiden, ob er einer solchen Sicht des Textes folgen will oder ob er die Trennung gegen die Tendenz des Textes wieder aufrichtet und damit zwischen einer fiktiven und einer anderen Welt unterscheidet, von welcher aus die fiktive Welt als diese zu erkennen ist.

4.5.2 Das Erfordernis eines minimalen gemeinsamen Codes

Wir sahen, wie ein Minimalkonzept der analytischen Arbeitsbeziehung sowohl in der analytischen Situation wie auch - in übertragener Weise - beim literarischen Lesen die Funktion erfüllt, die Trennung zwischen Fiktion und Realität zu bewahren. Es scheint mir nun noch mindestens ein zweites Erfordernis hinzuzukommen, damit eine analytische Beziehung zwischen Analytiker und Analysand oder eine literarische Beziehung zwischen Autor und Leser zu-

---

160 Die verhängnisvollen Folgen der Vermischung von Übertragung und konventioneller Realität werden vor allem im Buch der "Anonyma" (1988) mit dem Titel "Verführung auf der Couch" erschreckend deutlich.
161 Balzac (1977) S. 8.
162 Dazu gehört, daß nicht nur die berichteten Tatsachen, sondern auch die Autorschaft nicht fiktiv sind. Beides wird in biblizistischen Weisen des Bibellesens vorausgesetzt.

stande kommen kann, und das ist ein wenigstens minimaler gemeinsamer Code. Mit diesem Begriff aus der Semiotik ist impliziert, daß Analyse oder Lesen Kommunikationsprozesse zwischen Sender und Empfänger sind, daß eine Botschaft mit einem Sendercode in ein Zeichensystem verschlüsselt wird und daß der Empfänger mehr oder weniger denselben Code braucht, um die Botschaft zu entschlüsseln[163]. Das klingt selbstverständlich, wenn man aber bedenkt, daß den Code nicht nur "sprachliche Normen", sondern auch "soziale Wertskalen, Weltanschauungen und ästhetische Kanones" konstituieren[164], dann wird deutlich, wie leicht die Kommunikation zwischen Sender und Empfänger verfehlt werden kann. Die Aufgabe der historisch-kritischen Forschung ist es, Sendercodes zu rekonstruieren und damit zugleich Empfängercodes als möglicherweise unangemessen aufzuweisen. Wenn wir später die Theorie der psychoanalytischen Literaturinterpretation von N. Holland[165] diskutieren, werden wir dort finden, daß Holland nicht ganz der Gefahr entgeht, die Empfängercodes für die allein maßgeblichen zu halten. Damit ist aber nur die eine Hälfte einer Kommunikation, auch einer psychoanalytisch orientierten, erfüllt. Der zweite Schritt muß immer sein, die eigenen Codes mit den gewußten, rekonstruierten oder vermuteten Sendercodes zu vergleichen und von daher das erste Verständnis zu korrigieren[166].

Wir hatten oben gesehen, daß der implizite Autor der Inbegriff der Normen und damit auch, in der Sprache der Semiotik, des Codes eines Textes ist. Ihm entspricht der implizite Leser als Inbegriff einer möglichen Rezeption, in welcher Empfängercode und Sendercode einander genau entsprechen. Der aktuelle Leser als lesendes second self einer realen Person realisiert diese Position immer nur teilweise. Das ist die Ursache dafür, daß Mitteilungen nicht angemessen verstanden werden. Damit überhaupt eine Verständigung geschehen kann, muß, wie ich schon sagte, ein minimaler Code gemeinsam sein, und das ist zuerst und vor allem der sprachliche Code. In genau gleicher Art müssen Analytiker und Analysand einen minimalen Code miteinander teilen.

Die Funktion der Trennung zwischen Realität und Fiktion und die Möglichkeit eines gemeinsamen Codes als Bedingung von Verständigung, das sind die beiden einzigen unabdingbaren Elemente einer Arbeitsbeziehung. Den ersten Teil davon kann wenigstens zeitweise der Analytiker allein übernehmen, ein Code muß *beiden* gemeinsam sein.

4.5.3 Die Sprache der psychoanalytischen Situation

In der Analyse wird der fiktive Raum des psychoanalytischen Dramas, den im Theater letztlich die Bühne oder deren Ersatz repräsentieren, erstens durch einen Zeitrahmen von der übrigen Realität abgegrenzt, zweitens durch einen festen Ort, das Sprechzimmer des Analytikers, weiterhin durch die Couch, die

---

[163] Eine gute Einführung bei J. Schulte-Sasse/R. Werner (1977) im 4. Kapitel. Außerdem U. Eco (1972).
[164] W. Schmid (1986) S. 21.
[165] Siehe unten unter 7.2.2.
[166] K. Weimar (1980) § 304 und 311, ebenso die folgenden Paragraphen.

vor allem als Symbol dafür wirksam ist, daß es nicht um eine konventionelle, sondern um eine fiktive Beziehung geht und schließlich dadurch, daß in der analytischen Situation, und *nur* in ihr, vom Analysanden eine spezielle Sprache gesprochen wird, die zwar vieles mit der konventionellen Sprache gemeinsam hat, aber doch einen anderen Namen trägt und teilweise anderen Regel folgt. Traditionell trägt sie den Namen "Freie Assoziation"[167]. Ihr entspricht auf der Seite des Analytikers eine Haltung, die speziell der Decodierung dieser Sprache angemessen ist, die sog. "gleichschwebende Aufmerksamkeit"[168].

Allerdings hat Donald Spence (1982) in einem provokativen Buch die landläufige Meinung in Zweifel gezogen, daß die freie Assoziation die einzige Sprache des Analysanden sei und ebenso auch, daß ihr die gleichschwebende Aufmerksamkeit als einzige entsprechende Haltung gegenüber stünde. Die "freien Assoziationen" seien vielmehr nur mit einer zielgerichteten, konstruierenden Aufmerksamkeit zu entschlüsseln, während sich die gleichschwebende Aufmerksamkeit des Analytikers gerade auf die andere Sprache des Analysanden, auf die relativ kohärenten Erzählungen, richten müsse, um trotz der in sich sinnvollen Textoberfläche eine andere Ebene von unbewußter Kohärenz zu erraten. Diese Auffassung kann uns zu einem besseren Verständnis des analytischen Verstehens der Sprache der Analysanden und von Texten bringen und soll deshalb hier kurz diskutiert werden. Zunächst einmal spricht Spence eine durchaus zutreffende Beobachtung aus, aber er scheint mir zweierlei nicht genügend zu berücksichtigen. Erstens stehen kohärente und assoziative Textteile, wie in einer "Textcollage"[169], auf einer höheren Ebene wiederum in einer assoziativen Verknüpfung, die nach ihrer verborgenen Kohärenz befragt werden kann. Und zweitens ist die "freie Assoziativität" der Sprache des Analysanden nicht immer und nicht ausschließlich eine verobjektivierbare Eigenschaft, sondern zugleich ein Produkt des Analytikers, der die Sprache des Analysanden so hört, *als ob* die Kohärenz nicht gälte oder nicht vorhanden sei[170]. Genau in diesem Sinne können literarische Texte auch dann "frei assoziativ" gelesen werden, wenn sie Regeln konventioneller Kohärenz folgen. Aus diesem Grund werde ich im folgenden "freie Assoziation" als Bezeichnung für alle sprachlichen Äußerungen von Analysanden beibehalten und sie auf literarische Texte dann übertragen, wenn diese psychoanalytisch gelesen werden sollen. Recht zu geben ist Spence aber mit seiner Behauptung einer doppelten Weise des Zuhörens. Ich komme darauf zurück, wenn ich das Thema "aktiv und passiv" wiederaufnehme.

---

167 Vgl. dazu J. Laplanche/J.-P. Pontalis (1973) Bd. 1, S. 77-79. Wichtige neuere Erörterungen: D. Flader/W.-D. Grodzicki (1978), H. Graf von Schlieffen (1983) A. O. Kris (1990). Ich selber verdanke am meisten R. Schafer (1978) S. 29-66. Meine folgenden Ausführungen sind die Kurzfassung meines Vortrags mit dem Titel: "Die freie Assoziation als Sprache der psychoanalytischen Situation - einige linguistische Reflexionen" (1992 auf dem Mitteleuropäischen Psychoanalytischen Kongreß in Middelburg).
168 Vgl. J. Laplanche/ J.-P. Pontalis (1973) Bd. 1, S. 169-171.
169 Vgl. R. Faber (1979).
170 Der Argumentation von St. Fish (vgl. Anm. 146) folgend meine ich, daß die Einstellung, Sprache als "frei assoziativ" zu hören, dem tatsächlichen Hören vorausgehen kann.

4.5.3.1 Linguistische Eigenschaften der "freien Assoziation"

Wenn wir die Sprache der psychoanalytischen Situation linguistisch ansehen wollen, so kann uns dazu die Einteilung in Semantik, Syntaktik und Pragmatik dienen, die 1938 Morris vorgenommen hat. Es ist nützlich, sie durch die Sigmatik zu ergänzen, die von Georg Klaus hinzugefügt wurde[171]. Dabei ist unter *Semantik* die Lehre von der Bedeutung der Zeichen zu verstehen, unter *Syntaktik* die Lehre von den Regeln, nach denen sie aneinandergereiht werden dürfen, unter *Pragmatik* die Lehre von der Wirkabsicht der Zeichen und unter *Sigmatik* schließlich die Theorie, wie Zeichen die Wirklichkeit widerspiegeln.

4.5.3.1.1 Semantik

Wenn Freud seine Patientinnen und Patienten auffordert[172] nichts zu verschweigen, so dürfen wir annehmen, daß auf der semantischen Ebene die "freie Assoziation" reicher ist als die Normalsprache. Sie umfaßt auch Wörter und Umschreibungen für Sachverhalte, die man sonst verschweigt. Weiterhin werden in ihr konventionell unanstößige Wörter durch einen metaphorischen Prozeß zu Trägern unüblicher Bedeutungen[173]. Darin scheint eine der wichtigsten Funktionen der freien Assoziation zu liegen. Einem Gedanken von Dieter Breuer (1974)[174] folgend, meine ich, daß die freie Assoziation eine ähnliche Funktion für das Individuum hat, wie die Poesie für die Sprachgemeinschaft: die Erneuerung oder "Rekonstruktion"[175] einer fixierten Sprache.
Der zentrale Unterschied der "freien Assoziation" zur Alltagssprache liegt aber in der Aufhebung der konventionellen Kohärenzregeln[176]. Da Texte vor allem insofern als sinnvoll erfahren werden, als sie als kohärent angesehen werden können, ändert sich deren Sinnhaftigkeit, sobald die übliche, oberflächliche Kohärenz mehr oder weniger wegfällt oder nicht beachtet wird. Die Aufhebung des alltäglichen Zusammenhangs der Rede veranlaßt den Analytiker, darauf zu hören, auf welcher satzübergreifenden Ebene die Sprache eine neue Bedeutung erhalten hat.

---

[171] Vgl. J. Schulte-Sasse/ R. Werner (1977) unter 4.2.3.
[172] Vgl. S. Freud (1913c): "Sie werden beobachten, daß Ihnen während Ihrer Erzählung verschiedene Gedanken kommen, welche Sie mit gewissen kritischen Einwendungen zurückweisen möchten ... Geben Sie dieser Kritik niemals nach und sagen Sie es trotzdem, ja gerade darum, weil Sie eine Abneigung dagegen verspüren". Studienausgabe, Ergänzungsband S. 194.
[173] Siehe unten unter 7.4.4.3.
[174] D. Breuer geht hier von einem kybernetischen Sprachmodell aus, in dem er der poetischen Sprache die Rolle zuweist, "ein *Antiprogramm* gegen das herrschende Gesamtprogramm" zu sein (S. 134/135). Damit ist zwar einseitig der Abweichungscharakter der poetischen Sprache in den Vordergrund gestellt, aber insoweit Poesie und freie Assoziation tatsächlich "abweichen", erklärt das Modell die schöpferische Kraft der beiden Prozesse recht gut.
[175] "Rekonstruktion" der zerstörten Sprache ist das Ziel der Psychoanalyse, wie es A. Lorenzer sieht.
[176] "Während Sie sonst mit Recht versuchen, in Ihrer Darstellung den Faden des Zusammenhangs festzuhalten, und alle störenden Einfälle und Nebengedanken abweisen, um nicht, wie man sagt, aus dem Hundertsten ins Tausendste zu kommen, sollen Sie hier anders vorgehen". S. Freud (1914c) Studienausgabe, Ergänzungsband. S. 194.

4.5.3.1.2 Syntaktik

Es liegt nahe, den Unterschied zwischen konventioneller Sprache und freier Assoziation vor allem auf der Ebene der Syntax zu suchen[177]. Aber dasjenige, was traditionell als Syntax beschrieben wird, betrifft zum überwiegenden Teil die Satzsyntax, die in der "freien Assoziation" nicht über das in der Umgangssprache übliche Maß hinaus verändert wird. Und auch die Regeln einer "transphrastischen" Syntax werden durch die Aufforderung, frei zu assoziieren, nicht wesentlich in Frage gestellt. Mich hat deshalb Coseriu mit seiner "Textlinguistik"[178] dahingehend überzeugt, daß Fragen der Textkohärenz nicht auf der syntaktischen, sondern auf der semantischen Ebene durch eine "Textlinguistik des Sinnes" zu lösen seien.

4.5.3.1.3 Pragmatik

Die Pragmatik, die Wirkabsicht der Sprache ist innerhalb der analytischen Situation interpretierbar als die Übertragung. Alle sprachlichen Äußerungen des Analysanden werden verstanden im Sinne Austins[179] als illokutorische Akte, wenn sie, ausdrücklich oder unausdrücklich, den Analytiker als jemand ansprechen oder ihn zu etwas zu bringen versuchen, oder als perlokutorische Akte, wenn sie damit Erfolg haben.
Diese Übernahme der Sprechakttheorie von Austin ist allerdings nicht ganz unproblematisch, insofern für Austin eine Hauptbedingung für das Gelingen von Sprechakten ist, daß sie aufrichtig gemeint seien. Auf der Bühne aber gäbe es nur ein Als-Ob, nicht eine ehrliche, als diese wirklich gemeinte Handlung. Deshalb bestreitet Austin, daß es auf der Bühne Sprechakte gäbe[180]. Etwas Ähnliches müßte dann auch für die fiktive analytische Situation gelten, obwohl Austin darauf nicht eingeht. Mir scheint aber, daß Austin von der Ebene konventioneller Realität her die fiktive Realität beurteilt, und dann und nur dann ist die fiktive Realität unaufrichtig. Innerhalb der Fiktion ist sie aufrichtig, und deshalb sind auch Sprechakte dort möglich, die erst von außen her als ein Als-Ob erscheinen. Deshalb scheint mir die Sprechakttheorie durchaus geeignet zu sein, die Übertragung als fiktive Illokution und Perlokution zu beschreiben.

---

177 In dem Abschnitt "Associating as Rule-following" schreibt R. Schafer (1978): "In studying free-associating as a complex action, the analyst is attempting to define the rules of the analysand's analytic game at that moment" (S. 53). Vgl. jedoch die folgende Anmerkung.
178 E. Coseriu's Vorlesung von 1981 hat mich davon überzeugt, daß die Probleme der freien Assoziation eher nicht mit einer transphrastischen Syntax, wie Schafer sie nahelegt, sondern auf der Ebene einer Textsemantik darzustellen sind.
179 Vgl. vor allem die 8. Vorlesung von "How to do Things with Words" (1962). Eine kurze Einführung bei Chatman (1978) S. 161-166. Zur Weiterentwicklung der Sprechakttheorie bei Searle siehe S. J. Schmidt (1973) S. 50-55. Zur Anwendung in der Literaturwissenschaft bei St. Fish (1980) Kapitel 9 "How to do Things with Austin and Searle: Speech-Act Theory and Literary Criticism" und (1989), Kapitel 2 "With the Compliments of the Author: Reflections on Austin and Derrida", und Sandy Petrey (1990) "Speech Acts and Literary Theory" Vgl. auch die nächste Anmerkung.
180 "A performative utterance will, for example, be *in a peculiar way* hollow or void, if said by an actor on the stage, or if introduced in a poem, or spoken in soliloquy". Austin (1962/1980) S. 22 sagt, daß Sprache unter diesen Umständen "parasitär" sei. Eine ausführliche Diskussion dieser Stelle ist bei W. Iser (1976) S. 89-101 zu finden.

4.5.3.1.4 Sigmatik

Unter der Sigmatik der Sprache der analytischen Situation ist der Bezug nach außen auf die außeranalytische Wirklichkeit zu verstehen. Damit ist der Verhältnis der freien Assoziation zur Sigmatik paradox. Die außeranalytische Wirklichkeit hat als solche keinen Platz innerhalb der analytischen Situation, aber, transformiert in den analytischen Rahmen durch eine Fiktionalisierung, durchdringt sie alles, was in der analytischen Situation geschieht[181].

4.5.4 Vorläufige Zusammenfassung: Die Parallelität von analytischer und Lesesituation und die Möglichkeit psychoanalytischer Textinterpretation

Ich habe das analytische Übertragungsgeschehen mit der fiktiven Beziehung "Erzähler - fiktiver Leser/narrataire" parallelisiert, ebenso die Beziehung "impliziter Autor - impliziter Leser" mit der Beziehung "Analysand - Analytiker". Ich hatte weiterhin den impliziten Leser als Inbegriff der Decodierungsnormen von dessen Realisierung durch einen konkreten Leser unterschieden und hatte diese Aktualisierung als "second self" des Lesers bezeichnet. Da sich der "Text" des Analysanden, im Gegensatz zum Buch, nie unabhängig von der Realisierung der Gegenwart eines konkreten Analytikers entfaltet, beschränkt sich die Möglichkeit, den Begriff des "impliziten Lesers" zu übernehmen, auf die abstrakte analytische Situation als solche. Wenn diese real wird, ist er besser zu ersetzen durch seine jeweilige Konkretisierung, das "second self" des Analytikers. Damit übernehmen wir die Terminologie von Schafer, der die analytische Beziehung als die von zwei second selves bezeichnet hatte. Wir müssen Schafers Formulierung nur dahingehend einschränken, daß die beiden selves lediglich den Rahmen der analytischen Beziehung bilden, nicht deren fiktive Beziehung selber.

Ich habe oben[182] die Unterscheidung zwischen dem aktiven und dem passiven abstrakten Leser von Glowinski übernommen. Das in der analytischen Situation aktualisierte second self des Analytikers hat in der Haltung der "gleichschwebenden Aufmerksamkeit" sicherlich einen passiven Charakter. Er wird ergänzt durch eine vierfache Aktivität: Reflexion auf die Dynamik der passiv erlebten Situation (Synchronie), Verbindung der Gegenwart mit der analytischen und mit der außeranalytischen Vergangenheit des Analysanden (Diachronie), Verbindung mit der psychoanalytischen Theorie (intertextueller Bezug) und schließlich die Interpretation in Form von sprachlichen Äußerungen. Mir scheint, daß auf diese Weise den Auffassungen von Spence Genüge getan ist. Ich werde im 7. Kapitel der Arbeit noch darauf zurückkommen, wenn ich von der Aktivität der Topic-Findung und Isotopie-Bildung sprechen werde.

---

[181] Ich denke, daß es sich lohnen könnte, den Gesichtspunkt der Sigmatik nach Klaus in die psychoanalytische Diskussion einzuführen. Damit könnte begrifflich verdeutlicht werden, wie *alles* innerhalb der psychoanalytischen Situation auch nach außen, in die Kultur verweist, andererseits aber auch autonomer Bestandteil der analytischen Situation ist.
[182] Siehe oben unter 4.3.2.1.

Es bleiben schließlich noch der Autor und Leser, Analysand und Analytiker als konkrete Personen. Welche Rolle spielen sie in dem beschriebenen Geschehen des literarischen Lesens oder der Psychoanalyse? Sie sind abwesend, vertreten nur durch implizite Vertreter oder ihre second selves. So paradox das vor allem für die Analyse klingen mag, so ist es dann vielleicht einleuchtender, wenn man sich klar macht, daß der Analysand als Analysand ein anderer ist im Vergleich zu demjenigen, als der er sich draußen darstellt. Er steht zwar in Verbindung mit jener Person draußen, er ist aber nicht mit ihr identisch. Der analytisch nicht erfahrene Leser mag bedenken, daß man sich als Analytiker von dem sonstigen Wirken eines Analysanden ebenso wenig ein realistisches Bild machen kann, wie vom Charakter und sozialen Umgang eines Autors, selbst wenn man über 1000 Seiten von ihm gelesen hat. Schafer[183] macht darauf aufmerksam, wie sehr Autoren und Analytiker in ihrer beruflichen Rolle oft als ganz andere erscheinen als in ihrem privaten Leben.

Ich hoffe gezeigt zu haben, daß die Parallelen zwischen Psychoanalyse und literarischem Lesen so eng sind, daß sich beide Bereiche je mit der Sprache des anderen gut darstellen lassen. Damit dürfte eine analytische Textinterpretation, die den Erfordernissen der klinischen Situation entspricht, möglich sein. Ich möchte jedoch auch auf einen wesentlichen Unterschied zwischen dem Lesen und der Psychoanalyse hinweisen: Der Text als Zeichensystem ändert sich durch die Interpretationen des Lesers nicht. Die treffendste Einsicht in die Dynamik der Leserlenkung in den "Sieben Sendschreiben" der Apokalypse modifiziert in keiner Weise die Beschreibung des Jüngsten Gerichtes in den letzten Kapiteln. In der Analyse hofft wenigstens der Analytiker, mit seinen Deutungen einen gewissen Einfluß auf die weitere "Textentwicklung" zu haben. Was sich beim literarischen, und speziell beim analytisch orientierten literarischen Lesen ändern kann, ist das Verständnis der Rezeption des Textes durch den Leser. Der Text selber aber bleibt davon unberührt. Der Vorteil dabei ist, daß man, sehr im Gegensatz zur analytischen Situation, mit Interpretationen nichts verderben kann, jedenfalls nicht am Text selber. Dieser ist nicht kränkbar und übersteht alle interpretatorischen Angriffe unverletzt.

4.6 Die Ebene der psychoanalytischen und der literaturwissenschaftlichen Interpretation

Wir haben uns im dritten Kapitel dieser Arbeit eine Übersicht über verschiedene Typen psychoanalytischer Interpretationen biblischer und teilweise auch literarischer Texte verschafft. Die dabei verwendete Einteilung in Anlehnung an Wolff und Schönau ist für eine Systematisierung vorhandener Versuche nützlich, sie läßt aber die Frage offen, welche Ebene im Text erreicht werden soll, wenn die psychoanalytische Textinterpretation in möglichst genauer Analogie zur klinischen Psychoanalyse verstanden wird. Für die Klinik ist die Theorie der Deutung in diesem Punkt ziemlich klar, und ich fasse hier nur kurz zusammen, was ich bereits mehrfach erwähnte. Die Ebene, auf die hin al-

---

[183] R. Schafer (1983) S. 44.

le Interpretationen konvergieren, ist "der Analysand", also das anwesende "second self" jener biographischen Person, die in Analyse ist[184]. Die Instanz, mit der er im fiktiven Raum der Analyse jeweils spricht, ist jener Selbst- oder Objektteil, mit dem er sich an einen anderen Selbst- oder Objektteil, repräsentiert im Analytiker, wendet[185]. Diese Beziehung, interpretiert als Übertragung und Gegenübertragung, steht im Zentrum der analytischen Arbeit. Andere Personen, die im Text des Analysanden auftreten, werden innerhalb der analytischen Welt ebenfalls als Symbole von inneren Objekten oder von Selbstrepräsentanzen verstanden[186]. Und auch alles andere, wovon der Analysand spricht, wird nicht in der Referenz auf Gegenstände und Situationen außerhalb der Analyse gesehen, sondern als Versuch des Analysanden, seine Sicht der Welt und der Menschen sich und seinem Analytiker zu verdeutlichen. Interventionen des Analytikers haben in der analytischen Situation zwei Ziele: entweder fördern sie das Erleben innerhalb der Übertragung oder sie deuten es. Im ersten Fall zeigt der Analytiker dem Analysanden, wie und als wen dieser ihn erlebt, und er zieht Parallelen zu ähnlichen Situationen innerhalb und außerhalb der Analyse. Er erweitert zusammen mit dem Analysanden den Umkreis des Erlebens, aber ohne es in Frage zu stellen. Die Angemessenheit oder Unangemessenheit ist kein Thema dieser Phase[187]. Erst in einem zweiten Schritt entsteht durch die Deutung[188] aus dem unmittelbaren Erleben die Übertragung *als* Übertragung, wie wir es oben bei Tarachow sahen[189]. Wir können jetzt aber noch besser verstehen, was dabei geschieht. Der Analytiker richtet sich an jemand, der Realität und Fiktion wenigstens relativ voneinander unterscheiden kann, an den Analysanden, und veranlaßt ihn damit, sein Erleben ebenfalls als Fiktion zu erkennen, genauer: als seine Fiktion, von der er innerhalb und außerhalb der Analyse immer wieder annahm, daß sie *keine* Fiktion sei. Zu den formalen Eigenschaften einer Deutung gehört, daß sie Fiktion *als* Fiktion erzählt und sich dabei an einen nichtfiktiven Partner richtet. Deutungen sind deshalb immer metasprachliche Äußerungen, während die erste Form der Intervention, Klärung und Verdeutlichung, oft objektsprachlichen Charakter trägt[190]. Inhaltlich gesehen versuchen Deutungen, die als solche erkannten Fiktionen dem Analysanden als sinnvolle, wenn auch anachronistische Vorstellun-

---

[184] A.a.O. S. 39-43.
[185] Eine ausgezeichnete Einführung in die Objektbeziehungstheorie und deren Verhältnis zu Übertragung und Gegenübertragung bei Th. H. Ogden (1990) S. 131-165.
[186] Das wird vor allem in der Schule von M. Klein betont. Vgl. z.B. M. Klein (1952) in: (1980) S. 55/56.
[187] Greenson (1973) unterscheidet als Vorstufen der Deutung Demonstration, Konfrontation und Klärung, S. 305-318.
[188] Für Greenson ist das die dritte Stufe des Deutungsprozesses, vgl. S. 318-325.
[189] Siehe oben unter 4.4.1.
[190] Eine kurze Einführung bei J. Schulte-Sasse/ R. Werner (1977) S. 42/43. In einer Diskussion wurde mir aber klar, daß auch eine objektsprachliche Intervention (etwa: "Ich bin Ihre Mutter und Sie möchten immer bei mir bleiben und nie mehr erleben, daß Sie allein sind") metasprachlich als von außen kommend erlebt werden kann, selbst wenn die Formulierung objektsprachlich ist. Das dürfte damit zusammenhängen, daß der Eindruck von Fiktion immer präsent ist, könnte aber auch abwehrbedingt sein, um auf diese Weise zu nahe gehende Phantasien zu vermeiden. Umgekehrt ist Lacan's Behauptung: "Es gibt keine Metasprache" (dazu vgl. Culler 1983), zwar, im strengen Sinne genommen, linguistisch unsinnig, weil sie selber metasprachlich ist, aber innerhalb der Analyse deutet sie darauf hin, daß auch metasprachliche Ausdrücke als objektsprachlicher Anteil der Übertragungssituation verstanden werden können.

gen von seiner Welt plausibel zu machen. Das Ziel ist, ihm einerseits zu helfen, seine alltägliche Realität nicht immer wieder in ähnlicher, leidensvoller Weise zu fiktionalisieren, andererseits aber auch Erlebenselemente, die in der Fiktion als zu gefährlich erscheinen, wieder zu integrieren.
Dieses Interpretationsmodell, das innerhalb der freudianischen Schule nur in Details strittig sein dürfte, entspricht weitgehend dem literaturwissenschaftlichen von Schmid[191], das ich oben bereits ausführlicher dargestellt habe. Es ist bedauerlich, daß es in der Diskussion der klinischen Psychoanalyse und der psychoanalytischen Textinterpretation bisher keinerlei Beachtung gefunden hat. Zur Erleichterung des Verständnisses fasse ich es hier noch einmal kurz zusammen: Schmid unterscheidet in erzählerischen Texten die dargestellte Welt von der erzählten Welt. Die erste ist die des abstrakten Autors, die andere diejenige, die den Erzähler zum Ursprung hat. Da der abstrakte Autor selber keine Stimme hat, zeigt sich im Werk *indizial*[192] sein Wertungsstandpunkt oder seine "Bedeutungsposition". Die Stellung des abstrakten Autors in der dargestellten Welt entspricht derjenigen des Erzählers innerhalb der erzählten Welt. Neben die Bedeutungsposition des Erzählers treten in der erzählten Welt zwei weitere Bedeutungspositionen, die der handelnden Personen und die des fiktiven Lesers. Sie können hierarchisch aufgebaut sein oder miteinander konkurrieren. In der Auslegungsgeschichte der Bibel machte sich dieses Problem immer dann bemerkbar, wenn die Bedeutungspositionen etwa von Judas oder Pilatus auf diejenigen der Evangelisten stoßen und man trotzdem die Theorie der Verbalinspiration bewahren wollte[193]. Schmids eigene Lösung, mit der er sich von Bachtin distanziert, ist, daß Erzähler, handelnde Personen und fiktiver Leser nur dargestellte Instanzen und damit niemals Träger des Gesamtsinnes eines Textes seien. Hierfür käme nur der abstrakte Autor in Frage, in dem sich die einzelnen Bedeutungspositionen zu einem Gesamtsinn vereinigen. Der abstrakte Leser ist dessen Korrelat auf der Rezeptionsseite. Schmid schränkt diese letzte Aussage allerdings gleich wieder ein, insofern er meint, daß wegen der im Werk enthaltenen Unbestimmtheiten verschiedene adäquate Rezeptionen möglich seien.
Vergleichen wir das Modell der analytischen Deutung mit dem der literarischen Interpretation von Schmid, so ist die Parallelität unmittelbar einsichtig: Die verschiedenen Bedeutungspositionen innerhalb des fiktiven Übertragungsraumes werden deutend auf den abstrakten Autor (Analysand) bezogen, wodurch die fiktive (Übertragungs-) Welt zugleich als fiktiv erscheint, insofern nämlich deutlich wird, daß sie von einer anderen Instanz her dargestellt wird. Nehmen wir noch Weimars Definition fiktiver Literatur, daß sie vom Autor als von ihm selber und als von einem anderen zugleich geschrieben erscheint[194], so wird die Fiktivität in der Doppelung von Darstellung *und* Erzählung einerseits

---

[191] W. Schmid (1986).
[192] Zur Unterscheidung von Ikon, Symbol und Index (nach Peirce) siehe Schmid (1986) S. 19/20: "Im Index oder indizialen Zeichen besteht zwischen dem Signifikanten und seiner Bedeutung ein irgendwie gearteter existentieller Bezug. So zeigt eine als (natürliches) Zeichen aufgefaßte Spur im Sand an, daß hier jemand gegangen ist, oder ein Symptom verweist auf eine Krankheit". Ausführlicher bei Lyons (1977) unter 4.2.
[193] Vgl. S. J. Baumgarten (1759) S. 67/68.
[194] K. Weimar (1980) § 171.

und von metasprachlichem Verstehen und Deuten von Übertragung *und* dem Erleben eben dieser Übertragung andererseits unmittelbar anschaulich.

Für eine psychoanalytische Textinterpretation sind die meisten immer wieder vorgeschlagenen Kategorien von Deutungsebenen nicht angemessen: weder eine Analyse auf der Ebene der Textfiguren[195], denn sie vertreten nur eine untergeordnete Bedeutungsposition, noch des Autors aus Fleisch und Blut, denn der kommt im Text nicht vor, noch des Erzählers, denn er vertritt nicht unbedingt die maßgebliche Bedeutung und ist selber nur ein Teil der fiktiven Welt, noch der Sprache, speziell der Bilder und Metaphern, denn sie sind nur ein Teil der Strategie des abstrakten Autors. Auch scheint mir letzten Endes die Interpretation des Werkes als eines Werkes allein nicht ganz angemessen zu sein, denn damit wird ausgeklammert, daß mit einem Text kommuniziert wird[196], und der Sender von Texten ist immer eine Person, selbst dann, wenn ich von ihr, wie bei den meisten der biblischen Autoren, nichts anderes habe, als eben den Text. Als Leser konstruiere ich mir aus den im Text vertretenen Bedeutungspositionen das Bild des "Senders" und damit des Vertreters des historischen Autors im Text, also des abstrakten Autors[197]. Figuren-, Erzähler-, Werk- und Sprachanalyse vereinigen sich in der psychoanalytischen Konstruktion des Autorbildes oder des jeweiligen Bildes des Analysanden. Zwei so verschiedene Autoren wie Schafer und Schmid treffen sich in ihren Modellen von Interpretationen, sei es von Analysanden oder von Texten. Wenn Schafer betont, daß das Bild, das sich der Analytiker vom Analysanden macht, im Laufe der Arbeit wandelt, erweitert und vertieft[198], so dürfte genau das gleiche gelten von dem Bild des abstrakten Autors, das sich der Leser im Prozeß einer längeren Beschäftigung mit einem Text macht. Es ist aber ein Irrtum zu meinen, man nähere sich damit zugleich dem historischen Autor. Dieser gehört einer anderen Kategorie an. Sinnvoll wäre nur ein innertextlicher Bezug: das Bild eines Autors dieses Textes nähert sich dem Bild an, das mir ein anderer Text von diesem Autor gibt. Validierung einer Interpretation scheint mir nur auf diesem Weg sinnvoll zu sein. Hinter die Texte führt keine Interpretation.

4.7 Fiktion und Realität

Ich habe in diesem Kapitel die Beziehung von Übertragung und Gegenübertragung in der Analyse und die erzählte Welt in einem literarischen Werk immer wieder als "fiktiv" im Gegensatz zu "real" bezeichnet und diese Begriffe zusammen mit den Substantiven "Fiktion" und "Realität" nur vorläufig definiert. Zunächst einmal dürfte deutlich sein, daß real und Realität hier im Gegensatz zu fiktiv und Fiktivität gebraucht werden. Das schließt einen Sprachgebrauch

---

[195] In seinen häufigen Interpretationen von Textfiguren bleibt Drewermann im Vorfeld psychoanalytischer Textinterpretation stecken.
[196] Vgl. Schmid (1986) S. 23.
[197] Eine ähnliche Lösung schlagen bereits M. M. Schwartz (1982) und S. J. Coen (1982) vor, kritisch dazu A. M. Cooper. Alle drei Arbeiten stammen von einem Panel "Current Concepts of Transference and Countertransference und beschäftigen sich mit "Transference Implications for Psychoanalytic Literary Criticism".
[198] Vgl. R. Schafer (1983) S. 39-43.

aus, in dem man von Realität als einem Oberbegriff spräche, der verschiedene Realitäten, z.B. auch die fiktive umfaßt. Allerdings habe ich diesen Sprachgebrauch in meiner Arbeit, bedingt vor allem durch Zitate, nicht völlig vermieden: wenn ich von "fiktiver Realität" im Gegensatz zu "konventioneller Realität" spreche, ist nichts anderes gemeint als mit Fiktion und Realität.
Für mein eigenes Verständnis von Fiktivität verdanke ich am meisten den schon erwähnten Autoren Harweg (1979), Weimar (1980) und Rabinowitz (1987), deren Auffassungen im Wesentlichen konvergieren, und die ich anschließend mit einer psychoanalytischen Theorie von Realität und Fiktion in Parallele setzen werde, wie sie vor allem von Winnicott[199], Pruyser[200] und Ogden[201] entwickelt und dargestellt wurde.

4.7.1 Literaturwissenschaftliche Unterscheidungen

Weimar beschäftigt sich mit der Frage, wie Literatur als Literatur identifiziert wird und schreibt: "Wo immer man aufgrund der Wahrnehmung bestimmter Kennzeichen (...) anzunehmen sich für berechtigt hält, ein Text sei vom Autor als ihm selbst und als einem anderen geschrieben, da wird man diesen Text als Literatur identifizieren"[202], und er fügt wenig später hinzu: "Literatur schreibt und liest man als man selbst und als ein anderer, als biographische Person und als literarische Person"[203]. In der Terminologie, die ich in dieser Arbeit benutze, heißt das: als impliziter Autor und als Erzähler oder als impliziter Leser und als fiktiver Leser/narrataire[204]. Wir erinnern uns weiterhin an die Begriffe der authorial und der narrative audience[205]. Schließlich läuft dazu parallel der Doppelstatus von fiktiven Erzählungen bei Harweg als "erfunden" (Aufgabe des Autors) und als "erzählt" (Aufgabe des Erzählers)[206]. Weimar betont dann, daß Literatur sich von Nicht-Literatur nicht durch einen speziellen Gegenstandsbereich unterscheide, "sondern dadurch, daß die literarische Person eine fiktive Person ist"[207]. Die Kirchgasse in Zürich, die in Meyers Novelle "Der Heilige" erwähnt wird, ist keine andere als die alltägliche, jedem Zürcher bekannte, aber der, der sie in der Novelle als Leser sieht, ist ein anderer. Ich denke, daß ich Weimar richtig interpretiere, wenn ich sage, daß nicht die Gegenstände oder Ereignisse eines fiktiven Textes fiktiv sein müssen, sondern ausschließlich und immer die Perspektive, aus der sie erzählend oder lesend betrachtet werden[208]. Als derjenige, der ich lesend die Kirchgasse hinaufgehe,

---

[199] In zahlreichen Aufsätzen, die Winnicott selber zu seinem Buch "Playing and Reality" (1971) zusammengefaßt hat.
[200] (1983). In seinem Buch "The Play of Imagination" gibt Paul P. Pruyser einen umfassenden Überblick über Winnicott und über die Anwendung seiner Theorien auf verschiedene kulturelle Bereiche, einschließlich der Religion.
[201] (1990) Eine kritisch-positive Auseinandersetzung mit Melanie Klein und D. W. Winnicott.
[202] (1980) § 167.
[203] A.a.O. § 171.
[204] Weimar hat eine andere Terminologie, die weniger genau ist. Vgl. Anm. 26.
[205] Vgl. Anm. 130.
[206] R. Harweg (1979) S. 111.
[207] (1980) § 172.
[208] Der wichtigste Fehlschluß etwa der formgeschichtlichen Schule scheint mir zu sein, vom zutreffend erkannten fiktiven Charakter der biblischen Literatur her ein Argument gegen

bin ich fiktiv, und das heißt für Weimar einfach: "erfunden". Weimar spricht dann allerdings von "realen Erlebnissen einer fiktiven Person"[209]. Kann es aber innerhalb der fiktiven Welt, wie sie Weimar kennzeichnet, reale als von fiktiven zu unterscheidende Ereignisse, Gegenstände oder Orte geben? Harweg nennt die realen Gegenstände, die in Erzählungen aufgenommen werden, deren "Zwillinge","denn der Dichter schafft, indem er eine Geschichte erfindet, nicht nur ihre Handlung, sondern auch ihren Schauplatz: eine fiktive Handlung kann - anders als beispielsweise eine hypothetische Handlung - nur an einem fiktiven Schauplatz stattfinden"[210]. München und Venedig als Schauplätze von Thomas Manns Novelle "Der Tod in Venedig" sind deshalb fiktive Zwillingsstädte zu jenen Orten, die wir alltäglich mit diesen Namen bezeichnen. Interessant sind die Folgerungen, die Harweg daraus zieht: "Dieses Zwillingstum enthüllt uns zugleich ein fundamentales Wesensmerkmal fiktionaler Schöpfung. Fiktionale Schöpfung ist keine Schöpfung aus dem Nichts, sondern eine Schöpfung, die sich, mehr oder weniger, jeweils anlehnt an das Muster der nichtfiktiven Welt, diese mehr oder weniger genau kopiert"[211]. Die Kirchgasse in Meyers Novelle wäre also eine Schöpfung, aber eine Schöpfung aus dem, was vorgefunden wurde. Oder, um es nochmals anders zu sagen: innerhalb der Novelle ist die Kirchgasse real wie alles andere in der Textwelt. Von außen, vom impliziten Leser her, ist sie fiktiv, weil und insofern sie einer fiktiven Textwelt angehört (das Verständnis der Novelle würde sich überhaupt nicht ändern, wenn es in Zürich keine Kirchgasse gäbe), aber ein Vergleich der beiden Sichten, von innen her, vom fiktiven Leser und von außen, vom impliziten Leser, zeigt die Kirchgasse als etwas, das in der Mitte zwischen etwas Erschaffenem und etwas Vorgefundenem steht. Gäbe es in Zürich eine Kirchgasse nicht, dann hätte sich der Schriftsteller an etwas anderswo Vorgefundenes angelehnt, an eine Kirchgasse in irgendeinem anderen Ort, den es aber vielleicht auch nicht außen, sondern nur in einem Text gäbe (z.B. Seldwyla oder Güllen), und der sich wiederum an einen weiteren Ort anlehnt, den es nun aber tatsächlich außen gibt, ohne daß der fiktive Ort eine genaue Kopie wäre.

4.7.2 Realität, Fiktion und "potential space"

Mit dem "Erschaffen", dem "Vorgefundenen" und dem "mittleren Bereich dazwischen" haben wir bereits umgangssprachlich die zentralen Begriffe der Entwicklungspsychologie Winnicott's, seiner Theorie des Spiels und der kulturellen Phänomene und seines Verständnisses der analytischen Situation erreicht.

---

die Historizität der beschriebenen Ereignisse abzuleiten. Wenn man erkannt hat, daß das Buch von James Joyce mit dem Titel "Ulysses" ein Roman und keine Reportage ist, dann kann man von daher noch nicht den Schluß ziehen, daß es Dublin, Bloom und die beschriebenen Ereignisse nicht gegeben habe, allerdings darf man auch nicht etwa das Gegenteil daraus folgern (das wäre die Argumentationsweise des Fundamentalismus). Es bedarf vielmehr einer über den Text hinausgehenden Untersuchung, um vom Text zu den Ereignissen zu gelangen. Literarische Betrachtung ist dafür eine notwendige, aber keineswegs eine hinreichende Bedingung.

[209] (1980) § 172 (S. 87 oben).
[210] R. Harweg (1979) S. 124.
[211] A.a.O. S. 125.

Über Winnicott zu schreiben, gehört zu den heikelsten Kapiteln des Schreibens über Psychoanalyse überhaupt. Winnicott entzieht sich in seiner intuitiven, sprunghaften, das Paradox suchenden Form der Darstellung einer Systematisierung. Wenn man über ihn schreibt, muß man sich immer schon von ihm "getrennt" haben, ihn für eigene Theorien "gebrauchen" können ..., aber damit sind wir bereits mitten drin.

Winnicott übernimmt zunächst die Unterscheidung von zwei Welten, wie sie auch Freud vertritt, der Welt des inneren Erlebens, die ganz individuell ist, und der Außenwelt, die von allen geteilt wird. Der Bereich der Freudschen Psychoanalyse war die Innenwelt. Aber, so fragt sich Winnicott, ist das alles?[212] Und er postuliert einen dritten Bereich, den "intermediären Raum", der weder nur innen noch nur außen ist. Es ist der Raum des Spieles, den jeder spielfähige Beobachter respektiert und nie mit der Frage: "Hast Du das erfunden oder vorgefunden?" zerstören würde[213].

Die drei Bereiche kombinieren sich nun mit einem Entwicklungsschema[214]. Am Anfang gibt es nicht ein Kind, sondern die Mutter-Kind-Matrix. In ihr macht das Kind, bei adäquater Versorgung durch die Mutter, die Erfahrung, daß seine Wünsche, die es phantasierend erlebt, unmittelbar erfüllt werden, daß etwas wie Bedürfnis auf diese Art also gar nicht erst entsteht. Die Mutter ist in dieser frühen Einheit nicht "eine Andere", ein Gegenüber. Für das Kind gibt es nur das eine Universum, das es selber ist, und die Mutter stellt dem Kind die "Umgebung" zur Verfügung, in der es für eine Zeit diese Illusion bewahren kann[215].

Wenn die Mutter das Kind einerseits versorgt, ihm andererseits auch unvermeidliche Frustration zumutet, wenn sie, nach einem immer wieder zitierten Ausdruck, "good enough"[216] ist, dann kann das Kind im Laufe der Zeit die Mutter immer mehr als eine andere erfahren. In diesem Zustand zwischen Einheit und Trennung tritt zwischen Kind und Mutter ein Raum, der einerseits Trennung bedeutet, denn die Mutter ist nicht mehr unmittelbar "da", der aber gefüllt werden kann (als potential space)[217] und damit die Trennung zur Mutter überbrückt. Zwei Mittel vor allem helfen, die Trennung von der Mutter zu ertragen, das innere Bild von der Mutter als einer liebevollen Umgebung[218] und deren symbolische Repräsentanz im sog. "Übergangsobjekt"[219]. Mit diesem Begriff, der auch außerhalb der Psychoanalyse populär geworden ist, meint Winnicott jene kleinen Gegenstände: Stofftiere, Lappen, auch Rituale, die für das kleine Kind hochbedeutsam werden, die es trösten, die es liebt und haßt, und die von der Umgebung normalerweise respektiert werden. In ihnen sym-

---

212 D. W. Winnicott (1971) S. 104.
213 Vgl. ebd. S. 89.
214 Für die folgende Darstellung verdanke ich viel dem Buch von Th. H. Ogden (1990), vor allem dem 7. Kapitel und einer noch unveröffentlichten Arbeit von Wolfgang Drechsel (München).
215 Th. H. Ogden (1990) S. 171-175.
216 Z.B. D. W. Winnicott (1971) S. 11 Anm. Mit dem Ausdruck ist gemeint, daß die Mutter gerade nicht vollkommen, aber natürlich auch nicht das Gegenteil sein sollte, sondern etwas dazwischen, was dem Kind eine Verinnerlichung, aber auch eine Trennung ermöglicht.
217 A.a.O. S. 95-110, und vor allem bei Th. H. Ogden (1990) das gesamte 8. Kapitel.
218 Vgl. dafür vor allem Th. H. Ogden (1990) S. 181.
219 D. W. Winnicott (1971), hier vor allem das erste Kapitel "Transitional Objects and Transitional Phenomena" und Th. H. Ogden (1990) S. 178-190.

bolisiert sich die alte, verlassene Einheit von Kind und Mutter. Sie sind die Vorfahren aller kulturellen "Objekte", während der "intermediare Raum", der "potential space" zum Raum des Spieles in allen seinen kulturellen Ausprägungen wird[220].

Th. Ogden hat 1990 versucht, die anziehenden, aber nicht sonderlich präzisen Formulierungen von Winnicott zu interpretieren und in einer anderen Sprache auszudrücken. Er geht dabei weniger von einer Interpretation der frühen Mutter-Kind-Beziehung aus, als von den Manifestationen ähnlicher Phänomene in der Therapie mit erwachsenen Patienten. Eine seiner Fallvignetten mag das verdeutlichen: Eine Patientin, die schon lange in Therapie war, *wußte*, daß ihr Therapeut deshalb drei Minuten zu spät kam, weil er den vorhergehenden Patienten mehr schätzte und brach deshalb die Therapie ab. Versuche, ihr Verhalten zu verstehen, beantwortete sie mit dem Hinweis, er benutze Lehrbuch-Interpretationen, um das Offensichtliche zu verneinen[221]. Für diese Patientin waren Faktum und dessen Interpretation dasselbe, es gab keinen "Raum" zwischen beiden, der es erlaubt hätte, zu denken oder "mit dem Gedanken zu spielen", daß es vielleicht auch anders sein könnte. Von daher interpretiert Ogden den "potential space" als den "Raum" zwischen dem Symbolisierten und dem Symbol[222]. Ogden verweist dabei auf eine wichtige Arbeit von Segal[223], die als erste den Begriff der "symbolischen Gleichheit"[224] geprägt hatte, um damit die mangelnde Fähigkeit vor allem psychotischer Patienten zu benennen, Zeichen und Bezeichnetes voneinander zu unterscheiden.

Ein Patient von ihr hatte auf die Frage, warum er nicht mehr Geige spiele, geantwortet, er könne doch nicht öffentlich masturbieren. Sie konstrastiert ihn mit einem anderen Patienten, der einen Traum vom Geigenspiel hatte, voll von masturbatorischen Bildern, der aber trotzdem weiterhin Geige spielte. Im Vergleich zum ersten hatte dieser die Fähigkeit zum "Als-Ob", zur Unterscheidung von Symbol und Symbolisiertem bewahrt. Der Therapeut, so führt es Ogden aus, hat die Aufgabe dafür zu sorgen, daß auch die analytische Beziehung zum "potential space" wird[225], und das bedeutet einerseits, daß der Patient mit Bedeutungen, mit Symbolen, also vor allem mit Sprache spielen kann und daß auch die Beziehung zum Analytiker ein Ort symbolischen Erlebens bleibt oder wieder wird. Der analytische Raum werde zerstört durch "projektive Identifizierung", eine unbewußte Weise der Kommunikation, mit der der Patient dem Analytiker Gefühle als real induziert, und der analytische Raum ist erst wieder hergestellt, wenn in ihm das Als-Ob der Übertragung erneut möglich wird[226].

In der frühesten[227] Phase hat die Mutter vor allem die Aufgabe, dem Kind die Illusion der Einheit zu ermöglichen, in der zweiten[228], es von dieser Einheit

---

[220] Damit beschäftigt sich vor allem P. W. Pruyser (1983).
[221] Th. H. Ogden (1990) S. 218.
[222] Ebd. "With the collapse of the distinction between symbol and symbolized, there is no room in which to 'entertain' ideas and feelings". "Transference takes on a deadly serious quality; illusion becomes delusion; thoughts become plans; feelings become impending actions; transference projections become projective identifications; play becomes compulsion".
[223] H. Segal (1957).
[224] A.a.O. S. 395.
[225] Th. H. Ogden (1990) S. 241.
[226] A.a.O. S. 240/241.
[227] A.a.O. S. 169-178.
[228] A.a.O. S. 178-190.

langsam zu entwöhnen, indem es die Trennung durch die wachsende Fähigkeit zur Symbolisierung und durch Verinnerlichung ertragen lernt. Hier erlebt das Kind die Mutter als getrennt und doch eins, als vorgefunden und erschaffen zugleich. Und dem entspricht, wie der Analysand seinen Analytiker in der Übertragung erlebt: er ist, "als ob" er so ist, wie er ist. Für diese Phase der Therapie empfehlen Winnicott und Ogden gleichermaßen das "Warten"[229], um dem Patienten zu ermöglichen, selber Deutungen zu finden, anstatt ständig als "übermächtige Mutter" in das "Spiel des Kindes" einzudringen und es damit zu zerstören. Ob nicht auch überschnelle Interpretationen beim Lesen von Texten die spielerische, fiktive Entfaltung von Texten (zer)stören? Aber es gibt nicht nur die mütterlich-wartende Tätigkeit des Analytikers, es gibt auch die der Interpretation. Um sie und den Analytiker als Objekt "gebrauchen" zu können, muß der Analysand die Fähigkeit haben "*to place the analyst outside the area of subjective phenomena*"[230]. Wie das geschieht, beschreibt Winnicott an einer ebenso rätselhaften wie berühmten Stelle[231]. Das Kind bzw. der Analysand muß das Objekt[232] zerstören und kann es dann neu lieben und wertschätzen, wenn es die Zerstörung überlebt. Ogden[233] interpretiert diese Aussage folgendermaßen: Das Kind, bzw. der Analysand muß das übermächtige innere Objekt zerstören und dabei erleben, daß das reale äußere Objekt überlebt. Dieses übermächtige innere Objekt beruht vor allem auf dem Wunsch des Kindes, bzw. des Analysanden, daß es ein solches Objekt noch gäbe. Es ist der Nachfolger jener frühen, die Illusion der Einheit gewährenden Mutter, die einerseits gesucht wird und zugleich und eben deshalb die Trennung verhindert und darum bedrohlich ist. Sie muß zerstört werden, um die reale Mutter, den realen Analytiker in seinen realen Fähigkeiten "gebrauchen" zu können.

In der Spannung zwischen der Mutter/Analytiker, die/der den intermediären Raum bewahrt und der realen Mutter/Analytiker, der Deutungen gibt, von denen man etwas lernen kann, ebenso in der Spannung zwischen dem spielenden und dem lernbegierigen, den anderen als Anderen "gebrauchenden" Kind/Analysand haben wir genau die Spannung wiedergefunden, die das Thema dieses Kapitels war, die zwischen Fiktion und Realität.

Die Psychoanalyse Winnicott's entgeht nicht ganz der Gefahr, aus der analytischen Beziehung eine ausschließliche Mutter-Kind-Beziehung zu machen, aus der ein Dritter, z.B. der Vater ausgeschlossen ist. Ich denke allerdings, daß man zwischen der Verwandlung des analytischen Raumes in einen intermediären Raum der Fiktion und einer Beschränkung auf Mutter-Kind-Probleme unterscheiden muß. Unabhängig von gewissen Einseitigkeiten Winnicott's eignet sich sein Konzept dazu, den analytischen Raum als einen Ort zu verstehen, in dem *alle* Konflikte der frühen Objektbeziehungen fiktiv in der Übertragung erlebt werden können. Das Konzept Winnicott's wäre dann ein Rahmenkonzept, das die Bedingung der Möglichkeit für Übertragung überhaupt angibt und nicht nur für deren spezifische Ausprägung bei Winnicott. Und ge-

---

[229] A.a.O. S. 190-200.
[230] D. W. Winnicott (1971) S. 87.
[231] A.a.O. S. 90.
[232] Mit "Objekt" ist hier, wie immer in psychoanalytischer Literatur, nicht ein Gegenstand gemeint, sondern "der/die Andere", eine Person und deren inneres Bild.
[233] Th. H. Ogden (1990) S. 195-197.

nau in diesem Sinne "gebrauche" ich es auch im Bereich literarischer Fiktion. Das Lesen eines Textes als fiktiven Text verwandelt den Raum zwischen Leser und Text in einen intermediären Raum[234], in dem eine spielerische Phantasietätigkeit zwischen den verschiedenen Textinstanzen möglich wird, wie ich sie in diesem Kapitel darzustellen versuchte.

Der aufmerksame Leser wird vielleicht gemerkt haben, daß sich auf den letzten Seiten eine scheinbare Umkehrung meiner früheren Position ereignet hat. Ich habe anfangs auf der Analogie Text=Analysand und Leser=Analytiker bestanden. Jetzt ist der Leser in die Nähe des spielenden Kindes und des in der Übertragung spielenden Analysanden gekommen. Ich denke, das hängt damit zusammen, daß im fiktiven Raum beide Seiten spielen, daß auch in der Mutter wieder das Kind erwacht und dann im Baby die fordernde oder liebende Mutter erlebt. Auch Racker spricht immer wieder von der Umkehrung der Übertragungssituation[235]. Mir scheint nun, daß diese Umkehrung der Situation eine Interpretation der "Zerstörung" des Objektes ermöglicht, deren spielerischer Charakter mir klar ist, die aber doch etwas Sinnvolles auszusagen scheint. Um es kurz zu sagen: Der Text muß seinen Leser und der Leser seinen Text zerstören, ehe sie miteinander etwas anfangen können. Damit meine ich folgendes: Der Leser muß den Text als übermächtiges Gegenüber, das ihm seine Freiheit raubt, zerstören, um ihn als Gesprächspartner wiederzufinden[236]. Und der Text muß seinen Leser als übermächtigen Interpreten zerstören, um mit den Deutungen etwas anfangen zu können[237]. Den zweiten Satz kann ich auch etwas nüchterner formulieren: Der Leser muß sich als einen Interpreten zerstören, der alles besser weiß als sein Text, um mit seinen Interpretationen zu einem besseren Verständnis des Textes als eines Gegenübers zu kommen, das vielleicht sehr anders ist als er, mit dem sich aber eine Auseinandersetzung lohnt, auch dann, wenn diese zu einer Ablehnung des Textes führt[238].

4.7.3 Drewermanns Beziehung zum Text

Der Mangel bei Drewermann scheint mir zu sein, daß beide Zerstörungen nicht stattgefunden haben, daß der Text unbedingten Gehorsam[239] fordert, und daß Drewermann ihn durch seine Interpretation machtvoll beherrscht. Sicherlich gelingt es ihm immer wieder, mit den Texten in ein spielerisches Verhältnis zu kommen, und er unterscheidet sich darin von manchen Exegeten sehr

---

[234] Das ist mein Lösungsvorschlag für ein theoretisches Problem, das auch C. Pietzcker (1992) S. 21/22 andeutet. Für die psychoanalytische Situation argumentiert H. Loewald (1975) in ähnlicher Weise.
[235] Vgl. P. Pruyser (1983) Kapitel 6 und die erwähnte Arbeit von W. Drechsel, die sich vor allem auch mit praktischen Konsequenzen in der Bibelarbeit beschäftigt.
[236] Das wäre das Ende einer fundamentalistischen Verobjektivierung des Textes.
[237] Und damit wäre einer willkürlichen interpretatorischen Herrschaft über den Text ein Ende bereitet. Interessanterweise tritt das Phänomen der subjektiven Herrschaft oft in der Gestalt vorgeblicher Verobjektivierung der Texte auf, nicht nur in der Theologie, sondern auch in philologischen Disziplinen. S. unten unter 7.4.7.
[238] Hermeneutische und dogmatische Wahrheit müssen nach S. J. Baumgarten (1759) S. 8/9 zusammentreffen, aber ich glaube, daß gerade das den Tod der Texte ausmacht, weil dann kein Raum mehr zwischen Symbol und Symbolisiertem besteht. Vgl. Anm. 222.
[239] E. Drewermann T. u. E. I S. 223, vgl. dazu H. Raguse (1990) S. 1090.

positiv. Aber mir scheint, daß er seine Textinterpretation, unterstützt durch sein Verständnis der Jungschen Psychologie, nicht von der Verhaftung an mächtige Textobjekte befreien kann, in ähnlicher Weise, wie sich vielleicht auch die biblischen Texte ihrerseits durch seine machtvollen Buch-Objekte bedroht fühlen könnten.

5. Drewermanns Interpretation der Apokalypse

5.1 Einleitung

Im Abschnitt III des 2. Bandes von "Tiefenpsychologie und Exegese" behandelt Drewermann die "Eschatologien und Apokalypsen". Darunter faßt er einerseits die prophetischen Zukunftsvisionen des Alten Testaments und andererseits die eigentlichen apokalyptischen Schriften zusammen, deren Deutung er in der zweiten Hälfte des Kapitels anhand der Apokalypse des Johannes beispielhaft vorführt.
Beide Gattungen sind für ihn nicht weit voneinander entfernt. Die Eschatologie ist ein Produkt der Prophetie und unterscheidet sich von ihr nur darin, daß sie von einer Umkehr des Volkes nichts mehr erwartet und stattdessen alles von einer radikalen Erneuerung durch Gott erhofft. Dabei bleibt diese Hoffnung allerdings noch im Rahmen nationaler Erwartung und "verläßt" "trotz ihres 'Dualismus' der Zeit vor und nach dem Wendepunkt des Jahwe-Tages den Rahmen der innerweltlichen Geschichte nicht"[1]. Gerade hierin aber liegt der Hauptunterschied zur Apokalyptik, die über den Rahmen von Geschichte hinausgeht.

5.2 Eschatologie

Drewermann hat mit der Eschatologie Mühe, denn die Weissagungen wurden ja immer wieder enttäuscht. Für ihn "bilden die eschatologischen Visionen nichts als eine Sammlung historischer Irrtümer, die zu ihrer Zeit rührend und erschütternd gewesen sein mögen"[2]. Heute aber dienten sie uns eher zur Warnung davor, "den Hoffnungen derartiger Gesichte Vertrauen entgegenzubringen"[3]. Den Versuch der Entmythologisierung der Eschatologie, wie ihn Bultmann unternommen hatte, lehnt Drewermann allerdings als unzureichend ab. Seine Kritik trifft vor allem Bultmanns Aussage, daß der Mensch Gott nicht fände, wenn er in sich hineinsähe, sondern nur in seinem Wort, das ihm begegnet. Damit spräche Bultmann das Todesurteil über die Propheten, "diese von göttlichen Visionen Heimgesuchten und Gequälten"[4], die dann nur "in bizarrer Weise als die Opfer einer noch unaufgeklärten Theologie" "erscheinen"[5]. Eine Hilfe kommt für Drewermann auch hier nur von der Tiefenpsychologie. Von ihr her wird "das Göttliche und Gültige der eschatologischen Visionen verständlich, und ebenso verständlich wird von daher auch, warum derartige Gesichte, bezogen auf die wirkliche Geschichte, sich gleichwohl immer wieder als

---

[1] T. u. E. II 440. Eine kurze Würdigung von Drewermanns Interpretation der Apokalypse bei U. H. J. Körtner (1988), S. 80/81. Körtner kritisiert vor allem Drewermanns Art der Unterscheidung zwischen Eschatologie und Apokalyptik.
[2] T. u. E. II 441. Eine sehr andere Einschätzung der Wahrheit prophetischer Rede bei J. Ebach (1985), vor allem S. 27-33.
[3] T. u. E. II 441.
[4] T. u. E. II 446.
[5] T. u. E. II 446.

trügerisch erweisen mußten"⁶. Nach psychologischer Voraussetzung handelt es sich bei diesen Bildern "weder um Manifestationen des Göttlichen an sich selbst noch um unmittelbare Wahrnehmungen der wirklichen Geschichte; es handelt sich vielmehr um *Bilder* der Selbsterfahrung, um Projektionen der eigenen Psyche in die Geschichte hinein"⁷. Damit mythisieren die eschatologischen Weissagungen die Zukunft, und das heißt für Drewermann: sie stellen in der Zukunft das verlorene Paradies als wieder wirklich dar. Nur in diesem Sinne ist die Hoffnung, die sich in der Eschatologie ausdrückt, wahr, nicht als geschichtliche Erfüllung. Der Auslöser für diese Art von zukunftsgerichteter Mythenbildung ist jeweils gegenwärtige Enttäuschung, zunächst einmal die des einzelnen und dann auch die eines Kollektivs. In dieser Enttäuschung drängen sich dann die Bilder, die in den "träumenden Schichten der Psyche eines jeden Menschen"⁸ liegen, ins Bewußtsein, oft ohne jedes willentliche Zutun des Ichs. Man könne allerdings nicht sagen, daß Gott in den Bildern der eschatologischen Zukunftsschau direkt erscheine. "Man wird theologisch allenfalls sagen können, daß Gott die Seele des Menschen allem Anschein nach so eingerichtet habe, daß sie mit einem absoluten Vertrauensvorschuß in Form von bildhaften Urszenen der Hoffnung und Geborgenheit auf die Welt gekommen ist"⁹. Hingabe an die Bilder erscheine nach außen vielleicht als Flucht, habe aber einen psychologischen Sinn darin, daß damit "ein endgültiges Scheitern in Resignation und Verzweiflung vermieden werden kann"¹⁰.

Der Mensch macht sich in seinen Visionen nicht von sich her Bilder des Göttlichen, vielmehr überschwemmen sie ihn vom Unbewußten her als eine Art Gegenregulation gegen eine "äußerste Infragestellung des Ichstandpunktes". Er "wagt (...) es, sich denjenigen Bildern in seiner Psyche anzuvertrauen, die von Natur aus in ihm angelegt sind, und die unzweifelhaft von Gott stammen, wenn irgend der Schöpfungsgedanken von der Gottesebenbildlichkeit theologisch Sinn und Berechtigung hat"¹¹. In einer tiefenpsychologischen Interpretation "kommt es darauf an, all die Momente 'eschatologischer' Hoffnung nach innen zu ziehen und als Bilder eines psychischen Prozesses zu deuten, der phasenweise gegen alle Widerstände insbesondere einer unmenschlichen Vergangenheit die Gestalt einer wahren und eigentlichen Existenz hervorbringt"¹². In diesem Sinne ist der verheißene Messias nichts anderes als die Gestalt des "Selbst", die Drewermann nach dem Vorbild von C. G. Jung "als Inbegriff der Einheit aller psychischen Gegensätze zwischen Bewußtsein und Unbewußtem"¹³ deutet. Im Gegensatz zu Jung glaubt aber Drewermann, daß dieser Individuationsprozeß abhängig sei von der Liebe einer anderen Person und deshalb in Einsamkeit nicht gelingen könne. Noch einen zweiten Einwand hat Drewermann gegen eine Beschränkung auf das Individuelle: in den Bildern der Psyche drücke sich ein "humanistischer Universalismus"¹⁴ aus, der seine Erfüllung erst in einem

---

6   T. u. E. II 446.
7   T. u. E. II 446.
8   T. u. E. II 451.
9   T. u. E. II 451.
10 T. u. E. II 451.
11 T. u. E. II 452.
12 T. u. E. II 453.
13 T. u. E. II 453.
14 T. u. E. II 461.

Paradies verwirklichter globaler Brüderlichkeit fände. In diesem Sinne kann Drewermann auch einer sozialhistorischen Interpretation ein Recht zuerkennen.

5.3 Apokalyptik

In seinen allgemeinen Ausführungen über die Apokalyptik wehrt sich Drewermann dagegen, sie nur als Degeneration anzusehen. Allerdings sind auch für ihn die Unterschiede unverkennbar. Während die Prophetie zunächst mündlich in eine bestimmte geschichtliche Situation spreche, sind die Apokalyptiker Schriftsteller, die nur noch eine bereits längst endgültig festgelegte Zukunft ansagen. Die Geschichte gehe für sie einem baldigen Ende entgegen, die kommende Weltzeit ist "rein transzendenter Art"[15]. Ist diese Form von Determinismus noch mit prophetischer Eschatologie vereinbar? Drewermann zitiert[16] von Rad, der die Apokalyptik eher in der Nähe der Weisheitsliteratur ansiedelte; er distanziert sich jedoch wieder davon, weil es in der Weisheitsliteratur keine Naherwartung gäbe. Aber literarhistorische Erwägungen führten hier nicht weiter, vielmehr müsse man psychologisch fragen und käme dann zu der Feststellung, daß es das Maß der Angst sei, das die Ähnlichkeit und die Verschiedenheit von Eschatologie und Apokalyptik bedingten. In der apokalyptischen Situation sei die Angst derart groß, daß die Antwort der Eschatologie als ungenügend empfunden werde[17]. Aber der Unterschied der Angst sei nur quantitativ. Es müsse nur ein gewisses Maß hinzukommen, dann schlüge Eschatologie in Apokalyptik um. Der Apokalyptiker habe das Gefühl, daß auf Erden nichts mehr zu erwarten sei, und deshalb hoffe er auf den völligen Untergang der Welt in der ehernen Überzeugung, daß sich danach alles zum Guten wenden werde. Die Apokalyptik ist für Drewermann die "Extremform einer verzweifelten Hoffnung ..., eine Art, buchstäblich am Rande der Welt zu leben, eine Weise, gegen eine unzumutbare Wirklichkeit der Außenwelt die eigentliche Wirklickeit der Innenwelt zu setzen"[18]. Drewermann setzt das apokalyptische Erleben in eine Verbindung mit psychotischen Erfahrungen, und so überzeugend seine Ausführungen gerade an dieser Stelle sind, so verwundert mich doch im letzten Zitat, daß er in einer offensichtlich wertenden Weise von der "eigentlichen Wirklichkeit der Innenwelt" spricht, als ob die unerträgliche Außenwelt weniger wirklich wäre.
Die wichtigste Parallele zwischen Apokalyptik und Schizophrenie liege darin, daß beide, aus Verzweiflung an der Welt, diese mit Schrecken und auch mit Lust zugrunde gehen ließen. Und dieses geschieht in der Psychose im Wahn und in der Apokalyptik durch das sichere Vertrauen, daß Gott die Welt wiederherstellen werde. An dieser Stelle[19] bringt nun Drewermann, Freud folgend, einen erhellenden Vergleich zwischen Neurose und Psychose einerseits

---

[15] T. u. E. II 469.
[16] T. u. E. II 471.
[17] T. u. E. II 472.
[18] T. u. E. II 477.
[19] T. u. E. II 481-485.

und zwischen Eschatologie und Apokalyptik andererseits. Der Neurotiker kenne zwar die Realität, aber er wolle von ihr nichts wissen. Der Psychotiker ersetze hingegen die Realität durch einen Traum. Der Neurotiker möchte sich von seiner leidvollen Vergangenheit befreien und wünscht sich eine befriedigendere Zukunft, der Psychotiker möchte erst die verhaßte Welt zerstört sehen. Beide brauchen mythische Bilder, aber ihre Funktion hat sich gegenüber dem originalen Mythos gewandelt. Der Mythos, so Drewermann, negiere die Geschichte, um ihr die ängstigende Unbekanntheit zu nehmen. Die Eschatologie hingegen versuche, "den unheilvollen Ring der Geschichte zu zersprengen"[20], während die Apokalyptik Natur und Geschichte vernichte, um sie in einer ganz und gar verinnerlichten Form neu zu erschaffen. Wenn Eschatologie projizierte Psychologie sei, so könne man Apokalyptik als introjizierte Kosmologie verstehen.

Drewermann wendet sich gegen den Vorwurf, die Apokalyptik sei eine Festlegung Gottes durch eigene Angst- und Wunschträume. Dem hält er entgegen, daß sich die Bilder vom Unbewußten her aufdrängten, dem das Ich wehrlos ausgeliefert sei. Die Bilder stammten aus dem kollektiven Unbewußten. Allerdings müsse die Psychodynamik beachtet werden, mit der das Angebot apokalyptischer Bilder verarbeitet wird. Und von daher könne man zwischen Wahn und Religion wohl unterscheiden.

Diese Forderung von Drewermann kann ich nur unterstützen, und es wird das Ziel meiner eigenen Interpretation von Texten der Johannes-Apokalypse sein, die psychodynamische Verarbeitung aufzuzeigen. Damit wird sich gegenüber Drewermann allerdings eine erhebliche Akzentverschiebung ergeben, da sich der *Gebrauch* der Bilder als aufschlußreicher als ihr *Inhalt* erweist[21]. Zugleich ist es dann nicht mehr nötig, nach der Herkunft der Bilder zu fragen, weil es mehr darum geht, den dynamischen Zusammenhang der Bilder und ihre Funktion zur Lenkung möglicher Leser zu verstehen.

Welch eine Wahrheit ist in den Vorstellungen der Apokalyptik enthalten? Daß in ihnen eine symbolische individuelle Wahrheit eines Selbstheilungsversuches der Psyche läge, das ist für Drewermann klar. Gibt es aber darüber hinaus noch eine Wahrheit, die etwas über die Zukunft der Menschen in der Welt sagt, angesichts der Tatsache, daß die faktischen Weissagungen der Apokalyptik sich immer als Irrtum erwiesen haben? In einer doppelten Auseinandersetzung[22] gegen die Existentialtheologie Bultmanns und die geschichtstheologischen Ansätze von Moltmann und Pannenberg hält Drewermann einerseits an der Bedeutung der universalen Geschichte für die Theologie gegen die individualistische Reduktion fest. Andererseits argumentiert er mit Löwith, daß das Kreuz Christi gerade das totale Gericht über die Geschichte bedeute und daß es deshalb nicht etwas wie eine "christliche Geschichte" gebe. Geschichte ist vielmehr "eine beständige Wiederholung schmerzhafter Mißgeburten und kostspieliger Anstrengungen, die immer wieder fehlschlagen"[23]. Wenn nun Apoka-

---

[20] T. u. E. II 483.
[21] Damit nehme ich einen Grundgedanken von F. Morgenthaler (1986) auf, den er in bezug auf die Traumdeutung entwickelt hat. Siehe oben in. 2.2.5.
[22] T. u. E. II 486-511. Dieses Kapitel ist geradezu ein Kompendium Drewermannscher Polemik.
[23] T. u. E. II 503.

lyptik auch jetzt eine Wahrheit haben soll, dann nur die, daß die gegenwärtige Welt "nur mehr den Untergang zu 'hoffen'"[24] habe. Wenn sich jede Approximation zwischen Weltgeschichte und Heilsgeschehen verbietet, so stellt sich die Frage nach der Wahrheit der apokalyptischen Bilder von neuem. Für Drewermann sind nun die apokalyptischen Bilder vor allem Zeugnis der Sehnsucht des Menschen nach Unsterblichkeit und damit nicht vorwiegend Zeichen einer innerseelischen Krise, sondern ein Versuch, die "*objektive* Aussichtslosigkeit des Daseins zu überwinden"[25]. Zusammenfassend sagt er, daß man "den apokalyptischen Visionen nur gerecht werden kann, wenn man sie als Kontrastbilder und Heilungssymbole gegenüber dem drohenden Alptraum eines schlechthin in die Endlichkeit eingepferchten Daseins versteht. Nur in dieser Weise gewinnen die apokalyptischen Visionen eine wesentliche, für alle Zeiten gültige Bedeutung, indem sie die Grenzen der Zeitlichkeit und der Todesverfallenheit des irdischen Daseins ins Bewußtsein heben und zugleich diese Grenzen aufstoßen in die Unendlichkeit"[26]. Die zentralen Bilder weisen für Drewermann vor allem auf die Hoffnung auf Unsterblichkeit, ein Glaube, der allen Religionen eigen ist und der sich in Jesus nur "so verdichtet, daß er die ganze Existenz vom Tode erlöst"[27].

5.4 Die Apokalypse des Johannes

Was die Apokalypse des Johannes angeht, der sich Drewermann ab S. 541 zuwendet, so will er es bei einigen Bemerkungen zu einem Text belassen, der der Interpretation die größten Schwierigkeiten entgegenstelle. Drewermann erwähnt dabei die Kapitel 1-5 gar nicht und lehnt sich für den Rest seiner Analyse eng an Bornkamm an. Die Eröffnung der sieben Siegel bildet für ihn eine Art Inhaltsangabe, während die Visionen der sieben Posaunen und der sieben Schalen im Grunde dieselben Ereignisse darstellten. Parallel seien auch die Ereignisse der Kapitel 12-14 und 17-22, aber Drewermann schränkt zunächst dahingehend ein, daß sie in antithetischem Parallelismus stünden, um dann jedoch hinzuzufügen, "daß wir im Grunde verschiedene Bearbeitungsversuche ein und desselben Problems vor uns haben"[28]. Die erste Bearbeitung werde durch die zweite ergänzt und bereite mit ihr eine gemeinsame Lösung vor. So sei die Apokalypse sinnvoll aufgebaut, während die historisch-kritische Forschung nach Drewermanns Meinung den Anschein hinterlasse, "als ob der Verfasser nur beabsichtigt hätte, die Lektüre seines Buches durch verwirrende Dubletten zu erschweren"[29].

---

[24] T. u. E. II 503.
[25] T. u. E. II 508.
[26] T. u. E. II 509.
[27] T. u. E. II 505.
[28] T. u. E. II 546. Drewermann sagt an dieser Stelle selber, daß die Einsicht in den Spiralaufbau bereits den Schlüssel zum Verständnis des ganzen Textes enthalte. Damit gibt er zugleich ein Beispiel für die Anwendung der Finalitätsregel, siehe oben S. 9.
[29] T. u. E. II 546. Drewermanns Urteil über die Forschung ist recht mutig. Ich kann beim besten Willen in seinem Literaturverzeichnis (II 799-802) nicht mehr als 5 Titel finden, die sich speziell mit der Johannes-Apokalypse beschäftigen (v. Balthasar, Bornkamm, Bousset, Lohse, Vögtle).

Drewermann gesteht der historischen Erklärung des Textes allerdings ohne weiteres ein Recht zu, "geht es doch in der Geh. Offb. um einen Trost inmitten einer Situation äußerster Härte und äußerster Anfechtung"[30]. Spätere Bedeutungen seines Buches waren aber für den Verfasser nicht wichtig, glaubte er doch an ein ganz nahes Ende. Aber versteht man das Buch wirklich mit der historisch-kritischen Forschung? Sie läßt für Drewermann zwei Fragen offen: warum bedient sich erstens der Text "einer solchen Fülle *mythologischer* Bilder"?[31], und zweitens gäbe sie keine Antwort auf die Frage nach dem Gottesbild der Apokalypse. Drewermann erklärt die Art der Darstellung damit, daß die hitzige historische Krisensituation der Entstehungszeit wie von selbst archetypisches Material aus dem Unbewußten an die Oberfläche drängen ließ. Dieses habe eine Bedeutung, die weit über die der konkreten Verwendung in einer geschichtlichen Situation hinausgehe. Deshalb erfasse eine zeitgeschichtliche Interpretation nur einen viel zu kleinen Ausschnitt möglicher Bedeutungen der Bilder. "Indem der apokalyptische Autor zur Deutung seiner Zeit auf mythische Vorlagen meint zurückgreifen zu müssen, gibt er selber zu verstehen, daß die Geschichte in ihrer historischen Bedeutung sich selber transzendiert in das Bild eines *ewigen* Dramas. Nicht das Historische also ist das Primäre an den apokalyptischen Visionen, sondern die mythische Bildebene ist der tragende Grund der endzeitlichen Geschichte; m.a.W. die reale Geschichte ist nicht das Thema, sondern nur der Anlaß, um die entsprechenden Bilder auf den Plan zu rufen"[32]. Analog dazu schreibt Drewermann im selben Band, daß der Leser zum "unmittelbaren Zeugen oder Betroffenen von Begebenheiten"[33] werden müsse, und das heißt, daß er, ohne die historische Perspektive des Erzählers zu übernehmen, unmittelbar hier die Ereignisse und dort die Bilder interpretieren dürfe, ja sogar es *müsse*, wenn er auf den ewigen Gehalt der Texte stoßen wolle. Wesentlich sind also die Inhalte an sich, gerade unabhängig von dem, der sie erzählt. An dieser Stelle wird später ein Teil meiner Kritik an der Hermeneutik Drewermanns einsetzen, wenn ich sein Vorgehen mit der Art und Weise vergleiche, wie in der Tradition der Freudschen Psychoanalyse im Kontext von Übertragung und Gegenübertragung interpretiert wird - ein Verfahren, auf das sich Drewermann, wie wir im ersten Kapitel sahen[34], gelegentlich selber beruft.

Es geht nun für Drewermann nicht mehr darum, die historische Zeit des Autors zu rekonstruieren, sondern es sei nötig, "das eigene Leben mit seinen Krisen und Ängsten zu diesen Bildern in Beziehung zu setzen und von ihnen deuten zu lassen"[35]. Daraus folgt dann für Drewermann die Notwendigkeit einer symbolischen Deutung der Bilder, und diese Symbolik weise auf Vor-

---

[30] T. u. E. II 546.
[31] T. u. E. II 549.
[32] T. u. E. II 549. Eine Argumentation, die mich nicht überzeugt. Gerade wenn Drewermann hier auf den historischen Autor als Interpretationsebene rekurriert, wäre es mindestens so wahrscheinlich, daß dieser meinte, daß der Mythos jetzt, in nächster Zukunft, seine *geschichtliche* Erfüllung fände. Drewermanns Deutung ist vertretbar als Neuinterpretation unabhängig von einer postulierten historischen Absicht, als Stück der Wirkungsgeschichte des Textes. Für eine historische Rekonstruktion, als die Drewermann seine Interpretation ausgibt, brauchte es eine viel breitere Argumentationsbasis.
[33] T. u. E. II 250.
[34] Siehe oben S. 31-32.
[35] T. u. E. II 550.

gänge in der Seele hin. Auch hier gelte der allgemeine Grundsatz, daß sich nichts in der äußeren Geschichte ereignen könne, "was nicht zuvörderst in der menschlichen Seele zum Ereignis wurde"[36]. Die zweite von der historischen Forschung unbeantwortete Frage ist die nach dem Gottesbild der Apokalypse. Drewermann wirft einerseits der historisch-kritischen Forschung vor, sich "nur mit historischen Vorstellungen von 'Gott', niemals aber mit Gott selbst"[37] zu beschäftigen. In der Auslegung der Apokalypse aber müsse man direkt die Frage stelle, ob man es mit Gott oder mit einem Götzen zu tun habe. Dieses Problem habe schon Luther[38] richtig gesehen, der wegen seiner Bilderfeindlichkeit aber im selben Atemzug auch getadelt wird. Das Gottesbild der Apokalypse ist nach Drewermann stark mythisch gefärbt, und daher dürfe die Gottesvorstellung der Apokalypse nicht mit dem transzendenten Gott der christlichen Theologie verwechselt werden, vielmehr müsse sie auf die Psychodynamik hin untersucht und deshalb als Instanz innerhalb der Psyche interpretiert werden. Das tut Drewermann, indem er Gott und Satan mit zwei Instanzen des späten strukturellen Modells von Freud identifiziert: Gott sei dem Überich zu vergleichen und der Satan dem Es. Ich hoffe, Drewermann nicht Unrecht zu tun, wenn ich diese Art der Interpretation als Allegorisierung bezeichne, in der Textelemente mit Begriffen einer relativ abstrakten Theorie in Beziehung gesetzt werden.

5.4.1 Einzelauslegungen von Texten der Apokalypse

In den nun folgenden Einzelauslegungen beginnt Drewermann erst mit der Vision der ersten sechs Posaunen[39] und deutet Hagel und Blutregen, wie wenn jemand diese Bilder träumte. Man würde dann sicherlich sagen, "daß ein solcher Mensch schweren Schuldgefühlen gegenüber dem Bombardement seines Überichs ausgesetzt ist"[40]. Ähnlich ist es auch in der Apokalypse, und Drewermann schildert die Visionen als Bilder des inneren Ausgebranntseins und der Selbstzerstörung. Während der Visionen aber sei das Ich nicht unmittelbar beteiligt. Sie würden nur dann "von Gefühlen der Traurigkeit und Verzweiflung begleitet sein ...", "wenn nicht das gesamte affektive Erleben in Form einer Kaskade von objektivierten Bildern nach außen projiziert würde"[41]. Die Zwischenstücke Kap. 10 und 11 bringen nun die Identifikation des Ich mit dem Geschauten. Der Engel, der auf Festland und Meer zugleich steht, verkündigt die Vereinigung des Bewußten mit dem Unbewußten. Die beiden Zeugen stehen für Menschen, die sich befreien wollen und erst einen Kampf gegen das Tier führen müssen, das den Abgrund der Angst, die metaphysische Angst des Daseins, darstellt. Die Vermessung des Tempels sei als Vermessung der siche-

---

[36] T. u. E. II 551.
[37] T. u. E. II 551.
[38] T. u. E. II 551, vgl. dazu die erhellenden Bemerkungen von J. Ebach (1985) S. 21-22. In meinem eigenen Aufsatz von 1990 benutze ich die beiden Luthertexte, um an ihnen die Leserlenkung der Apokalypse zu demonstrieren.
[39] Ich komme auf diese Auslegung Drewermanns im Kapitel 6.2 ausführlich zurück.
[40] T. u. E. II 552/553.
[41] T. u. E. II 557.

ren Grenzen des Ich zu verstehen, das erst so den Kampf bestehen könne. Und die Auferweckung der beiden Zeugen verkörpere die Auferstehungshoffnung. Sie allein ist unbedingt nötig, "um gegen alle Angst und Menschenfurcht zur Eigenständigkeit der Person"[42] zu gelangen. Es ist "ein entscheidender Schritt in Richtung zu sich selbst und auf Gott hin", diese Vision von Tod und Aufstehung zu erlangen, und Drewermann faßt hier wiederum die für ihn zentrale Bedeutung der Hoffnung auf Unsterblichkeit zusammen, die er in Ägypten in Osiris und im Christentum in Jesus als Identifikationsfiguren verkörpert findet, wie auch in jedem anderen Menschen, "der 'sonnenhaft' genug ist, um einem anderen Menschen kraft seiner Liebe die Ewigkeit des Lebens zu verheißen"[43]. Drewermann beschließt den Abschnitt, indem er nochmals betont, daß die historisch-kritische Forschung die vielen Details des Textes nur als tote Klötze faktisch hinnähme, während die Tiefenpsychologie in der Abfolge einen in sich sinnvollen inneren Prozeß entdecken könne.

Wie schon erwähnt, ist für Drewermann der Abschnitt 12,1 - 14,20 im Sinne einer Spiralbewegung[44] ein neuer Bearbeitungsversuch desselben Grundkonfliktes, von dem auch die Posaunenvision handelte. Diese zeigte in einem ersten Versuch, "wie das eigene Ich aus der Entfremdung seiner selbst zurückfindet und gegen alle Widerstände im Vertrauen auf Gott sich selber treu zu bleiben vermag"[45]. Allerdings geschieht dieser Prozeß noch in einer idealen Sphäre. Wenn man sich fragt, wie sie auch hier, im Menschen, Realität wird, hat man bereits die Frage gestellt, auf die die Erzählung von der Geburt des Kindes im 12. Kapitel eine Antwort gibt. Das Kind ist "das Symbol eines wahren menschlichen Lebens"[46], und jeder kann wissen, unter wievielen Schmerzen wahres Leben etwa in einer psychoanalytischen Therapie zur Welt kommt. Der Drache, der das Kind verschlingen will, ist die "Übermacht der Angst, die vernichtende Kraft der Nichtigkeit des Daseins"[47]. Der Konflikt ist mit diesem Bild ein wirklicher seelischer Konflikt, er ist nicht mehr, wie in den Posaunenvisionen, projiziert. Aber er ist noch auf der Ebene des An-sich-Seins, und deshalb wird es eines dritten Durchgangs bedürfen, um die psychischen Konflikte schrittweise durchzuarbeiten. Der Erzengel Michael ist die Wesensgestalt der eigenen Person und ist darin ein Helfer in dem Krieg gegen die Verzweiflung. Wieso die Frau, die erst im Himmel war, sich dann plötzlich in der Wüste befindet, wird tiefenpsychologisch gleich klar: die Seele findet sich beim Übergang in die Wirklichkeit wie in einer Wüste, und das Wasser, das der Drache ausspeit, ist eine Tränenflut von Traurigkeit, und es bleibt eine Gefahr, von dieser fortgeschwemmt zu werden und zu resignieren. Am Ende aber ist es "die 'Mütterlichkeit' der 'Erde' selbst, die das 'Wasser' des 'Abgrundes' aufsaugt und die 'himmlische Frau' errettet"[48].

Die Vision vom Tier aus dem Meer und dem Tier aus der Erde deutet Drewermann zwar auch zeitgeschichtlich als den Aufstieg des Römischen Reiches

---

[42] T. u. E. II 566.
[43] T. u. E. II 567.
[44] Vgl. Anm. 28.
[45] T. u. E. II 570.
[46] T. u. E. II 571.
[47] T. u. E. II 572.
[48] T. u. E. II 576.

und seines Götzendienstes, aber wichtiger noch sei es, die tiefenpsychologische Wahrheit zu erkennen. Das Römische Reich ist ja zugleich ein Ausdruck des Versuches, den Abgrund der Verzweifung durch einseitige Rationalität zu bekämpfen, während das andere Tier die Tendenz zur Vergötzung des Endlichen darstellt in einer Welt, die vom anderen Tier rational verwaltet wird. Aber es sind nicht nur die äußeren Mächte, die den Menschen unterdrücken. Jeder, der auf dem Wege zu sich selbst seine Verzweiflung überwunden hat, gerät in die Versuchung, angesichts des Abgrundes von Freiheit sich wiederum in Abhängigkeit zu begeben.

In der Vision des Lammes 14,1-5 tritt "an die Stelle der Gegengewalt des Menschlichen" "die menschliche Stärke des Göttlichen"[49]. Der zweite Durchgang der Spiralbewegung endet mit dem Ende des Kapitels 14, es ist ein Sieg, aber er ist doch noch zu zerrissen und quälerisch, um menschlich befriedigend zu sein. In einer dritten Spiralbewegung kommt es zu einer Synthese eines Prozesses, den Drewermann mit Begriffen von Hegel zusammenfaßt, indem er von einem An-sich-Sein, einem Für-sich-Sein und einem An-und-für-sich-Sein des Heils spricht. Drewermann versteht die Vision von der Frau und der Geburt des Kindes einerseits und der Hure Babylon andererseits als zwangsneurotische Ambivalenz, die er mit dem Erleben des Weiblichen in einen Zusammenhang bringt. Ich vermute, daß Drewermann meint, daß die ambivalente Weise, in der Männer die Frauen wahrnehmen, ein Vorbild für alle anderen Ambivalenzen darstelle[50]. In der Hochzeit des Lammes kommt es dann zu einer Synthese, aber anscheinend zu einer, die noch nicht ganz vollkommen ist, denn es bleiben Spannungen erhalten, und die Synthese muß erst noch gegen die Wirklichkeit durchgekämpft werden. Und diese Wirklichkeit ist von einer "babylonischen Einstellung" geprägt, und das heißt für Drewermann vor allem von einer Herrschaft des Geldes. Dieses habe mit dem Tode gemeinsam, daß vor beiden alles gleich sei. Man müsse sich eigentlich freuen, wenn Babylon versinkt, weil darin "ein solches Dasein der Unmenschlichkeit und der habgierigen Nekrophilie verendet"[51]. Wer "angesichts der Entdeckung der Liebe" doch noch seine Mitmenschen unterwerfen will, der kann sich nur wie im Feuersee oder wie von Vögeln zerhackt vorkommen. So interpretiert Drewermann wiederum allegorisierend die folgenden Gerichtsvisionen. Mit der Fesselung des Satans und mit der Auferstehung der Märtyrer aber sei die Angst endgültig besiegt. Jetzt könnten mütterliche Bilder ohne Ambivalenz das Lebensgefühl prägen: "das neue Jerusalem, das selber, wie eine Braut geschmückt, vom Himmel herabkommt (Apk. 21,1.2) wird zeigen, daß das wahre Ich des Menschen im letzten nicht zu erkämpfen und zu erstreiten ist, sondern wie ein himmlisches Geschenk von Gott gegeben wird"[52].

Am Schluß fragt sich Drewermann nach der bleibenden Wahrheit der Apokalypse. Historisch-kritisch betrachtet war sie ein Irrtum, das Römische Reich ging nicht unter, ja, das Christentum wurde Staatsreligion. Aber menschlich ge-

---

[49] T. u. E. II 580/581.
[50] In 6.3 werden wir uns allerdings fragen, ob es psychoanalytisch angemessen sei, hier von Ambivalenz zu sprechen.
[51] T. u. E. II 587.
[52] T. u. E. II 589. In 6.4 werden wir sehen, was es mit dieser Nichtambivalenz des himmlischen Jerusalem auf sich hat.

sehen, beschreibt die Offenbarung eine Fülle an Einsicht in den langen Prozeß, den der Mensch gehen muß, um aus Angst und Fremdbestimmung zu sich selber zu kommen. "Wir werden anhand dieser Bilder zu Zeugen des erregenden Prozesses, durch den das Gottesbild selbst aus den Widersprüchen der menschlichen Seele sich läutert zur 'Hochzeit des Lammes' und zur Vision des 'himmlischen Jerusalems'. Auf innigste Weise hängt der 'Sieg' Gottes über seine 'Feinde' in der Geh. Offb., tiefenpsychologisch betrachtet, mit der Überwindung der seelischen Zerrissenheit des Menschen zusammen, und indem man die einzelnen Stufen der Individuation durchgeht, wächst zugleich das Vertrauen in die Fähigkeiten der menschlichen Psyche, die äußere und innere Krise der Angst und Verzweiflung mit Hilfe vorgegebener Bilder symbolisch zu bearbeiten und zu lösen"[53].

Gegen das Bilderverbot, vor allem des Protestantismus, gibt Drewermann der Apokalypse recht, daß der Mensch in Zeiten der Not sich inneren Bildern anvertrauen müsse, um Gott im eigenen Herzen wiederzufinden. Zwischen Selbstfindung und Gottesfindung besteht dann im Erleben kein Unterschied mehr[54].

5.5 Drewermanns Aueinandersetzung mit Lohfink und Pesch um die Interpretation der Apokalypse

Auf die Darstellung der Apokalypsen-Interpretation von Drewermann möchte ich jetzt noch eine kurze Übersicht folgen lassen über die Polemik zwischen den beiden Autoren Lohfink und Pesch in ihrer Streitschrift "Tiefenpsychologie und keine Exegese"[55] einerseits und Drewermann in seiner Antwort "An ihren Früchten sollt ihr sie erkennen"[56] andererseits. Ich beschränke mich dabei auf die Auseinandersetzung um die Apokalypse. Inhaltlich kommt in dem Streit nicht viel Neues heraus, aber die Reaktion beider Parteien aufeinander und auf den Text wird in meiner weiteren Argumentation eine wichtige Rolle spielen. Ich verzichte dabei auf eine eingehende theologische Auseinandersetzung mit den Standpunkten der beiden gegnerischen Parteien. Sie würde die Grenzen meines Versuches sprengen, über die Methodik tiefenpsychologischer Exegese bei Drewermann und im Allgemeinen zu reflektieren. Es geht mir hier, ohne die Wichtigkeit von Sachargumenten schmälern zu wollen, mehr um die Emotionalität der Auseinandersetzung. Zunächst einmal verteidigen Lohfink und Pesch die historisch-kritische Forschung und deren Rekurs auf diejenige Deutung, die die urchristlichen Verfasser selber den Stoffen und Bildern aufgeprägt haben. Wenn für Drewermann die Apokalypse ein Zeugnis dafür sei, daß geschichtliche Ereignisse nur den Anlaß böten, Bilder auf den Plan zu rufen, so protestieren Lohfink und Pesch vehement dagegen. Gerade die historisch-kritische Exegese verhindere, daß Jesus oder die Geschichte nur zum Anlaß für archetypische Bilder eines ewigen Dramas im Inneren des je einzelnen

---

[53] T. u. E. II 590.
[54] T. u. E. II 591.
[55] (1987) S. 88-93.
[56] (1988) S. 90-99.

würden[57]. Mir scheint allerdings, daß diese Argumentation nicht trägt. Denn gesetzt den Fall, man teilt die Auffassung der jungianischen Psychologie, daß es Archetypen gebe, dann kann die historisch-kritische Forschung keine Aussagen darüber machen, ob nicht die Inhalte, die sie erforscht, beim Leser archetypische Bilder wachrufen. Sie kann allenfalls Einspruch erheben, wenn behauptet würde, die von ihr beschriebenen Ereignisse seien *nichts als* Archetypen. Aber das sagt Drewermann durchaus nicht. Was er meint, ist nur, daß das Bedeutsame an einem Ereignis nicht dieses selber sei, sondern der Zusammenhang der Symbole, den es wachruft. Drewermann scheint allerdings zu meinen, daß die historisch-kritische Forschung nichts anderes täte, als Ereignisse zu eruieren, während es ihm um Deutungen ginge. Aber diese Meinung ist sicherlich unzutreffend, denn der Gegenstand der Forschung sind sowohl die im Text beschriebenen Ereignisse, wenn sie den Text als Quelle benutzt, wie auch die damaligen Deutungen von Ereignissen, die in den Texten enthalten sind[58]. Dabei spielt es keine Rolle, ob der Exeget die vorgefundenen Deutungen heute für angemessen oder für unzutreffend hält. Doch diese letzte Möglichkeit scheint für Lohfink und Pesch undenkbar zu sein, aber auch Drewermann will sich mit ihr nicht zufrieden geben. Beide Seiten lösen jedoch die damit verbundenen Probleme auf verschiedene Art[59]. Wir können das am Beispiel der Interpretation von Apk. 17,17 studieren.

"Denn Gott hat es ihnen ins Herz gegeben, seine Absicht auszuführen und eines Sinnes zu sein und ihre Herrschaft dem Tier zu geben, bis die Worte Gottes vollendet sein werden." (Übersetzung von J. Roloff[60])

Für Lohfink und Pesch ist damit gemeint, daß die Hure Babylon (gleich Rom) durch einen Nero redivivus vernichtet werden soll, und sie fügen hinzu: "Bei alldem sieht der Seher der Johannesoffenbarung Gott selbst am Werk, der die Herzen der Mächte so lenkt, daß sie seinen Plan ausführen"[61]. Nun wissen natürlich auch die beiden Autoren, daß das in dieser Form nicht geschehen ist, aber die aus dem Text erschlossene Deutung ist für sie zutreffend. Deshalb können sie die historische Interpretation nicht nur akzeptieren, sondern sie ist für sie auch theologisch gültig. Drewermann hingegen lehnt den Inhalt des eben zitierten Satzes theologisch ab, für ihn wäre "ein Gott, der so handelt, ein Monstrum, dem zu dienen ich mich weigern würde - als Mensch, als Priester und als Theologe"[62]. Und genau deshalb besteht Drewermann darauf, die Bilder der Bibel nicht auf die äußere Historie zu beziehen. Aber er teilt damit die Voraussetzung, die auch für Lohfink und Pesch im Hintergrund steht, daß die

---

[57] (1987) S. 89.
[58] Vgl. Kapitel 1, Anm. 6.
[59] P. Szondi (1975) schreibt auf S. 19: "Die grammatische Interpretation zielt auf das einst Gemeinte und will es konservieren, indem es seinen historisch fremd gewordenen sprachlichen Ausdruck, linguistisch ausgedrückt: das Zeichen, durch ein neues ersetzt, oder, in einer Glosse, von einem neuen begleiten und erklären läßt. Die allegorische Interpretation hingegen entzündet sich an dem fremdgewordenen Zeichen, dem sie eine neue Bedeutung unterlegt, die nicht der Vorstellungswelt des Textes, sondern der seines Auslegers entstammt". Damit sind die Positionen von Lohfink/Pesch und Drewermann klar umrissen.
[60] Ich benutze die Übersetzung von J. Roloff aus seinem Kommentar von 1987² vor allem deshalb gern, weil sie, wie mir scheint, nichts beschönigt, sondern mit einer gewissen Rücksichtslosigkeit den Textsinn herausstellt. Das Zitat findet sich auf S. 167.
[61] (1987) S. 91.
[62] (1988) S. 93.

exegetische Wahrheit der Bibel mit der dogmatischen identisch sei[63]. Weil für ihn das historisch erschlossene Textverständnis nicht akzeptierbar ist, deshalb braucht es eine tiefenpsychologische Deutung, die zum Ziel hat, eine für Drewermann annehmbare Interpretation zu finden. Mit einem gewissen Recht sagen deshalb Lohfink und Pesch: "Hätte Drewermann die historisch-kritische Auslegung der Johannesoffenbarung ernstgenommen und außerdem in Erwägung gezogen, ob sich nicht unser 'normales' Denken von der Theologie dieses Buches her kritisieren lassen darf, so wäre er mit den zitierten Sätzen wohl anders umgegangen"[64]. Aber trotz der scheinbaren Plausibilität hat diese Argumentation zwei schwache Stellen: sie unterstellt erstens, Drewermann habe die historisch-kritische Forschung nicht ernstgenommen. Das stimmt jedoch gar nicht, vielmehr ist er gegen sie, gerade *weil* er sie ernst nimmt und deshalb die von ihr gefundene Deutung nicht als theologisch gültig akzeptieren kann. Auch ist es leicht, sich von einer Theologie "kritisieren" zu lassen, wenn man sowieso kein Problem mit ihr hat. Und Lohfink und Pesch verraten auch nicht den geringsten Anstoß an der Theologie der Apokalypse. Wenn Drewermann ihnen vorwirft, sie gerieten "förmlich ins Schwärmen darüber, wie der Gott der Apokalypse mit seinen Feinden aufräumt"[65], so ist diese Formulierung vielleicht übertrieben, sie zeigt jedoch zutreffend auf, in einem wie hohen Maße die beiden Autoren mit der Apokalypse und mit dem von ihr dargestellten Gott identifiziert sind, der für sie problemlos mit dem Gott ihres Bekenntnisses identisch zu sein scheint. Und genau gegen diesen, scheinbar von der historisch-kritischen Forschung zugemuteten Identifikationszwang richtet sich Drewermanns leidenschaftlicher Protest. Er richtet sich gegen den Gott der Apokalypse und gegen seine beiden Zeugen, deren Theologie er immerhin in die Nähe nationalsozialistischer Ideologie bringt[66]. Das emotionale Maß des Vorwurfs dürfte darauf hinweisen, daß es um existentiell wichtige Themen geht.

Noch ein zweiter Vers aus der Apokalypse ist zwischen den beiden Parteien ein Streitpunkt[67]. Ich zitiere, wiederum nach J. Roloff, die Stelle:

"Freue dich über sie, Himmel, und ihr Heiligen, Apostel und Propheten, denn Gott hat euer Gericht an ihr vollzogen"!

Drewermann hatte sich in "Tiefenpsychologie und Exegese"[68] gefragt, ob Christus wirklich dafür gestorben sein sollte, "daß es am Ende ein christlicher Trost, ja ein Frohlocken der Heiligen im Himmel sei, sich durch Gott 'gerächt' zu finden (Apk. 18,20)?". Lohfink und Pesch wenden dagegen ein, daß es nicht um Rache gehe, sondern um den Vollzug des Gerichtes, in dem "das Recht der Unterdrückten und Ermordeten" geltend gemacht wird. Der Jubel, von dem in V. 20 die Rede ist, ist also Jubel über den Sieg der Gerechtigkeit"[69]. Drewer-

---

[63] Ich benutze damit eine Formulierung von S. J. Baumgarten (1759) § 7 (S. 8): "Bey Auslegung der heiligen Schrift ist die *historische* Richtigkeit, und bei allen in derselben befindlichen götlichen Aussprüchen oder Reden Gottes, Christi und göttlicher Boten von Engeln und Menschen, auch die *dogmatische* und *moralische* Richtigkeit, mit der *hermeneutischen* verbunden".
Interessant ist, daß diese Verbindung für Aussprüche "böser" Personen nicht mehr gilt.
[64] (1987) S. 90/91.
[65] (1988) S. 92.
[66] (1988) S. 95.
[67] Wiederum in der Übersetzung von J. Roloff (1987²) S. 173/174.
[68] T. u. E. II 551.
[69] (1987) S. 93.

mann reagiert darauf, indem er auf den "Sieg der Gerechtigkeit" gegen das Deutschland Hitlers hinweist und einerseits Verständnis zeigt für jemand, der aus einem KZ entkommen ist und dafür Gott dankt, aber - abgesehen davon - weist er eine Theologie der Führung Gottes in der Geschichte zurück. Mir kommt die Argumentation von Lohfink und Pesch durchaus plausibel vor, aber was zeigt sie? Nur dieses eine, daß für die Autoren der Jubel über die in einer Stunde verwüstete Stadt (V. 19) dann annehmbar ist, wenn damit Gerechtigkeit hergestellt wird. Damit sind die Autoren wieder auf der Seite des Erzählers, der anscheinend ohne die geringsten Skrupel dem Gericht zuschauen oder besser: es sich ausphantasieren kann. Die verteidigenden Ausführungen von Lohfink und Pesch bewirken faktisch eine Ent-Schuldigung des Apokalyptikers, und wir werden später[70] sehen, daß damit ein wichtiges Thema des Textes von den beiden Autoren zwar nicht erkannt, sondern "getan" wurde.

Beide gegnerischen Parteien sind sich darin einig, daß die Apokalypse für sie Geltung hat. Beide lösen aber eine allfällige Spannung zum Textsinn verschieden: Lohfink und Pesch durch eine (immer schon vollzogene) Unterwerfung und Drewermann durch eine tiefenpsychologische Exegese, die zum Ziel hat, daß er sich ebenfalls dem so konstituierten Textsinn unterwerfen kann. Die Lösung, den Text in seiner ganzen Anstößigkeit zu verstehen, um ihn dann theologisch zu kritisieren und ihn vielleicht sogar für die jetzige Situation zu verwerfen, scheint für alle drei Autoren von ihrem Schriftverständnis her nicht denkbar zu sein. Wäre es nicht auch möglich, die historisch-kritische Lösung in ihrer ganzen Härte bestehen zu lassen und sie zum Ausgangspunkt einer psychoanalytischen Interpretation zu machen? Ich hoffe, später zeigen zu können, daß gerade die Psychoanalyse, so wie ich sie verstehe, die Härte des Textes als situationsbezogen verständlich machen kann. Die Apokalypse wäre das Zeugnis dafür, wie Menschen in einer als verzweifelt erlebten Situation[71] seelisch zu überleben versuchen. Mit Hilfe der Psychoanalyse glaube ich weiterhin aufweisen zu können, wie hoch der Preis für diese Lösung ist und was es bedeutet, wenn die Apokalypse in einer anderen Situation Leser anzieht und zur Identifikation verlockt. Aber damit greife ich in der Argumentation schon weit voraus.

Im 4. Kapitel haben wir gesehen, daß und wie es sich methodisch begründen läßt, Psychoanalyse auf Texte anzuwenden und zugleich auf das Zentrum des analytischen Prozesses, auf die durch Übertragung und Gegenübertragung gegebene Textpragmatik nicht zu verzichten, sondern sie als Kontext jeder Inhaltsinterpretation anzusehen. Im nächsten Kapitel werden wir diese Einsicht auf einzelne Texte der Apokalypse praktisch anwenden und dabei in der emotionalen Kontroverse zwischen Drewermann, Lohfink und Pesch einige Hilfe erfahren.

---

[70] In 6.3 wird es mir vor allem die Thematik von Schuld in der Apokalypse gehen.
[71] Die Ausführungen von L. L. Thompson (1990) lassen mich daran zweifeln, ob in Kleinasien damals eine Verfolgungssituation bestand oder ob der Autor sich vor allem bedroht *fühlte*. Von einem konsequent psychoanalytischen Standpunkt her kann man diese Unterscheidung relativieren, es gibt immer Anlässe, aufgrund derer man sich bedroht fühlen kann. Historisch gesehen ist die Frage natürlich sehr wichtig, aber ihre Entscheidung ändert nichts daran, daß der Autor sich in einer verzweifelten Situation erlebte und zumindest versuchte, seinen Adressaten zu zeigen, daß ihre Lage ähnlich verzweifelt sei. Ich komme darauf später unter 7.3.3 nochmals zurück.

6. Psychoanalytische Interpretationen von Texten der Apokalypse

6.1 Explizite Leserlenkung in der Apokalypse

6.1.1 Einführung

Im 4. Kapitel habe ich zu zeigen versucht, wie das Normengefüge von Texten als Inbegriff eines impliziten Autors verstanden werden kann, dem ein impliziter Leser gegenübersteht, der den Normen genügen muß. Diese beiden Instanzen schließen als Personen den Erzähler und den fiktiven Leser ein. Wenn letzterer explizit markiert ist, nenne ich ihn mit G. Prince den "narrataire". Es geht mir im folgenden Abschnitt vor allem darum, explizite Leserdarstellungen im Text der Apokalypse aufzuweisen. Die Fragestellung ist dabei zunächst eine ausschließlich textinterne, sie zielt nicht auf die Rekonstruktion des realen Leserpublikums[1], das außerhalb des Textes tatsächlich diesen Text gelesen hat oder ihn hätte lesen sollen. Ich werde am Schluß versuchen, den literarischen Befund mit einem psychoanalytischen Konzept zu korrelieren, das diejenige - als Übertragung und Gegenübertragung verstandene - pragmatische Perspektive ermöglicht, die die Bedingung jeder angemessenen analytischen Interpretation ist. Meine Untersuchung wird sich dabei vor allem auf die Sendschreiben, auf das Schlußkapitel, auf die Makarismen und auf Aspekte des Gesamtaufbaus des Werkes stützen.

6.1.2 Auseinandersetzung mit Drewermann

Leider ist eine direkte Auseinandersetzung mit ihm hier nicht möglich, weil die besprochenen Texte in seinem Buch nicht erwähnt werden[2]. Daß er allerdings die für den Leser angelegte Position sieht und sie gerade deshalb und damit die gesamte Apokalypse mit dem Mittel der Interpretation bekämpft und sie gleichsam durch einen Gegentext zu ersetzen versucht[3], das ist eine der Grundthesen meiner Arbeit.

6.1.3 Der Briefcharakter der Apokalypse und die Frage der Textpragmatik

Für meine Fragestellung kann ich mich in großem Maße auf die sorgfältige Arbeit von M. Karrer (1986) stützen, die auch von einem ähnlichen theoreti-

---

[1] Zum "Publikum" als textexterner Instanz siehe H. Link (1980) S. 27. Den pragmatischen Aspekt biblischer Exegese betont auch H. Frankemölle in seinem Buch von 1983, das nach meiner Ansicht eine viel größere Wirkung verdient hätte. Auf die Apokalypse geht er allerdings nicht ein.
[2] Drewermann erwähnt im 1. Band von T. u. E. 383 nur Apk. 1,10-12 als Beweis für die Priorität des Bildes vor dem Wort. Im zweiten Band nennt Drewermann aus den Sendschreiben nur die weißen Gewänder (S. 516), aus dem Buchschluß im Vorübergehen einige Verse, und der Makarismus 20,6, der laut Register auf S. 533 erwähnt werden sollte, ist im Text nicht zu finden. Alle leserlenkenden Verse haben in seiner archetypischen Auslegung keinen Platz.
[3] Hiermit spiele ich auf H. Bloom (1988) an, dessen Verständnis von Interpretation als "Ersetzung eines Textes" in 6.3. wichtig werden wird.

schen Hintergrund ausgeht wie meine, indem sich Karrer auf H. Link beruft. Seine Hauptthese ist, daß die Apokalypse ein tatsächlicher Brief sei, der an paulinische Gemeinden geschickt wurde, um diese zu einem Christentumsverständnis zu bewegen, das von dem des Paulus in wichtigen Punkten abweicht. Sie scheint mir von Karrer sehr überzeugend begründet zu sein. Damit wäre die Textpragmatik, also die Absicht, mit dem Text etwas zu bewirken, auch historisch verankert[4]. Aber Pragmatik ist zunächst eine Texteigenschaft, die nicht auf eine dem Text gleichzeitige historische Situation bezogen sein muß, und damit bleiben Karrers Ergebnisse selbst dann weitgehend zutreffend, wenn etwa die Apokalypse sich doch als *fiktiver* Brief erweisen sollte. In meiner eigenen Erörterung kann ich die Frage zunächst offen lassen, ich setze aber den - mindestens fiktiven - Briefcharakter der Schrift voraus.

6.1.3.1 Die Leserlenkung in Apk. 1,1-8 .

Der implizite Leser - in seiner Teileigenschaft als fiktiver Leser - realisiert sich als narrataire spätestens in Vers 1,3: er ist selig, sofern er liest oder hört und, wohl für Leser wie Hörer geltend, das im Text Geschriebene "bewahrt". Damit ist etwas wie eine Leitlinie der Textaufnahme bezeichnet, denn die Worte, die hier der Erzähler selber spricht, werden in 22,7 von der Textperson Christus, die der Erzähler dort zitiert, in ähnlichem Wortlaut aufgenommen und bestätigt. Wenn es weiterhin nach der Grußformel, die sich auf Leser in der Asia bezieht, die also einen textexternen Verweis auf reale Leser enthält, in V. 5f heißt, daß Christus *uns* liebe und *uns* gelöst habe aus *unseren* Sünden in seinem Blut und *uns* zu einem Königtum und zu Priestern gemacht habe, so dürften in den Pronomina der 1. Person Plural jeweils Erzähler und Leser oder Hörer[5] implizit zusammengeschlossen sein. Diese Aussagen gelten für beide, und das heißt auch: sie *sollen* für beide gelten, sie sind textinterne Normen für Leser und Erzähler.

Karrer hat die Verse 4-6 einer eindringlichen Analyse unterzogen und spricht in Anlehnung an T. Holtz[6] von einem "System der vollendeten Heilswirklichkeit", das in ihnen vorausgesetzt sei. "Ein vorparusialer Dualismus der Weltherrschaft ist ausgeschlossen, ein eschatologischer Vorbehalt nicht spürbar"[7]. Mit dieser Gewißheit überlegener Macht hänge auch zusammen, daß Christus in der folgenden Doxologie *kratos* (6b) zugeschrieben werde, was im Neuen Testament einzigartig sei. Die Leserführung erreicht in Vers 7 ihr Ziel "mit der Anerkennung der in 1,5f behaupteten universalen Herrschaft Jesu Christi

---

[4] Vor allem in seinen Schlußfolgerungen auf S. 285-312.
[5] Man kann sich die Wirkung des Textes lebendig ausmalen, wenn man sich die Vorlese-Situation vorstellt: der eine Vorleser, der die Stimme des Autors laut der anwesenden Gemeinde vermittelte. Ob wohl alle schwiegen, oder ob sich auch einmal Protest erhob, diese Frage läßt sich ohne Projektion eigener Einstellungen nicht beantworten.
[6] (1962). Das Zitat bei Karrer auf S. 116.
[7] Karrer (1986) S. 120. Zwar weist Karrer auf S. 131 ausdrücklich auch auf die futurischen Apekte der Eschatologie hin, aber trotzdem ist Christus bereits *jetzt* Herrscher über alle Mächte.

durch alle Menschen, seine Anhänger ebenso wie seine Gegner, ja Mörder, bei der Parusie"[8].

6.1.3.2 Apk. 1,9

"'Ich, Johannes, euer Bruder und Mitgenosse an der Bedrängnis und am Reich und an der Geduld in Jesus'. Immer wieder und unausweichlich erweisen sich diese Worte als Schlüssel zum Verstehen und zur Auslegung dessen, was Johannes sieht, hört und schreibt". Diese Sätze des Lesers Allan Boesak (1988)[9] weisen uns auf eine deutliche Markierung der Erzähler- und Leserposition hin. Johannes stellt sich damit als jemand dar, der den Lesern in wichtiger Hinsicht Bruder und Mitgenosse ist. Damit wird eine Gleichheit betont. Boesak realisiert die Leserposition in seiner historischen Situation mühelos als seine Form eines "second self"[10] und sieht darin vor allem den Aspekt, daß der Prediger mit seinem Volke im Mitleiden gleich werden müsse. Eine *andere* Deutung dürfte in einer *anderen* Situation aktuell werden: daß nämlich der Erzähler seine Leser dazu nötigt und sie darin kontrolliert, ob sie ihm Brüder und Mitgenossen sind und ob sie seine Sicht der Welt übernehmen, die mit der Sicht Christi identisch ist. Denn Johannes ist ja nur sein Werkzeug. Diesen Standpunkt betont vor allem L. Thompson (1990)[11].

6.1.3.3 Die Leserlenkung in den Sendschreiben

Der Beeinflussung des Lesers dienen als nächstes die sieben Sendschreiben, die in der textinternen Welt Christus zum Verfasser haben, der sie an die Gemeindeengel[12] schickt und dafür Johannes als Sekretär benutzt. Wird damit innerhalb des Textes Christus zum realen Autor, so bleibt er im Sinne der Textanalyse von W. Schmid[13] eine Textfigur, deren Rede vom innertextlichen Erzähler zitiert wird. Und das gilt, obwohl dieser Erzähler selber das Gegenteil behauptet. Es gehört zu seiner Textstrategie, daß er selber neben seinen Worten fast verschwindet[14] und die Autorität mehrerer Textpersonen gebraucht[15], um seine Ziele beim Leser durchzusetzen.

---

8 A.a.O. S. 125.
9 A.a.O. S. 35/36.
10 Zur Erinnerung der Leserin und des Lesers: damit ist die individuelle Realisierung der textinternen Markierungen des impliziten Lesers (und damit auch des fiktiven Lesers) durch den realen Leser gemeint. Siehe oben 4.3.2.2.
11 Z.B. S. 180/181.
12 Vgl. dazu Karrer (1986) S. 169-186.
13 Vgl. oben 4.2.5.
14 Thompson (1990): "He becomes merely an instrument for the voice to use to speak to the seven churches. As a result, the vision is self-authenticating. The churches are not being guided and admonished by John but by the Christ whom John saw and heard. The message, that is, that the churches are to comprehend the world the way John does, is the message of Christ" (179).
15 Neben Christus sprechen noch Engel und der Geist.

Schon A. Bengel[16] schrieb zu den Sendschreiben, durch sie würde "die christliche Kirche zu würdiger Annahme der großen Entdeckung angeleitet", so, wie einst das Volk Israel geheiligt wurde, bevor es am Berge Sinai das Gesetz empfing. Die Sendschreiben haben also eine vorbereitende Funktion, was sich nicht zuletzt durch ihre Stellung im Text am Anfang ausdrückt. Die textinternen Adressaten der Briefe sind zunächst individualisiert als Gemeindeengel, daneben aber auch als die Gemeindeglieder selber. Eines unter mehreren Beispielen dafür ist die Anrede in 2,24: "Euch aber sage ich, den übrigen in Thyatira ...". Der Leser muß den Eindruck haben, daß er direkt nicht gemeint sei, und insofern sind die Gemeindeengel und die Gemeinden nicht direkte Realisierungen von Leserpositionen, sondern es sind realisierte Lesergestalten innerhalb der hierarchisch untergeordneten, zitierten Welt der Briefe. Ähnlich, wie im Roman La Chute von Camus[17] ist der Leser Zeuge eines Dialogs, nicht Partner. Aber es gibt im Text selber mehrere Hinweise, die darüber hinaus reichen. Als Christus dem Gemeindeengel von Thyatira androht, er werde die Kinder von Isebel, falls diese nicht bereue, töten, da fügt er an, daß "alle Kirchen erkennen werden, daß ich es bin, der die Nieren und Herzen prüft und jedem nach seinen Werken gibt" (2,23). Darin ist eine dritte, beobachtende Position angedeutet, die dem Dialog zwischen Christus und Gemeindeengel beiwohnt, dessen Zeuge ist und eine Erkenntnis für sich selber daraus gewinnen soll. Diese Position ist *eine* angedeutete Realisierung des fiktiven Lesers des Textes.

Die zweite Andeutung des narrataire liegt in den sog. Weckrufen vor, die in den ersten drei Sendschreiben die vorletzte, in den anderen vier Sendschreiben die letzte Position innehaben. Derjenige, der Ohren hat zu hören, ist wiederum ein Dritter, der hört, was der Geist den Gemeinden sagt. Zumindest in den ersten drei Briefen legt es sich nahe, das Hören auf den vorangegangenen Brief zu beziehen[18]. Und auch der in den ersten drei Sendschreiben jeweils folgende "Siegerspruch"[19] dürfte nicht einen Subjektwechsel voraussetzen, sondern dem Leser eine Verheißung mitgeben für den Fall, daß er gehört hat.

Auf der hierarchisch niedrigeren Textebene der zitierten Briefe steht dem Erzähler, der hier Christus ist, eine Leserposition gegenüber, die überwiegend in der Gestalt des Gemeindeengels realisiert und dargestellt wird. Wenn man allerdings berücksichtigt, daß die Sendschreiben in die Erzählebene der Gesamtapokalypse eingebettet sind, so wird deren Leserposition zugleich zu einem Gegenüber für den Erzähler Johannes, der mit der Autorität Christi dem Leser des Gesamttextes mitteilt, welche Normen dieser zu realisieren habe. In der Terminologie von W. Schmid: dadurch, daß die zitierte Welt zu einem Teil der erzählten Welt wird, kann die Leserposition innerhalb der zitierten Welt zugleich für die Leserposition der erzählten Welt bedeutsam wer-

---

[16] Zitat nach W. Popkes (1983) S. 91.
[17] Vgl. oben S. 111/112.
[18] Nach einer plausiblen Deutung von Karrer (S.167) "lenken die Weckrufe in den folgenden Sendschreiben diese Aufmerksamkeit jeweils neu auf den folgenden Text, zunächst auf das folgende Sendschreiben, dann aber - und dies ist entscheidend in 3, 22 - darüber hinaus auf das Corpus der Apk. ab 4,1".
[19] Obwohl Karrer auf S. 216 bedauert, daß das Siegen "leider in einer zum Überwinden abgeschwächten Form" den Überwindersprüchen ihren Namen gab, bleibt er bei der traditionellen Bezeichnung.

den. Was theoretisch eher kompliziert klingt, wird in jedem psychoanalytischen Dialog wichtig, wenn z.b. ein Analysand über Dialoge zwischen Dritten berichtet und der Analytiker den Eindruck bekommt, daß er selber in einem der außenstehenden Dialogpartner symbolisch repräsentiert sei.

Für die Apokalypse bedeutet das, daß im Zusammenhang des Gesamttextes der Erzähler Johannes, indem er Christus zitiert, der zu den Gemeindeengeln spricht, seinen Lesern mitteilt, wer sie als Leser sein und welche Normen und Haltungen sie verwirklichen oder besser: immer schon verwirklicht haben sollen. Diese Mitteilung geschieht in und auch außerhalb der Sendschreiben durch eine literarische Darstellung der dem Buch angemessenen Leser und durch Ermahnungen und Drohungen, sich unbedingt daran zu halten.

Die Beschreibung der zweifellos außertextlichen Gemeinden erfolgt so, daß sie einerseits gewisse historische Rückschlüsse auf Gemeindeverhältnisse zuläßt, andererseits aber ein innertextliches Leserbild aufbaut. Dem Gemeindeengel von Ephesus sagt Christus (2,1-7), daß er seine Werke, seine Mühe und seine Ausdauer kenne. Offensichtlich sind das positive Werte, ebenso auch, daß er - und damit die Gemeinde - Schlechte nicht ertrage und sog. Apostel als lügnerisch entlarve. Auch das sei gut. Nicht gut hingegen ist, die erste Liebe zu verlassen, gut ist vielmehr, sich zu erinnern, aus welcher Höhe man gefallen sei, um zu den ersten Werken zurückzukehren. Hier zeigt sich vielleicht etwas vom Geschichtsverständnis des Erzählers, das der Leser übernehmen soll: weil das Heil bereits endgültig wirklich ist, gibt es Entwicklung nur in das Heil hinein oder aus ihm heraus, nichts sonst. Geschichte scheint als bedeutsame Geschichte aufgehoben zu sein. Das einzige Nötige sei, zu den ersten Werken zurückzukehren. Christus schließt mit der Ankündigung, daß er kommen und den Leuchter umstoßen werde, wenn die Gemeinde nicht bereue. Das ist sicherlich eine schwerwiegende Drohung. Er lobt dann allerdings die Gemeinde noch dafür, daß sie die Werke der Nikolaiten hasse. Neben die Drohung tritt in allen Briefen die Verheißung. Dem, der siegt, wird in Ephesus versprochen, vom Holze des Lebens zu essen. Die Verheißung geht also auf die künftige Erneuerung des ursprünglichen Heils.

Es führt zu weit, alle Gemeindebriefe einzeln zu besprechen, ich beschränke mich auf Beispiele. In Smyrna trennt Christus die Gemeinde radikal von den Juden, die er eine Synagoge des Satans (2,9) nennt. Pergamon tadelt er wegen der Anwesenheit von Lehrern, die das Essen von Götzenopferfleisch und die Hurerei lehren (2,14). Intertextuell verweist das Götzenopferfleisch auf den 1. Korinterbrief von Paulus (z.B. 10,25-28), wo dieser den Genuß eines solchen Fleisches unter gewissen Bedingungen freigestellt hatte. Und auch die Warnung vor "Hurerei" ist aufgrund der Konnotation alttestamentlicher Prophetie vor allem übertragen zu lesen: als Verbot, sich mit der Welt zu vermischen[20].

Die in den Briefen geforderte Haltung wird am deutlichsten gegenüber dem Engel von Laodikeia formuliert: es wäre richtig, kalt oder heiß zu sein. Aber weil der Engel/die Gemeinde lau ist, deshalb droht Christus ihn/sie auszuspeien (3,15.16). Dabei fällt auf, daß Kälte, also vermutlich eine schlicht heidnische Einstellung, anscheinend noch höher geschätzt wird als ein Christen-

---

[20] Vgl. Karrer S. 200.

tum, das sich auf ein "Sowohl-als-Auch" einläßt. Es geht um eine kompromißlose Haltung, wie sie Christus verlangt. Zu ihr gehört auch "der Ton rigoristischer Unbedingtheit ..., der für die Ethik der Apk. kennzeichnend ist"[21]. Am deutlichsten wird sie in 14,1-5 formuliert werden.

Die Durchsetzung der Normen geschieht durch Drohung und Verheißung. In seiner Analyse der Sendschreiben hat F. Hahn[22] gezeigt, wie der Ort der Drohung in den Schreiben fest geprägt ist und nur bei den untadeligen Gemeinden leer bleibt. Aber im Gesamttext sind die Drohungen als Drohung gegenüber dem Leser allgegenwärtig. Auch er soll, wenn nötig, umkehren, sonst hat er Strafe oder auch Verwerfung zu gewärtigen.

Neben die Drohung tritt die Verheißung. Sie gilt dem, der siegt, so wie auch Christus selber gesiegt hat (3,21). Die Verheißungen beziehen sich durchgehend auf die Gewißheit des endgültigen Heils. Sie entleihen ihre Bildwelt vorwiegend aus der Urzeit, dem Paradies, fügen dem aber noch ein neues Element hinzu: die messianische Verheißung für die Zukunft verwirklicht sich nicht nur in Christus selber, dem Verfasser der Briefe, sondern sie gilt auch den wahren Christen. Sie werden die Völker mit eisernem Stabe weiden und sie zerschlagen wie Tongeschirr (2,27). Sie werden auch mit Christus auf seinem Thron sitzen, so wie dieser mit Gott auf dessen Thron sitzt (3,21). Sitzen damit die Christen auch auf Gottes Thron? Thompson verneint das mit guten Gründen, wie ich in diesem Abschnitt noch darlegen werde, aber mir scheint, daß der Text so eindeutig nicht ist. Ich komme darauf zum Schluß dieses Kapitels unter 6.4.4.3.5 zurück, wenn ich die Vorstellungen vom himmlischen Jerusalem bearbeite.

In allen Verheißungen, wenn man sie ernst und als wirklich so gemeint annimmt, erscheint ein Bild des Lesers, der die Gaben des Paradieses ersehnt. Er ißt vom Holz des Lebens (2,7), stirbt nicht endgültig (2,11), auf einem geheimnisvollen weißen Stein steht ein neuer Name geschrieben (2,17), er erhält den Morgenstern (2, 28), er trägt weiße Kleider (3,5), sein Name wird aus dem Buche des Lebens nicht mehr ausgelöscht (3,5), er ist eine Säule des Tempels Gottes (3,12), und Gottes Name, der Name der Stadt Gottes und der neue Name Christi sind auf ihn geschrieben (3,12), und er wird mit Christus auf einem Thron sitzen (3,21). Zugleich aber ist es für den fiktiven Leser eine positive Verheißung, die Völker mit eisernem Stabe zu weiden und sie wie Tongeschirr zu zerschlagen (2,27). Die Seligkeit des Paradieses und die Vernichtungslust erscheinen im Leserbild unproblematisch nebeneinander, natürlich nicht als Aussagen über reale Leser, sondern als Norm für den textimmanenten fiktiven Leser[23].

6.1.3.4 Leserlenkung durch den Gesamtaufbau des Textes

L. Thompson (1990) schreibt auf S. 180, die Sendschreiben hätten nicht nur in der Abfolge des Gesamttextes die erste Stellung inne, sondern ihre Botschaft

---

[21] J. Roloff (1987²) S. 150.
[22] (1971) vor allem S. 371/372.
[23] Vgl. meine eigene Arbeit (1990).

bilde damit zugleich "the initial context - the bass line - for images, symbols, and motifs used later in the transzendent visions". Thompson, der sich in seinem Buch ausdrücklich auf Austin für die Textpragmatik beruft, führt dann weiter aus, daß der Seher durch die Stellung der Sendschreiben zwischen der Berufungsvision und den großen, ab Kap. 4 folgenden Visionen die Leser in der Asia zu einem Teil dieser Visionen mache. Sie sollten sie nicht nur lesen oder hören als etwas Äußerliches, sondern sich in diese Welt selber einbeziehen lassen[24]. Unabhängig von Thompson kommt Karrer (1986) zu einem ähnlichen Ergebnis[25]. Er beruft sich dafür vor allem auf die Formel *kai idou*, die der Erzähler erstmals 1,7 benutzt und die auch 4,1 zur Eröffnung der großen Visionen wieder auftaucht. Johannes berichtet hier - in der literarischen Fiktion - nicht das, was er gesehen *hat*, sondern er läßt mit dem "und siehe" den Leser unmittelbar an seiner Vision teilhaben. Der fiktive Leser wird realisiert als Mit-Seher.

Was er dabei sieht, soll hier nicht im einzelnen nacherzählt und erörtert werden. Mein begrenztes Ziel ist vielmehr, gewissen Linien der Beeinflussung des Lesers durch den Erzähler in der Weise nachzugehen, daß sie einerseits am Text verifizierbar bleiben, sich aber andererseits für eine spätere objektbeziehungstheoretische Interpretation anbieten.

Einem Hinweis von U. v. Arx (1989)[26] folgend, könnte man das visionäre Geschehen als auf drei Bühnen sich abspielend beschreiben. Die eine Bühne ist die des Gerichtes. Auf ihr wird dem mit-sehenden Leser gezeigt, wie Gott an den Ungläubigen seine Macht in erschreckenden Taten erweist und wie er sie später, beginnend mit den Schalenvisionen, endgültig richtet. Seinen Höhepunkt findet dieses Gericht in der endgültigen Vernichtung des Tieres, des Pseudopropheten, des Teufels, des Todes und des Hades im brennenden Schwefelsee. Zu ihnen hinzu kommen diejenigen, die nicht im Buch des Lebens eingeschrieben sind. Der Leser "sieht" damit, was ihm bevorstünde, wenn er die Sicht des Johannes, also Christi, nicht übernimmt, und er soll zugleich, wenn er ein "Heiliger" ist, mit den Aposteln und Propheten über das Gericht Gottes jubeln (18,20)[27].

Auf einer zweiten Bühne sieht er das Heil, das zeitlich schon gegenwärtig, aber "hier", wo der Leser wohnt, noch nicht durchgesetzt ist. Das Heil wird bildlich zuerst manifest in der Thronsaalvision Kap. 4 und 5. Im 7. Kapitel sieht der Leser, wie die Knechte Gottes versiegelt werden, damit ihnen kein Schaden zustoßen könne. Danach schaut er eine unzählbare Schar, bekleidet mit weißen Gewändern und mit Palmenzweigen in der Hand, die sich zu Gott und dem Lamm bekennt. Wer sind die Menschen in dieser Schar, so fragt sich der Leser. Und einer der Akteure auf dieser Bühne stellt dieselbe Frage an Johannes, der sie aber dem Fragesteller zurückgibt (7,13.14). Dieser antwortet gleich, und so erfährt der Leser, daß es die einstmals Bedrängten sind, die ihr Gewand im Blute des Lammes gewaschen haben. Ihnen wird ein Heil als ge-

---

[24] S. 181/182.
[25] S. 221-223.
[26] In einem unveröffentlichten Referat im Schweizerischen neutestamentlichen Doktorandenkolloquium (1990).
[27] Die Heiligen als die Gläubigen z.B. 5,3; 11,18. Vgl. auch Anm. 22.

genwärtig beschrieben, das der mitsehende Leser gegen Ende der Visionen nochmals und dann in Vollendung schauen wird. Implizit in der Frage nach der Identität der Schar im weißen Gewand dürfte noch eine zweite Frage enthalten sein, die sich der Leser stellt: "Und ich, wo bin ich, wie könnte ich zu den Hundertvierundvierzigtausend oder zu der Schar gehören?" Eine Antwort erhält er in der nächsten Heilsvision 14,1-5. In Form einer Beschreibung werden ihm die Bedingungen genannt, unter denen die Zugehörigkeit zu den Hundertvierundvierzigtausend erlangt werden kann: "Sie sind es, die sich mit Frauen nicht befleckt haben, denn sie sind jungfräulich. Sie sind es, die dem Lamm nachfolgen, wohin es auch geht, ... in ihrem Mund befand sich keine Lüge, sie sind makellos".

Auch in der Vision von der Hochzeit des Lammes, in deren Verlauf ein Engel dem Johannes eine Seligpreisung mit dem Wortlaut: "Selig sind die zum Hochzeitsmahl des Lammes Geladenen" (19,9) diktiert, kann sich der Leser abermals fragen "Bin ich geladen?" und die Verheißung wird ihn wiederum dazu anhalten, dem im Text vorgesehenen Bild des angemessenen Lesers zu entsprechen. Im Kapitel 21,10 - 22,5 entrückt einer der Engel Johannes auf einen großen und hohen Berg, aber obwohl ein *idou* fehlt, sieht der Leser, der mit dem Erzähler in der Textwelt weilt, so wie es P. Rabinowitz[28] darstellt, das himmlische Jerusalem in seiner Vollendung. Und nochmals erfährt er, wie er sein müßte, um dazu zu gehören: "Und nichts Unreines wird in sie hineingehen, auch keiner, der Greuel tut und Lüge, sondern nur diejenigen, die im Lebensbuch des Lammes geschrieben stehen" (21,27).

Der mit-sehende Leser ist stets indirekt gefragt, auf welcher Bühne sein eigenes Spiel inszeniert wird und wo die Akteure sind, die ihn repräsentieren. Natürlich ist das in dem Falle keine echte Frage, wenn der Leser die Sicht des Erzählers übernimmt. Aber so, wie Johannes in den Sendschreiben manche der möglichen Leser darstellt, ist diese Übernahme keine Selbstverständlichkeit. Vielmehr ist es das Ziel Christi, durch Johannes die Leser dazu zu bewegen. Erleichtert wird dem Leser die Entscheidung vielleicht dadurch, daß er auf einer dritten Bühne seine eigene gegenwärtige Existenz in einer bestimmten Deutung wiederfindet.

Die Schlüsselszene auf dieser Bühne ist die Schilderung im 12. Kapitel: wie der Satan zwar im Himmel besiegt wurde, aber deshalb auf der Erde umso mehr mit dem übrigen Samen der himmlischen Frau Krieg führt. Und das sind die, "die die Gebote Gottes halten und das Zeugnis Jesu haben" (12,17). Der Seher kann damit sein eigenes und der Leser Verfolgtwerden deuten, es ist kein Zeichen der Macht des Satans, sondern gerade seiner Ohnmacht; deshalb lohnt es sich auszuharren[29]. In 6,9-11 erfährt der Leser, daß seine Seele, falls er das Martyrium erlitte, am Fuße des Altars Gottes wohne, mit einem weißen Gewand[30] bekleidet würde und nur noch kurze Zeit warten müsse.

In den Visionen zwischen Kap. 4 und 22,5 geben Erzähler und Leser diese ihre Eigenschaft teilweise auf, und sie werden statt dessen zu Ereignisteilnehmern[31]

---

[28] Siehe oben S. 110.
[29] Ich komme auf das 12. Kapitel der Apokalypse in 6.3 nochmals ausführlicher zurück.
[30] Zum weißen Gewand vgl. Roloff (1987²) S. 84.
[31] Weimar (1980) § 306.

innerhalb derselben fiktiven Welt, von der der Erzähler erzählt. Doch gibt es einige Brüche auf der Textoberfläche, an denen die Ebene fiktiver Ereignisteilnahme wieder zur fiktiven Beziehung zwischen Erzähler und Leser wechselt. Davon handelt der nächste Abschnitt.

6.1.3.5 Leserlenkung durch Makarismen und eingestreute Worte

Im 16. Kapitel wird die Ausgießung der sieben Schalen berichtet und zwar, wenn wir uns das *idou* von 4,1 und später (z.B. 14,1) noch als in Kraft vorstellen, in einer Art, daß der Leser als Ereignisteilnehmer anwesend ist[32]. In 16,15 aber wird die Gerichts-Bühne verlassen und eine zunächst unbekannte Stimme sagt unvermittelt : "Siehe, ich komme wie ein Dieb. Selig, wer wacht und seine Kleider festhält, daß er nicht nackt gehen muß und man seine Blöße sieht". Der Bezug zu 3,3 macht klar, wer der Sprecher ist. Es ist Christus, der sich wie ein Kommentator an den Leser wendet, um ihm, der gleichsam im Ereignis aufgegangen ist, mit der Mahnung zur Wachsamkeit eine Nutzanwendung des Gesehenen zu ermöglichen.

Einen ähnlichen Unterbruch einer Vision finden wir in 14,12.13. Nachdem der Leser gesehen hat, wie der Rauch der Peinigung in alle Ewigkeit aufsteigt, wendet sich der Erzähler Johannes direkt an ihn und sagt, daß hier, nämlich bei denen, die das Siegel des Tieres nicht genommen haben, Standhaftigkeit vorhanden sei[33]. An dieser Stelle melden sich noch zwei weitere Stimmen. Die erste ist eine Stimme von Himmel, und ihre Worte dürften als Zitat vom Erzähler in die Visionsszene eingebettet worden sein. Indem Johannes aber *schreiben* soll, was er ja durch sein Buch auch tut, geht der Satz aus der Ereignis- auf die Textebene über. Sein Inhalt ist wiederum eine Seligpreisung von Lesern, nämlich derer, die im Herrn sterben von nun an. Das ist einerseits Trost, aber man kann als Konnotation auch die Aufforderung mithören, nicht das Martyrium zu vermeiden. Die zweite Stimme, der Geist[34], scheint wieder nur auf der Erzähl- und nicht auf der Ereignisebene zu sprechen, er bestätigt die vorhergehende Himmelsstimme. Von den Weckrufen her weiß der Leser, daß der Geist nahe bei Christus ist und damit letzte Autorität hat.

Die Aufforderung zur Freude in 18,20 erwähnte ich bereits. Sie dürfte am ehesten den Erzähler Johannes selber als Subjekt haben und ist nicht ganz eindeutig der Ereignis- oder der Textebene zuzuordnen. Auf alle Fälle richtet sie sich an den Leser, wenn dieser sich zu den Heiligen[35] zählen kann.

Auch der Makarismos in 19,9 geht durch die Aufforderung zu schreiben, über die Ereignisebene hinaus und wendet sich auf der Ebene der Erzählung an die Leser. In ihm ist wiederum eine Aufforderung an die Leser verborgen, denn

---

[32] Wenn das *eidon* von 15,1 gegenüber *idou* in 14,14 einen bewußten anderen Akzent darstellen sollte (was mir allerdings unwahrscheinlich zu sein scheint), dann würde sich nicht viel am mir Argument ändern, der Wechsel geschähe dann vom Bericht *über* die Vision zu einem Zitat eines anderen Sprechers, es wäre also nur ein einfacher Subjektwechsel. Vgl. Karrer (1986) S. 222.
[33] Ich finde es schade, daß die Texteinteilung in der 26. Auflage von Nestle-Aland es eher verhindert, hier den Sprecherwechsel wahrzunehmen.
[34] Vgl. Tr. Holtz (1962) S. 209, F. Hahn (1971) S. 380/381.
[35] Vgl. Anm. 26.

das Gewand, das die Braut trägt, ist aus glänzend reinem Byssusleinen gefertigt. So spricht es "die große Schar" in 19,6, und Johannes kommentiert: "Denn das Byssusgewand sind die rechten Taten der Heiligen" (19,8b), also des Lesers, sofern er nicht durch unrechte Taten die andere Bühne gewählt hat, auf der sich die Hure Babylon, gekleidet in Purpur und Scharlach anstatt in Leinen, mit dem Tier vereint. Und auch dort hatte sich Johannes direkt an den Leser gewendet und gesagt: "Hier braucht man Verstand, der Weisheit hat" 17,9)[36].

Sehen wir von den Eingangsversen und vom Buchschluß ab, so bleibt noch ein Makarismos in 20,6 übrig. Da im Zusammenhang von 20,1-10 immer Johannes selber der Erzähler ist und innerhalb der Seligpreisung Christus in der dritten Person erwähnt wird, dürfte es Johannes selber sein, der sich mit diesem Ausspruch an den Leser wendet. Die darin enthaltene Aufforderung zielt darauf, sich so zu verhalten, daß man bereits der ersten Auferstehung teilhaftig werde.

6.1.3.6 Leserlenkung im Buchschluß

Nach Kap. 22,5 kommt der Leser/Mit-Seher von der Vision des himmlischen Jerusalem zurück auf die Ebene der Erzählung, einer abschließenden Reflexion der geschauten Visionen. Zahlreiche Zitate sind hier von wenigen unmittelbaren Äußerungen des Erzählers eingerahmt. Die Verse 7 und 12-16 sind dabei sicherlich Christuszitate, für die Verse 18 und 19 ist das umstritten, aber wegen der Einleitung zu Vers 20 legt es sich nahe[37], auch hier an Christus als Sprecher zu denken.

Der Makarismos in 7 nimmt als Christusrede 1,2 auf und bestätigt die Aussage. Ein neues Element bringt die Engelrede in V. 11: "Wer Unrecht tut, tue weiter Unrecht". Damit merkt der Leser, daß es "jetzt" zu spät ist; die Entscheidung ist gefallen. Auch Christus betont im Makarismos V. 14 und in dem fluchähnlichen Spruch V. 15 die Endgültigkeit der Trennung. Sie wird in V. 18 und 19 insofern wieder aufgehoben, als Christus oder Johannes den Gebrauch des Buches der Apokalypse selber zum Gegenstand von Vorschriften machen, die "neutestamentlich in Form wie Schärfe singulär"[38] sind. Jeder das Buch nicht vollständig bewahrende Umgang mit der Apokalypse bedroht den Leser mit dem Verlust des Heils und mit der Zufügung genau der Plagen, an denen er seit Kapitel 4 mit-sehend teilgenommen hat. Die zitierte oder von Johannes in eigener Verantwortung gesprochene Drohung ist die wohl stärkste Einflußnahme auf den Leser[39], die das Buch enthält.

---

[36] Es könnte allerdings auch sein, daß der Engel diesen Satz kommentierend zu Johannes spricht. So anscheinend bei Roloff (1987²) gemäß der Anordnung des Textes auf S. 166 und Bousset (1906) 403-406.

[37] In V. 20 ist "der, der dies bezeugt", wegen der Fortsetzung eindeutig Christus: V. 18 aber beginnt mit "Ich bezeuge". Hier einen Subjektswechsel, der sonst ja durchaus in abrupter Weise vorkommt, anzunehmen, legt sich kaum nahe. Ähnlich Karrer S. 77. Roloff (1987²) S. 213 plädiert eher für Johannes selber, aber ohne viele Argumente anzuführen.

[38] Karrer (1986) S. 274.

[39] Das zeigt Luthers Zeugnis deutlich, der in seiner Ablehnung gerade auf diese Verse hinweist, vgl. Anm. 50.

6.1.4 Versuch einer ersten Interpretation der Leserlenkung

In 1,9 bezeichnet sich Johannes als Bruder und als einen, der mit dem Leser vieles gemeinsam hat. Der Engel, den Johannes (19,10) anbeten will, sagt ihm: "Nicht doch! Dein Mitknecht bin ich und einer von deinen Brüdern". Und in einer ähnlichen Szene (22,9) wiederholt der Engel die Worte und gibt ihnen damit noch mehr Gewicht. In der Vision in Kapitel 5 sagt Johannes: "Und alle Geschöpfe, die im Himmel und auf Erden und unter der Erde und auf dem Meer sind, und alles, was darin ist, hörte ich sagen ..." (V.13). In ähnlicher Weise steht in 7,9.10 eine riesige Schar vor dem Thron Gottes, und alle sind gleich in weiße Gewänder gekleidet. Von diesen und anderen Versen ausgehend, spricht L. Thompson (1990) von einer "worshipping Community", die eine "egalitarian communitas" sei[40]. Ausgenommen sind für ihn nur Gott und das Lamm[41]. Doch scheint mir die egalitäre Gemeinschaft sogar noch weiter zu gehen. Zwar spricht Johannes nie von den Christen als Söhnen (geschweige denn Töchtern) Gottes. Aber diejenigen, die "siegen", denen wird Christus verleihen, *mit* ihm auf *seinem* Thron zu sitzen, ebenso wie er gesiegt und sich mit seinem Vater auf dessen Thron gesetzt hat (3,21). Zudem vereint sich das himmlische Jerusalem, die Braut, deren Kleid aus den rechten Taten der Heiligen gefertigt ist, mit dem Lamm in einer Hochzeit. Der Thron des Lammes und Gottes bleibt zwar in der Stadt als Thron erhalten, aber beide wohnen in ihr und nicht über ihr und werden nicht mehr von ihr getrennt. Die Gemeinschaft, die Johannes und damit letztlich Christus verkündet, ist eine Gemeinschaft der Gleichen, die nicht nur untereinander gleich werden, sondern sich auch immer mehr dem Lamm und vielleicht sogar Gott selber angleichen[42]. Dieser Gemeinschaft soll sich der Leser anschließen.

Thompson geht noch einen Schritt weiter und spricht von der Vision einer "Unbroken World"[43]. Für ihn verschwimmen nicht nur die Grenzen innerhalb der Christen und der göttlichen Mächte und, was ich bisher ausgeklammert hatte, ebenso innerhalb der widergöttlichen Welt, sondern auch *zwischen* diesen beiden Welten. Seine wichtigsten Argumente dafür sind:

1. Die Grenzen sind durchlässig, Sünder bekehren sich manchmal (z.B. in 11,13), Christen können abfallen, und der Satan stürzt aus dem göttlichen Hofstaat auf die Erde und später in den Abgrund.
2. Zwischen der göttlichen und der teuflischen Welt gibt es Analogien. Lamm und Tier sind beide wie geschlachtet, beide Seiten haben Verehrer um sich versammelt, auf beiden Seiten wird Hochzeit gefeiert. Man könnte hier die von Thompson nicht erwähnte "satanische Trinität" nach Jung-Stilling[44] noch anfügen.

---

[40] S. 70.
[41] S. 69.
[42] Dieses Thema werde ich unter 6.4.4.3.5 wieder aufnehmen.
[43] So die Überschrift seines 5. Kapitels.
[44] Böcher (1980²) S. 6.

Doch Durchlässigkeit und Analogie[45] allein deuten noch nicht auf eine ungebrochene Welt. Und vom unmittelbaren Eindruck her hat Satakes (1980) Hypothese eines durchgängigen Dualismus vieles für sich. Ich lasse die Frage hier zunächst offen und werde auf sie weiter unten zurückkommen, wenn ich versuche, den jetzigen Befund psychoanalytisch zu interpretieren.
Ich fasse das bisherige Ergebnis zusammen: Sowohl auf der Ebene des Mit-Sehens der Ereignisse als auch in direkter dialogischer Ansprache versucht der Erzähler, den Leser in eine Position zu bringen, in der beide einander in jeder Hinsicht gleich sind. Symbolisiert wird die Gleichheit vor allem durch die leuchtend weiße Farbe, eine gemeinsame Ausrichtung auf Gott, einen gemeinsamen Lobgesang, ein gemeinsames künftiges Sitzen mit Christus auf seinem Thron, und schließlich sollen sich Erzähler und Leser auch gleich sein in einer völligen Mitleidslosigkeit gegenüber der Vernichtung der Bewohner dieser Welt[46]. Darüber soll sich der Leser mit dem Erzähler vielmehr freuen (18,20). Spätestens in 22,18.19 zeigt sich die Gewalttätigkeit des Johannes gegenüber seinem Leser direkt, indem er ihn, vermutlich Christus zitierend, mit aller Grausamkeit bedroht, falls er an dem eben gelesenen Buch irgend etwas verändern würde.

6.1.5 Leserlenkung als Übertragung -
Versuch einer psychoanalytischen Interpretation

Eine psychoanalytische Interpretation, so habe ich in Kapitel 2 und 4 ausführlich gezeigt, kann nicht absehen vom Interpreten, und von daher möchte ich vorausschicken, daß ich nicht einfach absehen kann von meinem Entsetzen über die Wirkungsgeschichte dieses Buches. In dem Augenblick, in dem die Vision eines tausendjährigen Reiches, verbunden mit den Reinheitsvorstellungen des himmlischen Jerusalem, zum politischen Programm wird, entläßt dieser Text aus sich eine Destruktivität, die ihresgleichen nicht kennt. Damit meine ich nicht nur die Wirkung in Deutschland zwischen 1933 und 1945, sondern auch die Vorläufer, deren schrecklichster für mich der oberrheinische Apokalyptiker ist, über den N. Cohn (1988)[47] ausführlich berichtet.
Aber auch in einer analytischen Praxis ist man manchmal entsetzt[48], und wenn dann, neben einer gewissen Sympathie, nicht das Interesse überwiegt, dasjenige zu verstehen, was hinter dem Entsetzen liegt und warum der andere zu einem solchen Erleben kommt, dann ist die Analyse unmöglich. Bei der Apokalypse kommt mir entgegen, daß sie als ein Kunstwerk eine ästhetische Form hat, die den Inhalt, solange er in der Sprache oder im Bereich bildender Kunst

---

[45] Hierzu sehr lesenswerte Bemerkungen bei J. Ebach (1985) über das Satanische als "Imitation". Damit wird das Weltbild der Apokalypse in seiner Widersprüchlichkeit meines Erachtens besser charakterisiert als durch den Aufweis von neutralen Analogien.
[46] Ein häufiger Ausdruck bei Johannes für die sündige Welt, z.B. 13,8.12.14; 17,2.8.
[47] "Das Buch der hundert Kapitel" bei N. Cohn S. 130-138.
[48] J. Chasseguet-Smirgel (1991) S. 406. Die Autorin erfährt hier von einem Patienten, daß er einmal den Tod eines alten Mannes "aus Versehen" verursacht habe. Es ist schwierig sich vorzustellen, eine solche Situation ohne offenes Entsetzen durchzustehen. Aber zugleich muß man sich darüber klar sein, daß damit eine Psychoanalyse unmöglich wird.

bleibt, erträglich oder sogar anziehend macht. Form hat damit einen Aspekt von nötiger Abwehr[49].

Zum analytischen Hören oder Lesen gehört auch, den anderen als Anderen ernst zu nehmen und nicht gleich zu harmonisieren, sondern seinen Gedanken eher noch etwas zuzuspitzen. Für einen Laien erscheint deshalb oft eine psychoanalytische Interpretation als Überinterpretation. So schlimm sei alles doch gar nicht. Der Eindruck ist oft richtig, nur sind es die Analysanden - und nicht nur diese -, die ihrerseits immer schon überinterpretiert haben[50]. Eine analytische Deutung, darüber muß man sich immer klar sein, ist keine Deskription, wie "es" wirklich ist, oder von außen erscheint, sondern sie ist eine Re-Konstruktion der inneren Perspektive des Analysanden auf seine oder ihre Welt. Sie ist dann richtig, wenn sie diese Sicht, nicht aber, wenn sie die gesehenen Ereignisse, unabhängig von dieser Sicht, zutreffend beschreibt[51]. Das wird später noch deutlicher werden, wenn wir die Sicht des Apokalyptikers mit derjenigen neuerer Historiker vergleichen[52].

Bleiben wir vor einer Interpretation noch bei einer weiteren Leserreaktion. Luther schreibt 1522: "... Ich sage, was ich fühle (...) Dazu dünket mich das allzuviel zu sein, daß er so hart solch sein eigen Buch ... befiehlt und dräuet ...", und schließlich: "Mein Geist kann sich in das Buch nicht schicken". Luther hat, wie mir scheint, sensibel die Zumutung des Erzählers an seine Leser gefühlt und verweigert sich ihm wenigstens zu diesem Zeitpunkt[53]. Das entspricht einer Gegenübertragungsreaktion gegenüber einem Übertragungsangebot. Wie läßt sich dieses in Begriffe fassen? Für den theoretischen Hintergrund meines folgenden Versuches verweise ich zurück auf die Darstellung der Psychoanalyse Melanie Kleins im 2. Kapitel[54].

Mir scheint, daß die im Leser zu realisierende Objektbeziehung zwischen Erzähler und fiktivem Leser vor allem durch die paranoid-schizoide Position gekennzeichnet ist. Das Objekt, also das Gegenüber des Erzählers, ist radikal gespalten in ein gutes und ein böses, ein "heißes oder kaltes" Objekt. Was dazwischen liegt, ist wie nicht vorhanden und wird, weil es "lau" ist, ausgespieen[55] und dem bösen Objekt zugerechnet. Zwischen dem guten und dem bösen Objekt wird jede Verbindung bestritten. Der Leser soll gezwungen werden, zu-

---

49 "Der Dichter mildert den Charakter des egoistischen Tagtraums durch Abänderungen und Verhüllungen und besticht uns durch rein formalen, d.h. ästhetischen Lustgewinn, den er uns in der Darstellung seiner Phantasien bietet" (Freud, 1908e) S. 179. Vgl. C. Pietzcker (1990).
50 Das geschieht etwa dadurch, daß *alle* täglichen Erfahrungen auf einige wenige Grundkonflikte immer schon reduziert werden und es nicht mehr möglich ist, wirklich Neues zu lernen. Roy Schafer betont diesen Gedanken oft, z.B. (1983) S. 236.
51 Lorenzer beschreibt den Beginn der Psychoanalyse als den Weg "von der Ereignisdiagnose zur Erlebnisanalyse" (1984) S. 199-214.
52 "The empire - especially under Domitian - was beneficial to rich and poor provincials (...). The writer of the Book of Revelation may urge his readers to see conflicts in their urban setting and to think of Roman society as 'the enemy', but those conflicts do not reside in Asian social structures". Thompson (1990) S. 167/168. Danach hätte der Apokalyptiker also scheinbar Unrecht. Vgl. dazu ausführlicher unter 7.3.3.2.
53 1530 hatte Luther aber seinen "Ort" im Text gefunden, vgl. J. Ebach (1985) S. 21/22, monumental dargestellt bei H.-U. Hofmann (1982).
54 Vgl. oben unter 2.2.4.
55 Die Metapher des "Ausspeiens" läßt daran denken, daß die ersten guten oder bösen Objekte durch den Mund in das Kind gelangen und entweder aufgenommen oder ausgespien werden.

sammen mit dem Erzähler selber ein nur-gutes Objekt zu sein in einer Schar von vielen anderen guten Teil-Objekten. Zwischen ihnen allen gibt es keine Differenz, sie sind eine egalitäre Gemeinschaft, alle sind in weiße Kleider gehüllt, und sie sind gemeinsam auf das letztlich gute Objekt, auf Gott, ausgerichtet[56]. Mit Gott wird der Leser zwar nicht gleich, aber die Grenzen zwischen Gott, dem Lamm, dem Himmlischen Jerusalem, der Schar der Glaubenden und damit auch dem Leser, der sich dem Text gemäß verhält, verschwimmen. Zur Reinheit, zur Gleichheit und zum Licht gehören die Verleugnung der Sexualität und damit zugleich die Leugnung der Unterschiede der Geschlechter. Auch der Leser soll jungfräulich bleiben.

Erhalten bleibt nur *eine* Differenz: die zur widergöttlichen Macht. Mit ihr darf sich der Leser nie abgeben, sonst betriebe er Hurerei. Kreative Verbindung von Gegensätzen ist nicht möglich, weil Gegensätze immer zugleich mit den Prädikaten "nur gut" oder "nur schlecht" belegt sind. Von daher kann eine Hochzeit nur zwischen zwei Objekten stattfinden, die keine Gegensätze, sondern gleiche Teilobjekte sind, deren Konturen ineinander verschwimmen[57]. Damit ist das auf den Leser durch die Leserlenkung übertragene Teilobjekt von der Art, daß es eine Verbindung mit gegensätzlichen anderen Teilobjekten ausschließt. Die Phantasie, daß sich Mann und Frau, bzw. Mutter und Vater lustvoll zusammentun, um etwas erfreuliches Neues zu erschaffen, ist in diesem System undenkbar, denn eine solche Vorstellung setzt Beziehungen zwischen ganzen Objekten voraus, wie sie erst in der depressiven Position erreicht werden. In der Sprache der Psychoanalyse heißt das: die Möglichkeit der Urszene[58] als eines schöpferischen Aktes wird verneint und durch die Spaltung unmöglich gemacht. Sexualität wird dem Leser in seinen Visionen nur als Perversion, als Hurerei vorgestellt, weil sie die Spaltung aufhebt und deshalb, als ob sie infiziert wäre, ganz dem Bösen zugerechnet werden muß.

Die Übertragung auf den Leser als einem nur guten Teilobjekt nimmt diesem jede Möglichkeit, auch einmal nicht nur gut (im Sinne Christi und des Erzählers) zu sein, zu differenzieren und, zum Beispiel, Teile des Buches der Apokalypse in Frage zu stellen. Immer ist er gemäß 22,18.19 damit schon *ganz* im Bereich des Bösen. Die depressive Position ist im Buch keine Möglichkeit. Ihr Ende deutet sich auf der Inhaltsebene des Buches im Sturz des Satans an, der danach zum Verfolger wird[59].

Die Spaltung erlaubt dem Leser die Identifikation mit einem nur-guten und reinen Objekt und zugleich die Möglichkeit, ein äußerstes Maß an Sadismus ohne jedes Schuldgefühl auszuleben, weil der Sadismus sich auf das böse Objekt richtet, für das es keine Sorge geben darf. Als Vorbild kann sich der Leser dafür Gott selber nehmen, der mit den Ungläubigen - in der Phantasie des Lesers - *real* so verfährt, wie dieser es sich *vorstellt*.

---

[56] L. Thompson (1990) S. 70.
[57] In einer Psychoanalyse würde man bei Phantasien, wie sie in der Apokalypse in der Hochzeit des himmlischen Jerusalem dargestellt sind, von einer "inzestuösen" Objektbeziehung sprechen, in der "der Andere" vor allem eine narzißtische Verdoppelung des "Selbst" ist.
[58] Zum Begriff der "Urszene" als der Phantasie über den elterlichen Geschlechtsverkehr, vgl. Laplanche/Pontalis (1973) S. 576-578, der einzige mir bekannte neuere Aufsatz ist von G. Dahl (1982). Das Thema der Urszenenphantasien wird unten auf S. 199 und in 6.4.4.3.6 wieder aufgenommen.
[59] Dazu ausführlicher in 6.3.

Damit wird die Eigenschaft Gottes als eines guten Objektes in keiner Weise berührt, weil es gut ist, das Böse zu beseitigen. Der Sadismus und die Rachegelüste der Glaubenden sind deshalb durch Gott immer schon gerechtfertigt. In der Welt der Apokalypse gibt es deshalb keine Schuldgefühle, weil dafür die depressive Position erreicht sein müßte[60]. In der Auseinandersetzung zwischen Lohfink und Pesch einerseits und Drewermann andererseits geht es darum, diese zugewiesene Position zu akzeptieren oder abzulehnen. Ich werde allerdings im 8. Kapitel meine Vermutung äußern, daß Drewermann trotz oder auch gerade wegen seines Protestes dem Apokalyptiker gleichsam in die Falle gegangen ist.

Thompson's Annahme, es gäbe durchlässige Grenzen zwischen Gut und Böse ist dahingehend zu korrigieren, daß die Grenze zwar durch Bekehrung oder Abfall überschritten werden kann, aber die Radikalität der Trennung damit nicht verringert wird. In der Leserlenkung bzw. Übertragung wird der Leser zu einem Teil einer Inszenierung, in der ganze und zugleich differenzierte Objekte geleugnet werden und wo es von der ersten Liebe her kein Wachstum und keine Entwicklung gibt, sondern nur Vollkommenheit, die mit einer rigorosen Ethik bewahrt werden muß. Wenn Th. Ogden (1990) die depressive Position als "historische Position"[61] bezeichnet, innerhalb derer es Kontinuität gibt, so ist in der paranoid-schizoiden Position und damit auch für den Leser der Apokalypse die Zeit aufgehoben (vgl. 10,6). Auf der Ebene des Inhalts zeigt sich das in der oft beobachteten Aufhebung eines strengen Nacheinanders im Text der Offenbarung.

Die gespaltene Teil-Objekt-Beziehung der paranoid-schizoiden Position ist der Übertragungsrahmen, innerhalb dessen psychoanalytische Inhaltsdeutungen apokalyptischer Texte möglich werden. Wir können schon jetzt sehen, daß integrative Prozesse, wie sie Jung und Drewermann[62] beschreiben, innerhalb der von mir interpretierten Übertragungsbeziehung nicht möglich sind. Ich werde im letzten Abschnitt zu zeigen versuchen, wie der Erzähler in der Apokalypse zusammen mit dem Leser eine Welt zu erschaffen versucht, die wie Integration aussieht. Aber beide müssen einen entsprechenden Preis dafür zahlen, daß sie etwas, was wie Vollkommenheit und Integration erscheinen soll, mit einer Spaltung erreichen wollen, durch die ein Teil der Realität vernichtet wird. Es könnte sogar sein, und diesem Gedanken werde ich im Abschnitt 6.4.4.3.7 nachgehen, daß die vom Apokalyptiker versuchte Integration eine "reine" Illusion ist, weil für sie die gesamte Realität als das "andere" vorher zerstört werden muß.

---

[60] Vgl. dazu meine Arbeit von 1990 "Psychoanalytische Reflexionen über Schuldgefühle und Schuld".
[61] S. 67-99.
[62] Siehe unten unter 6.3.6.3 und oben in Kap. 5.

6.2 Drewermanns Auslegung der Vision von den sieben Posaunen

Wir haben im ersten Abschnitt dieses Kapitels gesehen, wie der Erzähler der Apokalypse den Leser in einer am Text wahrnehmbaren Weise lenkt. Er soll eine Sicht der Realität einnehmen, die von einer radikalen Spaltung in Gut und Böse geprägt ist. Zugleich wird dem Leser messianische Gewalt und Anteil am Paradies versprochen, wenn er innerhalb dieser Spaltung an der guten Seite, selbst unter äußerster Bedrohung im Martyrium, festhält. Ich hatte weiterhin gesagt, daß diese Textpragmatik als Übertragungs-/Gegenübertragungsbeziehung verstanden werden könne und damit den Rahmen für analytische Inhaltsdeutungen abgäbe.

Ich möchte im folgenden zeigen, wie Drewermann einen Text aus der Apokalypse auslegt, und ob und wie er dabei den Fragen nach Gut und Böse und nach Liebe und Haß begegnet. Wie ich schon oben erwähnte, beginnt Drewermann seine Einzelauslegungen der Apokalypse erst mit Apk. 8,2. Ich fange damit an, seine Auslegung der Vision von der ersten Posaune vollständig zu zitieren:[63]

"Was geht in einem Menschen vor, der *träumt*, daß Hagel, Feuer und Blut vom Himmel regnen und ein Drittel der Erde in Flammen aufgehen läßt? Man wird traumpsychologisch kaum anders sagen können, als daß ein solcher Mensch schweren Schuldgefühlen gegenüber dem Bombardement seines Überichs ausgesetzt ist, und dasselbe wird auch in der Geh. Offb. gelten: es 'hagelt' Vorwürfe und flammende 'Niederschläge' von oben herab, und Gott selber erscheint als Inbegriff einer grausam strafenden Vater-Instanz".

Drewermann stellt sich also für seine Auslegung vor, der Text sei ein Traum, aber der Traum, den man "traumpsychologisch kaum anders" interpretieren könne, ist in Drewermanns konkreter Deutung kontextfrei[64]. Das läßt sich aber von dem Text selber, der in Analogie zu einem Traum gedeutet werden soll, nicht sagen. Er schildert eine Vision des Sehers, die Gott ihn sehen läßt, und wenn der mit-sehende Leser sich an den Seher hält und an die Anweisungen, die er von Christus durch den Seher bekommen hat, dann kann er sicher sein, daß die geschilderten Katastrophen ihn nicht treffen. Explizit wird das in 7,3 und 9,4 gesagt. Der Leser ist also Zuschauer eines Geschehens, das nicht ihn, sondern andere trifft. In Drewermanns Auslegung aber ist der Leser Opfer der Aggression. Es ist sein Überich, das ihn grausam straft und ihm heftigste Schuldgefühle macht. *Welche* Vorwürfe ihm dieses Überich macht, wissen wir nicht. Das Ich scheint ohne Schuld zu sein. Es ist kein Täter, sondern Opfer. Wenn wir diese Auslegung in Beziehung setzen zu dem Maß an Rachephantasien, die sich sonst noch im Text finden und an denen der Leser partizipieren darf, so steht Drewermanns Auslegung im Dienste einer Entlastung des Lesers: er darf sich als ein primär Unschuldiger, aber grausam Verfolgter fühlen.

Ähnlich ist die Auslegung der zweiten Posaune. Der große feurige Berg, der ins Meer geworfen wird, hat in der Auslegung die Wirkung, die eigene Existenz (doch wohl auch die des Lesers) "wie 'ausgebrannt', verwüstet und leer"

---

[63] T. u. E. II 552-557. Wegen der Kürze des besprochenen Textes verzichte ich auf die Einzelnachweise der folgenden zahlreichen Drewermann-Zitate.
[64] Das Buch von Morgenthaler (siehe oben unter 2.2.5) ist Drewermann unbekannt.

erscheinen zu lassen. Drewermann schildert diese Existenz mit Worten, die mich an Poe erinnern, und fährt fort: "Angst, Strafe und Destruktion verdichten sich desgleichen in der extrem sadistischen Phantasie von dem 'Meer von Blut', von Untergang und Tod". Es ist unklar, wer das Subjekt dieses Satzes ist. Wie sind die ersten drei Worte auszulegen? Hat der Leser Angst vor Strafe wegen seiner Destruktion, oder hat er Angst vor einer destruktiven Strafe, die ihn als Opfer trifft? Der Zusammenhang bei Drewermann läßt eher an die zweite Auslegung denken, aber es kommt mir so vor, als sei die unklare Ausdrucksweise ein Kompromiß zwischen aktiv getaner und passiv erlebter Destruktivität. Auch wer im nächsten Satz den "gesamte(n) Weltuntergrund ins Blutrünstige verschoben und tödlich vergiftet" hat, ist unklar.

In der nächsten Vision deutet Drewermann die fallenden Sterne auf zusammenbrechende Ideale. Aber Ideale fallen nicht einfach, und selbst, wenn man seine Auslegung übernähme, wäre zu fragen, wer da eigentlich seine Ideale zerstört und warum. Nur: der Text sagt keineswegs, daß der Stern in die Nähe des Beobachters Johannes oder des in der Phantasie anwesenden Lesers fällt. Beide geraten nicht in Gefahr, sondern beobachten, wie er andere trifft. Wenn Drewermann weiterhin nach der teilweisen Verfinsterung von Sonne, Mond und Gestirnen behauptet: "Im Schatten einer verfinsterten Sonne und eines verdunkelten Mondes zu leben, bedeutet Seelenverfinsterung und Traurigkeit in erbarmungsloser, ewiger und unentrinnbarer Nacht", so gilt letzteres, selbst wenn man die innerseelische Deutung akzeptieren würde, keineswegs für Erzähler und Leser, denn selbst, wenn sie die Nacht, die überdies nur zu einem Drittel gilt, voll träfe, wäre sie für sie als die Versiegelten keineswegs ewig und unentrinnbar. Das würde allenfalls für diejenigen gelten, die dem endgültigen Gericht entgegengehen. Von Traurigkeit und Seelenverdüsterung ist im Text keine Rede, und wenn ich mir die Vision im Zusammenhang aller Gerichtsvisionen ansehe, würde ich eher wilden Haß vermuten. Wir werden allerdings später sehen, daß Drewermann allerletzten Endes hier wohl doch etwas Richtiges gesehen hat, aber ganz anders, als er es meint.

Besonders aufschlußreich ist die Auslegung der fünften Posaunenvision. Hier behauptet Drewermann, daß "eine bestimmte Form von Unglück und Niedergeschlagenheit augenblicklich alle bösen Geister aus den Tiefenschichten der Seele hervorholen (muß)", und er erwähnt im nächsten Satz die depressive Grundstimmung. Nun ist es aber ein Konsens innerhalb der Psychoanalyse[65] daß die Depression eine bestimmte Verarbeitungsform konflikthafter, destruktiver Phantasien ist. Drewermann kehrt Ursache und Wirkung um, gibt dann zwar zu, daß - jetzt zum ersten Male eindeutig - böse Geister aus den Tiefenschichten der Seele steigen, aber auch diese Formulierung ist entschuldigend. Nicht "Ich" habe Haß, sondern böse Geister werden durch Niedergeschlagenheit hervorgeholt. Wenn er dann die Heuschreckenscharen auf "orale" Unersättlichkeit deutet, so ist das mehr als ungenau. Die Heuschrecken leisten in der Vision ein vorbildliches Maß an Triebverzicht[66], sie fressen fünf Monate

---

[65] Z.B. bei St. Mentzos (1984) S. 182-190.
[66] "Triebverzicht" ist eine Anspielung auf Freud, der darin eine zentrale Bedingung für den kulturellen Fortschritt sah. Vgl. dazu seine Schrift "Der Mann Mose und die monotheistische Religion" (1939a). S. 561-567.

lang anscheinend gar nichts. Das Stechen mit dem skorpionenhaften Schwanz vergleicht Drewermann dann mit der Krankheit zum Tode nach Kierkegaard. Selbst wenn man einer solchen Interpretation folgen mag, so gilt diese Krankheit nicht für die Versiegelten. Und da es sich bei dem gläubigen Leser des Textes um einen solchen handeln dürfte, kann er sicher sein, daß das Verhängnis, wie immer auch schon vorher, die *anderen* trifft, deren Schicksal er nur zuschaut. Wenn schließlich Drewermann *Abaddon* als *Verlorenheit* deutet, worin seiner Meinung nach auch "Vereinzelung, Isolation, Einsamkeit und Ausgesetztheit" mitschwingen, so erfahren wir von J. Jeremias[67], daß diese Übersetzung für das Vorkommen im Alten Testament in der Tat belegt ist, insofern die Septuaginta jeweils mit *Apoleia* übersetzen. Aber der Autor der Apokalypse fügt, wie wenn er eine eindeutige Auslegung sichern wollte, *seine* griechische Übersetzung hinzu: *Apollyon*, und das ist eindeutig die aktive Form der Partizips. *Abaddon* ist also keineswegs "der äußerste Zustand eines Menschen, der sich innerlich aufgegeben hat und doch sich selbst unentrinnbar preisgegeben ist". Wenn damit ein innerer Zustand gemeint wäre, dann der Inbegriff der sadistischen Phantasie sich vorzustellen, wie andere Menschen fünf Monate so gequält werden, daß sie sich den Tod wünschen und ihn doch nicht finden.

In der sechsten Posaunenvision verwandelt sich der Euphrat, der Ort des verlorenen Paradieses, in eine Quelle aggressiver Destruktivität, die alle "drei Ebenen der Psyche" verstört; wenn Drewermann dann von einer "undurchsichtige(n) Umdüsterung des Ich" spricht, so scheint mir dieser Ausdruck auch auf seine Auslegung zuzutreffen, die wiederum im Dienste einer Verleugnung von aktiv gewünschter und zugleich in der Phantasie ausgelebter Destruktivität steht. Die halsstarrigen Götzenanbeter von 9,20.21 sind keineswegs die Leser, sondern wie immer "die anderen", deren Bosheit sich der Erzähler ausmalt.

Mit einem schwer zu interpretierenden Satz faßt Drewermann seine Interpretation zusammen: es ist "darauf zu achten, daß es sich hier eben nicht um subjektiv wirklich empfundene Gefühle handelt, sondern 'nur' um Visionen, die an sich von Gefühlen der Traurigkeit und Verzweiflung begleitet sein müßten, wenn nicht das gesamte affektive Erleben in Form einer Kaskade von objektivierten Bildern nach außen projiziert würde. Das Ich ist bei all seinen unheilvollen Visionen bisher weder aktiv noch passiv wirklich beteiligt; es ist nur Zuschauer, nur Medium, nur Bote, und ohne diese beobachtende Distanz zu sich selbst, ohne dieses 'schizophrene' Element käme die Psychologie dieser Vision durchaus nicht zustande". An diesem Satz ist nahezu alles kritisierbar. Nach meinen Ausführungen in Kapitel 4 brauche ich nicht noch zu belegen, daß die Charakterisierung der beobachtenden Distanz als schizophrenes Moment - milde gesagt - unsinnig ist. Weiterhin meint er, daß die Visionen eigentlich von Gefühlen der Traurigkeit und Verzweiflung begleitet sein müßten. Was heißt das? Doch wohl, daß der Erzähler und/oder der sich mit dem Erzähler identifizierende Leser diese Gefühle erleben müßten. Aber diese Gefühle seien nach außen projiziert. Drewermann meint vermutlich damit, daß die verfolgten "anderen" verzweifelt und traurig sind. Aber das *gesamte* affektive Leben wird

---

[67] Vgl. seinen Artikel "Abaddon" im ThWB I, S. 4.

sicherlich nicht projiziert, der Haß verbleibt im projizierenden Subjekt und stellt sich auf der semantischen Ebene durch sadistische Details dar. Der Leser soll aufgrund der Textpragmatik die in ihm angeregten Phantasien mit entsprechenden Gefühlen füllen, sofern er nicht das Schicksal der Feinde teilen will. Zwar ist sein Haß insofern "projiziert", als durch ihn die gehaßten Gegner vollständig als hassenswert erscheinen, aber der Leser muß seinen Haß keineswegs in dem Sinne projizieren, daß er sich seiner entledigt, er muß ihn nur von allen anderen Gefühlen "reinlich" abspalten.

Erzähler und Leser sind nicht aktiv, indem sie anders als in der Phantasie handeln, aber sie sind aktiv wie Zuschauer bei einem Fußballspiel, die sich ansehen, wie die gegnerische Mannschaft gelyncht wird, und die von der Berechtigung dieses Vorgehens überzeugt zu sein glauben. Von beobachtender Distanz zu sich selber finde ich im Text nicht die geringsten Anzeichen. Drewermann hingegen meint, daß erst mit dem Essen der Buchrolle im Kapitel 10 das Ich aus der Beobachterrolle herauskäme. Aber daran beteiligt sich der Leser ja nicht unmittelbar, sondern nur als Beobachter. Deshalb überzeugt mich seine Auslegung an dieser Stelle gar nicht.

Wie ist seine Auslegung als psychoanalytische Interpretation zu beurteilen? Wenn ich den aufgewiesenen Selbstanspruch von Drewermann aufnehme, Gefühle und speziell die Gegenübertragung zu berücksichtigen, so scheint mir seine "Auslegung" nicht eine Interpretation, sondern ein Gegentext gegen den zu interpretierenden Text zu sein.

Drewermann ist nicht bereit, die ihm vom Text zugewiesene Leserrolle anzunehmen. Dazu müßte er, hier und an anderen Stellen, mit grausamer Freude dem Verderben der Feinde zusehen und sich mit dem rächenden Gott voll identifizieren können, jedenfalls solange er als narrative audience am Text teilnimmt[68]. Er müßte auch sein Textverständnis ganz dem Erzähler unterwerfen und sich darüber klar werden, daß bereits seine Auslassung der Übersetzung des *Abaddon* durch *Apollyon* gemäß 22,19 ausreichen würde, ihn dem brennenden Schwefelsee zu überantworten. Im Streit mit Lohfink und Pesch, die mit der Textrolle keine Mühe haben und etwas vom apokalyptischen Zorn auf Drewermann ausgießen, wird deutlich, in welchem Konflikt er steht, wenn er trotzdem den Text positiv aufnehmen will. Seine Lösung scheint mir nun die folgende zu sein: Mit einer ähnlichen Gewalt, wie sie der Text ihm zumutet, antwortet er auf ihn mit einer Art "Gegentext". Mit diesem drängt er insofern den apokalyptischen Text fort, als er behauptet, sein Text sei eine *Auslegung*, während er eher eine *Waffe* ist, um die Aussage des Originaltextes zu bekämpfen. Wenn Drewermann sein Vorgehen bewußt wäre, so könnte er sich auf Harold Bloom[69] berufen, und seine Auslegung wäre auch dem Anspruch nach weniger eine Deutung des Textes, als eine Befreiung von ihm. Der Schwefelsee verlöre damit seine unheimliche Macht. So aber ist sein Umgang mit dem Text das, was man in der Psychoanalyse "Agieren in der Gegenübertragung" nennt.

---

[68] Die Identifikation mit der Leserrolle und weiterhin mit dem rächenden Gott ist für einen Interpreten natürlich nur "probeweise" nötig. Ich bin weit davon entfernt, Drewermann aufzufordern, außerhalb des Prozesses eines literarisch-psychoanalytischen Lesens sich in dieser Form mit der Apokalypse zu identifizieren. Dem Leser und der Leserin dürfte nicht entgehen, wie ich selber zur Theologie der Apokalypse stehe.

[69] Zu H. Bloom ausführlicher unten unter 6.3.

Anstatt die Beziehungsdynamik zwischen Analysand/Text und Analytiker/Leser zu verstehen, wird sie so mißverstanden, daß sie konfliktfrei zu sein scheint, und der Konflikt taucht dann irgendwo im Umfeld auf, etwa in der Auseinandersetzung mit Lohfink und Pesch. Damit ist aber ein Verstehen und Durcharbeiten der tatsächlichen Problematik nicht möglich. Das Verhängnisvolle an Drewermanns Auslegung des Apokalypsentextes ist nicht etwa, daß sein Gegentext in sich falsch oder schlecht wäre (die Frage kann hier offen bleiben), sondern es liegt vielmehr in der Verleugnung des wirklichen und wirkungsmächtigen Inhalts dieses Textes, der damit nicht durchgearbeitet werden kann. Eben deshalb bleibt er untergründig in Kraft und verführt Wissenschaftler, die über ihn arbeiten, dazu, seine Destruktivität gegeneinander zu richten. Drewermann will den Text retten und versäumt deshalb, ihn mit Hilfe der Psychoanalyse aufzuklären oder besser: sich und den Leser über ihn aufzuklären.

Wenn ich in dieser Weise Drewermanns Auslegung gerade von einer konsequent psychoanalytischen Position her kritisiere, so gebe ich doch zu, daß er einiges richtig gesehen hat, aber vermutlich, ohne daß es ihm in dieser Weise bewußt gewesen ist. Indem ich hier auf meine Auslegung des 12. Kapitels der Apokalypse in 6.3 vorgreife, möchte ich meine Vermutung aussprechen, daß im Hintergrund des apokalyptischen Hasses Verzweiflung steht. Eine ihrer Ursachen ist die Ferne des guten Objektes, wie sie intratextuell in der Entrückung des Messiasknaben dargestellt ist. Damit im Zusammenhang steht das Erleben des Erzählers, einer gegenwärtigen oder zukünftigen, aber jedenfals möglichen Verfolgung ausgesetzt zu sein. Die Haßphantasien des apokalyptischen Textes sind gleichsam ein Gegentext gegen diese Verzweiflung, weil Erzähler und Leser sich das "gute Objekt", dessen zukünftige immerwährende Präsenz sie sich durch die Wiederkunft Christi erhoffen, durch die aufgerichtete Spaltung "rein" erhalten. "Rein" bleibt es vor allem von dem *eigenen* gefährlichen und zerstörerischen Haß, der auf die Gegner gerichtet wird und damit nicht mehr die Beziehung zum erwarteten Christus bedroht. Insofern nun Drewermann wiederum einen Gegentext gegen den Haßtext schreibt, berührt sich seine Auslegung mit dem, was mit und durch den Text bekämpft wird. Weiterhin, wenn Drewermann in der Vision von der ersten Posaune von einem verfolgenden Überich und schweren Schuldgefühlen spricht, so ist auch daran etwas Wahres, insofern das "Ich" in der Tat fürchten müßte, wegen seines unmäßigen Hasses auf das enttäuschende "gute Objekt" sich schuldig zu fühlen. Damit wäre in der Terminologie Melanie Kleins die depressive Position erreicht. Aber dazu kommt es gerade nicht. Die Spaltung, die durch den Text errichtet wird, verhindert, daß das "Ich" sich schuldig fühlen könnte.

Was Drewermann hier macht, oder wohl eher: was ihm hier geschieht, das ist, daß er gegen die bewußten Tendenzen des Textes ihn viel zu tief deutet, damit zwar etwas Richtiges anrührt, aber in keiner Weise die Dynamik von unbewußter Phantasie, Abwehr und Kompromißbildung versteht, diese Dynamik vielmehr durch sein Agieren unkenntlich macht. Kein Analysand könnte Deutungen in der Art, wie Drewermann sie vorbringt, je akzeptieren, und kein analytisch geschulter Leser wird seinen Gegentext als psychoanalytische Text*interpretation* akzeptieren können. Aber Drewermann verbleibt das Verdienst, eine affektiv gefärbte Textrezeption zur Verfügung gestellt zu haben. Ein Leser, der in der psychoanalytischen Methode der Interpretation ausgebildet ist, wird seine Weise, mit dem Text umzugehen, benutzen können, um im Verständnis der Dynamik, die der Originaltext teils verbirgt und teils entfaltet, ein Stück weiter zu kommen, so, wie ich es eben versucht habe. Im letzten Kapitel werde ich darauf noch ausführlicher zurückkommen.

6.3 Depressive Position und Ödipus-Komplex - zur Wirkungsgeschichte von Apk. 12

6.3.1 Einleitung

In meinem Aufsatz von 1991, in dem ich den Grundgedanken der vorliegenden Arbeit erstmals veröffentlicht habe, erwähnte ich eine Möglichkeit psychoanalytischen Textlesens, die an der Situation der analytischen Supervision orientiert ist. Ich möchte diesen Gedanken hier weiter ausführen und erproben. Wie ich in Kapitel 4 gezeigt habe, ist der Analytiker an der psychoanalytischen Situation sowohl als unmittelbar erlebender wie als distanziert reflektierender beteiligt. In der Supervision kennt der Supervisor den Analysanden nicht unmittelbar, sondern nur in der "Brechung" durch das Erleben des betreffenden Analytikers. Dieses Erleben, interpretiert als Gegenübertragung, ist der Gegenstand supervisorischer Arbeit. Erleben und Reflexion werden also schwerpunktmäßig auf zwei Personen aufgeteilt[70]. Wenn wir dieses Modell auf die Literaturinterpretation übertragen, so richtet der Interpret-Supervisor seine Aufmerksamkeit primär auf die Aufnahme des Werkes durch einen anderen Interpreten. Er beobachtet, wie dieser emotional auf den Text reagiert, wo er Akzente setzt, wo er Schwierigkeiten hat und was besonders interessant ist, wo er den Text ändern zu müssen glaubt. Gegenüber der analytischen Situation ist der Textinterpret in einer besonders günstigen Lage, insofern er mehrere Rezipienten, die vielleicht sogar voneinander abhängig sind, analysieren kann. Außerdem hat er die Möglichkeit, fremde Textauslegungen mit seiner eigenen, unmittelbaren zu vergleichen. In einem kleinen Umfang habe ich dieses Vorgehen bereits in 6.2 in meiner Interpretation des Drewermannschen Vorgehens bei der Interpretation der 7 Posaunen angewendet. Ich möchte es jetzt ausweiten. Ich benutze dabei keine wissenschaftlichen Interpretationen, was durchaus auch möglich wäre, sondern wähle Rezeptionen aus anderen Bereichen. Mir scheint ein solches Vorgehen einfacher zu sein, weil die Rezeption hier weniger kontrolliert ist. Ich vermute, daß für eine Rezeptionsanalyse in der Art, wie ich sie hier vorschlage, gerade auch populäre und sogar Trivial-Texte besonders aussagekräftig wären. Die Texte, die ich ausgewählt habe, sind allerdings weit davon entfernt, trivial zu sein. Die Auswahl ist ganz subjektiv und hängt nur mit meinen eigenen Interessen zusammen.

---

[70] Thomas Szasz (1963) macht darauf aufmerksam, daß auch in der Geschichte der Psychoanalyse die Trennung von Erleben und Reflexion am Anfang stand, denn es war Anna O., die die Übertragung *tat*, J. Breuer, der sie unmittelbar *erlebte*, und Freud, der sie deshalb *verstand*, weil er nicht direkt verwickelt war. Siehe oben. S. 22.

6.3.2 H. R. Jauß, H. Bloom und die Rezeptionsgeschichte

Ich möchte diese psychoanalytische Einführung mit zwei literaturwissenschaftlichen Streiflichtern ergänzen. In seiner Konstanzer Universitätsrede von 1967 schreibt Hans Robert Jauß: "Das literarische Kunstwerk ist kein in sich bestehendes Objekt, das jedem Betrachter zu jeder Zeit den gleichen Anblick darbietet. Es ist kein Monument, das monologisch sein zeitloses Wesen offenbart. Es ist vielmehr wie eine Partitur auf die immer erneuerte Resonanz der Lektüre angelegt, die den Text aus der Materie der Worte erlöst und ihn zu aktuellem Dasein bringt"[71].

Diese Partitur ist zwar vom Autor zunächst für einen umgrenzten Leserkreis geschrieben worden, sie ist, wie Jauß sagt, auf einen historischen "Erwartungshorizont" angelegt, innerhalb dessen das Werk tatsächlich gelesen wurde. Aber da literarische Werke gerade auch das Ziel haben, Erwartungshorizonte zu korrigieren und den für ihr Verständnis angemessenen Horizont überhaupt zu erschaffen, so entfaltet sich erst im Laufe der Wirkungsgeschichte seine volle Bedeutung. Dabei widersprechen sich Interpretationen aus verschiedenen Horizonten nicht unbedingt, sie haben vielmehr die Tendenz, sich gegenseitig zu ergänzen und damit sich ineinander zu integrieren.

Eine ganz andere Position nimmt der schon erwähnte amerikanische Literaturwissenschaftler Harold Bloom (1988) ein. Für ihn richtet sich jedes Gedicht gegen dasjenige, von dem es beeinflußt ist, und jede Interpretation eines Textes will im Grunde den Text oder wenigstens eine andere Interpretation dieses Textes ersetzen. Einfluß geschehe vor allem dadurch, daß man sich *gegen* etwas richtet. Alle wirklich guten Interpretationen sind "starke Fehl-Lesungen"[72]. Bloom demonstriert diese These durch ein eigenes "starkes" Mißverständnis der jüdischen Kabbala. So wie sich Gott, der alles erfüllte, habe zurückziehen müssen, um Platz für die Welt zu schaffen, so sei gleichsam der Raum voll von Texten und Interpretationen, *gegen* die sich Dichter und Interpreten erst Raum schaffen müßten. Wenn Bloom eines seiner Hauptwerke "The Anxiety of Influence" (1973) nennt, so ist es wohl kein starkes Mißverständnis, sondern ein schwaches richtiges Verständnis, wenn ich sage, daß Einfluß für ihn vor allem verfolgenden Charakter hat.

Hiermit nähere ich mich wieder der Psychoanalyse und komme ihr noch näher, wenn ich Terry Eagleton (1988), ebenfalls einen Literaturwissenschaftler, erwähne, der an Bloom die Ödipalisierung der Literaturgeschichte kritisiert[73]. Das dürfte wieder ein "starkes" Mißverständnis sein, denn eine Szene von Verfolger und Verfolgtem hat keinen Platz im zentralen Drama des Ödipus, sondern nur in seiner Vorgeschichte am Berge Kithairon. Dort aber ging es nicht um ödipale Konkurrenz, sondern darum, daß Eltern ihr Kind verfolgten und umbrachten. Ähnlich *rivalisierte* die Sphinx nicht mit den Thebanern, sondern *verspeiste* sie, jedenfalls zum Teil. Doch das alles ist nur ein Vorspiel, das im Drama selber als Vergangenheit erzählt wird[74]. Daß dieses Vorspiel aber wie-

---

[71] S. 129.
[72] Vgl. S. 106.
[73] S. 174/175.
[74] J. Bergeret (1989).

derum zum Hauptspiel werden kann, das möchte ich im Abschnitt 6.3.5 mit meiner Interpretation von Apk. 12 zeigen.

Wenn wir die beiden Konzepte von Jauß und Bloom in einer Synthese zu verbinden suchen, so können wir die historische Bedeutungsentfaltung, wie sie Jauß beschreibt, psychodynamisch interpretieren. Allerdings verliert dann die Wirkungsgeschichte den Charakter einer letztlich kontinuierlichen Entfaltung eines Sinnes, der im Prinzip einmal erreicht werden könnte. Statt dessen ist die Wirkungsgeschichte die Geschichte von Interpretationen, die nicht so sehr einen Gedanken weiter entwickeln, sondern sich *gegen* Vorgänger-Gedanken richten und sie zu ersetzen versuchen. Um zu beschreiben, warum eine Interpretation eine andere ersetzen soll, benutzt Bloom die kabbalistische Metaphorik. An dieser Stelle möchte ich hingegen die Psychoanalyse gebrauchen, um mit ihr die Dynamik zwischen Texten und Interpretationen zu erhellen.

6.3.3 Die Rolle der Psychoanalyse in der Interpretation der Wirkungsgeschichte eines Textes

Wie läßt sich diese Benutzung der Psychoanalyse als eines Instrumentes, um die Wirkungsgeschichte eines Textes in Analogie zur Gegenübertragung zu verstehen, begründen? Wenn wir daran denken, daß im Prozeß der Symbolisierung die äußere Welt auch dazu benutzt wird, um innere Befindlichkeit auszudrücken, dann können wir uns auch vorstellen, daß wir mit einem Text in einer bestimmten Interpretation unsere Phantasien und Ängste darstellen. So jedenfalls sieht es N. Holland (1975), mit dem ich mich im 7. Kapitel noch ausführlicher beschäftigen werde. Umgekehrt kann eine spezifische Interpretation eines Textes ein so großes Unbehagen erzeugen, daß es nötig wird, sie durch eine andere zu ersetzen, die eher den inneren Bedürfnissen entspricht. Die Geschichte der Interpretation eines Textes zeigt zwar auch im Sinne von Jauß etwas vom Bedeutungspotential auf, mehr aber noch, wie in unterschiedlichen Situationen eine Deutung eine vorhergehende gleichsam ersetzt, die nicht mehr den Phantasien und ihrer Verarbeitung bei den Interpreten entspricht. Die stärker soziologisch orientierte Interpretation dieses Prozesses durch Jauß behält ihr volles Recht, ich will sie nicht *ersetzen*, sondern ergänzen durch eine analytische Reflexion eines Rezeptionsprozesses, der sich mit den in 2.2.4 eingeführten Begriffen der paranoid-schizoiden und der depressiven Position genauer erfassen läßt. Dabei möchte ich zugleich zeigen, wie nur innerhalb einer depressiven Position reife ödipale Strukturen in der Textinterpretation auftauchen, während sie in der paranoid-schizoiden Position gerade vermieden werden.

6.3.4 Paranoid-schizoide und depressive Position und der Ödipus-Komplex

Zur Erleichterung der Lektüre umreiße ich die für die Interpretation wichtigen Theoriebegriffe hier nochmals, wobei einige kleinere Wiederholungen unvermeidlich, aber kaum störend sein werden[75].

---

75 Siehe oben 2.2.4.

Mit den den beiden "Positionen" befinden wir uns im Zentrum der psychoanalytischen Theorie Melanie Kleins, nämlich der Objektbeziehungstheorie. Es geht dabei um die Art der verinnerlichten Bilder, die das Subjekt vom "Anderen", vom Objekt bildet, und die jeder konkreten Beziehung mit einem Menschen immer schon vorausgehen. Parallel zum Bild des Objektes ist aber auch das Bild des Subjektes geformt, also das Bild, das, bewußt oder unbewußt, die Selbstwahrnehmung eines Menschen prägt. In traditioneller philosophischer Sprache ausgedrückt, sind die verinnerlichten Subjekt- und Objektbilder psychologische Transzendentalien. Sie müssen sich zwar im Laufe der frühen individuellen Lebensgeschichte erst entfalten, und wenn das nicht geschieht, dann ist das Ergebnis eine Form von Psychopathologie. Aber ihre allgemeine Struktur ist angeboren[76].

In der "paranoid-schizoiden Position" sind Ich und Objekt in gute und böse Teile, in sogenannte Teil- oder Partial-Objekte gespalten, in der depressiven Position werden das Ich und das Objekt jeweils integriert. Mit dieser Anschauung von zwei Grund-Positionen der Objektbeziehungen muß man verbinden, daß für Melanie Klein das Kind von Anfang an objektbezogen ist und seine Objekte und deren Beziehung zueinander verinnerlicht. Das sind zunächst Teilobjekte, wie die Brust, an der es saugt, oder der Körper der Mutter, aus dem die Kinder kommen oder der Penis als Repräsentant des Vaters, der von Anfang an etwas wie eine "Dreiheit"[77] repräsentiert. Zugleich existieren Phantasien über die Beziehungen der Teilobjekte untereinander, beginnend mit der Phantasie vom Penis im Körper der Mutter[78]. Spätere Phantasien sehen die Eltern als miteinander vereint, indem sie sich unaufhörlich diejenige Befriedigung geben, die das Kind entbehren zu müssen glaubt. Erst in der reifsten Fassung dieser Phantasie sind die Eltern in sich getrennte Personen, die zugleich als miteinander im elterlichen Verkehr verbunden[79] vorgestellt werden können. Die Beziehung des Kindes zu diesen Teil- und ganzen Objekten und zu deren verschiedenen Formen ihrer gegenseitigen Beziehung ist von Haß und Liebe geprägt. Dabei sind in der paranoid-schizoiden Position diese Gefühle streng voneinander geteilt: die gebende Brust ist geliebt und damit auch liebend, die frustrierende Brust ist gehaßt und ebenso auch der Penis als Teil-Vater, weil er die Mutter raubt. Insofern dieser Teil-Vater gehaßt wird, ist auch er ein hassendes oder, wie Melanie Klein meist sagt, ein verfolgendes Teilobjekt. Erst, wenn Mutter und Vater als ganze gesehen werden können, wird dadurch eine Spaltung *zwischen* beiden unmöglich. Beide können gleichzeitig geliebt und gehaßt werden, und wegen der dadurch einsetzenden Schuldgefühle nennt Klein diese Form der Beziehung die "depressive Position".

---

[76] Mit dieser Betonung der angeborenen Faktoren berühren sich die Kleinianer - bei aller Unterschiedlichkeit - mit der Schule Jungs, vor allem mit deren angelsächsischem Zweig.
[77] Eine Übersetzung von "Threeness", dem Wort, das Ogden benutzt, z.B. (1990) S. 213.
[78] Die schönste dichterische Darstellung dieser Phantasie finde ich im Psalm 139: "Ja, du bist es, der meine Nieren erschaffen, der mich gewoben im Leibe der Mutter ... Vor dir war mein Gebein nicht verborgen, als ich im Geheimen gemacht ward, bunt gewirkt in den Tiefen der Erde." (Übersetzung nach Kraus, Psalmen, S. 913 [1961]).
[79] Der klassische Terminus für die Phantasie über den elterlichen Geschlechtverkehr ist im Gefolge von Freud die "Urszene". Die Phantasien, die das Kind und auch der Erwachsene davon hat, sind entscheidend für die sexuelle Identität und die Möglichkeit von Beziehungen. Vgl. Anm. 58.

Die Schwierigkeit dieser vielleicht fremdartigen, aber in sich recht konsequenten Theoriebildung liegt darin, sie mit der Freudschen Auffassung vom Ödipus-Komplex zu verbinden[80]. Denn Melanie Klein datiert die depressive Position bereits in die zweite Hälfte des ersten Lebensjahres und setzt sie mit dem Einsetzen des Ödipus-Komplexes gleich. Ich kann das Problem hier nicht ausdiskutieren, zumal ich eine mich völlig überzeugende Lösung nicht habe. Aber zwei neuere Diskussionsbeiträge führen immerhin weiter. Ronald Britton (1990) unterscheidet drei Stadien des Ödipus-Komplexes[81]. Die erste Stufe beginnt mit der ursprünglichen Erkenntnis des Kindes, daß die Eltern eine Beziehung zueinander haben. Das ist die primitive Partial-Objekt-Beziehung, die mit der paranoid-schizoiden Position korreliert. Die zweite Stufe wird möglich, wenn ein Kind mit einem Elternteil um das andere rivalisieren kann. Damit ist die Beziehung zu den Eltern als ganzen Personen und die depressive Position vorausgesetzt. In der dritten Stufe muß das Kind anerkennen können, daß zwischen den Eltern eine Beziehung besteht, von der es ausgeschlossen ist. In einer etwas früheren Arbeit (1985) aber erwähnt Britton[82] M. Kleins Auffassung, daß der Ödipus-Komplex zwar früher einsetze als Freud meint, aber seinen Zenith erst erreiche, wenn das Kind etwa vier Jahre alt sei. Das würde bedeuten, daß die von Britton beschriebene zweite Phase einen längeren Entwicklungsprozeß einschlösse, dessen Ziel der von Freud beschriebene genitale Ödipus-Komplex wäre. Den drei Stufen, die Britton nach Klein aufzählt, wäre noch die "archaische Matrix des Ödipuskomplexes" nach J. Chasseguet-Smirgel vorzuordnen, die uns in 6.4 ausführlich beschäftigen wird. Hier sei nur vorweggenommen, daß es dort nicht mehr nur um eine Spaltung zwischen den Eltern geht, sondern um eine Vernichtung von "Dreiheit" überhaupt, um die Illusion der Zerstörung der Realität.

Eine ähnliche Auffassung wie Britton vertritt neuerdings Th. Ogden (1990), der vom Ödipus-Komplex weniger als von einem Entwicklungsstadium als von einer Struktur spricht, die der psychischen Entwicklung "synchron" sei und die sich je nach Stadium verschieden aktualisiere[83]. Für die jetzt folgende Diskussion der Wirkungsgeschichte von Apk. 12 ist nur die Unterscheidung wichtig zwischen der Vorphase des Ödipus-Komplexes, in der er noch unter dem Einfluß der paranoid-schizoiden Position steht, und dem entwickelten Komplex und seiner Auflösung, die beide die depressive Position voraussetzen. Die Fragen der Datierung können wir offen lassen.

6.3.5 Zur Auslegung des 12. Kapitels der Apokalypse

Das zwölfte Kapitel der Apokalypse des Johannes, das ich meiner Untersuchung zugrunde lege, stellt innerhalb der Apokalypse einen thematischen Neu-

---

[80] Die neueste ausführliche Diskussion im Themenheft "Position depressive et complexe d'Œdipe" (Revue française de Psychanalyse 53/1989 Heft 3) sowie die oben im Text unmittelbar folgenden zwei Arbeiten von R. Britton.
[81] S. 85.
[82] S. 7.
[83] S. 91-99.

einsatz dar, mit dem der Drache erstmals in die Erzählung eingeführt wird[84]. In Vers 17 beginnt er "Krieg zu führen mit den übrigen ihres Samens, die das Gebot Gottes halten und das Zeugnis Jesu haben", also gegen die Christen. Damit, daß er in Vers 18 an den Strand des Meeres tritt, beginnen jene gewaltigen Visionen, die schließlich in das Endgericht überleiten. Seine endgültige Vernichtung in 20,10 macht den Weg für die Erscheinung des himmlischen Jerusalem frei.

"Und ein großes Zeichen erschien am Himmel, eine Frau, bekleidet mit der Sonne, und der Mond zu ihren Füßen, und auf ihrem Haar ein Kranz von zwölf Sternen. Und sie ist schwanger und schreit in ihren Wehen und leidet die Qual des Gebärens. Und es erschien ein anderes Zeichen am Himmel, und siehe, ein feuerroter Drache, der hatte sieben Häupter und zehn Hörner, und auf seinen Häuptern sieben Diademe. Und sein Schwanz fegt ein Drittel der Sterne des Himmels hinweg und wirft sie auf die Erde. Und der Drache stand vor der Frau, die gebären sollte, um das Kind zu verschlingen, sobald sie es geboren hatte. Und sie gebar einen Sohn, ein männliches Kind, der alle Völker mit eisernem Stabe weiden wird. Da wurde ihr Kind zu Gott entrückt und zu seinem Thron. Die Frau aber entfloh in die Wüste, wo sie einen Platz hat, den Gott ihr bereitet hatte, damit man sie dort zwölfhundertsechzig Tage lang ernähren sollte." (Apk. 12,1-6)[85]

Diese Erzählung als den *Ausgangspunkt* einer Wirkungsgeschichte zu wählen, ist willkürlich, denn sie ist nicht nur Anfang, sondern auch Ziel einer Tradition, deren Quellen uns die religionsgeschichtliche Forschung zur Verfügung stellt[86]. Ich erwähne kurz die wichtigsten Überlieferungen, die der Erzählung in der Apokalypse vorausgehen. Wir wissen aus der griechischen Mythologie von Leto, die durch Zeus mit dem Gotte Apollon schwanger ist und von Python, dem Drachen, verfolgt wird. Aber schon vier Tage nach seiner Geburt nimmt das Kind Rache für seine Mutter und tötet den Drachen. In Ägypten wird Isis von Typhon verfolgt, gebiert den Sonnengott Horus, und als dieser erwachsen geworden ist, tötet er ebenfalls den Drachen. Der biblisch erfahrene Leser der Apokalypse wird sich wohl auch an die Hagar-Erzählung (Gen. 16) erinnern: Hagar, die dem Abraham anstelle der unfruchtbaren Sarah einen Sohn namens Ismael gebären darf und in die Wüste vertrieben wird, als sie gegen Sarah übermütig wird. Dort erhält sie von Gott die Verheißung, Stammutter des Volkes der Ismaeliter zu werden. Danach darf Hagar übrigens zurückkehren, weil sie sich vor Sarah wieder demütigt[87]. Von diesen Erzählungen gibt es auch sonst zahlreiche Versionen, die man bei Rank in seinem Buch "Der Mythos von der Geburt des Helden" (1909) gesammelt findet. Im Hintergrund erscheinen dabei immer wieder Teile des Ödipusmythos. Der Sohn, der von einer männlichen Gestalt verfolgt wird und bei anderen Eltern geschützt aufwächst, nimmt später Rache an dem ursprünglichen Verfolger und tötet ihn. Letzteres fehlt zwar bei dem jungen Ismael, aber dieser bekommt von Gott statt dessen einen schönen Segensspruch auf den Weg: "Er wird ein Wildpferdmensch. Seine Hand wird gegen alle und aller Hand wird gegen ihn sein, und allen seinen Brüdern wird er auf der Nase sitzen" (V.12). Wir finden also in allen Ge-

---

[84] Hier verdanke ich M. Karrer (1986) einige Klärung, vor allem S. 227-229.
[85] Übersetzung von J.Roloff (1987²) S. 122.
[86] K. Kerényi (1951) S. 128-136; W. F. Otto (1962).
[87] Eine neue psychoanalytische Auslegung der Hagar-Erzählung von Chr. Schneider-Harpprecht (1991).

schichten leicht eine ödipale Struktur, allerdings - außer in der Hagar-Erzählung - eher eine frühe Form an der Grenze zwischen der ersten und der zweiten Phase, in der der Mord realisiert werden muß, und damit kann der Komplex noch nicht aufgelöst werden.

Ich möchte jetzt zeigen, daß ein reifes ödipales Muster in derjenigen Version der Erzählung, wie wir sie jetzt in der Apokalypse lesen, nur insofern vorliegt, als sie sich gleichsam gegen dessen Einfluß[88] wehrt und damit auch gegen die Vorläufererzählungen wendet. Von diesen unterscheidet sie sich schon auf den ersten Blick in einem Detail: anstatt daß die Mutter und der Sohn gemeinsam gerettet werden, z.B. in eine Wüste, wird das Kind entrückt, und die Mutter flieht *allein* in die Wüste, wo sie weiterhin Verfolgungen erleidet. Ja, gegen ihre anderen Kinder, so lesen wir im Vers 17, führt der Drache Krieg. Der Sohn wird unmittelbar nach der Geburt zu Gott entrückt, wo noch eine zweite Person neben Gott auftritt, die die Rache gegenüber dem Drachen ausführt, die Apollon, wie wir gerade sahen, noch selber ausführte: der Erzengel Michael:

"Da brach Krieg aus im Himmel; Michael und seine Engel, um mit dem Drachen Krieg zu führen. Und der Drache und seine Engel kämpften, aber er konnte sich nicht halten, und es fand sich kein Platz mehr für sie im Himmel. Und gestürzt wurde der große Drache, die alte Schlange, genannt Teufel und Satan, der den ganzen Erdkreis verführt, hinabgestürzt wurde er auf die Erde, und seine Engel wurden mit ihm hinabgestürzt" (Apk. 12,7-9).

Wenn wir genau hinhören, merken wir, daß der Sieg nur ein halber ist: im Himmel ist der Drache besiegt, aber dafür wütet er jetzt auf der Erde und verfolgt die anderen Kinder der Frau. Die gewaltige Stimme, die in den Versen 10-12 den Sieg feiert, drückt das deutlich genug aus, der Himmel soll jauchzen, nicht aber die Erde und das Meer.

"Jetzt ist angebrochen das Heil und die Macht und die Königsherrschaft unseres Gottes und die Gewalt seines Gesalbten! Denn herabgestürzt ist der Ankläger unserer Brüder, der sie anklagte vor unserem Gott Tag und Nacht. Und sie haben ihn besiegt durch das Blut des Lammes und durch das Wort ihres Zeugnisses, und sie haben ihr Leben nicht geliebt bis zum Tode. Deshalb jauchzt, ihr Himmel, und alle, die darin wohnen! Wehe der Erde und dem Meer, denn herabgestiegen ist der Teufel zu euch und hat großen Zorn, weil er weiß, daß er nur noch kurze Frist hat".

Immerhin klingt der letzte Satz tröstlich, und wir werden uns später fragen, was er im Kontext bedeutet. Ein zweites Element ist noch interessanter:
"Denn herabgestürzt ist der Ankläger unserer Brüder, der sie anklagte vor unserem Gott Tag und Nacht".
Offensichtlich waren Gott und Satan bis kurz vorher eng zusammen, wenn auch unterschieden. Und erst im Satanssturz vollzieht sich jene Spaltung, die die gesamte Apokalypse durchzieht, eine Spaltung ohne jeden Übergang von Licht und Schatten, von Paradies und brennendem Schwefelsee, von grausamem Gericht und großartigster Erlösung. Der Leser wird in diese Spaltung einbezogen, er wird mit einer Drohung zur Stellungnahme gezwungen, denn wenn jemand lau ist, so wird Christus ihn ausspeien (Apk. 3,16). Die Inhalte

---

[88] Hiermit nehme ich den Einfluß von Bloom auf, an dieser Stelle wenigstens, ohne mich gegen ihn zu wehren. Vgl. oben unter 6.3.2.

des Textes korrespondieren mit der Lenkung des Lesers, mit der Textpragmatik. Damit charakterisiert der Satanssturz den Übergang von einer Sicht, in der Gut und Böse noch nahe beieinander und verbunden sind, wo es noch Anklage und damit Schuld gibt, in eine andere, die durch Spaltung gekennzeichnet ist, und in der es deshalb auch keine Schuld mehr gibt[89]. Der Satanssturz symbolisiert das Verlassen der depressiven Position und damit das Ende einer von Ambivalenz geprägten Beziehung zum anderen und zu sich selber. In der Apokalypse ist von Schuld sonst nie die Rede, die frühe Spannung der christlichen Existenz zwischen dem Heil und dem Nochverhaftetsein in der Macht der Sünde ist aufgehoben in die übergangslose Spannung von Erlösung und Gericht, zwischen denen man allenfalls noch wählen kann[90]. Und das Gericht über die Gottlosen wird vom Apokalyptiker mit allem Haß ausphantasiert, und er weiß sich darin eins mit Gott. Woher aber dieser Haß, der immer wieder den Auslegern solche Mühe macht und andere Leser in bestimmten Situationen anzieht, wie wir später noch sehen werden?

In dieser Frage kommen wir weiter, wenn wir über ein schon erwähntes Detail reflektieren und dabei die Psychoanalyse zu Hilfe nehmen: die Entrückung des Kindes. Ich bemühe zunächst die historische Forschung, die von der Analyse sicher unbeeinflußt ist: wer sind nach ihrer Interpretation die Frau, der Sohn, wer die anderen Kinder, die verfolgt werden? Beginnen wir beim letzteren: die verfolgten Kinder sind die Christen, denen damit eine Erklärung für ihr Leiden gegeben wird. Gerade *weil* der Satan besiegt ist, haben sie für eine gewisse Frist umso mehr zu leiden. Die Frau ist nach der mir wahrscheinlichsten Lösung[91] zunächst die symbolische Verkörperung der ewigen Heilsgemeinde, aber, seit der Geburt des Kindes, speziell auch die christliche Kirche. Der Knabe aber ist der Messias. Das ist für einen damaligen Leser klar durch einen intertextuellen Bezug auf den 2. Psalm, dem die Charakterisierung "der alle Völker mit eisernem Stabe weiden wird" entnommen ist. Dieser Psalm galt traditionell als Weissagung auf den Messias. Die Ausleger fragen sich nun durchwegs, was mit der Entrückung gemeint sei. Ist das eine Kurzfassung von Jesu Geburt, Tod, Auferstehung und Himmelfahrt? Davon aber ist anscheinend nicht die Rede. Bedeutet nicht aber schon allein die Tatsache der Diskussion, daß es unmöglich ist, nicht daran zu denken? Mir scheint, daß sich das Problem lösen läßt, wenn man die Entrückung als eine "textuelle Leerstelle" im Sinne von W. Iser[92] versteht, die ihren vollen Sinn erst durch eine gelenkte Mittätigkeit des Lesers bekommt. Das Denken an Jesu Geburt, Tod und Auferstehung ist eine vom Kontext geforderte Konnotation, die nur dann, wenn sie von einem Leser realisiert wird, den vollen Sinn des Textes entfaltet, der aber nicht einfach schon dasteht.

---

[89] Vgl. meinen Aufsatz "Psychoanalytische Reflexionen über Schuldgefühle und Schuld" (1990).
[90] Wenn Thompson immer wieder von "weichen Grenzen" in der Apokalypse spricht, die durchlässig seien, so mag das für die "Mitgliedschaft" in den Bereichen beiderseits der Spaltung gelten, nicht jedoch für die Grenze selber, die vom Erzähler als absolut angesehen wird, und über die hinweg es keine Vermischung geben darf. So verstehe ich vor allem die Sendschreiben.
[91] Vgl. Vögtle 1971.
[92] (1976) S. 284.

Ich war von der Frage des Hasses ausgegangen und kehre dorthin zurück. Der individuelle Leser soll sich in den verfolgten Kindern wiederfinden, er erfährt die Kirche als letztlich bewahrt und wartet auf die Wiederkehr Jesu, die ihm in kurzer Frist verheißen wird. Ich verstehe nun die eigentümliche Entrückung des Sohnes, die man zunächst eher mit Beruhigung liest, weil ja so dem Kind nichts passieren kann[93], als die dem Leser zugekehrte Seite einer dahinter verborgenen Erfahrung von Verlassensein und Verzweiflung. Intratextuell geht es dabei um die Trennung der Frau und ihrer anderen Kinder von dem neugeborenen Kind, dem Messias. Da dieser Text aber eine recht offensichtliche Allegorie darstellt, so ist der Leser aufgerufen, sie zu übersetzen und mit aktueller Erfahrung zu füllen. Die historisch-kritische Forschung kann versuchen, diese ursprüngliche außertextliche Erfahrung, die der damalige Leser aber mit dem Text verbinden sollte, zu rekonstruieren. Ich vermute als historischen Hintergrund, der den Code für den Text liefert, die folgende Situation: Die Gemeinde ist allein zurückgeblieben in einer bösen Welt voll verfolgender Mächte, und Christus, von dem alles Heil erwartet wurde, kehrt nicht zurück. Es ist die Situation beginnender Verfolgung und der sich immer weiter ausdehnenden Verzögerung der Parusie. Gegen die Wut und Verzweiflung, die diese Verlassenheit und Hoffnungslosigkeit auslösen könnten, wird eine Spaltung in der Wahrnehmung der Welt errichtet, die aus der Erfahrung des Verlassenseins die Phantasie der Bewahrung des guten Teilobjektes macht. Wir befinden uns mit dem Satanssturz in der paranoid-schizoiden Position, in der gegen die Wut eine Wand aufgerichtet wird, um das gute und das böse Objekt wieder radikal zu trennen, weil sonst das gute Objekt vom eigenen Haß bedroht wäre. Und wie groß das Maß dieses Hasses ist, zeigt sich im weiteren Kontext des Kapitels im hemmungslosen Sadismus gegen diejenigen, die das als gut festgehaltene Objekt verlassen haben und deshalb mit dem Gericht verfolgt werden. Mit der Errichtung der paranoid-schizoiden Position ist aber auch die ödipale Situation der Vorläufererzählungen aufgegeben. Auf der einen Seite stehen Gott, der Messias, der Erzengel Michael, die Frau, auf der anderen der Satan und seine Heere. Ihre Verbindung ist durch die Spaltung aufgehoben. In späteren Kapiteln kann man beobachten, daß die Gestalten beiderseits der Spaltung ineinander verschwimmen. Was zwischen Gut und Böse fehlt, ist eine Verbindung, weshalb R. Britton[94] von einem "missing link" spricht. Das Dreieck ist zwischen den Eltern offen, weil diese in nur-gute und nur-böse Teilobjekte aufgespalten sind. Die Urszene kann deswegen nicht zwischen den Eltern stattfinden. Statt dessen ereignet sie sich im Text gleich zweimal in Szenen, die offensichtlich symmetrisch konzipiert sind. Einmal verbinden sich das Lamm mit dem himmlischen Jerusalem (19,7) und auf der anderen Seite die Hure Babylon und das Tier aus dem Abgrund (17,3-6). Am Schluß der Apokalypse, wenn das Endgericht vollzogen ist, wird die Spaltung total sein, und die Ausleger bemühen sich zu betonen, daß damit der bren-

---

93 Das ist Drewermanns Lösung in T. u. E. II 573
94 Der Titel dieses wichtigen Aufsatzes deutet das Thema bereits an: "The missing link: parental sexuality in the Ödipus complex".

nende Schwefelsee ganz aus dem Bereich Gottes entfernt sei[95]. Erst Tertullian[96] wird unter die speziellen Himmelsfreuden den ständigen Ausblick auf die Martern der Gerichteten zählen; die paranoid-schizoide Position, die den Text regiert und die das gute Objekt vor der Zerstörung bewahren sollte, erzeugt spätestens bei diesem Autor einen perversen Ausdruck. Der Weg vom Satanssturz über die Verfolgung der Kinder der Frau, über das Gericht zum himmlischem Jerusalem ist ein Rückweg, der als Fortschritt verstanden werden soll. Er führt von der depressiven Position, in der Gott und Satan nahe beieinander waren, über die Spaltung zwischen beiden in die Vernichtung von Dreiheit überhaupt, oder, in abstrakterer Sprache, vom entwickelten Ödipuskomplex über seine Vorformen zur Phantasie seiner Zerstörung in der "archaischen Matrix", in der eine Ecke des Dreiecks vernichtet werden muß, um Zweiheit und letztlich Einheit wiederherzustellen.

6.3.6 Beispiele für die Wirkungsgeschichte des Textes

Ich möchte jetzt an einigen Beispielen darstellen, wie in der Wirkungsgeschichte dieses Textes die Auslegungen versuchen, entweder die Spaltung zu relativieren und damit die depressive Position zu erreichen oder aber sie gerade zu erhalten und in den Dienst bestimmter Aussageabsichten zu stellen. Damit wird zugleich deutlich, in welchen persönlichen und sozialen Situationen die Apokalypse mühelos rezipiert werden kann und wo sie so uminterpretiert werden muß, daß sie durch eine Interpretation gleichsam ersetzt wird.

6.3.6.1 Es erhub sich ein Streit...

Zum Michaelistag 1726 komponierte J. S. Bach eine Kantate, deren Eingangschor folgenden Text (Dürr 1985)[97] hat:

"Es erhub sich ein Streit.
Die rasende Schlange, der höllische Drache
stürmt wider den Himmel mit wütender Rache.
Aber Michael bezwingt,
und die Schar, die ihn umringt,
stürzt des Satans Grausamkeit".

Im folgenden Rezitativ wird der Satan dann nicht nur auf die Erde geworfen, sondern bereits mit einer Kette gefesselt, was in der Apokalypse erst viel später in 20,1-3 berichtet wird. Damit aber kann in der Kantate bereits jetzt verkündet werden, daß die Gemeinde in Sicherheit wohnt, selbst dann, wenn sie das Brüllen des Satans noch erschreckt. Während mit diesen Texten die apo-

---

[95] J. Roloff (1987²) S. 194: "wird in den - an einem unzugänglichen Ort außerhalb der Welt gedachten - Feuerpfuhl geworfen".
[96] Tertullian "De spectaculis" Kap. XXX: "Quale autem spectaculum in proximo est adventus Domini iam indubitati, iam superbi, iam triumphantis". Vgl. dazu J. Ebach (1985) S. 46.
[97] S. 771-775. Der Text geht auf eine Michaelisdichtung Picanders zurück, den entweder dieser oder Bach selber als Kantatentext umgearbeitet hat.

kalyptischen Motive voll aufgenommen werden, so fehlt doch ganz die Grausamkeit. Gewiß, der Sieg Michaels über den Satan wird mit festlichen Trompeten und Pauken gefeiert, aber im Vordergrund steht die beruhigende Gewißheit, daß die Seelen gut bewahrt werden.

"Wir stehen sicher und gewiß,
Und wenn uns gleich sein Brüllen schrecket,
So wird doch unser Leib und Seel
Mit Engeln zugedecket".

Noch ein anderes Motiv taucht auf, das in der Apokalypse undenkbar ist. Ein Tenorrezitativ ergänzt die Siegesfreude um das Bewußtsein von Schuld:

"Was ist der schnöde Mensch, das Erdenkind?
Ein Wurm, ein armer Sünder.
Schaut, wie ihn selbst der Herr so lieb gewinnt,
daß er ihn nicht zu niedrig schätzet
Und ihm die Himmelskinder,
Der Seraphinen Heer,
Zu seiner Wacht und Gegenwehr,
Zu seinem Schutze setzet".

Man kann die literarische Qualität dieses Textes anzweifeln, sich auch fragen, wie hoch der Preis für dieses Sündenbewußtsein ist, aber der Siegestext wird damit aus seiner triumphalen Spaltung herausgenommen. Die absolute Reinheit der schon endgültig Erlösten ist nicht mehr nötig, an ihre Stelle tritt das Eingeständnis von Sündigkeit, der gegenüber die Liebe Gottes doch stärker bleibt. Eine gewisse Neigung kündigt sich an, die Spaltung jetzt zwischen dem nur-guten Gott und dem nur-sündigen Menschen zu errichten, wie in einer Melancholie[98]. Aber dieser Gefahr begegnet der Text dadurch, daß er die Gottesliebe dem Menschen gegenüber vertrauensvoll annimmt. Für denjenigen Hörer, der diese Kantate gläubig hört, ist aus der paranoid-schizoiden Position der Vorlage eine Haltung in der depressiven Position entstanden. Eine manifeste triadische Struktur taucht nur in schwachen Ansätzen auf, wenn etwa zwischen den Engeln und Gott unterschieden wird, und der Sopran in einem späteren Rezitativ die Befürchtung äußert, die frommen Engel zu betrüben. Man kann sich fragen, welche Besorgnis bei den Hörern der Text damit anspricht, aber gerade die *Sorge* um das beschädigte Objekt ist ein Zeichen der depressiven Position. Doch trotz dieser Möglichkeit von Triangulierung und Schuld verbleibt als Ziel eine dyadische Vereinigung mit dem guten Gegenüber im Tode, der im Schlußchor ohne Angst akzeptiert werden kann.

6.3.6.2 Michael - ein deutsches Schicksal

Ich mache einen großen zeitlichen Sprung: in seinem Buch "Die Apokalypse in Deutschland" weist der Literaturwissenschaftler Klaus Vondung (1988)[99] auf

---

[98] Nach der klassischen Theorie, wie sie Freud zum ersten Mal in "Trauer und Melancholie" (1917e) formuliert hat, idealisiert das Ich in der Depression den anderen und entwertet sich selber. Dabei ist aber das Ich zugleich mit dem unbewußt gehaßten Teil des anderen identifiziert, so daß der Haß eigentlich dem anderen gilt. Auf der unbewußten Ebene sind deshalb die Selbstanklagen des Ich wahr, denn es ist in der Tat voller Haß.
[99] S. 465-468.

die apokalyptische Haltung von Joseph Goebbels' 1929 erschienenem Jugendroman "Michael - ein deutsches Schicksal in Tagebuchblättern" hin, der im übrigen viele autobiographische Züge trägt[100]. In der Tat ist die apokalyptische Struktur unübersehbar, wie einige Zitate zeigen:

"Ich bin dabei, in mir die alte Glaubenswelt zu zertrümmern. Ich werde sie dem Erdboden gleich machen. Dann baue ich eine neue Welt ... Ich ringe mit mir selber um einen anderen Gott" (S.47). "Gott hilft dem Tapferen und schlägt den Feigen. Das wäre auch ein sonderbarer Gott, der auf Seiten des Feiglings stände" (S.64). "Christus ist hart und unerbittlich. Er peitscht die jüdischen Händler aus dem Tempel heraus" (S.76). "Eine Idee wächst in mir zu grandiosen Formen. Totentanz und Auferstehung" (S.77). "Wer den Teufel nicht hassen kann, der kann auch Gott nicht lieben. Wer sein Volk liebt, der muß die Vernichter seines Volkes hassen, aus tiefster Seele hassen" (S.86)[101].

Die apokalyptische Spaltung ist in Kraft und hilft dem Studenten Michael dabei, Stunden der Leere und Verzweiflung zu überstehen. Er hat eine schwärmerische Beziehung zu Hertha und lernt einen russischen Studenten kennen, der ihn in das Werk von Dostojevski einführt. Zu diesem, der den Namen Iwan Wienurowsky trägt, entwickelt er ein enges Verhältnis von Faszination. Aber Iwan ist Kommunist und will seinen Freund zum Internationalismus bekehren. Michael erlebt das als Verlust seines Vaterlandes und bezeichnet Iwan als einen Teufel, den er hassen muß. Er zieht sich von Iwan zurück und schreibt ein Christus-Drama[102]. Die Zukunft kann nur aus einem Endkampf zwischen der deutschen und der russischen Seele entwachsen. Und für diesen Kampf will Michael arbeiten. Er bricht sein Studium ab und geht in ein Bergwerk. Tief unten im Schacht erkennt er, daß er kein Mensch, sondern ein Titane sei und tötet - in seiner Phantasie - den Iwan Wienurowski. In sein Tagebuch schreibt er wenig später: "Ich habe Iwan Wienurowski zu Boden getreten: in ihm überwand ich den russischen Menschen. Ich habe mich selbst erlöst: In mir machte ich den deutschen Menschen frei. Nun stehen wir beide als unerbittliche Gegner einander gegenüber". So wie der Erzengel Michael den Satan aus dem Himmel geworfen hatte, so hat der Michael des Romans sich innerlich von dem russischen Teufel erlöst. Wir können als Leser nur ahnen, wen Iwan als innere Gefahr repräsentiert: es ist vielleicht ein vereinnahmender und entindividualisierender Internationalismus, der Michael das *Vater*land raubt. Als er ins Bergwerk geht, nimmt er stillen ernsten Abschied von seiner Mutter und sucht eine Männergesellschaft, in der ihm nichts wichtiger wird als dazuzugehören. Im Bergwerk trifft ihn ein Stein. Als er wenig später stirbt, sind seine letzten Worte "Mutter ", danach "Iwan, Du Schuft", dann "Arbeiter", schließlich etwas wie "opfern" und "Arbeit, Krieg".

Auch wenn direkte Zitate aus der Apokalypse fehlen, liest sich der Text wie eine Deutung des 12. Kapitels. Michael tötet den Drachen, der mit der Hure Babylon, der Sowjetunion, verbunden ist, spaltet davon seine eigene Mutter als nur gut ab und sucht nach einem Vater, der ihn aus der Verzweiflung in die

---

[100] Zur Biographie vgl. bei H. Heiber (1962), vor allem das zweite Kapitel "Michael". Zum psychologischen und weltanschaulichen Hintergrund C.-E. Bärsch (1987).
[101] Die Seitenzahlen richten sich nach der 2. Auflage von 1931.
[102] Das hat auch Goebbels selber getan unter dem Titel "Judas Iskariot" (Heiber S. 24). Es scheint erhalten, aber nicht zugänglich zu sein, vgl. Bärsch (Anm. 98) S. 411.

Grandiosität führt. Vorher muß alles vernichtet werden: Totentanz und Auferstehung. Als Goebbels seinen Roman schrieb, war er mit seinen *Phantasien* beschäftigt und konnte in ihnen eine Lösung suchen. Wenige Jahre später hatte er die Möglichkeit, an der Seite des ersehnten "Vaters" diese Phantasien in die Tat umzusetzen. Damit wiederholte und übertraf er zugleich ein Stück Kirchengeschichte, nämlich den Weg der Apokalypse von einer Trostschrift für eine bedrängte Minderheit zum Instrument einer mächtigen Kirche oder einer an die Macht drängenden Minderheit innerhalb dieser Organisation. Goebbels hat sich zuerst in der Phantasie und später durch die Tat mit der regressivsten Ebene der Apokalypse identifizieren können.

6.3.6.3 Antwort auf Hiob

1952 veröffentlichte Carl Gustav Jung seine Schrift "Antwort auf Hiob", in der er an einer entscheidenden Stelle[103] sich auch mit der Apokalypse beschäftigt. Zunächst einmal kennzeichnet er darin die Spaltung der Welt der Offenbarung durchaus zutreffend, indem er von einer Orgie von Haß einerseits und der Liebesgemeinschaft mit Gott andererseits spricht. Aber der Sohn, der von der Frau geboren wird, entspringt dabei der Verbindung des Dunklen und der Sonne, er ist die complexio oppositorum und ist damit ein vereinigendes Symbol. Übersetzen wir diese Aussagen in die Sprache Melanie Kleins, so können wir sagen, die paranoid-schizoide werde in die depressive Position aufgehoben, und zwar dadurch, daß die Urszene als kreativer Akt anerkannt ist und keine Spaltung mehr provoziert. Mir scheint, daß eine angemessene Parallelisierung recht weit geht. Jung trennt nun den Knaben, das Symbol von Ganzheit, vom apokalyptischen Christus, einer Rächergestalt, ab. Aber damit bekommt er sogleich Schwierigkeiten, denn der Knabe, den Jung als Tammuz-Knaben von bezaubernder frühlingshafter Schönheit rühmt, wird, nach Aussage des Textes, die Völker mit eisernem Stabe weiden. Jungs Lösung ist im Rahmen seiner Theorie eines kollektiven Unbewußten konsequent: Johannes stehe in einem archetypischen Geschehen, das in ihm den Knaben zur Welt bringt. Der Hinweis auf den eisernen Stab sei fehl am Platz; wenn er nicht eine spätere Interpolation ist, müsse man ihn als Deutung des Verfassers der Apokalypse und zwar als Fehldeutung bezeichnen, die ihm aus Gewohnheit aus der Feder geflossen sei. Aber dieser Lapsus ist für Jung unwesentlich im Vergleich zu dem, was sich gleichsam aus dem Unbewußten heraus durch Johannes schreibt. In seiner schon mehrfach zitierten Schrift "Über die Beziehung der analytischen Psychologie zum dichterischen Kunstwerk" von 1922 bemerkt Jung konsequent, daß man die Deutung solcher individueller Ausrutscher der Freudschen Purgiermethode überlassen dürfe[104]. Es geht hier nicht um eine Auseinandersetzung mit den Theorien Jungs. Selbst, wenn man von ihm die Anschauung eines kollektiven Unbewußten übernähme, könnte man sich doch als Analytiker jeglicher Schule fragen, ob eine solche Textverkürzung sich nicht als Ausdruck einer Gegenübertragung gegenüber dem Handeln des Textes am Leser

---
[103] Kap. XIII-XVII.
[104] S. 35/36.

verstehen ließe. Ähnlich wie schon oben unter 6.2 für Drewermann scheint sich mir auch hier die folgende Interpretation nahe zu legen: wie wenige andere Texte übt die Apokalypse Gewalt gegenüber ihren Lesern aus - und Jung zahlt mit gleicher Münze zurück, indem er dem künftigen Rächer seine Waffe entreißt und ihn mit gleicher Gewalt in die depressive Position zu integrieren versucht. Das ist kein Deuten mehr, sondern ein Handeln. Psychoanalytiker pflegen in einem solchen Fall von einem Agieren in der Gegenübertragung zu sprechen. Aber wenn wir dieses Agieren nicht nur ärgerlich feststellen, sondern einer psychoanalytischen Reflexion unterziehen, dann enthüllt es uns etwas von der übertragungsähnlichen pragmatischen Gewalt des Textes, deren Wahrnehmung am Anfang jeder psychoanalytischen Textinterpretation stehen sollte.

Drewermanns Deutung[105] des Kapitels bleibt im Rahmen der Jungschen Deutung, nur macht er es sich einfacher. Durch die Geburt kommt das wahre menschliche Leben zum Vorschein, unter Schmerzen wie in einer Psychotherapie. Es komme entscheidend darauf an, "daß das 'göttliche Kind' (...) bei Gott im Himmel gerettet sei". "Aller Kampf und alle Auseinandersetzung in der 'Wirklichkeit' 'verdankt' sich dieser allem vorausliegenden Gewißheit"[106]. Drewermann erkennt hier durchaus zutreffend die Symbolik der Sicherung eines guten Objektes, für ihn anscheinend vor allem eines guten Selbst-Objektes. Aber mit dem ausschließlich progressiven Akzent, den er auf diese Sicherung legt, sieht er nicht den Preis, der für die nötige regressive Spaltung der Welt bezahlt werden muß. Deshalb ist der eiserne Stab, mit dem dieses "wahre menschliche Leben" die Völker weiden wird, Drewermann keiner Erwähnung wert. Er selber scheint den Text mit eisernem Stabe zu weiden, um ihn in eine integrative Richtung zu zwingen.

6.3.6.4. Der Stumme

Ich komme zum Abschluß zu Otto F. Walters 1959 erschienenem Erstlingsroman "Der Stumme"[107]. Zur Erleichterung des Verständnisses der folgenden Ausführungen möchte ich kurz den Inhalt des Buches andeuten.

Auf der primären Ebene der Erzählung geht es um einen jungen Mann, der stumm ist und der auf einer Straßenbaustelle im Jura seinen Vater nach längerer Trennung wiederfindet, ohne daß dieser ihn gleich erkennt. Der Junge, Loth genannt, hat aber einen alten Zündschlüssel des NSU-Motorrads seines Vaters bei sich und hofft, mit ihm den Vater auf sich aufmerksam machen zu können. Auf der herbstlichen Baustelle arbeiten außer Loths Vater noch elf andere Männer. Gerade als Loth ankommt, ist während einer Sprengung ein zugelaufener Hund ums Leben gekommen, und Loths erste Aufgabe ist es, beim Schaufeln eines Grabes zu helfen. Kurz danach verschwindet ein Benzinkanister, und niemand weiß, wie das hat geschehen können. Der Leser wird in

---

[105] T. u. E. II, S. 571-576.
[106] T. u. E. II, S. 573.
[107] Ich zitiere nach der Ausgabe bei Rowohlt (1983).

Spannung gehalten, nicht zuletzt dadurch, daß er bereits im Vorspann erfährt, daß ein Mann getötet werden wird, aber er ahnt nicht, wer es sein könnte.

Neben dieser Haupthandlung läuft ein zweiter retrospektiver Erzählfaden, von Loth assoziativ wiedererinnert. Der Leser kann langsam die Vorgeschichte rekonstruieren, wobei manches im Dunklen bleibt und in der Phantasie ergänzt werden muß. Diese Vorgeschichte beginnt vor vielleicht 8 Jahren, und auch sie spielt zwischen Loth und seinem Vater, einem damals noch hausierenden Vertreter. In ihr sitzt anfangs der Junge stolz auf dem Soziussitz hinter diesem so großartigen Vater. Als er einmal allein das Motorrad bewachen muß, rauben böse Jungen vorübergehend den Zündschlüssel. Panik bei Loth. Auf der Rückfahrt kehren beide in einer Landbeiz ein. Eine sinnliche Frau, Martha, bringt dem Vater Wein und für Loth Sprudel. Dieser ahnt dunkel ein geheimnisvolles Verhältnis zwischen beiden. Der Vater und Martha werden immer ausgelassener, tanzen in der leeren Wirtsstube, Loth wird fortgeschickt und merkt, daß zwischen den beiden etwas geschieht, an dem er keinen Anteil hat.

Die Mutter taucht erst später in einer Szene auf, in der der Vater spät am Abend volltrunken nach Hause kommt und mit der Mutter schlafen will. Sie verweigert sich und sucht Zuflucht bei ihren beiden Kindern. Der Vater droht damit, trotz Trunkenheit mit dem Motorrad wegzufahren. Da stiehlt sich Loth davon und zieht den Zündschlüssel ab. Der Vater tobt, und Loth sieht, wie die Mutter die Treppe hinunterstürzt. Er kann nicht schreien, er ist plötzlich stumm. Man erfährt später, daß sie etwa nach einem halben Jahr gestorben ist. Der Vater sitzt lange im Gefängnis, anscheinend aber nicht nur wegen des Totschlags. Loth wächst bei Verwandten auf, trifft nach Jahren zufällig auf Martha und erfährt von ihr später, daß der Vater auf einer Straßenbaustelle im Jura arbeiten soll. Er macht sich auf den Weg und sieht bei der Ankunft gleich die NSU. Damit mündet die Vorgeschichte in die Haupterzählung.

Der Vater nimmt ihn mit zum Sprengtrupp und zeigt ihm seine Arbeit. Als er aber seinen Sohn nicht erkennt, hat dieser Mordphantasien. Keiner würde etwas merken, es wäre ein Unfall gewesen. Nach etwa sechs Tagen fährt Loth mit einem Lastwagen für einen Nachmittag in die Stadt, er sucht Martha auf, will sie verführen, aber sie stößt ihn bestimmt zurück: "Geh weg, bist ja der gleiche wie dein Alter". Wie im Traum kehrt Loth auf die Baustelle zurück.

Ehe ich zu dem entscheidenden Kapitel komme, möchte ich noch etwas zu Walters Technik des Erzählens sagen. Das Buch hat 12 plus 11 Kapitel, die 12 Kapitel sind jeweils einer Nacht der 12 Tage der erzählten Zeit gewidmet, die anderen 11 Kapitel tragen je den Namen eines der Bauarbeiter. In ihnen berichtet der Erzähler, der den Typ des allwissenden Erzählers vertritt, das Geschehen aus der Perspektive jeweils dieser einen Person. Das klingt z.B. so: "Und wahrscheinlich weißt Du noch gut, wie das an jenem Donnerstag war, Filippis"[108]. Gino Filippis, das sei hier angemerkt, ist ein italienischer Bauarbeiter, der mit seinem Vater gemeinsam auf der Baustelle im Jura arbeitet. Der Leser erfährt so von jedem der Beteiligten einmal die Innenperspektive, erlebt auf diese Weise eine Polyphonie[109] möglicher Interpretationen und ist,

---

[108] S. 21.
[109] Bei Walter ist die Polyphonie der "Ansichten", wie sie Bachtin postuliert, erzähltechnisch besonders deutlich. Vgl oben 4.2.5.

wie mir scheint, dadurch gehindert, dauernde Identifikationen oder Gegenidentifikationen zu bilden. Jeder dieser Arbeiter ist auf eine Art sympathisch und abstoßend zugleich. Nur Loths Vater hat kein eigenes Kapitel. Doch er spiegelt sich wider in der Sehnsucht und in der Liebe seines Sohnes, im Wahrnehmen seines altgewordenen, traurigen Gesichtes, so daß der Leser auch ihn nicht hassen kann, selbst dann nicht, als deutlich wird, daß *er* den Kanister gestohlen hat und nichts tut, damit der Verdacht nicht auf seinen Sohn fällt. Die Technik des Erzählens lenkt den Leser derart, daß er kaum umhin kann, anders als einfühlend und verständnisvoll dem Geschehen zu folgen. Damit steht der Text im direkten Gegensatz zur Apokalypse, in der der Leser durch Androhung grausamer Strafen dahin gelenkt wird, einen radikal einseitigen Standpunkt einzunehmen. Mir scheint, daß in dieser Form der Leserbeeinflussung etwas wie die depressive Position zum adäquaten Verständnis des Textes gefordert wird, unabhängig noch von den Inhalten des Textes.

Schließlich sei noch ein letztes Element der Erzählung erwähnt, die Natur und das Wetter. Es regnet fast dauernd und es stürmt, künftiger Schnee droht alles einzuhüllen und erscheint in den Erzählungen der Arbeiter als tödliche Gefahr. Eine Zeltplane knattert unaufhörlich, und nur selten ist es ganz still. Dazwischen ertönt immer wieder das Rattern der Preßlufthämmer und das Pfeifen des Windes - oder des geheimnisvollen zwerghaften Jungen, der seinen Hund sucht. In der Baracke ist alles voll Rauch, Hitze, Alkoholdunst und Schweiß, und in der Nähe der Hütte scheinen die Bäume unmerklich zu wandern, um die Baustelle wieder einzunehmen. Es ist eine unheimliche, einhüllende und saugende Stimmung im Text, die in den Leser wie eindringt und sich mit einer großen Spannung auf den Fortgang der Handlung verbindet.

Ich kehre zur Haupthandlung zurück. Loth kommt, von Martha abgewiesen, wie schon erwähnt, aus der Stadt zurück. Das nächste Kapitel gehört einem Manne namens Heim, einem kleinen und dürren, aber ungemein zuverlässigen Arbeiter, der sich von den anderen entfernt hält und jeden Abend in einem kleinen abgegriffenen Buche liest. Man erfährt zunächst nicht, was das für ein Buch ist.

"Als der Drache sich auf die Erde geworfen sah, verfolgte er das Weib, die Mutter jenes Knaben. Dem Weibe gab man jedoch die beiden Flügel des großen Adlers, damit sie in die Wüste an ihre Stätte hinflöge, wo sie, vor jener Schlange sicher, nun eine Zeit und zwei Zeiten und eine halbe Zeit ernährt wird. Da spie die Schlange aus dem Rachen Wasser nach dem Weibe, einem Strom gleich, damit der Strom sie mit sich reiße."[110]

Scheinbar zufällig liest Heim die Apokalypse, und zwar im Kapitel 12 die Verse 13-15, aber so ausdrückliche Zitate fallen auf, und der Leser beginnt, den Text mit dem Zusammenhang zu verknüpfen, und der Erzähler hilft dabei. In der Nachtstunde, in der Heim liest, hat sich der Sturm gelegt, es ist ruhig geworden. Man ergänzt in der Phantasie: so ruhig wie in der Wüste, in der die Frau vor dem Drachen sicher ist. Der Drache hängt also wohl mit dem Sturm zusammen, beide werden als Verfolger gesehen. Aber draußen regnet es unauf-

---

[110] Dieses Zitat und die folgenden entstammen dem Kapitel mit der Überschrift "Heim. Rollbahn".

hörlich, wie der Strom des Wassers im Zitat. Ein zweiter intertextueller Verweis, dieses Mal aus dem Munde des Erzählers, folgt unmittelbar:

> "Gewiß der Regen. Unablässig ging er da draußen nieder, vierzig Tage kam die Flut über die Erde, und das Wasser wuchs und hob die Arche, daß sie über der Erde schwebte".

Drache, Sturm und Regen fließen zusammen als Verfolger, und die Baracke wird zur Arche, zum sicheren Ort vor der Verfolgung, in ähnlicher Weise, wie es vorher die Wüste für die Frau gewesen war. Aber das Zitat wird vom Erzähler selber gleich zurückgewiesen, nein, es ist nur der Oktobersprühregen, und die Baracke ist keine Arche. Damit wird ein Bild von Sicherheit und Schutz innerhalb einer Katastrophe zuerst heraufbeschworen und gleich wieder bestritten, obwohl der Kontext, der die Ruhe in der Baracke schildert, dieses Bild eigentlich nahelegte.

Jetzt, da der Sturm ruht, fühlt Heim plötzlich, daß ihn mit den anderen Menschen im Raum nichts mehr verbindet. Sie sind voneinander getrennt. Das ist ein zunächst unerwarteter Gedanke, aber er ist verständlich. In dem Augenblick, in dem die äußere Verfolgung ruht, verliert auch die Baracke die regressive, bergende Funktion, in der die Konturen zwischen den einzelnen Personen verschwimmen und wie zu einem Kollektivwesen ineinander verschmelzen.

Heim liest weiter:

> "Jedoch die Erde kam dem Weibe zu Hilfe; die Erde öffnete den Mund und verschlang den Strom, den der Drache aus dem Rachen gespieen hatte. Da geriet der Drache über das Weib in Zorn und ..."

Die Lesung wird unterbrochen, weil der oben schon kurz erwähnte Gino Filippis im Traum ruft:

> "Nein. (...) In Deckung Stummer"

und erst danach liest Heim weiter:

> "... und er ging hin, Krieg zu führen mit den anderen Kindern, die die Gebote halten und das Zeugnis des Herrn Jesus haben. Und er trat an den Strand des Wassers".

Der eingesprengte Traum verbindet sich im Leser mit dem Text. Der Drache scheint der Vater zu sein, das Weib seine Frau, zu den verfolgten Kindern gehört Loth. Der Leser verbindet den Ruf Ginos weiterhin leicht mit dem Tod des Hundes, an dem der Vater eine Mitschuld trug. Die Deckung, in die der Stumme fliehen soll, dürfte in einer Beziehung zu dem Schutz stehen, den die Erde dem Weibe bietet. Wiederum stehen sich eine verfolgende und eine schützende Gestalt einander gegenüber. Es gelingt aber kaum, diese beiden Figuren eindeutig auf den Vater und auf die Mutter zu verteilen. Wenn man die Sehnsucht des Jungen nach seinem Vater bedenkt, dann kann man die schützende Erde nicht nur mit der Mutter, sondern muß sie auch mit einem Teilaspekt des Vaters verbinden. Verfolger und Zuflucht wären durch eine einzige Person repräsentiert.

Wenn der Leser versucht, die verschiedenen Ebenen zusammenzufassen, den erzählten Text, die zitierten Texte der Apokalypse und die Andeutung des Traumes, dann verbleibt er innerhalb einer Szene von Verfolgung und Schutz. Nicht nur der verfolgende Drache, sondern auch die bergende Erde und die bewahrende Arche sind potentiell gefährlich, weil sie die Grenzen auflösen und, wie es von der Erde direkt gesagt ist, im Akt des Schützens zugleich verschlingen. Damit behält zugleich auch der zitierte Text aus der Apokalypse etwas von seinem unheimlichen Charakter.

Wie versteht Heim den Text, den er gerade liest? Darauf dürfen wir gespannt sein, doch Heim ist jetzt in der tiefen Nacht, in der er die Menschen als getrennt ansehen kann, sehr müde geworden. Er *versteht* den Text nicht mehr, aber er versucht wenigstens, sich das Bild *vorzustellen* "ein riesengroß aufgerichteter, alter Drache, in Trauer und Zorn und wie er Wasser spie".

Von *Trauer* steht aber in der Vorlage nichts, und deshalb ist die Zusammenfassung von Zorn *und* Trauer so wichtig. Mir scheint, daß in der Sturmesstille und in der damit bewirkten Trennung der Vater verschwindet, und zwar der Vater als ungeheurer verfolgender Drache. Damit zugleich ist auch der gefährliche Schutz vor diesem Vater nicht mehr da, der Abgrund, in den man wie in einen Strudel hineingezogen wird. Beides ist fort wie der Sturm. Aber dafür steht ein trauriger, schuldbeladener Vater da, der um sein Leben kämpfen muß. Mit dem traurigen und zornigen Vater-Drachen hat der Roman-Erzähler sich vom regressiven Sog seiner Erzählung gelöst. Aus der paranoid-schizoiden ist die depressive Position geworden.

In einer weiteren kunstvollen Szene[111] taucht das alte Apollonmotiv wieder auf, der Mythos von Apollon, der sich am Drachen rächt. Der Erzähler erzählt Heim etwas, was dieser nicht wissen kann und wovon er nur den hörbaren Abschluß mitbekommt: einen Traum von Loths Vater. Damit eröffnet der Text dem Leser zum ersten Male direkt auch dessen Innenperspektive. Ich fasse die lange Traumerzählung kurz zusammen: Der Vater steigt auf eine Felskuppe, sieht hinter sich einen jungen Mann ihm folgen, erreicht einen Felsvorsprung und findet dort den sterbenden Hund, der ihn traurig anschaut. Der Vater sagt zum Hund: Du hast es besser. Wenn Du stirbst, bist du fort, aber mir droht vielleicht die Hölle. Da ist auch schon der Verfolger herangekommen, er erkennt in ihm den Stummen und weiß, daß dieser ihn töten wird. Laut ruft er: Geh weg, und weckt damit Heim, der endlich eingeschlafen war.

Ein Leitmotiv der Deutung ist wieder die Trauer: der Hund blickt traurig wie der Vater-Drache. Der Vater hat den Hund getötet, wie der Sohn ihn töten wird. Der Hund ist ohne Schuld, aber der Vater empfindet sich von Schuld beladen, auf ihn wartet vielleicht die Hölle. Der Hund trauert um sein Leben, der Vater auch, aber vielleicht noch spezieller: um die unschuldige Einheit mit seinem Sohn, von dem ihn seine Schuld getrennt hatte. Schuld aber ist Teil einer ödipalen Situation, und es ist, wie wenn der Vater hat schuldig werden müssen, um sich von der zu großen Nähe zu seinem Sohn zu lösen. Und genau so versuchte der Sohn durch seinen phantasierten Mord, sich von seiner Sehn-

---

[111] S. 176-180.

sucht nach einem großartigen Vater freizumachen, einer mit Haß gepaarten Sehnsucht, für die er mit Stummheit hat bezahlen müssen.

Mir scheint, daß damit im Text die depressive Position erreicht ist, in der es ja um Ambivalenz, Schuld und Trauer geht. Sie schützt die Textfiguren davor, in die regressiven Phantasien von Entgrenzung oder Verfolgung zurückzufallen. Dafür kann sich jeder als Einzelner erleben und kommt unweigerlich in den ödipalen Konflikt, hier in den zwischen Vater und Sohn. Aber der ist erst jetzt eine reale Möglichkeit, nachdem Loth "ganz wie der Alte" geworden ist. So hatte es jedenfalls Martha gesagt.

Der Kontext des Romans wirkt zurück auf das Zitat aus der Apokalypse. Es ist nicht mehr möglich, im Drachen einen nur bösen Satan zu finden. Er ist ein trauriges Wesen, das ohne Hoffnung um sein Leben kämpft und schon weiß, daß das Messias-Kind ihn besiegen wird. Die Spaltung zwischen Gut und Böse ist relativiert, und man könnte sich fragen, ob man beim Weiterdenken nicht auch Trauer und Einsamkeit bei der Frau und beim Kind oder besser: den Kindern sich vorstellen müßte. Damit aber sind wir wiederum bei der Verzweiflung angelangt, die durch die Spaltung gerade verhindert werden sollte, weil sie in einer realen Verfolgungssituation zu gefährlich wäre. Die Umdeutung der Erzählung aus der Apokalypse im Kontext des Romans ist eine Fehldeutung des manifesten Textes, aber sie ist eine richtige Deutung derjenigen Latenz des Textes, gegen die der ursprüngliche Text sich wendete, indem er sie durch sein gespaltenes Weltbild zu verhindern sucht. Die Aufhebung der Spaltung ermöglicht auch eine Einsicht in die Schuld der Kinder, die in der Apokalypse unschuldig erscheinen und sich doch an sadistischen Phantasien erfreuen dürfen, die den Werken des Satans nicht nachstehen und die in der Kirchengeschichte bald zu Taten wurden.

Die Neuinterpretation des apokalyptischen Textes durch Otto F. Walters Roman ist eine progressive Auflösung des intratextuellen Konfliktes in Richtung von Individuation durch Integration. Insofern ist Jung rechtzugeben, mit der einzigen Einschränkung, daß Jung Unrecht hatte zu meinen, diese Lösung stünde bereits im Text. Dort geht der Weg eher zurück zu einem nur-guten Objekt, dem himmlischem Jerusalem, das für das ursprüngliche Paradies steht und das durch eine radikale Spaltung vom bösen verfolgenden Objekt getrennt wird, auf das sich danach ein ungebrochener Sadismus richten kann.

6.3.7 Rückblick

An vier verschiedenen Aufnahmen des Textes haben wir sehen können, wie jede dieser Rezeptionen auf verschiedene Ebenen des Textes reagiert. Goebbels' Michael identifiziert sich auf der regressivsten Ebene mit einem sadistischen Partialobjekt und erhofft sich von dorther die Erfüllung des Versprechens, das ihm Christus durch den Erzähler macht: eine radikale Erneuerung. Die anderen Ausleger versuchen, die depressive Position wiederzugewinnen. Bach tut es durch seine Textauswahl und durch eine Kombination mit Texten, in denen ein Repräsentant der Hörer und Hörerinnen - in der Gestalt eines der Sänger - auf eigene Schuld hinweist. Jung kürzt den Text an einer für ihn anstößigen Stelle und verbindet ihn mit eigenen Theorien über psychische Entwicklung. Otto F. Walter schließlich fügt ihn in den Kontext eines Romans ein, für den auf der semantischen Ebene Anerkenntnis von Schuld ein wesentliches Thema ist und dessen Textpragmatik durch die Technik des Erzählens die Spaltung zwischen Gut und Böse verhindert. Dieser Kontext beeinflußt den zitierten Text und macht damit aus einem verfolgenden Drachen einen traurigen und schuldigen Vater.

Keine dieser Deutungen ist einfach falsch, jede trifft eine Möglichkeit, die der Text fordert oder gerade vermeidet. Eine wissenschaftliche, psychoanalytische Interpretation muß sich allerdings Gedanken darüber machen, welche Ebene von welcher Deutung getroffen wird, und sie kann sich auch die Frage stellen, warum manche Interpreten sich gegen *eine* Deutungsebene mit einer *anderen* im Sinne Blooms wehren. Damit kommen wir in die Nähe der psychoanalytischen Rezeptionstheorie von Holland, die ich im 7. Kapitel diskutieren werde. Vor allem aber sehen wir an den vier Beispielen einer Rezeption vier Reaktionen auf einen Text, die den Reaktionen in einer Supervisionsgruppe auf einen vorgetragenen Fall ähneln. Ich hatte bereits unter 2.2.1 anläßlich der Erwähnung einer Arbeit von Th. Szasz angedeutet, daß verschiedene Textrezeptionen dabei helfen könnten, auf das Übertragungspotential eines Textes aufmerksam zu werden und zugleich die eigene Reaktion deutlicher zu sehen.

Ich möchte abschließend nur andeuten, worin ich mich von Drewermann mit meiner Auffassung der Wirkungsgeschichte von Texten unterscheide. Drewermann postuliert eine kollektive archetypische Verstehensebene, die für jeden Menschen gleich sei und die erreicht werden müsse, um zu "gültigen" Deutungen zu kommen. Es mag sein, daß es solche Archetypen gibt, aber viel interessanter scheint mir jedenfalls zu sein, wie diese kollektiven und dann vor allem auch, wie die individuellen Phantasien vom Individuum jeweils gebraucht werden, um die Welt zu interpretieren.

Auf diese Weise wird bis zu einem gewissen Grade erklärbar, warum jeder Leser zu je seiner individuellen Lesung kommt. Die Gesamtheit aller seiner Phantasien bildet seine individuelle "psychische Matrix", die gleichsam die Gußform wäre, in die das Erleben von Texten, aber auch z.B. der gesamten Theologie, eingínge, ohne doch mit dieser Matrix identisch werden zu müssen. Nur ein ein Bewußtmachen dieser Matrix könnte es ermöglichen, sich von ihr wenigstens teilweise zu lösen, wenn man Texte interpretiert.

6.4 Das himmlische Jerusalem

6.4.1 Drewermanns Interpretation

Drewermanns Text, der seine Interpretation des "himmlischen Jerusalem" enthält, umfaßt nur wenige Sätze[112]. Mit der Fesselung des Satans und der Auferstehung der Märtyrer ist "die Angst endgültig besiegt". "Fortan werden 'mütterliche' Bilder jenseits der zwangsneurotischen Ambivalenzen des Weiblichen

---

[112] T. u. E. II 588/589.

das Lebensgefühl prägen"¹¹³. Diese Formulierung ist kaum verständlich, aber ich hoffe, daß ich ihren Sinn nicht verkehre, wenn ich sie auf folgende Weise präzisiere: "Fortan ist das Leben nicht mehr von einem Nebeneinander von Haß und Liebe gegenüber dem Bild einer anderen Frau geprägt, sondern von einer vorambivalenten, ausschließlichen Liebe". Anders gesagt: die frühe, "nur-gute Mutter" ist wiedergefunden. Das neue Jerusalem, das vom Himmel wie eine Braut herabkommt, symbolisiert, daß das wahre Ich des Menschen nicht zu erkämpfen sei, "sondern wie ein himmlisches Geschenk von Gott gegeben wird"¹¹⁴. Drewermann erwähnt noch die Quellen und die Bäume, ebenso den Namen Gottes auf der Stirn. Die Menschen tragen Gott selber wie ein ewiges Licht in ihrem Herzen, "wenn sie am Ziel des langen Lebens zu sich selbst angekommen sind"¹¹⁵. Das himmlische Jerusalem ist somit ein Bild für das wahre Selbst oder Ich, das geschenkt wird und von nichtambivalenter Liebe geprägt ist. Das Bild von der Hochzeit des Lammes, das Drewermann anläßlich seiner Besprechung von 19,1-10 aufgenommen hatte, fehlt jetzt ganz. Wir werden uns noch fragen, was das bedeuten mag. Ich möchte jedoch schon vorweg sagen, daß meine eigene Interpretation derjenigen Drewermanns in mancher Hinsicht ähnelt, abgesehen davon, daß meine Perspektive und auch meine Wertung eine ganz andere ist.

6.4.2 Exegetische Vorbemerkungen

Eine ausführliche Interpretation des Textes 21,1-22,5 würde den Rahmen sprengen, um so mehr, als es mir darum geht, einige Ansätze psychoanalytischer Interpretation dieses Textes eingehend zu diskutieren und fortzuführen. Trotzdem dürften einige wenige exegetische Anmerkungen nötig sein, weil auf ihnen auch meine eigenen Erwägungen beruhen werden.
Ich hatte oben unter 6.1 ausführlich die pragmatische Seite der Apokalypse besprochen. Sie bildet, zumal in einer analytischen Interpretation, den Rahmen, innerhalb dessen auch die Vorstellungen vom himmlischen Jerusalem verstanden werden müssen. Dafür spricht schon allein, daß in den Sigersprüchen der Sendschreiben die Anspielungen auf die Vollendung nie fehlen, die textuellen Bezüge meist sogar in wörtlichen Anspielungen bestehen. Wichtig ist hier vor allem 2,7: Jesus spricht vom Paradies Gottes und dem Baum des Lebens, und der Leser ist damit gehalten, auch das himmlische Jerusalem als Paradies zu sehen und den Text auf die Paradiesesgeschichte der Genesis zurückzubeziehen. Die Spaltung aber, die in den Sendschreiben vom Leser gefordert wurde, bildet auch noch den pragmatischen Hintergrund der Schlußkapitel. Das zeigt schon allein der Schlußabschnitt 21,6-21 und ebenso der unmittelbar vorhergehende Kontext. In Kapitel 18 wird das Gericht über die Hure Babylon vollzogen, und alle Christen, einschließlich des Lesers, sollen darüber jubeln. Die Fortführung und den Gegensatz dazu bilden die Hymnen von 19,1-10. Mit dem

---
[113] S. 588/589.
[114] S. 589.
[115] S. 589.

ersten Halleluja der frühchristlichen Literatur[116] wird das Gericht über die Hure Babylon und der in Ewigkeit aufsteigende Rauch ihrer Flammen gefeiert und zugleich die Hochzeit des Lammes mit der Frau im reinen Gewand angekündigt. Schon immer ist den Exegeten aufgefallen, daß diese Hochzeit einerseits analog ist zur Verbindung der Hure mit dem Drachen und andererseits im schärfsten Gegensatz zu ihr steht. In 19,11-21 wird die Auseinandersetzung weitergeführt. Auf einem weißen Roß, das an 6,2[117] erinnert, führt Christus, namentlich nicht direkt genannt, Krieg gegen die Heiden. Er ist begleitet von einem Heer auf weißen Rossen, bekleidet mit weißem Byssusleinen. Aus seinen Munde geht ein Schwert hervor, und er weidet die Heiden mit eisernem Stabe. Es ist auffällig, und es kann jedem Leser auffallen, daß die Beschreibung des Heeres sich der des Lesers annähert: beide tragen weiße Gewänder (vgl. 7,9) und beide sind dabei, wenn Christus die Heiden mit eisernem Stabe weidet. Den Lesern ist sogar ausdrücklich eine Mitwirkung versprochen (2,27). In einem grausamen Akt werden in 19,17-21 Tier und Pseudoprophet vernichtet, und das Fleisch aller getöteten Menschen sättigt die Vögel unter dem Himmel. Drewermann verinnerlicht dieses Drama: wer vor der Angst flieht, kann sich angesichts der Wirkung der Liebe nur "wie von 'Vögeln' zerhackt" erleben. Das ist eine Verharmlosung, denn der treue Leser hat keinen Grund, sich selber zerhackt zu sehen, sondern er sieht in der Vision zu, wie seine Feinde zerhackt werden.

Auch im Bild vom tausendjährigen Reich darf der Leser sich selber auf einem Thron wiederfinden, zumal dann, wenn auch er im Martyrium ausharrt. Ihn trifft der zweite Tod (vgl. 2,11) nicht mehr. Nach dem Endkampf wird dann in 20,10 auch der Satan in den Feuerpfuhl geworfen. Im allgemeinen Gericht von 20,11-15 findet die endgültige Trennung statt, an deren Schluß auch Tod und Hades vernichtet werden. "Und wenn einer nicht im Buch des Lebens eingeschrieben gefunden wurde, so wurde er in den Pfuhl von Feuer geworfen".

Unmittelbar hierauf folgt die Vision vom neuen Jerusalem. Ich verzichte darauf, hier schon Details zu erörtern, sondern werde das erst tun, wenn ich einige psychoanalytische Deutungsansätze erörtere. Nur zwei Punkte sind schon im voraus wichtig. Erstens scheint es nämlich so zu sein, als ob auf der Ebene der Semantik die von mir herausgearbeitete Textpragmatik aufgehoben würde. Damit wäre, jedenfalls für das vorliegende Kapitel, möglicherweise ein neuer pragmatischer Rahmen geschaffen worden, der, als Übertragung gedeutet, vor allem für die psychoanalytische Deutung von größter Wichtigkeit wäre.

In seiner Arbeit von 1980 fragt sich nämlich D. Georgi[118], ob nicht in der Vision vom himmlischen Jerusalem ein uneingeschränkter Heilsuniversalismus vorausgesetzt sei. Er geht dabei von der gut bezeugten Lesart in 21,3 *laoi*[119] aus, verweist zurück auf die Heilsgemeinschaft als einer ungezählten Menge in

---

[116] U. B. Müller (1984) S. 316.
[117] Die Vermutung von G. Bornkamm (1937), der erste der apokalyptischen Reiter sei Christus, wird von M. Bachmann (1989) sorgfältig überprüft und wahrscheinlich gemacht. Für Thompson (1990) scheint die Identität der Reiter in 6,2 und 19,11 kein Problem zu sein, vgl. S. 79.
[118] (1980) vor allem S. 357/358.
[119] Professor E. Stegemann macht mich darauf aufmerksam, daß *laoi* auch die Juden sein könnten, und zwar deshalb, weil auch in R. 15,12 mit *laoi* wegen der Parallele zu V. 10, die Juden gemeint sein dürften.

7,9-12 und trennt diese Verse von der einschränkenden Interpretation in 7,14 ab. Dadurch, daß in 21,27 auch die Könige und Völker ins Lebensbuch eingeschrieben seien, verbänden diese Aussagen sich mit dem Universalismus von 21,3 und 7,9. Georgis Argumentation überzeugt aber schon allein auf der Inhaltsebene nicht. Der Universalismus gilt nur, insofern die künftige Heilsgemeinde sich nicht auf die ursprünglichen Stämme Israels beschränkt. Müller[120] macht zur Stelle darauf aufmerksam, daß gemäß dem Hymnus in 5,9 das Lamm durch sein Blut aus allen Völkern Menschen losgekauft habe. Und die einschränkende Interpretation in 7,13-17, die von einer Textperson ausdrücklich vorgebracht wird, bestimmt den Textsinn auch auf der hierarchisch obersten Ebene. Schließlich widerspricht Georgis Deutung auch der Textpragmatik, wie ich sie in 6.1 erarbeitet habe. Es dürfte also dabei bleiben, daß der "partielle Universalismus" im Rahmen der grundlegenden Spaltung zu sehen ist und damit nur für die Seite der Erretteten gilt. Allerdings bleibt doch die Tatsache bestehen, daß vor allem 21, 24-27 eine gewisse Störung der Kohärenz des Textes darstellt. Man weiß nicht recht, wo diese offensichtlich christlichen Könige jetzt außerhalb des himmlischen Jerusalems wohnen. Aber Georgis Weg, den übrigen Text in eine Kohärenz mit diesen wenigen universalistisch klingenden Versen zu zwingen, ist auch nicht überzeugend. In der Apokalypse ist auf der Oberfläche des Textes nicht alles widerspruchsfrei, und meine psychoanalytischen Erwägungen werden das Problem zwar nicht einfach lösen, aber vielleicht eine neue Ebene möglicher Kohärenz aufweisen.

Die Frage der Kohärenz bringt uns auf ein zweites Thema, das vorher zu erörtern ist: die literarische Einheitlichkeit. Grundsätzlich ist es möglich, dieses Thema auszuklammern, da jede Synchronie eines Textes Gegenstand von Interpretation sein kann, also auch genau der uns überlieferte Gesamttext in einer allerdings erst noch festzulegenden Lesart. Ihr entspräche, so hatte ich es im 4. Kapitel aufgezeigt, ein impliziter Autor als Interpretationsebene. Auf der anderen Seite kann der diachrone Ansatz auf Bedeutungsaspekte innerhalb einer synchronen Ebene aufmerksam machen, die dem Leser sonst vielleicht entgingen. Vor allem die redaktionsgeschichtliche Betrachtung der Evangelien macht sich diese Betrachtungsweise zunutze. Dafür müssen aber Quellen einigermaßen eindeutig identifizierbar sein, und zwar nicht allein aufgrund von Kohärenzerwägungen, sondern mit objektivierbaren Kriterien. Leider besteht nun die Möglichkeit einer solchen Quellenscheidung in der Vision vom himmlischen Jerusalem nicht. In seiner sorgfältigen Untersuchung unseres Kapitels versucht W. W. Reader[121] eine Art Konsens der bisherigen Bemühungen zu formulieren. Er unterscheidet dabei drei Stoffgruppen: "Die Vision vom himmlischen Jerusalem (21,9-22,2), die Audition vom Gotteszelt (21,3-4c; 22,3-5) und die 'Gottesrede' (21,58)"[122]. Der ausführliche Visionstext sei eine vom Verfasser stark überarbeitete Vorlage, die Audition ein in zwei Teile zerlegter Hymnus, der aber aus der Hand des Verfassers der Apokalypse selber stamme, wie eine stilistische Untersuchung zeigt. Endlich ist auch die Gottesrede, wie die vielen Wiederaufnahmen früherer Motive zeigen, entweder vom Verfasser

---

[120] (1984) S. 351.
[121] Diss. Göttingen 1971.
[122] S. 61.

selber geschrieben oder aber von jemandem, der seinen Stil genau hat nachahmen können. Insgesamt erscheint mir Reader's Hypothese von drei Vorlagen, die aber von einer Hand verfaßt und zusammengestellt wurden, als nicht unwahrscheinlich. Sie berücksichtigt sowohl formale Differenzen als auch die stilistische und inhaltliche Gleichheit. Aber zwingend ist sie keineswegs, und so wird sie auch keine weitere Berücksichtigung finden. Ich wähle den jetzigen Text, die letzte vorkanonische Synchronie. Er war es ja auch, der die entsprechende Wirkungsgeschichte ausgelöst hat.

6.4.3 Psychoanalytische Deutungsansätze

Umfangreiche psychoanalytische Deutungen dieses Textes sind mir nicht bekannt geworden. Es gibt aber in einigen Arbeiten des Pariser Analytiker-Ehepaares Janine Chasseguet-Smirgel und Béla Grunberger verstreute Bemerkungen dazu, die so profiliert sind, daß sich von ihnen her eine Gesamtinterpretation nicht nur des Kapitels, sondern der ganzen Apokalypse konstruieren läßt. Dieses in einem gewissen Maße zu tun, ist mein Vorhaben in diesem Abschnitt. Dabei kommt mir zu Hilfe, daß die apokalyptischen Bilder bei beiden Autoren den zentralen Punkt ihres eigenen Systems symbolisieren, so daß es relativ einfach ist, von dort her auch andere Aussagen der Autoren hinzuzunehmen, die sie selber nicht auf den apokalyptischen Text bezogen haben. Die Gefahr ist dabei allerdings, in eine Diskussion der gesamten Psychoanalyse zu geraten, vor allem auch der Differenzen zwischen den Freudianern und der Schule Melanie Kleins. Ganz ausgrenzen läßt sich die Diskussion nicht, weil sonst die Argumente nicht voll verständlich werden.

6.4.3.1 Béla Grunberger

In seiner Arbeit von 1982 "Narziß und Anubis oder die doppelte Urimago"[123] faßt Grunberger seine Auffassung eines ursprünglichen Narzißmus zusammen. Er geht von einem, wie er sagt, "Paläonarzißmus" aus, in dem sich der menschliche Fötus in Einheit mit seinem Universum befinde. Mit diesem Gefühl kosmischer Einheit gehe aber auch schon eine primitive, rein biologisch begründete Aggressivität, eine "fundamentale Gewalttätigkeit" einher, die mit der parasitären Oralität des Fötus zusammenhänge. Offensichtlich ist Grunberger aber der Ansicht, daß diese Aggression die primäre narzißtische Einheit nicht störe. Dieses geschehe erst mit der Geburt. Grunberger schreibt: "Die Spaltung oder besser die Entzweiung, d.h. der Übergang vom einen narzißtischen Kern zum anderen, kann nur mit einem Knalleffekt eintreten, da das Drama selbst unbewußt ist, wobei die *paradiesische Glückseligkeit* einer apokalyptischen Katastrophe weicht. Wir begegnen beim Erwachsenen, der eine schwere narzißtische Kränkung erlitten hat, der gleichen unverhältnismäßig intensiven Reaktion, die das ganze Universum in Frage stellt"[124]. Grunberger vergleicht

---

[123] In: B. Grunberger (1988) Band 2.
[124] A.a.O. S. 76/77.

also den Urzustand mit dem Paradies und nennt die Vertreibung aus dem Paradies eine apokalyptische Katastrophe. Die totale Abhängigkeit des Kindes von der Mutter erzeugt jene Hilflosigkeit, die die erste narzißtische Kränkung darstellt. Dieses Trauma löst jene primitive Aggressivität aus, deren "Matrix" die schon erwähnte fötale Aggressivität ist. Sie richtet sich auf den Körper der Mutter, verbunden mit dem intensiven Wunsch, sich in ihn einen Weg zurückzubahnen. Die Erinnerung an den Urzustand bleibt als nostalgisches Gefühl und als Vorstellung von "einem intakten und unveränderlichen Narzißmus" im Unbewußten zurück. Die Bilder, die sich der Mensch von der verlorenen pränatalen Glückseligkeit macht, "entsprechen in gewisser Weise einem historischen Erleben, denn das, was sich hinter der Vision eines Schlaraffenlandes, des verlorenen Paradieses, des Goldenen Zeitalters, der "guten, alten Zeit" verbirgt, das hat einst tatsächlich existiert, für den Fötus im Leib seiner Mutter, vor dem *Fall* und vor allem vor der aggressiven Reaktion auf die primitive Versagung, d.h. vor der "Sünde" - der wirklichen "Erbsünde".

Exkurs: Ich möchte auf zwei psychoanalytische Quellen aufmerksam machen, auf die Grunberger sich stützt:
Grunberger spielt erstens unausdrücklich auf Freuds[125] Interpretation der autobiographischen Krankengeschichte von D. P. Schreber an. Hier erklärt Freud die Phantasie des allgemeinen Weltuntergangs, die bei Psychosen häufig ist, als Libidoentzug gegenüber einer kränkenden Welt und die darauf folgende Wahnbildung als Versuch, diese zerstörte Welt wiederherzustellen. Freud schreibt an dieser Stelle den in der Psychiatriegeschichte epochemachenden Satz: *"Was wir für die Krankheitsproduktion halten, die Wahnbildung, ist in Wirklichkeit der Heilungsversuch, die Rekonstruktion"* [126]. Diesen Wunsch nach Re-Konstruktion deutet Grunberger als allgemeinen Menschheitswunsch, sich den Urzustand wiederherzustellen, in der Regel zwar nicht durch einen Wahn, aber doch eine Illusion. Darauf komme ich noch zu sprechen.
Für die Deutung des pränatalen Zustandes als ursprüngliche Glückseligkeit beruft sich Grunberger mehrfach auf seinen Landsmann Ferenczi[127], der mit dem "thalassischen Gefühl" den ontogenetischen Wunsch des Menschen, in das Wasser des Mutterleibes zurückzukehren, umschreibt. Hinter ihm stünde der phylogenetische Wunsch, die Existenz auf dem Lande aufzugeben und ins Wasser zurückzukehren. Der Geschlechtsverkehr sei vor allem der Versuch, diese Rückkehr und damit die Urseligkeit wenigstens augenblicksweise zu erleben. Vor allem dort, wo Ferenczi phylogenetisch argumentiert, betritt er den Ort analytischer Mythenbildung, aber sein Mythos hat vielleicht gerade nicht die behauptete historische Geltung, wohl aber eine erhebliche symbolische Kraft.

Nach diesem Exkurs setze ich meine Besprechung von Grunbergers Interpretationsansätzen der Apokalypse fort. Auf S. 142 schreibt er: "Die spontane Aufeinanderfolge der beiden Aspekte der doppelten Ur-Imago ist eine weitere grundlegende Phantasie der Menschheit (die Anwesenheit der bösen Mutter läßt die Rückkehr der guten Mutter vermuten, die zuerst gegenwärtig war und die das narzißtische Ideal verkörperte - die böse Zauberin und die gute Fee). Die Phantasie liegt bestimmten Vorstellungen über die totale Zerstörung der Welt zugrunde (Apokalypse), aus der spontan eine neue, narzißtische, ideale Welt entsteht (das himmlische Jerusalem). Wenn also das Auf-die-Welt-Kommen und das Erkennen der Realität zum Verlust der narzißtischen Koen-

---

[125] "Psychoanalytische Bemerkungen über einen autobiographisch beschriebenen Fall von Paranoia (Dementia paranoides)" (1911c).
[126] S. 193.
[127] "Versuch einer Genitaltheorie" (1924), vor allem im Teil B.

ästhesie[128] führen, dann genügt es, die Realität zu beseitigen, um den ursprünglichen Zustand wiederherzustellen"[129].

Dieser Text ist nicht ganz einfach zu verstehen: Die doppelte Ur-Imago ist das uns schon bekannte Bild der guten und der bösen Mutter. Aber das Bild der bösen Mutter ist, wie Grunberger immer wieder betont, eine Projektion der Uraggression. Wenn Grunberger dann von einer "spontanen Aufeinanderfolge" spricht, so meint er damit vermutlich die Erfahrung des Wechsels zwischen guter und böser Mutter ohne Mitwirkung des Kindes. Im letzten Satz spricht er aber vom Beseitigen der Realität, also einer aktiven Handlung, um den ursprünglichen Zustand wiederherzustellen. Wie ist diese Spannung zwischen "spontan" und "aktiv" zu verstehen? Ich vermute, daß "Spontaneität" vor allem zur Verleugnung der eigenen aggressiven Handlung dient. Was spontan geschieht, dafür bin ich nicht verantwortlich. Und das heißt, auf die apokalyptische Vorstellung bezogen: scheinbar folgt auf die zerstörte Welt das himmlische Jerusalem von allein, aber tatsächlich bin "ich" es, der die Welt zerstört, um den Urzustand wiederzuerlangen.

Grunberger benutzt in dem zitierten Text das Wort "Realität" in einer recht spezifischen, psychoanalytischen Weise, die uns später auch bei seiner Ehefrau J. Chasseguet-Smirgel begegnen wird. Die Realität ist das und nur das, was sich der Vorstellung einer ursprünglichen Einheit entgegenstellt. Man könnte natürlich auch diese Ureinheit eine "Realität" nennen, aber das tut Grunberger nicht, vielmehr repräsentiert sie für ihn die Welt der "Illusion". Der Inbegriff der Realität im Grunbergerschen Sinne ist der "Vater" und die Welt der Triebe. Der Vater tritt als ein "anderer" zwischen die Mutter und das Kind und zeigt diesem, daß die Mutter auch noch eine andere Beziehung hat als die zum Kind. Diese Erfahrung zentriert sich vor allem auf die schon mehrfach erwähnte Phantasie der "Urszene", der - manchmal auf Beobachtungen beruhenden - Phantasie vom geschlechtlichen Beieinandersein der Eltern, aus dem das Kind ausgeschlossen ist.

Ehe ich zur Welt der Triebe übergehe und damit zur Entwicklung zur Reife und zum Ödipuskomplex, möchte ich in einem weiteren kleinen Exkurs einige Bemerkungen über eine Theoriedifferenz zwischen Grunberger und Melanie Klein einflechten.

Exkurs: Ich habe unter 2.2.4 gezeigt, wie für Melanie Klein sich alle Triebregungen immer schon auf ein "Objekt" richten. Sie lehnt die Idee eines primären Narzißmus ab und interpretiert die narzißtischen Selbstbesetzungen als Besetzung der verinnerlichten guten Brust. Grunberger hingegen postuliert genau diesen objektlosen primären Narzißmus, der an sich selber nie "objektfähig" werde. Der Narzißmus liegt für Grunberger jenseits oder eher: diesseits des Triebes, kann deshalb auch nicht auf den Analytiker "übertragen" werden, sondern äußert sich nur in einem gewissen Klima von "Erhabenheit". Der Narzißmus hat einerseits die Möglichkeit, sich mit den objektgerichteten Trieben zu "amalgamieren" und an sie angelehnt eine, wenn auch nur punktuelle, Befriedigung zu finden. *"Reif ist das Ich, das auf die reine narzißtische Lösung als eine stellvertretende Lösung für die ödipale Entwicklung verzichtet hat"*[130]. Auf der anderen Seite kann sich das ursprüngliche Ich, das Grunberger wegen der Vereinigung von Glückseligkeit und Haß ein "bipolares Ich" nennt, auch an die Stelle von ödipaler Entwicklung stellen und sich damit "rein" erhalten.

---

[128] Damit ist eine Einheit auf der Ebene des Gefühls gemeint, vgl. R. Spitz (1983).
[129] In: B. Grunberger (1988) Band 2.
[130] A.a.O. S. 121.

Damit kehre ich zum verlassenen Gedankengang zurück. Es ist die Triebwelt, die sich der Reinheit des primären Narzißmus entgegenstellt. Denn sie bringt erstens Konflikthaftigkeit mit sich und zweitens vor allem eine Einsicht in Begrenzung und Differenz. Für Grunberger, und nicht nur für ihn, repräsentiert sich Differenz als die Differenz der Geschlechter, der Generationen und als Differenz zwischen Leben und Tod. Anerkenntnis der Realität bedeutet deshalb zu akzeptieren, daß ich Frau *oder* Mann bin, daß ich mich nicht selber gezeugt und geboren habe, und daß der Tod die letzte Grenze setzt. Alle diese drei Anerkenntnisse sind eine Verletzung des Narzißmus und müssen vernichtet werden, um ihn zurückzugewinnen. Wie geschieht das? Grunberger schreibt: "Der Narzißt hält dieses Gleichgewicht zwischen der Verdrängung der ödipalen Perspektive und seiner narzißtischen Lösung durch eine manichäische Position aufrecht: alles Gute befindet sich auf seiner Seite (narzißtisches Ideal) und alles Böse auf der anderen"[131]. Die Beziehung zu diesem narzißtischen Ideal nennt Grunberger "Glaube", er sei der "kurze Weg, der die Realität, die Konflikthaftigkeit und den Reifungsprozeß vermeidet"[132].
Der Glaube ist für Grunberger unausweichlich gewalttätig. Ja, sogar die Mittel der Gewalttätigkeit sind "Objekt einer narzißtischen Besetzung, denn 'dem Reinen ist alles rein'"[133].
Um das Verhalten derer zu beschreiben, die "im Glauben" sich zu einer narzißtischen Gruppe zusammenschließen, bezieht sich Grunberger auf den Pariser Gruppenanalytiker D. Anzieu[134]. Die Gruppe schließe das väterliche Realitätsprinzip aus und folge einer allmächtigen Mutterfigur in die narzißtische Regression, die zu einem Gefühl von Vollkommenheit und Glückseligkeit führe. Das väterliche Realitätsprinzip, das vor allem auf Unterscheidung beruhe, werde dabei ausgeschlossen. Zur Erläuterung der spezifischen Weise von Gruppen, nach innen auf Kohärenz und nach außen auf Abgrenzung zu achten, zitiert Grunberger wichtige Sätze von Freud aus "Massenpsychologie und Ich-Analyse". Freud schreibt dort: "In den unverhüllt hervortretenden Abneigungen und Abstoßungen gegen nahestehende Fremde können wir den Ausdruck einer Selbstliebe, eines *Narzißmus*, erkennen, der seine Selbstbehauptung anstrebt und sich so benimmt, als ob das Vorkommen einer Abweichung von seinen individuellen Ausbildungen eine Kritik derselben und eine Aufforderung, sie umzugestalten, mit sich brächte. Warum sich eine so große Empfindlichkeit gerade auf diese Einzelheiten der Differenzierung geworfen haben sollte, wissen wir nicht; es ist aber unverkennbar, daß sich in diesem Verhalten der Menschen eine Haßbereitschaft, eine Aggressivität kundgibt, deren Herkunft unbekannt ist, und der man einen elementaren Charakter zusprechen möchte"[135].
Es ist genau diese Haßbereitschaft, zu der der Text der Apokalypse in den Sendschreiben die Leser sowohl durch die Textpragmatik wie auch mit seiner Semantik auffordert. Ich zeigte oben in 6.1 schon, daß der Erzähler dem Leser,

---

[131] A.a.O. S. 149.
[132] A.a.O. Band 1, S. 223.
[133] A.a.O. Band 2, S. 118.
[134] Er zitiert dafür vor allem dessen Arbeit "L'illusion groupale: un moi idéal commun" (1971). Jetzt in D. Anzieu (1984).
[135] Freud (1921c) S. 96.

der von Christi Auffassungen abweicht, die schlimmsten Strafen androht. Die Leser sollen in eine Gemeinschaft von Glaubenden gezwungen werden, innerhalb derer "Differenz" ausgeschlossen ist. Der Homogenität der weißen Gewänder, den vieltausendfachen Lobgesängen, der Unmittelbarkeit zu Gott und Christus im himmlischen Jerusalem, die ihr Korrelat im Bewahren der ersten Liebe und in der allgemeinen und oft betonten Reinheit hat, entspricht die äußerste Aggressivität, mit der Abweichende verfolgt, ausgeschlossen und der massa perditionis übergeben werden.

In den Szenen der Apokalypse, in denen das Endgericht beschrieben wird, steht der Homogenisierung der Reinen die Homogenisierung der Verlorenen gegenüber. Sie alle werden verbrannt in einem Pfuhl von Schwefel, dessen Rauch ewig an den das Halleluja Singenden vorbei aufsteigt (19,3). Grunberger erwähnt hier die Apokalypse nicht unmittelbar, aber er spricht im Zusammenhang mit der archaischen Aggression, die vor allem von der "Metabolisierung" als Funktion des Verdauung symbolisiert werde, von der Hölle. Er schreibt: "Das Modell der Hölle ist der Verdauungstrakt mit seiner Hitze (Verbrennung), seinem Schwefelgeruch und seinen Gasen, und die Individuen, die im Feuer brennen und Qualen erleiden, sind lauter Objekte, die die Projektion der menschlichen Aggressivität erdulden"[136]. Grunberger verbindet dann die Hölle mit der "Endlösung", in der die Juden homogenisiert, fäkalisiert und atomisiert wurden und zitiert den Satz des Lagerkommandanten Rudolf Höß, der Auschwitz als "anus mundi" bezeichnete.

Homogenisierung und Fäkalisierung der Verlorenen und homogene Reinheit der Geretteten entsprechen einander und sind voneinander abhängig. Denn alles das, was die Reinheit verunreinigen könnte, ist auf die andere Seite projiziert und wird durch eine Spaltung, die Grunberger "manichäisch" nennt, "säuberlich" ferngehalten. Die Reinheit verdankt sich gerade dieser äußersten Aggressivität und wird von ihr keineswegs verunreinigt, ja, wie ich schon sagte, die Mittel der Zerstörung selber werden idealisiert. Es sind *himmlische* Heere und Christus selber, die dieses Werk ausführen.

Grunberger sagte in den oben erwähnten Sätzen, daß aus der Zerstörung der Welt das himmlische Jerusalem entstünde, und daß die Realität zerstört werden müsse, um den ursprünglichen Zustand wiederherzustellen. Die Realität werde vor allem von den Juden und ihrem väterlichen Gott repräsentiert. Aber man muß sich doch fragen, ob sich diese Anschauung Grunbergers mit dem Text der Apokalypse vereinbaren läßt. Sicherlich spricht deren Autor von den Juden und von der Synagoge des Satans (2,10). Aber gerade er fordert ja zugleich eine strenge *Unterscheidung* von der übrigen Welt und warnt vor einer *Vermischung*[137]. Auch ist es befremdlich, im Gericht über die anscheinend tatsächlich böse Welt, wie sie z.B. von der Hure Babylon dargestellt wird, ebenfalls eine Zerstörung der Realität im Sinne Grunbergers zu sehen. Die Schwierigkeit, den Ansatz von Grunberger mit dem Text zu verbinden, wird sich wie-

---

[136] B. Grunberger (1988) Band 2, S. 220/221.
[137] Zur Erleichterung des Verständnisses möchte ich hier einfügen, daß die "Unterscheidung", von der Grunberger spricht, innerhalb *einer* Welt stattfindet, während durch die "Spaltung", wie sie der Apokalyptiker gebraucht, diese eine Welt in zwei Teilwelten aufgeteilt wird, die zusammen die zwei Hälften eines perversen Universums darstellen. Das wird im folgenden ausführlich behandelt werden.

derholen, wenn wir jetzt zu den Apokalypse-Interpretationen von Janine Chasseguet-Smirgel übergehen. Sie wird sich erst dann auflösen, wenn wir die Interpretation, die der Apokalyptiker der teuflischen Welt gibt, unsererseits in Frage stellen.

6.4.3.2 Janine Chasseguet-Smirgel

Auch im Werk dieser Autorin symbolisieren apokalyptische Bilder die Zentren ihrer theoretischen und klinischen Erwägungen. Zu drei Themen benutzt sie Texte aus der Apokalypse des Johannes, um ihre Anschauungen zu erläutern: zur klinischen Theorie der Perversion, zur metapsychologischen Theorie des Ich-Ideals und schließlich zur entwicklungsgeschichtlichen Theorie der "archaischen Matrix des Ödipus-Komplexes", einer begrifflichen Prägung, die von der Autorin selber stammt. Alle drei Themen hängen eng miteinander zusammen.

6.4.3.2.1 Perversion

Ich kann hier die Theorie der Entstehung sexueller Perversion nur andeuten. Perversion ist, und hierin dürften sich die meisten Psychoanalytiker der Schule Freuds einig sein, eine Nachahmung reifer, genitaler Sexualität auf der Entwicklungsstufe des Analsadismus. Für ein Kind ist die Freude am Spiel mit Kot einerseits und der Stolz auf das "Beherrschen" andererseits natürlich keine Perversion. Wenn aber einem Kind[138], bevor es seine sexuelle Reife erfährt, die Illusion vermittelt wird, es sei der Mutter ein dem Vater ebenbürtiger Partner, dann kommt es zu einem Prozeß, der in eine Perversion münden kann. Denn es muß den Unterschied verleugnen, der es vom Vater trennt. Und dieser Unterschied ist vor allem die genitale Reife, eine Entwicklung, die der Zeit unterworfen und die deshalb ein weiter Weg nach vorne ist. Um sich die Illusion zu erhalten, muß das Kind, dessen Entwicklung in eine Perversion mündet, vor allem den Vater entwerten, weil er der Vertreter des Gesetzes, das Unterschiede schafft, darstellt. Das "neue Gesetz", das in diesem Fall an die Stelle des väterlichen tritt, ist das Gesetz der Analität, innerhalb dessen alle Menschen gleich sind - von hinten her gesehen. Die Analität erlaubt es, die Unterschiede der Geschlechter und der Generationen zu leugnen. Der Perverse erschafft sich ein anales Universum, das J. Chasseguet-Smirgel mit ausführlichen Zitaten aus den Schriften des Marquis de Sade anschaulich darstellt. Zusammenfassend sagt sie: "Auf allgemeinere Weise wird das Vergnügen der Übertretung durch die Phantasie gestützt, die Grenzen durchbrochen zu haben, die Mann und Frau, Erwachsenen und Kind, Mutter und Sohn, Tochter und Vater, Bruder und Schwester, sowie die erogenen Zonen voneinander trennen, im Mord die Trennung der Moleküle des Körpers aufgehoben,

---

[138] J. Chasseguet-Smirgel (1989) spricht vom "Kind" (S. 75), aber die Ableitung der Perversion aus einer inzestuösen Beziehung zur Mutter bei gleichzeitiger Entwertung des Vaters legt es nahe, vor allem an männliche Kinder zu denken. Auch die Fälle, die sie in der Darstellung benutzt, sind durchwegs Männer.

die Realität zerstört und dadurch eine neue geschaffen zu haben, die des analen Universums, in dem alle Unterschiede aufgehoben sind. Dieses Universum ist seinem Wesen nach das des *Sakrilegs*, da alles - und vor allem das, was tabu, verboten, geheiligt ist - in ein riesiges Mahlwerk gestopft wird, den Verdauungstrakt, das die Moleküle zersetzt, um die so erhaltene Masse auf das Exkrement zurückzuführen"[139]. Und wenig später: "Der Sadist setzt sich an die Stelle Gottes und der Natur, d.h. der beiden Eltern - Gott und Natur sind in Sades Welt ständig Gegenstand der Verfolgung, - und wird *jenseits der Zerstörung zum Schöpfer einer neuen Realität*"[140].

Diese demiurgische Phantasie des Perversen ist Hybris und richtet sich gegen das Gesetz Gottes[141]. Chasseguet-Smirgel nimmt an dieser Stelle einen Gedanken auf, den Freud in einem Brief an Fließ schon 1897[142] geäußert hatte: Die Perversion sei das Äquivalent einer Teufelsreligion. Inbegriff der Hybris aber ist in der jüdisch-christlichen Tradition Luzifer. Sie zitiert als Beleg die Vulgata-Übersetzung von Jesaja 14,12: "Wie bist du vom Himmel gefallen, Luzifer, du schöner Morgenstern ..."[143]. An dieser Stelle nun kommt sie auf Apokalypse Kap. 12 und 13 zu sprechen. Während die Analität durch den Satan repräsentiert wird, so zeigt sich die luziferische Hybris vor allem im "Tier": "Und es tat seinen Mund auf zur Lästerung gegen Gott, zu lästern seinen Namen und seine Hütte und die im Himmel wohnen"[144]. Später nimmt sie diesen Gedanken wieder auf[145]. Sie zitiert ausführlich Apk. 13 und den Kommentator ihrer Bibelausgabe[146], der das wiederauferstandene Tier als Karikatur des wiederauferstandenen Christus und das zweite Tier als Nachahmung des Heiligen Geistes bezeichnet. Dem protestantischen Leser ist dieser Gedanke, den vor allem Ebach ausführlich vertritt, bekannt: "Der Herrschaft Gottes steht die imitierende des Satans gegenüber. Der Drache = Satan, der Antichrist (der römische Kaiser) und der Pseudoprophet (die römische Religionsverwaltung) ahmen als 'teuflische Trias' die Dreiheit von Gott, Christus und Prophet nach (Apk. 16,13)"[147]. Während Ebach aber aufgrund *seiner* Interpretation politisch argumentiert, sieht Chasseguet-Smirgel in der Nachahmung vor allem das Wesen der Perversion verkörpert: "Der Umsturz des Gesetzes (...), die Parodie eines Gott geweihten Kultes, die Ersetzung Gottes oder der Dreieinigkeit (wie in der *Apokalypse*) durch falsche Götter, die satanische Gestalten sind, all das hat die Tendenz, den Weg umzukehren, der von der Ungeteiltheit zur Teilung, zur Definition führt. Wir sind hier den Satansanbetern, den Teufelsreligionen sehr nahe. Denn in allen Fällen handelt es sich um eine Metanoia[148], um eine Umkehrung der Werte, die die Rückkehr ins Chaos zum Ziel hat"[149]. Und zum

---

[139] J. Chasseguet-Smirgel (1989) S. 152/153.
[140] A.a.O. S. 153.
[141] A.a.O. S. 170.
[142] Brief an W. Fließ vom 24. 1. 1897. In: Freud, Briefe an W. Fließ (1986) S. 239.
[143] J. Chasseguet-Smirgel (1989) S. 170.
[144] A.a.O. S. 171.
[145] A.a.O. S. 184/185.
[146] Sie benutzt die Bible de Jérusalem, Paris (1961).
[147] J. Ebach (1985) S. 51. Eine gute Übersicht gibt O. Böcher "Die teuflische Trinität" in: Böcher (1983).
[148] J. Chasseguet-Smirgel (1989) S. 185. Für christliche Ohren klingt dieser Sprachgebrauch recht anstößig.
[149] A.a.O. S. 185/186.

Schluß dieses Abschnittes zitiert sie den Midrash Rabbah: "Ohne Thorah würde die ganze Welt wieder 'ungeformt' und leer werden"[150].
Es ist nötig, diese Interpretation richtig einzuordnen. Sie ist die Deutung einer Teilwelt des Textes, nämlich der Welt des Satans und seiner Anhänger. *Ihr* Wesen beschreibt die Autorin mit der psychoanalytischen Theorie der Perversion, nicht etwa, jedenfalls nicht an dieser Stelle, die Textwelt der Apokalypse in ihrer Gesamtheit. Ich glaube, daß kein noch so biblizistischer Leser der Interpretation des Satans und der Sünde als Inbegriff der Perversion seine freudige Zustimmung verweigern wird. Ich kann mir sogar ausphantasieren, daß der Autor der Apokalypse selber recht begeistert wäre. Nicht nur in diesem Buch, sondern auch in allen ihren sonstigen Arbeiten ist zudem deutlich, mit welcher prophetischen Strenge J. Chasseguet-Smirgel mit dem "Gesetz" über die Perversion richtet. Man denkt an Jeremia, den die Autorin auch gern zitiert. Die emotionale Tönung ihrer Argumentation wird dem Leser vor allem dann deutlich, wenn er sie mit den theoretisch nah verwandten Büchern von Joyce McDougall vergleicht. Hier findet man ein Stück Bewunderung, ja Liebe für die Patienten, deren kunstvolle Symptomatik auf die Faszination der Autorin stößt, die dann allerdings manchmal etwas Mühe mit der Distanz hat. Das moralisierende Element fehlt bei ihr ganz, während es bei Chasseguet-Smirgel die analytische Neutralität, jedenfalls in ihren Schriften, oft übertönt. Und daß sie auch in der Praxis manchmal Mühe hat, läßt sie gelegentlich erkennen[151]. Neben diesem gesetzlichen Element fällt bei ihr noch etwas Zweites auf: wahre Florilegien aus de Sades Schriften von Inzest, Sodomie, Mord und Kot, die in dieser "Häufung" für mich an die Grenze des Erträglichen gehen. Aus diesen Beobachtungen läßt sich etwas über die Leserposition aussagen, in die der Text die Autorin bringt: im Kapitel "Hybris, Gesetz, Perversion" scheint sie genau die Rolle einzunehmen, die der Apokalyptker von seinen Lesern fordert: eine rigide Verurteilung all dessen, was Gott entgegensteht. Und noch eine weitere Parallele wird deutlich: eine Neigung, Gericht und Qual "liebevoll" mit allen Details auszumalen. Schreibt die Pariser Analytikerin etwa eine neue Apokalypse? Es scheint so, und doch werde ich im folgenden zu zeigen versuchen, daß dieser Schein trügt. Chasseguet-Smirgel schreibt aus einer Position jenseits der vom Apokalyptiker angebotenen Rollen und dürfte deshalb seinem innertextlichen Verdikt nicht entgehen. Eben diese Wendung macht ihre Interpretationen der Apokalypse so interessant. Ich gehe damit zu ihrer Theorie des Ichideals über, mit dem wir uns, sozusagen, dem himmlischen Jerusalem wieder nähern, nachdem wir es etwas aus dem Blick verloren haben.

---

[150] A.a.O. S. 186.
[151] Eines der interessantesten Beispiele dafür ist, daß die Autorin in die, in der Tat recht obszöne, Wiedergabe eines Traumes ein "sic" einführt. Das ist ein besonders eindrückliches Beispiel einer Textpragmatik, bei der im Leser genau das Befremden vorausgesetzt wird, das die Analytikerin erlebt. Mit dem "sic" wird suggeriert, der Leser dächte in seinem Entsetzen an einen Druckfehler. Diese Art von affektiven Einfügungen in Traumerzählungen von Patienten ist innerhalb der psychoanalytischen Literatur ungewöhnlich und läßt etwas von der Stärke der Gefühle des Verfasserin ahnen (1988d) S. 94.

6.4.3.2.2 Das Ichideal

Wie Grunberger spricht auch Chasseguet-Smirgel von einem primären Narzißmus. Sie beruft sich dafür auf Freuds Schrift "Zur Einführung des Narzißmus" (1914). Der Mensch sei letztlich unfähig, auf eine einmal genossene Befriedigung zu verzichten, und das gelte auch für die narzißtische Befriedigung der Urzeit: "Er will die narzißtische Vollkommenheit seiner Kindheit nicht entbehren, und wenn er diese nicht festhalten konnte, durch die Mahnungen während seiner Entwicklungszeit gestört und in seinem Urteil geweckt, sucht er sie in der neuen Form des Ichideals wiederzugewinnen. Was er als sein Ideal vor sich hinprojiziert, ist der Ersatz für den verlorenen Narzißmus seiner Kindheit, in der er sein eigenes Ideal war"[152]. Indem das Kind sein Ideal auf Personen projiziert, mischt sich das Ideal mit Triebzielen und kann zugleich mit ihnen reifen. Idealtypisch sind zwei Entwicklungslinien möglich: die eine führt dahin, daß das Kind im Ödipuskomplex den gegengeschlechtlichen Elternteil idealisiert und sich mit ihm sexuell vereinen möchte. Das Kind erlebt aber unvermeidlich die Kränkung, daß es dazu nicht in der Lage ist, weil es die nötige körperliche Reife (noch) nicht hat. Es gibt aber eine Linderung dieser Verletzung: das Inzestverbot. Dieses macht aus der tatsächlichen gegenwärtigen Unfähigkeit ein Verbot, das mit der Verheißung verbunden ist, daß das Kind, wenn es erwachsen ist, seinerseits mit einem Partner der gleichen Generation den Eltern gleich werden darf. Entwicklung ist eine Mischung von Frustration und Befriedigung, die die Hoffnung auf künftige Befriedigung offen hält.

Der andere Weg ist der kurze Rückweg in die Illusion, den wir schon bei Grunberger und bei Chasseguet-Smirgel in ihrer Perversionstheorie gefunden haben. Er schließt damit zugleich die Vermeidung von Reife ein, weil er nur einem archaischen Ichideal nachgeht und höheren Zielen ausweicht. Alle Massenphänomene nun, die auf einer gemeinsamen Ideologie, auf einem "Glauben" beruhen, versprechen die illusionäre Befriedigung auf dem kurzen Rückweg, die natürlich nicht als Illusion, sondern als "die Wahrheit" ausgegeben wird. Der Repräsentant der Illusion ist der Führer[153]. Er mag ein Mann sein, aber er ist nicht der Ur-Vater, von dem Freud sprach. Er ist eine mütterliche Gestalt, die das väterliche Gesetz, das Überich, außer Kraft setzt. Die Greueltaten in den Religionskriegen erklären sich anders, als Freud sie zu verstehen versuchte. Er hatte gemeint, daß das individuelle Überich durch das kollektive des Führers ersetzt würde. Damit sei der einzelne von Schuldgefühlen befreit. Aber das Überich ist eine relativ reife Instanz, es repräsentiert das Inzestverbot, das Tabu, während das Ichideal als Erbe des primitiven Narzißmus *vor allem Gebot* steht.

Wenn eine Gruppe, repräsentiert durch ihren Führer, dieses Ideal darstellt, und der Einzelne sich im Einklang mit dem Ideal fühlt, dann kann er auf jegliche Norm verzichten, solange es ihm nur gelingt, in Harmonie mit dem Ideal zu bleiben. Ich zitiere jetzt den entscheidenden Text von J. Chasseguet-Smir-

---

[152] Da Chasseguet-Smirgel das Freud-Zitat kürzt, habe ich direkt nach Freud (1914c) zitiert: S. 61.
[153] J. Chasseguet-Smirgel (1987) S. 86.

gel: "Der Häuptling ist also derjenige, der den alten Wunsch nach Vereinigung von Ich und Ideal aktiviert. Er ist der Urheber *der Illusion*. Er gaukelt sie den geblendeten Augen der Menschen vor, durch ihn wird sie sich erfüllen. Die Zeiten werden vergehen, der Große Tag (oder der Große Abend) wird kommen, das himmlische Jerusalem wird sich unseren erstaunten Augen darbieten, unsere Bedürfnisse werden befriedigt werden, die Arier werden die Welt erobern, es wird tagen, die Morgen werden singen etc. Die Menge lechzt weniger nach einem Herren als nach Illusionen. Sie wird den zum Herren erwählen, der ihr die Vereinigung von Ich und Ideal verspricht"[154].

In sich gesehen geht diese Interpretation des himmlischen Jerusalem nicht über die von Grunberger hinaus: es ist ein Symbol für eine illusionäre narzißtische Wunscherfüllung. Damit aber ist deutlich, daß Chasseguet-Smirgel nicht, als ob sie selber im himmlischen Jerusalem wohnte, den Satan und das Tier als Inbegriff der Perversion beurteilt. Das wäre der Standort, den die Textpragmatik nahelegt, indem sie den Leser in die homogene Schar der Reinen einordnen möchte, die, jenseits von Schuld, ihre Einheit mit der göttlichen Welt gefunden haben. Die Autorin urteilt, als Jüdin, vom Standpunkt des Gesetzes her und überführt, wenn ich es so sagen kann, die Hure Babylon mit dem Satan und dem Tier auf der einen und das himmlische Jerusalem auf der anderen Seite der Illusion. Das Lamm = Christus klammert sie dabei aus. In einer anderen Schrift (1989) auf S. 185 ist Christus sogar der Maßstab, von dem her die Parodie des luziferischen Tiers beurteilt wird. Ich komme darauf noch zurück, möchte aber schon hier andeuten, daß es nötig sein dürfte, das Bild vom Lamm und von Christus in der Apokalypse nicht ohne weiteres mit dem Christus des christlichen Bekenntnisses gleichzusetzen.

Der Zusammenhang zwischen der göttlichen und der satanischen Welt wird noch deutlicher, wenn wir jetzt daran gehen, den originellsten Beitrag von J. Chasseguet-Smirgel zur Interpretation der Apokalypse zu diskutieren:

6.4.3.2.3 Die archaische Matrix des Ödipus-Komplexes

"Die Hypothese, die ich aufstellen möchte, lautet, daß es einen primären Wunsch gibt, eine Welt ohne Hindernisse, ohne Unebenheiten und ohne Unterschiede wiederzuentdecken, eine völlig glatte Welt, die mit einem seines Inhalts entleerten Mutterleib identifiziert wird, einem Innenraum, zu dem man freien Zugang hat (...). Letztlich geht es darum, auf der Ebene des Denkens ein psychisches Geschehen ohne Barrieren und mit frei fließender psychischer Energie wiederzufinden. Der Vater, sein Penis, die Kinder repräsentieren die Realität. Sie müssen zerstört werden, damit die dem Lustprinzip eigene Art des psychischen Geschehens wiedererlangt werden kann"[155].

Einige Erläuterungen sollen diesen Text verdeutlichen. Der Ödipuskomplex, also die Liebe zum gegengeschlechtlichen und die Rivalität mit dem gleichgeschlechtlichen Elternteil, schließt auch den umgekehrten Ödipus ein, die zärtlichen Gefühle zum gleichen und die aggressiven zum anderen Geschlecht.

---
[154] S. 86. Auch sie lehnt sich dabei an die schon zitierte Arbeit von Anzieu an.
[155] J. Chasseguet-Smirgel (1988d) S. 91/92.

Auf diese Art wird die Identifikation mit dem eigenen Geschlecht möglich und damit eine Entwicklung, die dazu führt, zuerst *wie* die Eltern und von daher *später* selber Vater oder Mutter zu werden. Der Ödipus-Komplex, so hatten wir in 6.3 gesehen, ist mit der depressiven Position verbunden, und das heißt: mit der Fähigkeit, Ambivalenz auszuhalten. In der archaischen Matrix des Ödipus-Komplexes geht es zwar auch um eine Dreiheit, aber nur, insofern das Ich einen phantasierten Mutterleib soweit von allen Kontaminationen reinigen kann, daß er wieder "rein" ist. Verunreinigt wird er von allem "Anderen", vom Vater als Dritten, vom Penis als Symbol der Triebwelt, die den Narzißmus stört, und von den anderen Kindern, die die Einzigkeit mit der Mutter behindern. In dieser archaischen Beziehung gibt es keine Identifikation mit dem Vater, die Trennung erlauben würde, sondern nur die lustvolle Phantasie des Einsseins. Wenn Chasseguet-Smirgel von einer archaischen Matrix spricht, so meint sie damit die früheste Form von Dreiheit, in deren Spur sich reifere Formen von Dreiheit entwickeln müssen und in die sie, bei unerträglicher Frustration, immer wieder zurückfallen können.

Mit dem Lustprinzip spielt die Autorin auf die "zwei Prinzipien des psychischen Geschehens" an[156]. Danach gibt es einen primären seelischen Vorgang, der nur dem Lust-Unlust-Prinzip folgt. Wird das Ich durch machtvolle innere Bedürfnisse gestört, versucht es zunächst, sich halluzinatorisch das Gewünschte vorzustellen. Erst wenn die Befriedigung ausbleibt, muß es sich an der Realität der Außenwelt orientieren. Das ist die Einsetzung des Realitätsprinzips, das zwar letzten Endes genauso wie sein Vorgänger Lust sucht und Unlust vermeidet, aber Aufschub erträgt zugunsten einer realen und damit sicheren und nicht nur halluzinierten Befriedigung. Im Kontext der Entwicklungstheorie von Chasseguet-Smirgel steht der lange Weg ödipaler Reifung unter dem Realitäts-, der kurze Weg der Illusion unter dem Lustprinzip.

Die archaische Matrix des Ödipus-Komplexes stellt den kürzesten Weg dar, um das Realitätsprinzip außer Kraft zu setzen. Dazu werden alle Unterschiede zerstört, so daß das Denken ohne Barriere und ohne Differenzen fließen kann. Die illusionäre Verwirklichung des Lustprinzips in der archaischen Matrix ist begleitet von zerstörerischer Aggressivität, mit der die Realität, soweit sie der Lust entgegensteht, vernichtet wird. Der Aufhebung der Unterschiede kommt nun das schon geschilderte "anale Universum" zu Hilfe, in dem die Differenzen aufgehoben sind. Die Kluft, die zwischen dem analen Kosmos und der reifen genitalen Welt besteht und die eigentlich die Illusion einer vollkommenen Erfüllung verhindern sollte, wird mit einem spezifischen Mittel ausgefüllt, nämlich mit einer Idealisierung der Analität. Das zeigt die Autorin vor allem an Texten de Sades, in denen das neue Gesetz der Zerstörung und Vermischung über jedes andere Gesetz gestellt wird.

In den Texten von J. Chasseguet-Smirgel wird nicht ganz klar, ob die archaische Matrix *immer* Anleihen in der Analität macht, um zu ihrem illusionären Ziel zu kommen. Aber im Zusammenhang mit der Freudschen Theorie der

---

[156] Freuds Schrift "Formulierungen über die zwei Prinzipien des psychischen Geschehens" (1911b), mit der wichtigen Unterscheidung zwischen dem Lustprinzip, das *sofortige* Befriedigung sucht und dem Realitätsprinzip, das zwar dasselbe Ziel hat, aber der Realität gemäß *warten* kann.

Perversion sind ihre Ausführungen als Erklärung dafür plausibel, warum die Verwirklichung der Phantasie der archaischen Matrix immer in eine Perversion mündet. Die Autorin beendet ihre Arbeit über die archaische Matrix mit den folgenden Sätzen: "Die Zerstörung der Realität und der schließlich wiedergewonnene Zugang zum glatten Leib der Mutter sind letzten Endes wahrscheinlich das, was die kosmischen Herostraten unserer Zeit motiviert. Die Phantasie steht im Mittelpunkt der Glaubensvorstellungen und Ideale, die eine wunderbare Regeneration versprechen, die aus einer furchtbaren Umwälzung hervorbrechen wird"[157]. An dieser Stelle folgt dann ein vollständiges Zitat von Apk. 21,1-4.

In einem weiteren Kapitel desselben Buches versucht die Autorin, die von ihr herausgearbeitete archaische Phantasie als Grundmuster utopischer Vorstellungen "herauszukristallisieren"[158], wie sie sagt. Sie unterscheidet dabei drei zentrale Themen: 1. die abgeschlossene Welt, eine Insel oder eine Stadt, 2. die Transparenz dieser Stadt und schließlich 3. die vorher nötige tabula rasa.

1. Die abgeschlossene Welt. Wenn der Ort des Glückes eine Insel ist, so wird sie als "Mutter Natur" dargestellt, in der aus reichen Quellen soviel fließt, daß nie eine Not entsteht. "Diese Fülle und diese häufigen Ernten gibt es auch im himmlischen Jerusalem, wo die Lebensbäume zwölfmal im Jahr Früchte tragen"[159]. Ist der Ort eine Stadt, so hat diese immer eine ebenmäßige geometrische Struktur. Als einen ihrer Belege dafür zitiert J. Chasseguet-Smirgel Auszüge aus Apk. 21,12-18. Insel und Stadt können als "Bild der geheimen und geschlossenen Welt des Mutterleibs betrachtet"[160] werden.

2. Transparenz: Mit zahlreichen Zitaten aus Samjatins antiutopischem Roman "Wir"[161] stellt die Autorin das totalitäre System einer geschlossenen, aber transparenten Welt dar, in der alle gleich und alle Differenzen aufgehoben sind. Sie erklärt die Transparenz und Gleichheit in der Stadt als Kompromiß zwischen dem Wunsche, sich allein mit der Mutter zu vereinen und der Erfahrung von Vielheit. Deshalb muß die "Bruderhorde" zu "einem Leib" von Gleichen werden. Die Verfasserin zitiert auch Paulus als weiteren Beleg für diese Art von Utopie[162].

3. Bevor eine neue Welt entsteht, muß die alte, die den Vater repräsentiert, zerstört werden. Dazu gehören vor allem die Juden, die dem Vater treu geblieben sind. Alle Utopien einschließlich des Marxismus, neigen zum Antisemitismus. Die Autorin sieht die apokalyptischen Reiter als Symbol für die Vernichtung, die der Herstellung der Utopie des glatten Mutterleibes vorausgehen muß. Aber diese Gewalt allein reiche noch nicht aus. Diejenigen, die übrig bleiben, die Versiegelten, würden dem Gesetz der Identität unterworfen und seien gezwungen, auf jeden "Unterschied", der ein Repräsentant der väterlichen Welt ist, zu verzichten.

---

[157] J. Chasseguet-Smirgel (1988d) S. 110/111.
[158] A.a.O. S. 112.
[159] A.a.O. S. 115.
[160] A.a.O. S. 119.
[161] Dieser Roman, 1920/21 geschrieben, durfte in der Sowjetunion nicht erscheinen. Seine 1924 veröffentlichte englische Übersetzung beeinflußte unter anderem z.B. Orwell's "1984".
[162] A.a.O. S. 124.

Damit habe ich die Hinweise auf die Apokalypse des Johannes bei Grunberger und Chasseguet-Smirgel mit einiger Vollständigkeit besprochen. In einem weiteren Abschnitt möchte ich versuchen, die von den Autoren angedeuteten Linien weiterzuführen und noch enger mit dem Text zu verbinden.

6.4.4 Psychoanalytische Interpretationen des Textes vom himmlischen Jerusalem im Kontext der Apokalypse

6.4.4.1 Rückblick auf die Textpragmatik

Ich verweise zurück auf 6.1 und fasse den Gedanken kurz zusammen. Die pragmatische Gewalt, die der Erzähler illokutorisch über seine Leser auszuüben versucht, entspricht derjenigen, die ich eben gerade unter dem Unterthema tabula rasa erwähnte. Es geht darum, Unterschiede zwischen den Christen, einschließlich der Leser, "auszumerzen", und dieses unter Androhung aller nur möglichen Strafen. Es gilt nur das Gesetz der Identität, das sich gegen das Gesetz der Unterschiede richtet. Wer sich dem Gesetz christlicher Identität nicht fügt, wird in jenen Feuerpfuhl geworfen, der eine neue "Identität" schafft, die nach den "Regeln" der Analität konzipiert ist: die Identität einer einzigen schwefligen, feurigen, rauchenden Masse.

6.4.4.2 Reinheit

Die Bewohner des himmlischen Jerusalem sind rein. "Sie sind es, die sich mit Frauen nicht befleckt haben, denn sie sind jungfräulich. Sie sind es, die dem Lamm nachfolgen, wohin es auch geht. Sie sind losgekauft aus den Menschen als Erstlingsgabe für Gott und das Lamm, und in ihrem Mund fand sich keine Lüge. Sie sind makellos" (14,4.5).
Auch hier kann ich mich kurz fassen und auf 6.1 zurückverweisen. Wenn Roloff entschuldigend sagt, daß nichts darauf hindeute, daß der Verfasser "der ehelich lebenden Mehrheit der Gemeindemitglieder das Christsein absprechen wollte"[163], so ist der Maßstab doch deutlich genug: Sexualität ist "Befleckung". Wie sich der Erzähler diese "Befleckung" vorstellt, zeigt er im Kapitel 17 in der Gestalt der Hure Babylon. Es ist eine sadistische Perversion: Mord, Sodomie, Trunkenheit und Hurerei sind Andeutungen einer Szene, wie sie der Marquis de Sade nur viel ausführlicher darstellt. Auffällig ist die Erwähnung von Gold, Edelsteinen und Perlen, die in der Vision des himmlischen Jerusalem uns wiederbegegnen werden. Sexualität ist in diesem Bild, wie Grunberger sagt, fäkalisiert. Ihr steht Reinheit gegenüber, die von allem Schmutzigen (Analen) frei ist. Deshalb braucht der Reine kein Gesetz mehr, er *ist* rein und damit immer schon frei von Schuld, "losgekauft als Erstlingsgabe". Die Gewalttätigkeit der Reinheit, also etwas sehr Triebhaftes, ist im Text den sechs Engeln übergeben. Sie führen die Vernichtung des Unreinen mit einer Grausamkeit aus, die auch

---

[163] J. Roloff (1987^2) S. 149.

innerhalb der Apokalypse selten ist. Die Kontiguität beider Abschnitte, die auf der Ebene der Handlung eher als zufällig erscheint, ist analytisch deutbar als Darstellung der zwei Seiten *einer* Phantasie: eine als anal gedeutete Realität aggressiv "auszustoßen" und dadurch die Vorstellung einer ursprünglichen Reinheit zu bewahren.

6.4.4.3 Das himmlische Jerusalem

In diesem Abschnitt möchte ich zu zeigen versuchen, wie das himmlische Jerusalem in vielen Einzelheiten mit jener archaischen Phantasie korreliert, die J. Chasseguet-Smirgel in das Zentrum ihrer "archaischen Matrix des Ödipus-Komplexes" stellt. Die Detailuntersuchungen sind dabei kein Selbstzweck, sondern sie müssen zum Schluß auf die Ebene des "impliziten Autors" zurückbezogen werden. Zwei Vorbemerkungen scheinen mir nötig zu sein. Die folgenden Interpretationen entstammen keineswegs ausschließlich dem Text selber, sondern sind möglich nur aus der Intertextualität zwischen der Apokalypse und den Schriften der besprochenen Autoren. Sie gehen von einem theoretischen Vorverständnis aus und können damit zwar in jeder Einzelheit, aber nicht von ihrer Voraussetzung her durch eine Interpretation mit einem anderen Vorverständnis (z.B. einem historisch-kritischen) widerlegt werden. Trotz dieser Bindung an ein theoriegeleitetes Vorverständnis ist eine Genauigkeit im Umgang mit dem Text ebenso erforderlich wie bei jeder anderen Auslegung. Meine Interpretationen bedeuten also keineswegs, daß diese Sinngebung selber im Text steht, sondern nur, daß er von einem derartigen Vorverständnis her sich sinnvoll auslegen läßt. Das gilt natürlich für jede Auslegung, auch für eine, der ein historisch-kritisches Vorverständnis zugrunde liegt[164].
Die methodische Rechtfertigung meines Vorgehens schiebe ich für das 7. Kapitel auf, wenn ich psychoanalytische (Text)-Interpretation als Isotopiebilung aufgrund eines durch die Textpragmatik vorgegebenen Topic definiere.

6.4.4.3.1 Die Geschlossenheit und Ebenmäßigkeit der Stadt

"Und die Stadt ist viereckig erbaut, und ihre Länge ist so groß wie ihre Breite. Und er vermaß die Stadt mit dem Rohr auf zwölftausend Stadien; ihre Länge, Breite und Höhe ist gleich" (21,16). Die Stadt ist also ein Kubus von, so Roloff[165], über 2000 Kilometern Seitenlänge. Er und Reader[166] weisen darauf hin, daß die Würfelform im Altertum als vollkommen galt. Die Gestalt dieser Stadt ist unanschaulich: ein riesiger Würfel von äußerstem Glanz, "wie ein kristallklarer Jaspis". Schwer vorstellbar ist die Mauer. Roloff[167] nimmt 144 Ellen als Höhe von ca. 70 Metern, Reader[168] denkt wegen der Analogien zu Hesekiel

---

[164] Darauf komme ich unter 7.4.7 ausführlich zurück.
[165] A.a.O. S. 205.
[166] W. W. Reader (1971) S. 15.
[167] J. Roloff (1987²) S. 205.
[168] W. W. Reader (1971) S. 94-96.

an die Dicke und überlegt, ob die Mauer ebenfalls 12000 Stadien hoch sei. Ein Argument dafür, das Reader selber nicht bringt, ist, daß die aus Gold erbaute Stadt doch wie Jaspis strahlt, dem Material der Mauer. Aber dann ist nicht recht klar, wie man hinter der Mauer noch die Stadt sehen kann. Die Mauer, ob nun hoch oder niedrig, hat nach Reader, weil die Tore ja immer offen sind, vor allem Abgrenzungsfunktion: "Innerhalb der Mauer ist Licht und Leben; außerhalb ist ein Dasein im Feuersee"[169].

Wir können in diesem Bild die Phantasie einer vollkommenen Existenz erkennen, wie sie die Phantasie vom Mutterleib als eines kostbaren und vollkommenen Behältnisses ausdrückt[170]. In der Ebenmäßigkeit erkennen wir zugleich die Aufhebung der Differenz, wie später noch deutlicher werden wird. Die Mauer, ob nun niedrig oder hoch, dient zur Markierung der Trennung zweier Bereiche, hier der idealisierte narzißtische, dort der entwertete fäkalisierte. Doch trotz der Mauer existieren Verbindungen zwischen beiden Welten, wie sie Thompson feststellt und weshalb er von "soft boundaries" spricht. Diese Verbindungen sind vor allem Analogien, nach deren Funktion wir auf einer psychoanalytischen Ebene fragen werden, wenn wir die "Hochzeit des Lammes" zu verstehen versuchen.

6.4.4.3.2 Die Transparenz der Stadt und der Mauer

Die Mauer ist glänzend wie Jaspis, aber nicht unbedingt durchsichtig. Doch die Stadt selber besteht aus reinem Gold, durchsichtig wie Glas. Bekanntlich ist Gold nicht transparent, aber die Verbindung von reinem Gold mit durchsichtigem Glas zeigt Glanz und Transparenz an. In der nach außen abgegrenzten Welt verschwimmen nach innen die Konturen und damit die Unterschiede. Samjatins gläserne Stadt, auf die Chasseguet-Smirgel verweist, weitet dieses Bild aus; dabei ist der Autor vermutlich von der Beschreibung des himmlischen Jerusalems abhängig. Der Glanz symbolisiert die Idealisierung des mütterlichen Urraumes, der in der Phantasie zugleich das künftige Ziel darstellt.

6.4.4.3.3 Die Zugänglichkeit der Stadt

Janine Chasseguet-Smirgel geht von der Phantasie eines glatten Mutterleibes ohne Widerstände und Kanten aus, der jederzeit zugänglich sei. Sie berichtet von einem Traum eines Patienten, in dem ein glatter Fisch erscheint, durch den man vom Maul bis zum After hindurchsehen könne. In ähnlicher Weise werden auch die einander gegenüberliegenden Tore der Stadt den ganzen Tag über nicht geschlossen werden. Die Stadt ist also immer zugänglich. Damit sind Trennung und Ausgeschlossensein nicht mehr möglich. Selbst wenn man geboren wird, kann man jederzeit zum Ausgangsort zurückkehren. Die Stadt

---

[169] A.a.O. S. 80.
[170] Daß nicht nur Psychoanalytiker auf die Idee kommen, das himmlische Jerusalem als Repräsentanz einer auf die Mutter bezüglichen Phantasie zu sehen, zeigen die Augustin-Zitate bei G. Maier (1981) S. 155.

ist der Ort aller Vollkommenheit, die noch durch das Glück vermehrt wird, daß die Könige der Erde ihre Pracht in sie hineintragen. Diese Stelle hat bei allen Kommentatoren Verwunderung ausgelöst, denn es gibt doch nach dem allgemeinen Gericht kein Außen mehr abgesehen vom Schwefelsee. Auf der Ebene der Kohärenz der Textoberfläche ist das Problem kaum lösbar, aber die Aussage wird plausibler, wenn man sie als Symbolisierung einer Wunscherfüllung versteht: mit der Mutter in unendlicher Harmonie vereint zu sein, den triebhaften Vater und die störenden Geschwister vernichtet zu haben, aber die "Könige", die guten Väter des Volksmärchens, vereinen sich, um dem Kind alle Bedürfnisse zu stillen. Der Vater geht nicht mehr deshalb in die Mutter ein, weil er ein intimes Verhältnis zu ihr hat, und weil er dort andere, böse Geschwister herstellt, sondern auch er dient in der Mutter nur der Befriedigung der unendlichen Bedürfnisse des Kindes. Der Triumph ist vollkommen, denn alles Unreine und jeder, der Greuel und Lüge tut, bleiben ausgeschlossen. Innerhalb der jetzigen psychoanalytischen Interpretation tritt dieser Vers in einen kohärenten Zusammenhang mit dem Kontext. Unrein ist die Triebhaftigkeit, deren Tat ein Greuel ist und deren Lüge darin besteht, daß der Vater, in der Phantasie des ausgeschlossenen Kindes, eben dieses Kind mit der Mutter betrügt.

6.4.4.3.4 Der Strom von Lebenswasser und das Holz des Lebens

Während die gegenwärtige Existenz von "Durst"[171] gekennzeichnet ist, fließt im himmlischen Jerusalem ein Strom von Lebenswasser, klar wie Kristall. Taeger[172] hat gezeigt, wie die vier Aussagen über das Lebenswasser in der Apokalypse "fugenlos zueinander passen", insofern jetzt schon die Glaubenden (und damit auch die treugebliebenen Leser, so können wir hinzufügen) es umsonst empfangen (22,17), in Zukunft aber das Lamm sie zu den Quellen des Lebenswassers führen wird. Nie wieder gibt es Mangel, denn das Wasser tränkt auch jenes Lebensholz, das zwölfmal im Jahr immer wieder andere Früchte trägt. Das himmlische Jerusalem ist ein Bild des künftigen und damit, so betont es Chasseguet-Smirgel, des vergangenen Paradieses, aus dem wir alle kommen. In ihm floß jener Lebensstrom, der uns alle Bedürfnisse stillte, sie überhaupt nie aufkommen ließ. Sein erster Erbe war die "gute Brust", die es durch eine Spaltung rein zu erhalten gilt. Deshalb ist der Strom nicht die Brust, das wäre eine zu einfache und entwicklungsgeschichtlich zu spät ansetzende Allegorisierung, die ganze Stadt selber mit allen ihren vollkommen Prädikaten steht für die phantasierte pränatale Mutter, für die Urvollkommenheit vor aller Differenzierung. Daß der Strom klar ist, wäre in diesem Zusammenhang auf den Narzißmus zu deuten, der ähnlich wie die leuchtend weißen Gewänder von allen Beimischungen rein ist, denn alle Unreinheit wurde in den Schwefelpfuhl ausgeschieden.

Interessant ist es zu fragen, inwiefern die Blätter des Holzes zur Heilung der Völker dienen. Auch dieser Gedanke ist zunächst unlogisch, denn an den Völ-

---

[171] Vgl. Apk. 7,16; 21,6; 22,17.
[172] (1989) S. 54.

kern im Schwefelpfuhl ist nichts mehr zu heilen. Aber es gibt ja noch Könige und Völker, die Gaben in die Stadt bringen. Was bedeutet für sie Heilung? Ich kann nur zwei Vermutungen äußern: es geht um die Heilung von dem immer wieder drohenden "Fluch" der Triebhaftigkeit, der gerade im nächsten Vers erwähnt wird. Aber vielleicht taucht hier doch noch ein anderes Motiv auf: Sorge, "concern", wie Melanie Klein es nennt, für den anderen, den ich in meiner Phantasie geschädigt habe. Damit würde im Text etwas wie die depressive Position auftauchen, eine Andeutung von Schuldgefühlen. Die Heilung mit den Blättern des Lebensholzes würde dann der Wiederherstellung der in der Phantasie zerstörten Objekte dienen und wäre damit zugleich der Versuch einer Heilung der durch den Haß zerstörten inneren Objekte. Aber dieser Gedanke liegt dem manifesten Text durchaus fern.

Wie läßt sich im gegenwärtigen psychoanalytischen Deutungszusammenhang der Thron Gottes und des Lammes im Inneren der Stadt verstehen? Ich klammere zunächst die Doppelung von Gott und Lamm aus und beschränke mich auf den Thron. Béla Grunberger spricht in einer früheren Arbeit[173], auf die er immer wieder verweist, vom Bild des Phallus im Inneren der Mutter. Der damit verbundene Sprachgebrauch unterscheidet den "Penis", bekanntlich ein Körperorgan des Mannes, vom Phallus. Dieser ist ein Symbol narzißtischer Integrität, insofern er als "Brücke" die Möglichkeit narzißtischer Wiederherstellung repräsentiert. Phallus und Mutterleib zusammen sind Symbol narzißtischer Urvollkommenheit, die erst dadurch, daß "Verfluchtes" eindringt, vor allem also der triebhafte Penis des Vaters, gestört wird. Die Großartigkeit des narzißtischen Phallus wird mit dem Bild eines erhabenen Glanzes dargestellt, der alles in gleicher Weise erleuchtet. Damit kommen wir zu unserem nächsten Thema.

6.4.4.3.5 Die Entdifferenzierung

Nach außen erscheint die Stadt im Glanz wie ein kristallklarer Jaspis, innen ist sie voll Licht. Äußerlich gleicht sie einem riesigen Kubus mit ebenmäßigen Seiten, die Tore sind in gleicher Weise je aus einer riesigen Perle erbaut. Die Stadt, speziell ihre Straßen sind aus reinem Gold, durchsichtig wie aus reinem Glas. Tag und Nacht sind aufgehoben, Sonne und Mond zeigen keine Zeit mehr an, die es vielleicht gar nicht mehr gibt[174]. Jahreszeiten gelten nicht, Früchte wachsen zu jeder Zeit.

Die Grenze zwischen heilig und profan und damit die Scheidung zwischen Tempel und Stadt existiert nicht mehr. Gott und das Lamm wohnen unmittelbar in der Stadt. Auch die Grenzen zwischen Gott und dem Lamm verschwimmen, beide sitzen jetzt auf einem Thron. In 7,17 war das Lamm anscheinend noch allein auf einem und Gott auf einem anderen Thron. Wenn man allerdings 3,12 hinzunimmt, einen Siegerspruch, der sich auf die Vollendung bezieht, so sitzen die Gläubigen auf *einem* Thron mit Christus, und Chri-

---

[173] (1976) S. 227-244.
[174] Das entspräche der Aufhebung des Realitätsprinzips, das auf der Anerkennung der Zeit und der Notwendigkeit des Wartens beruht.

stus auf *einem* Thron mit Gott. Also auch die Gläubigen mit Gott? Das wird niemals gesagt. Aber immerhin werden die Erlösten in alle Ewigkeit herrschen, so wie es auch Gott und Christus tun in alle Ewigkeit. "Heilsvollendung ist ihrem Wesen nach Vollendung der Gemeinschaft mit Gott und Jesus" schreibt Roloff[175], und diese Gemeinschaft enthält als einzige Differenzierung, daß die "Knechte" Gott dienen.

Auch außerhalb der Schilderungen vom himmlischen Jerusalem finden wir die Entdifferenzierung. Ich habe sie schon im Zusammenhang mit der Leserlenkung in 6.1 aufgewiesen und möchte hier nur an die zwei Szenen erinnern, in denen Johannes einen Engel anbeten will, und dieser sich ihm als Mitknecht erklärt[176].

Zusammenfassend können wir feststellen, daß die Schilderung des himmlischen Jerusalem viele Anzeichen jener Aufhebung der Differenzen aufweist, wie sie J. Chasseguet-Smirgel für die Phantasie ihrer "archaische Matrix" immer wieder beschrieben hat. Diese Entdifferenzierung macht anscheinend vor Gott Halt, aber indem die Gläubigen ganz nahe an Christus herangeführt werden, und dieser mit Gott eng verbunden ist, kann man auch hier die Tendenz einer Entdifferenzierung wahrnehmen.

6.4.4.3.6 Die Hochzeit des Lammes

Die Parallelität zwischen der Vereinigung der Hure Babylon mit dem Tier und der Hochzeit des himmlischen Jerusalem mit dem Lamm ist immer wieder aufgefallen. Als Ausgangspunkt wähle ich zwei Zitate aus: "Auf der einen Seite die gottesfeindliche Stadt als Hure mit ihrem aufdringlichen Prunk, die mit ihrem gotteslästerlichen Ungehorsam die ganze Welt verführt - auf der anderen Seite die Heilsgemeinde als Braut Jesu mit ihrem reinen weißen Gewand, die in Gehorsam auf die Vereinigung mit ihrem Herrn wartet"[177]. "Soft boundaries also separate feminine images of good and evil. Babylon and Jerusalem - feminine images of cities - embody homologues and similar qualities. Both are clothed with fine linen and bedecked with gold, jewels, and pearls, and both function as sexual partners in their respective systems"[178].

Für die Interpretation sind mehrere Textstellen bedeutsam, die sich nicht ohne weiteres miteinander vereinigen lassen und die deshalb zu literarkritischen Erwägungen Anlaß gegeben haben. In 19,7.8 kündigt die Stimme einer großen Schar die Hochzeit des Lammes an, dessen Frau sich bereitet und ein Gewand aus weißem Leinen angelegt habe. Die Identität dieser Frau bleibt undeutlich. Wir erfahren nur, daß das Gewand die rechten Taten der Heiligen seien[179],

---

[175] J. Roloff (1987²) S. 208.
[176] Apk. 19,10; 22,9.
[177] J. Roloff (1987²) S. 181.
[178] L. Thompson (1990) S. 82.
[179] W. Bousset (1906) sagt zu diesem Vers, er sähe aus, "wie eine recht nichtssagende Zutat eines müßigen Abschreibers" (S. 428). Mag sein, aber selbst wenn der Abschreiber "müßig" war, hat er etwas Richtiges getroffen: daß nämlich die Reinheit des Gewandes der Frau (der Heilsgemeinde) mit dem ethischen Rigorismus der einzelnen "Heiligen" eng zusammenhängt.

daß also eine geheime Beziehung zwischen der Frau und den Christen, die standgehalten haben, bestehe.
In 21,2 wird die Identität der Frau klar, es ist das himmlische Jerusalem, die Wohnung Gottes unter den Menschen. Die Hochzeit mit dem Lamm ist hier nicht erwähnt, und hätte man nicht 19,7 gelesen, könnte man sich auch vorstellen, daß die Braut Jerusalem sich mit den Glaubenden ehelich vereint. Aber das ist innerhalb der jetzigen Synchronie ausgeschlossen.
In einer 21,2 variierenden Wiederholung zeigt einer der Schalenengel Johannes die Braut, "die Frau des Lammes", und darauf folgt die Vision, in der das himmlischen Jerusalem vom Himmel herabkommt.
Wenn schließlich in 22,17a der Geist und die Braut sprechen: "Komm!", so wird der Leser auch jetzt die Braut mit dem himmlischen Jerusalem, das auf das Lamm wartet, in Beziehung setzen.
Die verschiedenen Vorstellungen sind nicht einfach zu vereinen. Das himmlische Jerusalem ist die Braut des Lammes und zugleich die Wohnung Gottes unter den Menschen. Die Braut ist mit der Gemeinde der Heiligen identisch, kommt allerdings vom Himmel herab. Ihr Gewand sind die rechten Taten der Glaubenden.
Das Herabkommen der Braut, des himmlische Jerusalem ist gemäß 2,7 und wegen der topographischen Einzelheiten von Kap. 21 sicherlich als Wiederkunft des Paradieses gedacht. Es ist der Ort, wie ich schon sagte, aus dem die Menschheit kommt und wohin die Erwählten wieder gehen werden. Mit dieser Vorstellung verbinden sich nun Phantasien, die mit dem Bild einer frühen, nur guten Mutter zusammenhängen, und ich habe schon gezeigt, daß das Bild des himmlischen Jerusalem sich mit der spezifischen Mutterphantasie, wie sie J. Chasseguet-Smirgel herausgestellt hat, verbinden läßt. Aber gerade diese Vorstellung scheint sich gegen das Bild der Hochzeit zu sperren. Wenn die Stadt den Leib der Mutter repräsentiert, in den die "Kinder" eingehen, nachdem alle Widerstände mit Gewalt beseitigt sind, wenn außerdem das Bild narzißtischer Vollkommenheit im Bilde des Phallus nie mehr verloren gehen kann, wozu dann noch eine Hochzeit? Thompson sagt, daß das himmlische Jerusalem ebenso wie die Hure Babylon eine Funktion als sexuelle Partner hätten. Das scheint mir unwahrscheinlich zu sein, und zwar gerade auch aus einer psychoanalytischen Perspektive heraus. Ich habe ja zu zeigen versucht, wie aus der Welt des Heils alle Sexualität als Greuel verbannt ist. Trotzdem aber scheint mir der Hinweis von Thompson auf eine richtige Spur zu führen.
In der Vision von der Hure Babylon wird Sexualität als Hurerei und als sadistischer Greuel vorgeführt: die Frau, die auf einem monströsen Tier sitzt, ist trunken von Menschenblut. Ich hatte oben schon die Interpretation von J. Chasseguet-Smirgel erwähnt, die in dieser Szene die "nachgeahmte" Sexualität einer perversen Welt wiederfindet. Die beschriebene Sexualität ist also nicht eine reife genitale Sexualität, sondern ein regressives Produkt, das in eine Perversion mündet. Die Autorin zeigt in vielen Arbeiten, wie die Illusion einer Vereinigung mit der archaischen Mutter durch die Erschaffung eines analen Universums möglich wird, das neben oder sogar über der genitalen Welt zu stehen vorgibt. Wie stehen nun die beiden "Hochzeiten" zueinander und wie zu

einer ödipalen Sexualität, also zu einer Integration von Narzißmus und Trieb, wie sie Grunberger beschreibt?

Das ist vor allem das Thema des folgenden Abschnittes, aber ich werde einige Gedanken bereits hier vorwegnehmen. Mir scheint, daß in *beiden* "Hochzeiten" Sexualität abgewertet wird, aber auf verschiedene Weise. Im Bild der Hure Babylon wird Sexualität ausschließlich im Bild einer Perversion dargestellt. Mit dieser Formulierung möchte ich den Anteil des Erzählers an der "Pervertierung" der "Hure" Babylon festhalten. Um in der Textwelt zu bleiben: was immer die "Hure" Babylon tut, für den Erzähler ist sie pervers. Die Perversion ist Teil der Sicht des Erzählers, der in anderer Weise eine Textperson, bei der Sexualität vorkommt, nicht wahrnehmen und beschreiben kann. Er ähnelt damit anderen Autoren, für die gewisse Textpersonen, z.B. "Neger", Juden, Sozialisten eo ipso Wüstlinge sind.

Die Hochzeit zwischen himmlischem Jerusalem und dem Lamm ist deshalb notwendigerweise asexuell, weil nur so der Erzähler sie nicht "verteufeln" kann. Sie ist keine kreative Vereinigung von Gegensätzen, aus der Kinder entstehen könnten, sondern sie entspringt dem Wunsch, den unverletzlichen narzißtischen Phallus zu gewinnen. Ich möchte das noch näher erläutern. Wir sahen als Basis der Vorstellung vom himmlischen Jerusalem die Phantasie, einen glatten, immer zugänglichen Mutterleib wiederzugewinnen. Indem das himmlische Jerusalem vom Himmel herabkommt und zugleich identisch ist mit den Erlösten, die darin wohnen werden, ist diese Illusion erfüllt. Wenn aber Jerusalem, als Mutter, sich mit dem Lamm vereint, so tritt dieses damit in die Nähe seines Vaters, Gottes, was auch sonst in der Christologie der Apokalypse zu beobachten ist. Die Hochzeit des himmlischen Jerusalem mit dem Lamm symbolisiert deshalb die Erfüllung des Wunsches, nicht nur mit der Mutter sich zu vereinen, sondern in ihr und durch sie jenes unsterbliche Symbol von Großartigkeit, Ewigkeit, Unverletzbarkeit wiederzugewinnen, das durch das Bild des Phallus dargestellt wird. Die Hochzeit des himmlischen Jerusalem ist die narzißtische Seite einer Ganzheit, deren sexuell triebhafter Teil, als Perversion interpretiert, abgespalten und vernichtet wird. Ob diese Sicht die einzig mögliche ist, wird uns gleich beschäftigen.

In 14,4 sind die Erlösten diejenigen, die sich mit Frauen nicht befleckt haben. Da sich der Erzähler innertextlich überdies Johannes nennt, dürfte es keine Überinterpretation sein, wenn ich vermute, daß die Textwelt der Apokalypse eine Welt aus der Perspektive des Mannes ist. Von daher legt sich eine ergänzende Interpretation der Hochzeit mit dem Lamm nahe. Es geht speziell um die Gewinnung des väterlichen Phallus, wie ihn jeder Junge sich von seinem Vater als Basis und zur Sicherung seiner männlichen Identität erhofft. Von daher rührt die zärtliche, "homosexuelle" Einstellung des Jungen zum Vater, die sich erst dann habitualisiert und fixiert, wenn die Introjektion des väterlichen Phallus nicht gelingt. In der Textwelt der Apokalypse ist dieser Phallus durch Thron, Lamm und Gott großartig genug charakterisiert, aber alles, was darüber hinausginge, vor allem Entwicklung und Reife in eine erwachsene Welt, ist bei den bösen Königen und Kaufleuten eben dieser Welt als Perversion entwertet und vernichtet. Ist der "Phallus", wie er sich in der Theologie der

Apokalypse symbolisiert, wirklich so großartig, wie er zu sein scheint? Dieser Frage möchte ich im letzten Abschnitt nachgehen.

6.4.4.3.7 Die Einheit der apokalyptischen Welt

L. Thompson[180] betont immer wieder die Einheit der Weltsicht der Apokalypse. Gott allein ist Pantokrator. Transformationen und Veränderungen durchwalten die Welt des Buches, in der es keine unüberschreitbaren Grenzen gebe. Der einzige wirkliche Widerspruch sei der zwischen Offenbarung und öffentlichem Diskurs[181]. Hier allerdings dulde der Apokalyptiker keinen Kompromiß[182]. Im Gegensatz dazu hebt Satake[183] den dualistischen Charakter der Apokalypse hervor. Es geht mir in diesem Schlußabschnitt nicht um den Versuch einer exegetischen Lösung dieses Problems, sondern mehr, wie in 6.3, um eine Reflexion der Wirkungsgeschichte des Textes als Ausdruck unbewußter Phantasien, die der Text im Leser aktualisiert.

Um in der Frage weiterzukommen, wie die himmlische und die irdisch-satanische Welt zusammengehören, folge ich wiederum den Theorielinien von Chasseguet-Smirgel und Grunberger. Ich hatte gesagt, daß in der Sicht der Apokalypse die Sexualität - in einer pervertierten Form - ganz dem teuflischen Bereich zugehöre, während die narzißtische Welt von Reinheit und Großartigkeit sich im himmlischen Jerusalem und seinen Bewohnern darstelle. Dazwischen steht die Stadtmauer, die für eine ewige Grenze sorgt. Es scheint keine Verbindung zwischen den Bewohnern des himmlischen Jerusalem und dem Schwefelpfuhl zu bestehen. Aber die Grenzziehung hebt nicht, so zeigt Thompson mit Recht, die Analogie zwischen beiden Welten auf. Meine These, die ich jetzt vorstellen und begründen möchte, lautet folgendermaßen: Die Analogie zwischen den beiden Welten in der Apokalypse rührt daher, daß *beide zusammen* die zwei Teile *einer* Phantasie darstellen, die nur durch die Phantasie einer gewaltsamen Spaltung auseinandergehalten werden können.

Zur Erinnerung und Weiterführung fasse ich hier einige Gedanken nochmals zusammen. Die Phantasie der "archaischen Matrix" zielt darauf, die Realität, deren Wesen Differenz ist, zu zerstören, um in einem glatten und widerstandslosen Mutterleib den ursprünglichen Narzißmus zurückzugewinnen. Diese Phantasie muß eine Illusion bleiben, weil der Mutterleib bekanntlich für jeden, der geboren wurde, verschlossen bleibt. Wenn es dem Kind aber nicht gelingt, ein reifendes Ichideal als Erben des Narzißmus zu bilden und die Erfahrung von Einheit vor allem in der Sexualität und auch im symbolischen Erleben etwa von Kunst zu verwirklichen, dann sucht es ein phantastisches Surrogat dieser Ureinheit. Dafür bietet sich eine zunächst völlig normale Entwicklungsstufe des Menschen an, die nie aufgegeben, sondern bestenfalls sub-

---

[180] (1990), vor allem im Kapitel 3 "The Seer's Vision of an Unbroken World" S. 74-91. Zum Thema der Weltherrschaft siehe Franz Mußner (1985).
[181] A.a.O. S. 181/185.
[182] A.a.O. S. 185.
[183] A. Satake (1980). Der strikt dualistische Charakter der Apokalypse mildert sich für ihn nur in den Sendschreiben, in denen wenigstens eine Durchlässigkeit der Grenze als möglich erscheint.

limiert wird, die Analität, ein Erleben, das mit dem Ausscheiden und mit der Beherrschung dieser Funktion verbunden ist.

Freud hat in einer wichtigen Schrift (1917c) gezeigt, daß das Kind um die Analität herum etwas wie einen Vorläufer der späteren genitalen Sexualität aufbaut. Die regressive Wiederbelebung dieses "analen Universums" dient dem illusionären Ziel, die archaische Mutter wiederzufinden. Die Homogenität der analen Produkte, die ja im deutlichen Unterschied zu den vielfältigen Speisen steht, von denen man sich ernährt, stützt diese Phantasie. Um die Illusion aber aufrecht zu erhalten, muß, wie ich schon mehrfach sagte, die Realität als Inbegriff von "Unterschieden" zerstört werden. Das geschieht mit Hilfe jener analen Aggressivität, die schon am Anfang durchaus lustvoll war. Sie ist dann durch spätere Erfahrungen aus der Zeit der Sauberkeitserziehung noch verstärkt worden und verbindet sich sekundär mit der Ur-Destruktivität, die durch die unvermeidliche Trennung von der Mutter aktualisiert wird. Die tägliche Trennung von den Exkrementen, die das Kind liebt und als einen Teil seines Körpers ansieht, kann dann in eine symbolische Verbindung mit jener Urtrennung und Urfrustration treten.

Wenn wir diese Gedanken auf die Apokalypse anwenden, so können wir das himmlische Jerusalem *und* die teuflische Welt zusammen als *ein* "anales Universum" betrachten. Das ist der monistische Aspekt, und die radikale Spaltung in einen idealisierten und in einen entwerteten Teil repräsentieren einen *psychologischen* Dualismus. Die ursprüngliche Einheitlichkeit beider Welten zeigt sich in den Analogien und in der beiderseitigen Tendenz zur Entdifferenzierung. Die Spaltung wird darin deutlich, dass Analoges auf der einen Seite "schweflig-brennend" und auf der anderen "kristallklar-rein" ist. Der analoge Aufbau beider Welten, die beide eine Tendenz zur Homogenisierung haben, ist ein Produkt der Phantasie des Erzählers, und es ist für einen Leser möglich, diese Interpretation der Welt in Frage zu stellen. Die "teuflische" Welt ist aus einer anderen Sicht möglicherweise eher die Welt der Realität, der Unterschiede: es gibt Kaufleute, Seefahrer, Könige, Städte, Waren, Vergnügungen, es gibt Gut und Böse. Sie ist die Welt nach der Vertreibung aus dem Paradies. Der Text der Apokalypse erklärt diese Welt als Perversion und verurteilt sie. Zugleich aber organisiert er seine "paradiesische" Gegenwelt mit denselben Gesetzen, die er, in der Form destruktiver Homogenisierung, auf seine Feinde anwendet. Damit haben beide Teil-Welten untergründig dieselbe Identität, obwohl es zugleich im höchsten Maße so erscheinen soll, als stünden sie in einem absoluten Gegensatz. Der Apokalyptiker gebraucht, um seine idealisierte Welt einer Urharmonie zu sichern, ein Maß an Gewalt, das aus seiner "himmlischen" Welt eine schreckliche Parodie[184] der teuflischen Welt macht - und nicht umgekehrt, wie es den Anschein hat. Doch auf einen solchen Gedanken sollte ein Leser nicht kommen, ihn bedrohen dann ähnliche Qualen wie sie die teuflische Welt erwarten.

---

[184] Den Parodie-Charakter des perversen Symptoms betont Chasseguet-Smirgel immer wieder und hat ihn in ihrer Arbeit "Die Nachtigall des Kaisers von China. Psychoanalytischer Versuch über das Falsche" an einem literarischen Beispiel aufgewiesen: In deutscher Sprache in: (1988a) S. 177-210.

Die Welt des himmlischen Jerusalem ist wie die teuflische Welt Teil eines perversen Universums. Sie gleicht einem Fetisch[185], unter dessen glänzender Oberfläche der Ursprung aus der analen Welt unverkennbar ist. Zur Perversion gehört auch die Behauptung, daß die *anderen* pervers seien und daß das eigene Objekt höchstes Lob verdiene. Die perverse Welt schafft die Illusion einer mühelosen Vereinigung mit der archaischen Mutter und mit dem Phallus als Inbegriff des Narzißmus. Aber sie muß, um diese Illusion aufrechtzuerhalten, alle "Ungläubigen" bekämpfen. Das anale System ist auch dann totalitär, wenn es himmlisch sein will, und es ist bezeichnend, daß von den zehn Vorkommnissen des Titels "Pantokrator" im Neuen Testament allein neun auf die Apokalypse fallen. Die anziehenden Bilder eines Lebensstromes und eines Holzes mit Blättern zur Heilung der Völker, in sich gesehen harmonisch und friedlich, stehen im Kontext eines Sadismus, der gleichsam an den Rändern des Paradieses semantisch sichtbar wird und über die Textpragmatik den Leser unmittelbar trifft. Der Leser, der die ihm zugewiesene Rolle einzunehmen bereit ist, nimmt damit an der sich entfaltenden, ebenso paradiesischen wie illusionären Welt des Textes bereits teil. Hierin berührt sich meine Interpretation mit der von Gager[186]. Dieser vergleicht das Lesen der Apokalypse mit dem psychoanalytischen Prozeß. Hier wird die Vergangenheit durch die Übertragung gegenwärtig, dort stellt der Mythos die heilbringende Zukunft als gegenwärtig dar. Gager fügt allerdings hinzu, daß Psychoanalyse vor allem integrierend wirke, "whereas the apocalyptic solution envisages the complete eradication of one pole"[187]. Abgesehen von dieser Differenz sei der Prozeß aber wesentlich derselbe. Dieser Wertung kann ich nicht ganz folgen. Denn ich sehe die Vergegenwärtigung als reine Illusion, die zwar als Heilung erhofft wird, einen lindernden Effekt im Augenblick tatsächlich hat, aber doch die Struktur einer perversen Phantasie annimmt. In diesem Sinne hat F. Morgenthaler[188] einmal geschrieben, die Perversion sei ein "Pfropf" für eine seelische Wunde. Drewermanns Interpretation, die ich am Anfang von 6.4 zitierte, teilt die Illusion des Textes ungebrochen, und dadurch, daß er die Hochzeit des Lammes mit dem himmlischen Jerusalem am Schluß bei seiner Schilderung des Endzustandes ganz wegläßt, trifft seine Interpretation das narzißtische Einssein mit der Mutter fast noch besser als der Text selber.

Der Leser und die Leserin, die mir bis hierher gefolgt sind, werden merken, daß ich die mir zugewiesene Textposition nicht einnehme, sondern eine gegen-

---

[185] Der Fetisch ist ein Penisersatz aus dem analen Universum, der durch Idealisierung ästhetisiert wird. Chasseguet-Smirgel zeigt in den Kapiteln "Das verkleidete Ich" und "Idealisierung, Sublimierung" (in: 1989) vor allem am Beispiel Oskar Wilde's die Angst des Perversen, "die Analität könne hinter der idealisierenden Maske durchscheinen" (S. 86). In einer psychoanalytischen Lesung der Apokalypse haben auch die Edelsteine und Perlen des himmlischen Jerusalem in *diesem* Zusammenhang (im 7. Kapitel werde ich sagen: in dieser *Isotopie*) ihren Ort, während sie historisch-kritisch (enzyklopädisch) z.B. von W. W. Reader (1971) S. 103-118 oder von O. Böcher (1983) S. 144-156 angemessen interpretiert worden sind. Es ist nicht möglich, eine von beiden Deutungen als *die* richtige herauszustellen.

[186] (1975) S. 49-57.

[187] A.a.O. S. 55. Anton Vögtles (1986) ausführliche Diskussion, ob die alte Welt erst zerstört werden müsse, ehe die neue entsteht, scheint mir etwas zu sehr auf den Zweck einer ökologischen Ethik bezogen zu sein, als daß der Haß des Apokalyptikers noch genügend gehört wird. Immerhin ist es durchaus denkbar, daß die Welt auch für den Apokalyptiker selber erhalten bleibt, wenn nur deren sündige Bewohner ausgerottet werden.

[188] F. Morgenthaler (1974) S. 1081.

sätzliche festhalte, die für den Erzähler in die satanische Welt fiele. Nach meinem Selbstverständnis betrete ich nicht *innerhalb* seiner Welt eine Gegenposition, sondern bestreite überhaupt die Angemessenheit seiner Weltsicht. Damit würde ich mich innerhalb der Textwelt allerdings gegen Christus stellen. Innerhalb der Welt der Apokalypse ist kein Widerspruch möglich. Aber gegen meine Haltung ist auch von außen her der Einwand möglich, daß ich aus meiner gegensätzlichen Haltung heraus nicht mehr in der Lage sei, den Text der Apokalypse, repräsentiert durch den impliziten Autor, angemessen psychoanalytisch zu verstehen. Einen Analysanden, gegen den man sich nur wehren müsse, könne man nicht analysieren. Das ist zutreffend, und ich hoffe, ganz am Schluß dieser Arbeit, ohne etwas zurückzunehmen, dem Text noch etwas gerechter zu werden.

Bevor ich aber dazu komme, möchte ich den Weg psychoanalytischer Interpretation in einer hermeneutischen Reflexion nachzuzeichnen versuchen. Der starke subjektive Anteil am analytischen Verstehen dürfte gerade im letzten Abschnitt deutlich geworden sein, ich habe ihn aber auch in meiner Interpretation des Drewermannschen Vorgehens in 6.2 aufgewiesen. Ist meine eigene Interpretation in dem Sinne richtig, daß sie die objektive Wiedergabe eines im Text verborgenen "sensus psychoanalyticus Freudianus" darstellt?

Die Antwort wird uns recht weit in Fragen hineinführen, die über die Problematik psychoanalytischer Textdeutungen hinausgehen.

7. Psychoanalytische Textinterpretation - eine systematisierende Übersicht

7.1 Einführung

Um den Leserinnen und Lesern das Verstehen des folgenden Gedankenganges zu erleichtern, fasse ich ihn vorwegnehmend kurz zusammen. Der Ausgangspunkt jeder - und damit auch jeder psychoanalytischen Interpretation - ist das spontane Aufnehmen eines Textes durch das Lesen. Es setzt mindestens Sprachkenntnisse voraus und wird durch ein gewisses Verhältnis zu den im Text verhandelten Sachverhalten erleichtert. Interpretation beginnt mit der Reflexion auf dieses erste Verständnis. Sie schließt, vor allem beim psychoanalytischen Interpretieren, eine Reflexion der Textpragmatik ein, die als übertragungsanaloges Phänomen verstanden wird. Weiterhin erfordert sie die psychoanalytische Theorie als eines weiteren Elementes zur Konstruktion unbewußter Bedeutungsebenen. Alle einzelnen Interpretationen werden auf der obersten "Bedeutungsposition" zusammengefügt, dem Konstrukt des "impliziten Autors". In Auseinandersetzung mit Carl Pietzcker zeige ich dann, daß dieser keineswegs identisch sein muß mit dem Bild, das ich mir vom realen Autor mache. Die alltägliche Realität findet einen Eingang in die psychoanalytische Textinterpretation, so wie ich sie verstehe, *nicht* auf dem Weg über den biographischen Autor, sondern durch die "Kulturanalyse", "Kultur" verstanden als möglicher gesellschaftlicher Kontext einer Bedeutungskonstruktion. Weiterhin will ich wenigstens andeuten, wie sich mit dem Modell der "Strukturalen Semantik" nach A. J. Greimas das Vorgehen bei einer psychoanalytischen Textinterpretation recht genau beschreiben läßt. Ich werde danach mein Verständnis psychoanalytischer Textinterpretation zu einigen analytischen Konzepten in Beziehung setzen und dabei vor allem die Problematik "objektiven" Verstehens diskutieren. Schließlich soll ein Rückblick auf Drewermann im letzten Kapitel zeigen, wie seine Interpretationen psychoanalytisch und theologisch einzuschätzen sind.

7.2 Erstes und zweites Verständnis

7.2.1 Klaus Weimar

Im Kapitel "Hermeneutik" seiner schon mehrfach erwähnten "Enzyklopädie der Literaturwissenschaft" (1980) versteht Weimar die "Tätigkeit Verstehen" als einen "unbeherrschte(n) Reflex auf das Lesen"[1]. In diesem "ersten Verstehen" ist Mißverstehen unvermeidlich, weil die fremde Sprache so verstanden würde, als sei sie die eigene. Als ein Beispiel zitiert Weimar eine Dramenszene aus dem 19. Jahrhundert, in der zwei Ritter in tiefer Nacht gern miteinander "kosen"[2] wollen. Wer diesen historischen Sprachgebrauch nicht kennt, benutzt

---
[1] § 287.
[2] § 300.

zu seiner Information - sozusagen - den Band "Wörterbuch" seiner inneren Enzyklopädie und wird dort die Bedeutung finden "ein Liebesgespräch führen" - und er wundert sich. Im ersten Verständnis benutzt ein Leser seinen üblichen Empfängercode und geht davon aus, daß er mit dem Sendercode identisch sei. Die erste Reflexion auf das spontane Verständnis, die in diesem Beispiel ihren Ausgang von der Verwunderung nimmt, kann die Sprache des Autors bis zu einem gewissen Maße rekonstruieren[3]. Für Weimar ist nun dieses erste Verständnis, die Produktion sprachlicher Bedeutung, eine Funktion der "literarischen Person", d.h. derjenigen Person, die als Beobachter gleichsam am Ereignis teilnimmt[4]. Ich möchte diesen Gedanken nur noch um ein Element ergänzen, insofern als es der im Text realisierte fiktive Leser ist, der durch den Erzähler Anteil an der Textwelt erhält und ihr gleichsam als Beobachter beiwohnt. Bedeutungsproduktion ist für Weimar nicht identisch mit Sinnstiftung: "Dabeisein bei einem präsenten Ereignis (ist) noch kein sinnstiftender Akt"[5]. Diesen fehlenden Sinn stiftet erst der Leser als biographische Person durch seine Interpretation. Sie ist also ein weiterer Prozeß, der wiederum von Reflexion gesteuert wird und ihren Ausgang von dem objektivierten (z.B. aufgeschriebenen)[6] "ersten Verständnis" nimmt. Interpretation fängt nie bei einem objektiv gegebenen Text an, sondern beim konkreten Lesen eben dieses Textes[7]. Damit ist Subjektivität am Anfang und im Verlauf von Interpretation unvermeidlich, sie bedarf nur der Reflexion und der argumentativen Überprüfung. Sie kommt auf diese Weise zwar nicht zu einer Objektivität, wohl aber zu mitteilbarer Intersubjektivität[8]. Interpretation ist eine "Textproduktion", die auf einem vielleicht ganz anderen Weg zum selben Ergebnis kommt wie der Autor, nämlich zum Text[9]. Das Raffinierte an Weimars Argumentation ist dabei, daß er nicht etwa sagt: "zur selben Sinngebung". Eine Vergewisserung, daß eine bestimmte Interpretation auch als Meinung des Autors möglich, wenn auch nicht beweisbar ist, schließt sich bei Weimar erst später an: durch eine intertextuelle Absicherung im Vergleich mit anderen Texten desselben Autors oder derselben Epoche[10].

Es wäre reizvoll, sich weiter in Weimars differenzierte Darstellung zu vertiefen. Aber im gegenwärtigen Kontext dient sie mir vor allem dazu, die Unterscheidung der beiden Formen und auch Phasen des Textverständnisses einzuführen. Ich möchte sie im folgenden dazu gebrauchen, um ein einflußreiches Modell psychoanalytischer Textinterpretation zu interpretieren und wohl auch *um*zuinterpretieren. Ich meine damit das Modell von Norman Holland.

---

[3] § 301.
[4] § 226, § 306, kleingedruckter Text.
[5] § 306, Schluß des kleingedruckten Textes.
[6] § 304, kleingedruckter Text.
[7] So auch H. Bloom (1975 [1988]): "Ein Leser, der ein Gedicht versteht, versteht tatsächlich sein Lesen dieses Gedichtes" (S. 106).
[8] Weimar (1980) § 318, Anfang des kleingedruckten Textes.
[9] § 319, Ende des kleingedruckten Textes.
[10] § 328-336.

7.2.2 Norman N. Holland: Die Selbst-Findung des Lesers im Text

Holland ist vor allem durch sein 1976 erschienenes Buch "5 Readers Reading" bekannt und einflußreich geworden. In ihm stellt er fünf Leserinnen und Leser vor. Alle sind Studenten der Literaturwissenschaft und lesen im Rahmen eines großangelegten Experimentes u.a. Faulkners Kurzgeschichte "A Rose for Emily"[11]. Holland interviewt sie über ihre Lektüre und ihr Textverständnis und wertet seine wörtlichen Protokolle nachträglich aus. Vorher hatte er mit den Teilnehmern bereits psychoanalytisch orientierte, persönliche Gespräche geführt, und parallel dazu macht ein Kollege mit ihnen psychologische Tests. Was Holland beeindruckt, ist die Übereinstimmung zwischen der Art, wie seine Versuchspersonen einerseits sich und ihre Beziehung zur Umwelt sehen, und wie sie andererseits den Text interpretieren. Die Spannbreite möglicher Deutungen erweist sich als überaus breit. Holland verstärkt diesen Eindruck noch dadurch, daß er zugleich eine Fülle von wissenschaftlichen Interpretationen dieser Kurzgeschichte ausbreitet, die zum Teil von den bedeutendsten Literaturwissenschaftlern der USA stammen. Keine der Deutungen verläßt nach seiner Meinung den Bereich möglicher, d.h. begründbarer Interpretationen.

Wie ist diese Vielfalt und zugleich, bei seinen fünf Lesern, die Kongruenz von Persönlichkeitsstruktur und Interpretation erklärbar? Holland benutzt zu seinem Verständnis eine Reihe von psychoanalytisch orientierten Theorieelementen:

1. Er postuliert, in Anlehnung an den amerikanischen Psychoanalytiker Heinz Lichtenstein, ein "Identitätsthema"[12], das für jeden Menschen in der frühen Interaktion zwischen Mutter und Kind aus einer Fülle von Möglichkeiten ausgewählt werde und danach unveränderbar bleibe. Das Leben sei eine Folge von Variationen dieses Themas, wobei es jeweils sehr pathologische und auch durchaus gesunde Variationen geben könne.

2. Der Mensch hat die Tendenz, in allen Situationen sein Identitätsthema wiederherzustellen. Lesen ist nur *ein*, wenn auch ein besonders eindrückliches Beispiel dieser universalen Tendenz. "Stil sucht sich selber"[13], so formuliert es Holland immer wieder. Hierin allein hat der Mensch die Möglichkeit, Befriedigung zu bekommen.

3. Der Grundsatz "Stil sucht sich selber" verwirklicht sich beim Lesen in drei Stufen[14]. Der Text muß, ehe er nach innen gelangen kann, erst die spezifische und auch mit dem Identitätsthema in Beziehung stehende Abwehr passiert haben. Danach füllt ihn der Leser mit seinen eigenen Phantasien, und schließlich, in einer letzten Phase, verarbeitet er den in dieser Weise verinnerlichten Text zu einem kohärenten Gebilde. Hierbei kann er durchaus wissenschaftlich vorgehen und damit sekundär auch noch seine Phantasien bereichern[15]. In jedem dieser Schritte ist er gleichwohl nie in der Lage, sich dem Grundsatz zu entzie-

---

11 Das ist eine makaber-großartige Erzählung, die in den USA offensichtlich zu den Standardtexten für den Literaturunterricht gehört.
12 Vgl. Holland, S.53-62.
13 A.a.O. S. 113.
14 S. 113-123.
15 S. 286 "...he can enrich his experience at the phantasy level as well".

hen, daß "Stil sich selber sucht" und, wie ich hinzufüge, sich unweigerlich und unausweichlich findet.

Die Variationsbreite der Interpretation von Texten ist nicht ausschöpfbar. Trotzdem aber, so betont es Holland, ist nicht jede Interpretation möglich. Der Text selber enthält Beschränkungen. Man kann diese zwar willkürlich überschreiten, verläßt aber damit den Bereich möglicher Intersubjektivität. In Faulkners Text kann Emily sicherlich nicht ein Eskimo sein - so Holland[16]. Mit dieser Bemerkung allerdings hat er eine Fülle von Reaktionen ausgelöst, über die allein sich eine Monographie schreiben ließe. Zwei Autoren werde ich noch besprechen. Ich möchte aber mein Referat über Holland noch damit ergänzen, daß Holland sich für seine Theorie der Textinterpretation ausdrücklich auf Winnicotts "potential space" beruft[17]. Mit diesem Konzept kann er den Text zugleich als objektive und als subjektive Realität beschreiben. Beides ist untrennbar - aber die Objektivität existiert unzweifelhaft, und deshalb sind manche Interpretationen *vom Text her* unmöglich.

Wie ist das Konzept von Holland zu beurteilen? Ehe ich zwei seiner wichtigsten Kritiker zu Wort kommen lasse, schicke ich meine eigene Reaktion auf das Buch voraus, auf die ich später eine psychoanalytische Interpretation seines Konzeptes aufbaue. Ich kenne kein psychoanalytisches Werk, das in einem solchen Maße "bezwingend" ist, daß es kaum noch Raum zu eigenem Denken läßt. Bei aller Fülle scharfsinniger und überzeugender Details, ist in dem Buch etwas "Verfolgendes". Jeder Einwand ist eigentlich immer schon vorweggenommen, und ich ertappe mich dabei, wie ich Hollands Antwort auf meine Einwände ohne weiteres schon selber formulieren könnte. Sein Buch ist wie ein geschlossenes System und wirkt auf mich manchmal wie eine Parodie auf die Psychoanalyse, die bei manchen Autoren ebenfalls als ein geschlossenes System erscheint. Nach dieser emotionalen Reaktion (die jenseits von falsch oder richtig ist) möchte ich allerdings anmerken, daß Hollands System keineswegs tatsächlich so konsequent ist, wie es erscheint. Aber dazu später.

7.2.3 David Bleich und Stanley Fish als Kritiker Hollands

Holland betont immer wieder[18], daß er seine eigene entscheidende Wende David Bleich verdanke. Ursprünglich sei er davon ausgegangen, den Text als ein festes Sinngebilde anzusehen, auf das jeder Leser wie auf einen objektivierbaren Impuls nur verschieden reagiere[19]. Erst Bleich habe ihm gezeigt, daß dieser Textsinn ein Produkt des Prozesses zwischen Leser und Text sei. Trotzdem kritisiert Bleich (1978) seinen Kollegen Holland recht hart[20]: Trotz aller Beteuerung eines subjektiven Ansatzes setzten sich doch objektivistische Tendenzen bei Holland durch: durch Interviews und Tests versuche er, ein objektives Identitätsthema zu finden, das dann angeblich an einem Text verwirklicht

---

[16] S. 12.
[17] S. 127.
[18] Z.B. S. XV.
[19] In seinem Buch "The Dynamics of Literary Response" (1968).
[20] D. Bleich (1978) S. 111-122.

würde, der objektive Beschränkungen biete. Holland beachte gar nicht die emotionale Situation der Interviews, und Bleich fragt sich, ob die Interpretationen nicht mindestens ebenso sehr mit der Beziehung der Versuchspersonen zu Holland wie mit ihrer Beziehung zum Text zu erklären seien. Auch bezweifelt er, ob das Identitätsthema irgend etwas erkläre. Es erkläre für Holland vielmehr alles und hätte damit keinen Erklärungswert mehr. Alles laufe für ihn auf die Herstellung von Identität hinaus[21].

Mir scheinen die kritischen Beobachtungen von Bleich weitgehend zuzutreffen. Bleich, der grundsätzlich eine ähnliche Position zur Textinterpretation einnimmt wie Holland, radikalisiert seine eigene Theorie gegenüber seinem Kollegen so weit, daß sie vor dem Vorwurf eines latenten Objektivismus geschützt ist.

Er unterscheidet[22] ein "objektives Paradigma", in dem die Erklärungen den "Dingen" inhärent sind und diese nur mehr oder weniger adäquat beschreiben, von einem "subjektiven Paradigma". In ihm seien nicht mehr die Sachverhalte selber der Ausgangspunkt, sondern deren "Symbolisierung". Damit sind die elementaren Akte von Wahrnehmung gemeint, mit denen "die Dinge draußen" bedeutsam für das wahrnehmende Subjekt werden. Interpretation beziehe sich zurück auf diese erste Symbolisierung, und Bleich benutzt für sie den Begriff "Re-Symbolisierung". Diese sei ein Ausdruck eines bedürfnisgeleiteten Interesses, das von den Mitgliedern einer interpretierenden Gemeinschaft geteilt werde. Re-Symbolisierung umfaßt für Bleich die gesamte wissenschaftliche Tätigkeit einschließlich der Arbeit der Naturwissenschaften. In ihnen allen werde ursprüngliche Erfahrung gemäß einem gemeinsamen Bedürfnis verarbeitet.

Bleichs Konzept von Symbolisierung und Re-Symbolisierung entspricht weitgehend dem "ersten" und dem "zweiten Verständnis" bei Weimar. Deutlicher aber als dieser betont Bleich, daß die Regeln der Interpretation auf die Interessen einer Gemeinschaft bezogen seien, von deren Interessen diese Regeln abhingen. Als Theologe kann man das recht leicht sehen, wenn man bedenkt, welche verschiedenen Interessen hinter der Theorie vom vierfachen Schriftsinn und hinter der Betonung der Klarheit und Einfachheit der Schrift stehen. Auf der einen Seite tritt die Lehre von der obscuritas der Schrift in den Dienst ihrer alleinigen Auslegung durch die hierarchisch geordnete Kirche, auf der anderen Seite ermöglicht erst die claritas scripturae das Priestertum aller Gläubigen.

Die Bezogenheit auf die interpretierende Gemeinschaft nimmt Stanley Fish (1980) auf und macht sie zum Zentrum seiner "konventionalistischen"[23] Auffassung von Textauslegung. In direkter Auseinandersetzung mit Holland bestreitet er, daß es textimmanente Grenzen von Interpretation gäbe. Nicht der Text verhindere, daß Emily ein "Eskimo" sei, sondern ausschließlich, daß es bisher keine interpretierende Strategie gäbe, mit der sich diese Deutung begründen

---

[21] S. 121.
[22] Das erste Kapitel seines Buches mit dem Titel "The Subjective Paradigm" ist wissenschaftstheoretischen Erwägungen gewidmet.
[23] Der Ausdruck "Konventionalismus" taucht bei Fish anscheinend erst in seinem neuesten Werk (1989) in dem Kapitel "Still Wrong After All These Years". Fish's Titel von Büchern und Aufsätzen dürften in der gegenwärtigen Literaturwissenschaft einzigartig sein.

ließe[24]. Und Fish beeilt sich, in sehr witziger Weise eine Forschungsgeschichte zu entwerfen, die zu einem solchen Ergebnis führen könnte. Es genüge ein aufgefundener Hinweis von Faulkner, er habe immer geglaubt, er sei das unterschobene Kind eines Eskimos, und schon würden "the workers in the Faulkner industry" beginnen, sein Werk neu zu interpretieren. Die Möglichkeit von Interpretationen sei nicht im Text verankert, sondern in den jeweiligen Regeln der Interpretation. Es sei deshalb auch nicht nötig, Willkür in den Textdeutungen zu befürchten, wenn einmal der Glaube an textimmanente Begrenzungen aufgehoben sei. Die Begrenzung bleibe auch in Zukunft erhalten, aber sie habe ihren Ursprung nicht im Text, sondern in den Regeln der Interpretation. Ich komme auf Fish nochmals zurück, wenn ich nach der Angemessenheit und "Objektivität" psychoanalytischer Interpretationen von Texten frage[25].

7.2.4 Eine psychoanalytische Reflexion über Hollands Interpretationstheorie

Ich möchte von meinem Gefühl von "Enge" beim Lesen von Hollands Buch ausgehen. Ich denke, daß ich damit auf die anscheinende Unausweichlichkeit in seiner Theoriebildung reagiere. Was immer ich denke und tue, ich bin, nach Holland, ein Gefangener meines Identitätsthemas. Aber ich bin, wenn ich Holland folge, nicht nur sein Gefangener, sondern auch, im Bündnis mit diesem Thema, Herr, und zwar Herr über den Text. Nun scheint es mir zwar, daß Holland mit seinen *Beobachtungen* nicht unrecht hat. Textinterpreten drücken in der Tat den von ihnen ausgelegten Texten ihren Stil auf. Bei Drewermann ist das überdeutlich, aber auch bei allen anderen Auslegern dürfte es vor allem denjenigen Lesern auffallen, die der vom Ausleger vertretenen Richtung nicht zu nahe stehen. "Stil sucht sich selber", das ist sicherlich eine Erfahrung, die jeder Leser von Textauslegungen machen kann. Aber für Holland wird daraus eine schlechthin unausweichliche und allumfassende Norm.
Wie kommt es dazu? Ich vermute, daß der Grund dafür in der Art liegt, wie Holland Winnicotts Konzept des potential space mit der Theorie des Identitätsthemas verbindet. Die Annahme, daß die Mutter dieses Thema im Kind auswählt und es damit prägt, verträgt sich mit Winnicott recht gut. Aber in der Folge muß Holland nun behaupten, daß das Kind seinerseits die Mutter mit diesem seinem Thema immer wieder allmächtig erschaffe. Und indem er auf S. 127 Mutter und Buch in dieser Hinsicht gleichsetzt, wird auch das Buch zu einem Objekt, dessen Inhalt der Mensch zeit seines Lebens nach diesem inneren Thema allmächtig herstellt. Damit kommt aber in Winnicott's Konzept ein anderer Akzent hinein. Für ihn ist der "potential space" zwischen Mutter und Kind der Raum, der symbolisch noch die Einheit mit der Mutter repräsentiert, nachdem das Kind bereits die beginnende Trennung von ihr akzeptiert und sich zunächst im Übergangsobjekt einen Ersatz für die verlorene Einheit er-

---

24 (1980) S. 345-347: "The result would be that whereas we now have a Freudian 'A Rose for Emily', a mythological 'A Rose for Emily', a Christological 'A Rose for Emily', a regional 'A Rose for Emily', a sociological 'A Rose for Emily', a linguistic 'A Rose for Emily', we would in addition have an Eskimo 'A Rose for Emily', existing in some relation of compatibility or incompatibility with the others."
25 In 7.4.7.

schafft. Das Buch wird für Holland ausschließlich zu einem solchen Übergangsobjekt und damit zu einem Symbol für die Einheit mit der Mutter. Doch bei Winnicott wird das Übergangsobjekt einmal zugunsten des Realitätsprinzips aufgegeben. Bei den meisten Menschen bleibt dann nur die Möglichkeit erhalten, sich vor allem im Bereich von Kunst und Religion zeitweise einen "potential space" zu erschaffen. In ihm findet er dann Objekte vor, Texte, Bilder, Skulpturen oder religiöse Symbole, die eine Einheit *vor* der Trennung von "Erschaffen" und "Vorfinden", Phantasie und äußerer Realität, Ich und dem "Anderen" repräsentieren. Aber in der reifen Erschaffung des Übergangsraumes bleibt dieser doch immer von der umgebenden Realität unterscheidbar. Mit der Vorstellung des Lesens als eines Vorgangs, der *ausschließlich innerhalb* des Übergangsraumes stattfindet, läßt sich zwar in der Tat das "Erschaffen" des Textes durch den nahezu allmächtigen Leser im Sinne von Holland begründen. Aber für das Lesen und damit auch für das literarische Lesen trifft das in dieser Einseitigkeit nicht zu, denn es ist begrenzt durch das Realitätsprinzip im Sinne Freuds. Dieses ist z.B. anwesend durch Zeitgrenzen: es gibt eine Zeit, bevor, und eine, nachdem ich in der fiktiven Welt des Textes bin. Eine weitere Grenze zum literarischen Text sind spezielle andere Texte, die zwar an ihn grenzen, aber nicht zu ihm direkt gehören und damit gleichsam eine Schwelle zwischen Außenwelt und Textwelt bilden. Dazu gehören z.B. der Titel oder der Autorname[26]. Bei Holland ist der "potential space", wie er ihn versteht, total und ohne Begrenzung. Seine Theorie ähnelt der Sicht eines Kindes, das das Realitätsprinzip noch nicht als Möglichkeit erkannt hat - oder es nicht kennen will. Alles Widerstrebende wird vom Leser-Kind in ein befriedigendes Objekt verwandelt oder von vornherein abgewehrt - ich bin versucht zu sagen: ausgespien. Aber um diese Objekte "gebrauchen" zu können, muß es sie, wie ich oben auf S. 127 gezeigt habe, zeitweise "zerstören", um sie als andere, als nichtsubjektive erfahren zu können. Genau dieses Stück fehlt bei Holland. Es fehlt eine mögliche Plazierung der Texte *"outside the area of subjective phenomena"*[27]. Hollands Theorie beschreibt einen Teilbereich des Lesens durchaus zutreffend, nämlich das konsumierende, gänzlich unreflektierte, dem Lustprinzip folgende Lesen. Dieses geschieht ausschließlich aus der Perspektive des fiktiven Lesers[28], der in der Textwelt lebt und die vom impliziten Leser und von impliziten Autor repräsentierten Grenzen des Textes jedenfalls zeitweise nicht wahrnimmt. Reflektierte Interpretation wäre der Versuch, diese Ursprünglichkeit zu erleben *und* ihr teilweise zu entkommen. Ob er gelingt, bleibt die Frage. Holland jedenfalls behauptet, daß er nie gelingt.
Das wird vor allem dann deutlich, wenn Holland über den Gebrauch von Sekundärliteratur[29] spricht. Man sollte hier erwarten, daß das auslegende Subjekt durch sie herausgefordert würde, seine Interpretation zu überprüfen. Das ge-

---

[26] Weimar (1980) § 249. Genette's Buch "Seuils" (1987) hat diese Art von "Schwellentexten" zum Thema.
[27] Siehe oben S. 127, Anm. 230.
[28] Dieser wäre, auf die psychoanalytische Situation übertragen, nicht mehr in der Lage, die Übertragung *als* Übertragung zu erkennen, weil er keinen Ort mehr außerhalb von ihr einnehmen kann. Als Leser hat er die Überzeugung Don Quichotes, daß alles in den Romanen konventionell wahr sei.
[29] S. 287/288.

schieht auch, aber nur, nachdem jeder Sekundär-Autor in gleicher Weise aufgenommen wurde wie der zu interpretierende Text, also dadurch, daß Stil sich selber sucht und der Leser sich auch in diesem sekundären Text reproduziert. Wenn ich diese Anschauung in eine analytische "Szene" übersetze, dann ist es, als ob das Leser-Kind, auch wenn ganze Heere von trennenden und Realität repräsentierenden "Vätern" zu ihm kämen, diese alle doch immer nur als Abgesandte der "Großen Mutter" ansieht. Als Beobachtung mag Hollands Ansicht oft zutreffen, aber bei ihm bekommt die Deskription normativen und unausweichlichen Charakter.

Im Gegensatz zu Holland ist für mich dasjenige, was er Interpretation nennt, eher der Ausgangspunkt einer Interpretation, so wie für Bleich die Symbolisierung die Basis der Re-Symbolisierung darstellt. Am Schluß dieses Abschnittes werde ich darauf noch zurückkommen. Vorher möchte ich noch zeigen, daß Holland sich in seiner Argumentation in einen Widerspruch verwickelt, den zu meiner Verwunderung keiner der mir bekannten Kritiker gemerkt hat, und der zugleich einen Ausweg aus seinem geschlossenen System andeutet.

Bei der Suche nach den Identitätsthemen setzt er Patienten und Text gleich. Während er aber bei den Patienten und auch bei seinen Versuchspersonen nach *deren*[30] Themen sucht, hält er es bei Texten für unausweichlich, daß es die *eigenen* Themen der Ausleger sind, nach denen die Texte geformt würden. Wenn es für Holland tatsächlich zutreffend wäre, daß die Wahrnehmung der Welt *nur* durch das eigene Identitätsthema möglich sei, dann wäre es für ihn zugleich unmöglich, eben dieses Thema im anderen zu erkennen und alle seine Interviews mit den Studenten und deren psychologische Tests wären unnötig, weil sie eigentlich nur "Holland" erbringen dürften. Aber während für Holland im Umgang mit Patienten oder überhaupt mit Menschen die Andersheit des anderen erkennbar bleibt, schließt er sie für Texte aus.

Wie mag es für Holland erklärbar sein, daß Menschen, speziell Patienten, in ihrer Eigenheit erkennbar sind? Holland schreibt es nicht, aber da er eine psychoanalytische Ausbildung gehabt hat, dürfte es legitim sein, von den dort geltenden Regeln her seine Argumentation zu ergänzen. Ich nehme im folgenden Abschnitt einige Gedanken aus dem zweiten Kapitel, speziell aus den Abschnitten über die Gegenübertragung, wieder auf.

In der analytischen Ausbildung lernt man, sich die persönlichen Reaktionen in dem Maße bewußt zu machen, daß man sie als Erkenntnis*medium* benutzen kann, ohne sich doch von ihnen in der Reaktion auf den Patienten beherrschen zu lassen[31]. Das Ziel ist dabei, eine "konkordante Gegenübertragung" einzunehmen, also eine solche, die der Übertragung des Patienten entspricht.[32]

Als kontrollierende Instanz gegen eine omnipotente oder ohnmächtige Verschmelzung mit dem Analysanden in einer dyadischen Beziehung dienen erstens die psychoanalytische Theorie als eine rationale und unterscheidende

---

[30] Am deutlichsten ist das im Abschnitt "Two Kinds of Interpretation", wo Holland sein methodisches Vorgehen zeigt, um die Themen seiner Versuchspersonen zu finden. Er reflektiert dabei zwar auf sich als "Leser", aber es ist für ihn keine Frage, daß er in den *fremden* "Texten" die *fremden* Themen und nicht nur sein eigenes finden kann.
[31] Das war die Grundeinsicht von Paula Heimann (2.3.2). Dafür ist es jedoch immer nötig, daß die Beweglichkeit zwischen Erlebnis und Reflexion erhalten bleibt.
[32] Siehe oben S. 53.

dritte Instanz und zweitens und vor allem die reflektierende Wahrnehmung der Situation. Letztere wird oft zugleich durch einen realen Dritten vertreten, durch den Supervisor. Wie ich oben in Kapitel 4 schon ausführlich gezeigt habe[33], kommt es in der analytischen Beziehung zu einer Pendelbewegung zwischen einem Eintauchen in den analytischen Raum und damit zu einer imaginären Suspendierung der Grenzen zwischen Analytiker und Analysanden auf der einen Seite und zur trennenden Reflexion auf der anderen Seite. Beides zusammen kann zu einer Erkenntnis führen, die einerseits eine subjektive Konstruktion des Therapeuten ist, die aber zugleich auch eine subjektive Konstruktion der "Andersheit" des Analysanden darstellen kann. Wenn wir von der analytischen Situation mit Patienten wieder zur analytischen Textauslegung zurückkommen, so ist Drewermanns Apokalypsen-Auslegung eine eindrückliche Demonstration der empirischen Stichhaltigkeit der Theorie Hollands. Am deutlichsten zeigte das seine Auslegung der 7 Posaunen[34]. Aber gerade an ihr wird deutlich, daß eine solche selbst-reproduzierende Auslegung nicht das letzte Ziel sein muß. Drewermann reflektiert seine Reaktion auf den Text nicht als Wahrnehmungsinstrument, sondern er wehrt sich interpretatorisch gegen den Text. Zweitens reflektiert er nicht sein selektives Vorgehen, alles das wegzulassen, was ihm nicht paßt[35]. Damit geht dann zwar seine Auslegung glatt auf und entspricht einer von außen herangetragenen analytischen Theorie (dagegen ist durchaus gar nichts einzuwenden), aber diese Theorieanwendung führt deshalb nicht zu einer Infragestellung seiner Auslegung, weil sie innerhalb einer dyadischen[36] Textauslegung verbleibt. Für Drewermann ist ja die Jungsche Archetypenlehre nur eine Beschreibung dessen, was im Subjekt immer schon vorhanden ist. Theorie und Ausleger sind gegenüber dem Text einig und verbunden.

Was wäre erforderlich, um die von Holland beschriebene, anscheinend notwendige Selbstreproduktion des Auslegers von Texten aufzuheben oder wenigstens, um sie zu relativieren?

Das erste ist die Reflexion des Interpreten auf seine erste Lesung oder auf seine "erste Symbolisierung" des Textes. Die Fragen, die man sich dabei stellen muß, sind z.B. "Wieviel Mühe machte es mir, den Text mir zu eigen zu machen, wo stellt er sich quer, wo bleiben Reste, die nicht aufgehen?" Das Ziel dabei wäre, eine dem Text konkordante Gegenübertragung einzunehmen und nicht, wie Racker es nennt, eine komplementäre[37]. Denn in diesem Fall begin-

---

[33] Vor allem in 4.5.1.
[34] Siehe oben in 6.2.
[35] Das erstaunlichste Beispiel eines unreflektierten Auslassens ist für mich in Drewermanns allegorischer Auslegung der Exodus-Geschichten als Weg einer Psychotherapie zu finden (T. u. E. I 483-502). Die Streitwagen sind z.B. "tödliche(...) Schuldgefühle" (492), die untergehen müssen, aber die goldenen Geräte, die die Israeliten listig ausleihen und mitnehmen, sind Drewermann keiner Erwähnung wert. Dabei wäre gerade die Reflexion auf ein solches unwillkürliches Auslassen erstens ein Stück Selbsterfahrung und könnte zweitens wenigstens *einen* Weg zu den unbewußten Phantasien des Textes bahnen. Jetzt sind Leserinnen und Leser allein vor die Aufgabe gestellt, darüber zu phantasieren, warum der Autor gerade diesen Teil wegläßt, während er sonst aus allen kleinsten Details der Wüstenwanderung eine Allegorie macht.
[36] Vgl. dazu 7.4.6.
[37] Siehe oben auf S. 53/54.

nen der Analytiker oder Leser über den Patienten oder Text zu herrschen, indem er ihm *sein* eigenes Thema auferlegt.

Der zweite Schritt zur Fremdheit des Textes ist die Rekonstruktion des historischen Codes. Damit ist genau das gemeint, was die Sache der historisch-kritischen Forschung ist. Ich hatte oben Weimar zitiert, der vom Mißverständnis des ersten Verständnisses sagt, es rühre daher, daß die fremde Sprache als eigene verstanden werde. Indem die historisch-kritische Forschung die ursprüngliche Sprech- oder Schreibsituation rekonstruiert, kann sie sich dem damaligen Verständnis annähern. Zugleich übersetzt sie das damalige Verständnis in die heutige Sprache, indem sie die damaligen Worte, deren Bedeutung jetzt eine andere ist, oder die gänzlich unverständlich geworden sind, durch jetzige Wörter übersetzt, die die damalige Bedeutung möglichst genau wiedergeben. Daß dieser Rekonstruktionsprozeß immer gefährdet ist, seinerseits in den Dienst des Subjektes gestellt zu werden, ist zwar richtig, bedeutet aber nur, daß er seinerseits wieder unter die "Aufsicht" der Reflexion gestellt werden muß.

Drittens dürfte es immer nötig sein, die eigene Reaktion auf einen Text mit Reaktionen und Interpretationen anderer Leser zu vergleichen und zu konfrontieren, um auf diesem Weg etwas von einer möglichen Andersheit des Textes zu erfahren.

Die vierte Anforderung schließlich ist die vermutlich unzuverlässigste und am leichtesten zu manipulierende: die Verbindung mit einer Theorie, die in eine Spannung zum Text geraten kann und damit den Ausleger herausfordert. Ob diese vorgängige Theorie *immer* erforderlich ist, lasse ich offen. Für eine psychoanalytische Interpretation ist sie auf alle Fälle nötig, weil es Psychoanalyse nicht einfach als Phänomen gibt, sondern weil sie die theoretische Konstruktion *eines* Aspektes menschlicher Wirklichkeit darstellt. Die Theorie stellt einen weiteren Text dar, der weder mit dem zu interpretierenden Text noch mit dem Ich zusammenfällt. Und dieses Ich ist für Holland in seinem Kern auch ein Text, denn es ist formuliert als Identitätsthema, als "Hypotext"[38] unterhalb von allen empirischen Texten des Individuums.

Reflexion, Rekonstruktion des historischen Codes, Konfrontation mit anderen Lesern und Intertextualität zu einer Theorie stellen die nötigen, aber keineswegs sicheren Erfordernisse dar, um eine psychoanalytische Textdeutung davor zu bewahren, nur eine Reproduktion des auslegenden Subjekts zu sein. Indem Drewermann die historisch-kritische Forschung gerade in ihrer verfremdenden Funktion schmäht, ist er immer schon in dem Prozeß gefangen, den Holland beschreibt. Aber auch *mit* dem Versuch der Rekonstruktion des historischen Codes und mit Reflexion und Theorie ist es jederzeit möglich, die Andersheit des Textes zu verfehlen. Vor allem gibt es kein eindeutiges Kriterium dafür, sie nicht verfehlt zu haben. Der Unterschied zwischen "erstem" und "zweitem Verständnis" oder zwischen "Symbolisierung" und "Re-Symbolisierung" ist, wie mir scheint, weniger eindeutig zu fassen, als es Weimar und Bleich tun. Diesem Gedanken möchte ich, wie schon angekündigt, zum Abschluß dieses Abschnittes noch etwas nachgehen.

---

38 Nach einem Ausdruck von Gérard Genette in "Palimpsestes" (1982).

Im Rahmen einer psychoanalytischen Hermeneutik ist es sicherlich sinnvoll, im Sinne Weimars von einem "ersten Verständnis" als dem allerersten, nie wiederholbaren Eindruck einer Lektüre zu sprechen. Aber ich finde es ebenso nützlich, von einem "erweiterten ersten Verständnis" zu sprechen, das ein erstes Verständnis nur in bezug auf ein zweites Verstehen ist, auf eine neue Interpretation, auf eine Re-Symbolisierung. Oder anders ausgedrückt: das erste Verständnis in diesem weiteren Sinne beruht auf derjenigen vorläufigen Interpretation, die durch eine neue Interpretation ersetzt werden soll[39]. Und als psychoanalytische Interpretation wird die vorgängige Deutung oft eine solche sein, die im höheren Maße unter der Herrschaft des auslegenden Subjektes steht, während die weitergehende die Andersheit deutlicher erkennt - um sich in einer nochmaligen Interpretation wiederum als Idiosynkrasie zu erweisen.

Mir scheint, daß dieser Prozeß der fortwährenden Re-Interpretation eine Eigentümlichkeit ist, die die analytische Textinterpretation von der klinischen analytischen Arbeit unterscheidet. In der psychoanalytischen Arbeit mit Patienten hofft man, daß die laufend produzierten Texte sich langsam ändern, daß sie reicher und differenzierter werden und sich weniger wiederholen. Zugleich erwartet jeder Analytiker, daß er durch diese Texte erfährt, daß es dem Analysanden insgesamt besser geht und daß er oder sie ein glücklicheres Leben führen. Bei geschriebenen Texten ist der Autor abwesend. Zumal dann, wenn er nicht mehr lebt, erfährt er die Deutungen des Interpreten nie. Was sich aber prozeßhaft ändert, ist das Verständnis des Textes im Interpreten. Wenn wir uns zurückerinnern an das Modell der Bedeutungspositionen nach W. Schmid, wie ich es in 4.5. diskutiert habe, dann läßt sich der Prozeß der Textinterpretation zugleich als eine fortwährende Veränderung des Bildes des Autors im Text verstehen. Der "Autor im Text" oder der "implizite Autor" ist ja die oberste Bedeutungsebene, auf die der Leser alle hierarchisch niedriger stehenden Bedeutungspositionen projiziert. Für jeden Interpreten, auch für jeden psychoanalytisch orientierten, ist der Eindruck unausweichlich, sie oder er käme mit der Deutung näher an die Wahrheit des Textes und damit an die Wahrheit des Autors. Andernfalls würde niemand Texte, die schon interpretiert sind, nochmals interpretieren. Aber dieser Eindruck ist nicht objektivierbar und kann sich von einer weiteren Interpretation her als irrig erweisen. Doch auch dieses gilt dann wiederum nur vorläufig, bis eine weitere Interpretation etwa die vorletzte als besonders angemessen und die letzte als Irrweg neu-interpretiert. Der Fortschritt ist weiterhin bezogen auf ein bestimmtes Regelsystem von Auslegungen und gilt, wenn überhaupt, nur innerhalb dieses Systems. Ich komme darauf zurück, wenn ich das Thema der "Objektivität" von Deutungen diskutiere. Ich habe nur deshalb schon einiges vorweggenommen, weil ich im nächsten Abschnitt noch einen anderen Ansatz besprechen möchte. Er ähnelt meinem, indem er rezeptions- bzw. gegenübertragungsorientiert ist, aber sein Interpretationsziel ist ein ganz anderes. Ich meine damit den historisch-biographischen Ansatz, wie ihn zur Zeit vor allem Carl Pietzcker vertritt.

---

[39] Ich benutze, um mir selber den Sachverhalt klar zum machen, die folgende Vorstellung: ein "erstes Verständnis" ist die Erzählung von einem unmittelbaren Erleben der Erzähl- und dann vor allem der Textszene, wieviel an Kenntnissen und vorgängiger Interpretationsarbeit auch immer in dieses Erleben bereits eingeflossen ist.

7.3 Der historische Hintergrund des Textes

7.3.1 Carl Pietzckers Gegenübertragungsanalyse -
 ein Weg zum Kunstwerk und zum Autor

Wenn ich mich auf den folgenden Seiten mit Pietzckers Ansatz ausführlicher auseinandersetze, so hat das zwei Gründe:
1. Sein Ansatz, wie er sich von 1983 bis jetzt entwickelt hat, ähnelt meinem eigenen innerhalb der deutschsprachigen Literatur am meisten, und
2. seit zwei Jahren tauschen wir gegenseitig noch unveröffentlichte Manuskripte aus und versuchen, die Auseinandersetzung mit der je anderen Position bereits in die im Entstehen begriffenen Schriften einzuarbeiten.[40]
In der folgenden Auseinandersetzung beschränke ich mich auf seine "Einführung in die Psychoanalyse des literarischen Kunstwerks" (1983) und seine beiden noch unveröffentlichten, zusammenhängenden Manuskripte "Gegenübertragungsanalyse, ein Verfahren der Literaturwissenschaft" und "Vertrautes Gespräch übers Unvertraute. Johann Peter Hebel 'Die Vergänglichkeit'".
In seiner frühen Arbeit von 1983 taucht der Interpret als Subjekt zunächst nicht auf, und Pietzckers psychoanalytische Interpretation der "Rede des todten Christus" von Jean Paul ist vor allem eine theoretisch fundierte analytische Inhaltsanalyse, die Fragen der Philologie ständig einbezieht. So vergleicht er etwa verschiedene Fassungen des Textes, um daran die "Kunstarbeit" in ihrer Entwicklung, also genetisch nachzuzeichnen. Im Abschnitt C. folgt eine ausführliche Darstellung und Erörterung des biographischen Hintergrundes von Jean Paul. Pietzcker begründet das folgendermaßen: das Werk entstamme dem Leben des Autors. Seine Situation und er selbst gingen in das ein, was er schreibt[41]. "Er selbst", das meint in unserem Zusammenhang: seine Psyche, wie sie sich im Gang seines Lebens gebildet hat und nun auf seine äußere und innere Situation reagiert. Pietzcker stellt ausführlich die Entwicklung Jean Pauls, vor allem seine Auseinandersetzung mit seinem Vater, als den Hintergrund dar, vor dem der Text als Zeugnis dieser Auseinandersetzung psychoanalytisch verständlich wird. Pietzcker beansprucht keineswegs, den Text "kausallogisch"[42] von dieser Biographie abzuleiten, sondern nur, in der Rückschau seinen Lebensweg nachzuzeichnen und Ursachen und Wirkungen aufzuweisen. Erst im Anschluß daran taucht schließlich eine zweite Biographie auf, seine eigene als diejenige des interpretierenden Subjektes, das notwendig in den Verstehensprozeß mit einbezogen ist[43].
Ganz anders ist das Verhältnis zwischen Subjekt und Objekt in den beiden neuen Manuskripten. Hier steht die als Gegenübertragung verstandene Leserrezeption am Anfang, und Pietzcker zeigt, wie eine Interpretation, die die unbewußte Reaktion auf den Text nicht reflektiert, meist Abwehrcharakter trägt. Dieser Gedanke ist dem Leser meiner Arbeit bereits vertraut, ich habe das an Drewermanns Auslegung vor allem in 6.2 aufgezeigt. Eine Reflexion hingegen

---

[40] Sie sind inzwischen erschienen als C. Pietzcker (1992).
[41] (1983) S. 87.
[42] Ebd. S. 88.
[43] Ebd. S. 155-165.

schafft jenen Übertragungs- und Gegenübertragungsrahmen, in dem auch die klinische Interpretation stattfindet. All diesem kann ich voll zustimmen. Mein Widerspruch beginnt erst, wenn Pietzcker diese Grundsätze auf Hebels Gedicht anwendet. Auch hier beginnt er rezeptionsorientiert, ohne gleich psychoanalytisch einsetzen zu wollen: "Doch auch jetzt frage ich vom Leser her: wie der Text auf ihn ausgerichtet ist, welches Verhalten er ihm anbietet, und welche Mittel er hierbei einsetzt. Unbewußten Phantasien nähere ich mich nur langsam. Zunächst gehe ich scheinbar psychoanalysefern den offen wahrnehmbaren Strategien als Textes nach."[44].

Diese "psychoanalyseferne" Interpretation ist eine eindringliche Nachzeichnung des Gespräches zwischen Vater und Sohn, bereichert durch reiches intertextuelles Material vor allem aus der antiken Literatur[45]. Pietzcker kennzeichnet recht überzeugend dieses nächtliche Gespräch über den Tod als "Initiation ins Erwachsenenleben". In diesem Abschnitt wird noch nicht recht klar, was eigentlich die Untergangsphantasien, die den Inhalt des Gespräches bilden, für die Beziehung zwischen Vater und Sohn bedeuten. Im folgenden umfangreicheren Teil trägt Pietzcker diese Überlegung nach, aber überraschenderweise ändert sich die Art seines Vorgehens vollkommen. Anstatt dem Text des Gedichtes mit neuen Fragen weiter nachzugehen, breitet Pietzcker nun eine Fülle von Material aus, um dem Leser zu zeigen, daß es im Gespräch zwischen Vater und Sohn primär um die Mutter gehe, die ungefähr am Ort des fiktiven Gespräches lange vorher im Beisein des Sohnes plötzlich verstorben war. Allerdings macht er selber gleich die Einschränkung, daß sich das Werk nicht unmittelbar von jenem Leben her verstehen lasse. Was aus einem Leben in ein Kunstwerk einging, gehorcht jetzt dessen Gesetzen. Das Gelebte ist im Werk zwar verneint, aber das Kunstwerk ist zugleich eine, freilich verneinte Fortsetzung dieses Lebens. Und so bedarf das Werk, trotz seiner Eigengesetzlichkeit, doch der Zufuhr aus jenem Leben, das es verneint in sich enthält. Sonst wird es "als nichtmenschliches, ja nichtgewordenes Gebilde stillgestellt"[46]. Das ist ein erstaunliches Argument, denn die nicht-biographische Deutung des ersten Teils ist für mich überaus lebendig, und zwar nicht, weil Hebel, sondern weil der Interpret und - unter seiner fachkundigen Anleitung - auch ich selber in den Text eingehen, und ich ihn mit meinen Phantasien, Gefühlen und Erinnerungen so auffülle, daß die Textwelt für mich wie gegenwärtig wird. Das Leben, das plötzlich von außen ins Gedicht strömt, ist die mütterliche Welt, um die es im Gedicht nach Pietzcker vorwiegend gehen soll. Der Vater, der im ersten Teil im Mittelpunkt stand, taucht im zweiten Teil erst wieder nach dreißig Seiten auf, und dort lesen wir, daß in den "Ätti" nur *Erfahrungen*, die Hebel an *anderen* Vaterfiguren gewann, eingehen konnten und allenfalls *Phantasien* über seinen *eigenen* Vater, denn dieser war verstorben, als sein Sohn gerade erst ein Jahr alt war. Als Analytiker würde man wohl eher sagen, daß diese Phantasien von denjenigen Erfahrungen ausgehen mußten, die Johann Peter im ersten Lebensjahr am Vater bilden konnte, und daß auch die Erfahrungen

---

[44] (1992) S. 120.
[45] Dazu gehören atl. Prophetentexte, die Apokalypse des Johannes, die Bucolica des Vergil und vor allem das Somnium Scipionis von Cicero (S. 136-144).
[46] Ebd. S. 148.

mit späteren Vaterfiguren nur im Rahmen jener Phantasien geschehen konnten, die von der frühen Begegnung mit dem eigenen Vater stammen. Aber wichtiger ist mir etwas anderes. Der Weg des Interpreten in und mit dem Gedicht ist zunächst der zwischen Vater und Sohn. Als dieser Weg bis zur Initiation fortgeschritten ist, taucht plötzlich von außen die Mutter auf. Wo war sie denn bisher? *Nachträglich* wird das klar. Sie war verborgen gewesen im Bild von Basel, vom Wiesental, vom Weltuntergang, im Dialekt. Die Art, wie Pietzcker im Einzelnen argumentiert, überzeugt mich weithin. Aber warum dieser Bruch? Es ist, als ob unbewußte Phantasien nur auf dem Umweg über eine biographische Rekonstruktion von *außen* her als Leben in den Text einfließen könnten. Wo bleiben die Phantasien des Lesers, die Pietzcker methodisch so sorgfältig zum analytischen Erkenntnisinstrument erhebt?

Ich will nicht behaupten, daß das, was Pietzcker macht, einfach "falsch" sei. Es gibt viele Regelsysteme, die zu Interpretationen führen. Was mir fehlt, ist die Reflexion auf den abrupten Methodenwechsel. Ich möchte das noch mit einem Vergleich verdeutlichen. Man stelle sich vor, ein Analytiker mache mit einem jungen Patienten eine Analyse über ein Jahr, wo es in der Übertragung und in den Inhalten vor allem um die Sehnsucht gehe, im Bündnis mit dem Vater-Analytiker gewissen Ängsten und Phantasien besser begegnen zu können. Alles läuft zur beiderseitigen Zufriedenheit, aber nach etwas über einem Jahr versammelt der Analytiker die Verwandtschaft des Patienten im Nebenraum, besorgt sich alle seine Schulaufsätze, die große Flügeltür zu seinem Sprechzimmer öffnet sich, und nun wird dem Patienten von allen mündlichen Zeugen und mit allen schriftlichen Zeugnissen nachgewiesen, daß es um eine Mutterproblematik gehe. Niemand würde so mit einem Analysanden arbeiten, aber Pietzckers Verfahren bei der Interpretation des Gedichtes ist einem solchen Verfahren analog. Es ist ein unerklärter Bruch in der analytischen Auslegung, eine Form von Agieren, die zu deuten nicht meine Aufgabe ist, deren Reflexion ich mir aber von einem Literaturwissenschaftler wünschte, der die Gegenübertragung zum Mittelpunkt eines literaturwissenschaftlich-analytischen Auslegungsverfahrens macht.

Wenn Pietzcker den ersten Teil für psychoanalysefern und den zweiten für analytisch hält, so täuscht er sich doppelt. Der erste Teil ist, gerade analytisch gesehen, außerordentlich gut, als Aufbau einer Übertragungsbeziehung[47], in der - so wie man es für die analytische Praxis immer wieder empfiehlt - nicht zu schnell und nicht zu viel gedeutet wird. Der zweite Teil ist hingegen zwar voll von analytischen Inhalten, aber die Vorgehensweise entpricht nicht einem analytischen Prozeß, sondern empirisch-biographischer Psychotherapieforschung. In dieser werden die narrativen Ergebnisse analytisch-klinischer Arbeiten mit einer empirischen Biographieforschung korreliert. Das ist wichtig und sinnvoll, aber eben erst, wenn die eigentlichen analytischen Daten vorliegen. Pietzcker bricht die Analyse ab, um mit empirischen, analytisch aufbereiteten Daten sekundär wieder in sie einzubrechen. Ich finde es schade, daß er seine so ansprechende Textdeutung methodisch nicht reflektierter durchführt. Auch

---

[47] Damit meine ich jetzt nicht etwa die Beziehung zwischen Vater und Sohn, sondern die Beziehung zwischen Text bzw. Erzähler einerseits und Interpreten und mit ihm dem Leser auf der anderen Seite.

wenn tatsächlich durch seine biographische Forschung interessantes und überraschendes Material auftaucht, so fragt man sich doch, ob nicht auch ohne diese Zutat eine angemessene analytische Lesung des Textes möglich wäre. In der klinischen Praxis ist die analytische Arbeit mit einem Patienten, über den der Analytiker aus anderen Quellen biographisch sehr viel weiß, mindestens erschwert, eher unmöglich. Es geht in der Analyse eben nicht um empirisch feststellbare Daten, sondern um diejenige unbewußte Konstruktion von Wirklichkeit, die der Analysand oder die Analysandin immer schon vollzogen haben. Die realen Eltern sind in einer Analyse nicht das Thema - das habe ich oben in 2.4 gezeigt -, sondern die Bedeutung und Verarbeitung des Bildes, das Analysandin oder Analysand immer schon von ihnen gebildet haben.

Ein angemesseneres Verfahren einer psychoanalytischen Textinterpretation wäre es, zuerst eine Deutung so weit wie irgend möglich voranzutreiben, vor allem auch die im Text repräsentierten Objektbeziehungen zu verstehen, um dann nachträglich, in einem zweiten Durchgang, die von *innen* her gewonnene Deutung mit von *außen* gegebenen Fakten, meist also mit anderen Texten, in einen Zusammenhang zu bringen. Analogie und Kontrast könnten dann zu einer weiteren psychoanalytischen Reflexion führen.

Meine eigene Lösung unterscheidet sich von der Pietzckers dadurch, daß ich vom realen Autor absehe und mich auf die Konstruktion der Bedeutungsposition des "impliziten Autors" beschränke. Das ist bei der Apokalypse auch deshalb kein besonderes Problem, weil wir über den Autor keine verläßlichen Angaben haben. Aber auch in diesem Fall ist das Konstrukt des impliziten Autors nicht ein unhistorisches Phantasiegebilde. Es kann in seine Zeit durch die Frage eingebettet werden, warum ein Text mit einer solchen Wirkung und mit einem derartigen Inhalt zu einer datierbaren Zeit geschrieben und gelesen wurde. Diese Frage ist unabhängig von irgendeinem feststellbaren empirischen Autor. Mit ihr befaßt sich Alfred Lorenzer unter dem Titel "Kulturanalyse".

7.3.2 Alfred Lorenzers "Kulturanalyse" und der historische Ort der Apokalypse

Es muß zur rechten Einschätzung vorausgeschickt werden, daß auch Lorenzer in seiner wichtigen Arbeit von 1986 die Autorenanalyse nicht ablehnt. In seiner Auseinandersetzung mit Freuds Hamlet-Interpretation wirft er diesem aber vor, er habe sein Ziel nur zu schnell angestrebt, habe dabei das Leser-Text-Verhältnis und dazu noch eine zweite Etappe übersprungen, die einer Autorenanalyse vorausgehen müsse: "die Bedeutung des Textes als Teil eines historischen Kulturzusammenhangs und das Verhältnis des Autors dazu"[48]. Das ist es, was er mit dem Begriff "Kulturanalyse" bezeichnet. Zwar nimmt auch sie ihren Ausgang vom szenischen Verstehen, wie ich es bereits oben in 2.2.6 beschrieben habe. Aber die Interpretation der einzelnen Textszenen ist eine andere: "Während die Erkenntnisachse der therapierenden Analyse zwischen dem Analytiker-Analysanden-Verhältnis und den infantilen Erlebnissen (den

---

[48] S. 25.

infantilen Lebensentwürfen) sich bewegt, also 'genetisch' angelegt ist, schlägt die Kulturanalyse eine andere Richtung ein: Sie stellt die literarisch exponierten Lebensentwürfe in den Zusammenhang der kollektiv-gültigen Normen und Werte"[49].

Sein Schema in derselben Arbeit auf S. 66 macht deutlich, daß die psychoanalytisch orientierte Kulturanalyse zwei Theorien voraussetzt: einerseits die traditionelle psychoanalytische Persönlichkeitstheorie und dazu noch eine Kulturtheorie. Auf S. 83 verdeutlicht er das: "Nach wie vor geht es um Persönlichkeitsstrukturen, verinnerlichte soziale Muster, nach wie vor ist der Organisator der Deutung psychoanalytische Theorie. Zur psychoanalytischen Persönlichkeitstheorie muß nun aber eine Theorie der kulturellen Strukturen und sozialen Prozesse hinzutreten".

Am Beispiel von Freuds Interpretation der Mose-Statue des Michelangelo konkretisiert Lorenzer[50] den Unterschied zwischen lebensgeschichtlicher und Kultur-Analyse. Im ersten Fall ginge es um Szenen aus der individuellen Geschichte Freuds, die sich in seiner Wahrnehmung der Statue verdichten. Im Bild des zürnenden Mose könnte das Bild des zornigen Professors Brücke, des wichtigsten Lehrers Freuds, auferstehen, und auch Freuds Bild von sich selber, der einen verachtend-zornigen Blick auf seine Gegner in der Auseinandersetzung um die Psychoanalyse wirft. Gehen wir aber weiter zu einer Kulturanalyse, so "müssen (wir) gleichbedeutende kulturelle Szenarien aufscheinen lassen, wir müssen, quer zur lebensgeschichtlich-individuellen Dimension, die in dieser Kultur zugelassenen Konfliktlösungen und die Widersprüche dagegen zum Bezugspunkt der Interpretation machen"[51]. Erst darauf dürfte es nach Lorenzer möglich sein, die Stellung des individuellen Autors innerhalb des kulturellen Zusammenhangs zu analysieren.

Diese vorsichtige Analyse des Interpretationsprozesses unterscheidet sich von Pietzckers Hebel-Deutung wesentlich. Das ist um so auffälliger, als sich Pietzcker (1992) vor allem auf das szenische Verstehen nach Lorenzer beruft. Aber in seiner Gedichtinterpretation beginnt er zwar durchaus sachgemäß damit, sich als Leser in die Textwelt hineinzugeben, aber kaum ist er gemeinsam mit Ätti und Sohn im Wiesental, schon dringen, wir haben es eben gesehen, analytische Autor-Interpretationen von außen in die Textszene ein, die sich nicht mehr unmittelbar auf die Textszene, wie sie sich im Leser realisiert hat, richten. Zugleich mit der Person des Autor kommen auch die kulturanalytischen Fragestellungen hinzu, aber sie beziehen sich nur auf das Individuum Hebel. Nach Lorenzer sollte zunächst das Gedicht vor dem doppelten Hintergrund eines Sich-Einlassens und der Anwendung analytischer Persönlichkeitstheorie gedeutet werden. Danach wäre die Interpretation auf die kulturelle Situation und auf die Stellung des Textes in ihr zu beziehen, und erst am Schluß könnte der Autor als individueller Teil des kulturellen Szenariums gedeutet werden.

Auf S. 68 spricht Lorenzer davon, daß mit der kulturellen Fragestellung "der Rahmen der 'Wirkungsanalyse' in Richtung auf eine 'Produktionsanalyse'"

---

[49] S. 67.
[50] Vor allem S. 80-84.
[51] S. 82.

überschritten werde. Ich habe oben[52] die Beziehung von Autor und Text in Anschluß an Barthes vor allem als "Abwesenheit" des Autors charakterisiert. Innerhalb dieser Argumentation scheint mir die Kultur- und Autorenanalyse auch bei Lorenzer die Grenze des Textes zu überschreiten. Wenn diese zentrifugale Bewegung beibehalten wird, dann wandelt sich der literarische Text zur historischen Quelle, deren Strom erst auf dem Weg über die "Enzyklopädie" zum Werk zurückgelenkt werden müßte, um es weiter aufzufüllen. Aber wenn man das beachtet, dann scheinen mir die Gedanken von Lorenzer eine wesentliche Bereicherung der psychoanalytischen Literaturinterpretation zu sein, die sich gerade dann bewähren könnten, wenn es um einen so brisanten Text geht, wie es die Apokalypse ist.

7.3.3 Die Apokalypse in ihrem historischen Umfeld - einige kulturanalytische Reflexionen

Es würde erstens den Umfang dieser Arbeit sprengen und zweitens meine Kompetenz überschreiten, wollte ich eine solche Analyse hier in der nötigen Breite vornehmen. Aber einem wichtigen Teilthema möchte ich mich doch noch zuwenden, weil es in der Literatur oft diskutiert wird und auch für die psychoanalytische Sicht interessant ist. Es ist die Frage, wieweit die Apokalypse die Antwort auf einen Konflikt zwischen dem frühen Christentum und der gesellschaftlichen Umwelt ist, auf einen Konflikt, der sich auch unabhängig vom Text historisch beschreiben ließe und der weit über bloße Phantasien des Autors und seiner möglichen Leser hinausginge. Ich möchte in den kommenden Abschnitten einige Positionen kurz charakterisieren, eine eigene Vermutung begründen und vor allem die Bedeutung einer solchen Frage für die Würdigung des Textes, seines Autors und seiner Leser diskutieren.

7.3.3.1 Das Problem

Ich habe in 6.4 die Vision vom himmlischen Jerusalem psychoanalytisch diskutiert, danach die eher unproblematische Ansicht vertreten, daß die sündige Menschheit, die dem Gericht verfällt, nach Art einer perversen Welt entworfen werde und schließlich die anstößigere Meinung zu begründen versucht, daß auch das himmlische Jerusalem ein abgespaltener Teil derselben Welt sei. Ich habe dann gesagt, daß ich mich als Leser dieser Sicht verweigern würde und daß es aus dieser Position heraus schwierig sei, dem Text und damit, historisch gesehen, auch dem Autor gerecht zu werden. Allerdings beeile ich mich anzufügen, daß es ebenfalls unmöglich wäre, den Autor angemessen zu verstehen, wenn man sich seiner Welt kritiklos hingäbe.
Während die individuell-therapeutische Fragestellung heißt: Innerhalb eines wie gearteten lebensgeschichtlichen Kontextes ist ein "neurotisches" Verhalten sinnvoll und notwendig, lautet die analoge Frage im Umkreis einer Kultur-

---

[52] 4.2.1.

analyse: Wie sieht der gesellschaftliche Zusammenhang aus, innerhalb dessen ein Text als sinnvolle Reaktion auf die umgebende Welt verstehbar wird? Bei einer psychoanalytischen Fragestellung darf dieser gesellschaftliche Zuammenhang nicht nur derjenige sein, den ein Beobachter von außen wahrzunehmen meint, sondern vor allem die Konstruktion gesellschaftlicher Wirklichkeit durch das schreibende oder lesende Subjekt. Ich möchte schon hier andeuten, daß nur ein Verständnis für die Situation des Textes den Interpreten davor bewahrt, den Text entweder nur zu verwerfen oder ihn radikal umzuinterpretieren oder ihn zu idealisieren. Eine angemessene Deutung, und das dürfte nicht nur für analytische Auslegungen gelten, braucht einen Interpreten, der die depressive Position und damit die Möglichkeit zur Ambivalenz wenigstens gelegentlich einnehmen kann.

Die Diskussion über den gesellschaftlichen Ort der Apokalypse reicht über ein breites Spektrum von der Betonung unmittelbarer äußerer Bedrohung bis zur Behauptung einer friedlichen Welt, in der der Verfasser gleichwohl nichts als eine große Krise zwischen Welt und Gott wahrnimmt. Ich beschränke mich darauf, exemplarisch einige Autorinnen und Autoren zu zitieren, die besonders profilierte Positionen vertreten.

7.3.3.2 Das gesellschaftliche Umfeld der Apokalypse

Peter Lampe (1981) schildert in seiner Arbeit "Die Apokalyptiker - ihre Situation und ihr Handeln" Not, Gewalt und Unfreiheit in Kleinasien gegen Ende des 1. Jahrhunderts ganz mit den Worten der Apokalypse[53] selber, aber sie sind für ihn schlichte historische Tatsache. Dem entspricht eine christologisch motivierte Ethik des Ausharrens und eine präsentische Eschatologie. Diese ist verwirklicht vor allem im Gottesdienst und in den Sakramenten, in der Gabe des Pneuma an die Gemeinde und in der durch die Gabe des Geistes bewirkten brüderlichen Gemeinschaft, an der Johannes nach 1,9 selber teilhat. Die Passivität dieser Haltung, in der kein aktiver Widerstand gegen die Staatsgewalt empfohlen wird, begründet Lampe mit der Aussichtslosigkeit eines solchen Unternehmens. In anderen Situationen könnte die Passivität jedoch auch in Aktivität umschlagen[54].

Eine ähnliche Position vertritt Elisabeth Schüssler Fiorenza (1985). Auch sie geht davon aus, daß in Kleinasien die Christen verfolgt wurden und noch mehr Leiden in Zukunft zu erwarten hätten. Um diese Mitchristen zu ermahnen und zu trösten, schreibe er seinen Text nicht einfach als Traktat, sondern entwerfe ein "symbolisches Universum"[55], das dem Leser die Gegenwärtigkeit der Macht Gottes in den Vorstellungen von "Thron" und "Königtum"[56] glaubhaft mache. Der Text habe zwar poetische Gestalt und sei damit vieldeutig, aber durch den Zusammenhang der Bilder und durch die spezifische "rhetorisch-historische Situation", in die Johannes hinein schreibe, würde der Text eindeutig, indem der

---

[53] S. 94.
[54] S. 109.
[55] S. 24 und S. 183.
[56] S. 24.

Situationsbezug andere Deutungen ausschlösse[57]. Die dadurch nötige Rekonstruktion der historischen Textpragmatik zwingt Schüssler Fiorenza allerdings dazu, die historische Faktizität dieser Verfolgungssituation zu postulieren. Nur auf sie bezieht sie sich mit ihrem Konzept der rhetorisch-historischen Situation. Eine Textpragmatik, die als Eigenschaft des Textes auch in spätere andere Situationen hineinwirken könnte, kommt dabei nicht in den Blick. Auch läßt ihre Perspektive kaum zu, daß die Entsprechung des Textes weniger eine reale Situation, sondern deren Interpretation durch den Autor und die Leser sein könnte. Es geht mir hier aber nicht um eine Kritik des Ansatzes der Autorin, sondern nur um dessen Charakterisierung in Hinsicht auf die gegenwärtige Fragestellung. Ich komme auf ihre Art der Interpretation innerhalb einer "rhetorisch-historischen Situation" gegen Ende dieses Abschnittes nochmals zurück.

Auch John Gager (1975)[58] geht von realen Verfolgungen und Martyrien aus. Aber während nach Schüssler Fiorenza der Apokalyptiker zum mutigen Ausharren auffordere, sieht Gager in der Apokalypse eher eine Form von Therapie, die die "fleeting experience of the millennium" vortäusche. Von der Umwelt und ihrer Geschichte werde diese Erfahrung allerdings immer wieder als Illusion erwiesen. Für Gager ist die Apokalypse eine Möglichkeit, in der Phantasie die Zeit zu überspringen, die zwischen dem "Jetzt" und dem "Noch-Nicht" liegt. Ähnlich wie eine Psychoanalyse versuche die Apokalypse, die Sicht zu verändern, mit der die Christen ihre Welt betrachten. Aber letzten Ende scheitere sie damit, denn die Welt ändere sich dadurch nicht. Für Gager ist also die Apokalypse ein letztlich scheiternder Versuch, mit einer Verfolgungssituation umzugehen, denn die Realität setze sich immer wieder durch[59].

Eine viel vorsichtigere Position nimmt Adela Yarbro Collins (1984) ein. Das Buch der Offenbarung sei nicht einfach ein Produkt einer bestimmbaren sozialen Situation, nicht einmal nur eine Antwort auf fest umschriebene Umstände. Seine Wurzel sei vielmehr eine bestimmte religiöse Sicht der Welt. Um diese Sicht zu charakterisieren, führt die Autorin zwei Begriffe ein: "perceived crisis" und "relative deprivation"[60]. Die Krise, die der Apokalyptiker wahrnimmt, resultiere aus der Differenz zwischen der Erwartung, wie die Welt sein solle und der Erfahrung, wie sie ist. Um diese Spannung mit Realität zu füllen, müsse man keine großen Verfolgungen postulieren, es genüge allein die Erfahrung des Gegensatzes von Reichtum und Armut, um den Neid und den Haß auf diejenigen verständlich zu machen, die sich die Güter der Hure Babylon aneignen könnten. Der Text der Apokalypse biete vor allem eine kathartische Möglichkeit, mit dem Haß umzugehen, indem er in die Welt hinausprojiziert werde. Hierin ähnelt Yarbro Collins' Lösung derjenigen von Gager.

L. Thompson (1990)[61] zeichnet ein Bild von den vorderasiatischen Provinzen zur Zeit Domitians, das von allgemeinem Wohlergehen, von sozialem Frieden

---

[57] S. 187-199, speziell S. 188.
[58] S. 49-57.
[59] Es wäre lohnend, diese Gedanken von Gager vor dem Hintergrund der Reflexionen über das Lust- und Realitätsprinzips bei Freud und bei Chasseguet-Smirgel zu diskutieren, aber ich beschränke mich hier auf den Bezug auf eine als real angesehene Umwelt.
[60] S. 84.
[61] So vor allem im 5. Kapitel mit dem Titel "The Power of Apocalyptic Rhetoric - Catharsis".

und politischer Ruhe gekennzeichnet ist. Auch in der Apokalypse selber sei erstaunlich wenig von realen Verfolgungen die Rede. Der Konflikt zwischen christlicher Bindung und sozialer Ordnung rühre mehr von Johannes' Sicht der römischen Ordnung als von bedeutenden Feindseligkeiten in der sozialen Umgebung her[62]. Die Apokalypse sei deshalb auch kaum ein Zeugnis einer spezifischen sozialen Schicht, sondern eher die Sicht einer Minderheit auf eine Mehrheit, die auf sie nicht hören wolle. Es sei verlockend, die Apokalypse bei den Unterdrückten anzusiedeln, aber sie habe immer auch Anhänger unter reichen Christen gefunden. Mit diesem wirkungsgeschichtlichen Argument[63] löst Thompson jede eindeutige Beziehung zwischen Text und gesellschaftlicher Wirklichkeit auf.

Wie sind diese verschiedenen Argumentationen zu werten? Der Frage danach, "wie es wirklich war", will ich keine weitere Antwort hinzufügen, es geht mir lediglich um eine Würdigung der Fragestellung und der verschiedenen Lösungen vor dem Hintergrund einer psychoanalytischen Kulturanalyse im Sinne Lorenzers.

Ich gehe aus von einem Satz von John A. T. Robinson, den ich bei Yarbro Collins (1983) zitiert gefunden habe: "One thing of which we may be certain is that the Apocalypse, unless the product of a perfervid and psychotic imagination, was written out of an intense experience of the Christian suffering at the hands of the imperial authorities, represented by the 'beast' of Babylon"[64]. Um den Autor vor dem Vorwurf einer psychotischen Imagination schützen zu können, ist Robinson gezwungen, die Apokalypse auf die Zeit Neros vorzudatieren, weil es unter Domitian nicht genügend Verfolgungen gab, um ein solches Buch zu rechtfertigen. Diese Argumentation scheint mir nicht tragfähig zu sein. Man braucht keine blutrünstigen Verfolgungen zu postulieren, um sich doch vorstellen zu können, daß sich eine Minderheit verfolgt fühlt. Dieses ist um so einleuchtender, wenn man sich die Erfahrung von Verlassenheit durch das Ausbleiben der Parusie und die zunehmende soziale Isolierung vorstellt. Verzweiflung und Wut, von denen ich schon anläßlich von Apokalypse 12 in 6.3 sprach, bedrohen das Gefühl von Auserwähltheit, das nötig ist, um eine diskriminierte Minderheitssituation zu bewältigen. Während die römische Gesellschaft im sich allmählich entwickelnden Kaiserkult einen anwesenden Gott verehren konnte, waren die Christen auf die Hoffnung auf die Wiederkehr eines gegenwärtig abwesenden Gottes angewiesen. Die christliche und die römische Welt unterschieden sich für den Apokalyptiker so radikal, daß sie sich wiederum einander anglichen und in der Apokalypse in einer eigentümlichen Symmetrie erscheinen[65]. Daß die Gefahr für die Christen groß war, in dieser anziehenden Welt unterzugehen und damit alle Hoffnung auf das wirkliche Gottesreich zu verlieren, beweist schon allein das Bemühen des Apokalyptikers, überall Abgrenzung durchzusetzen. Um dieser Welt mit ihren Reichtümern nicht zu verfallen, soll man sie hassen. Sonst müßte man vielleicht dar-

---
[62] S.175.
[63] S.194.
[64] Zitiert nach Yarbro Collins (1989) S. 739.
[65] Am deutlichsten in der Entsprechung zwischen der Hure Babylon und der Hochzeit des Lammes. Siehe Roloff (1987²) S. 167.

um trauern, nicht zu ihr zu gehören. Yarbro Collins (1983) weist darauf hin, daß man die Klagelieder in Kapitel 18, wenn man sie isoliert läse, als durchaus ernstgemeint empfinden könne[66]. Erst der Kontext zeige, daß der Autor mit ihnen die Kaufleute verspottet.

Vermutlich haben eher diejenigen Historiker recht, die davon ausgehen, daß es reale große Verfolgungen zur Zeit des Apokalyptikers nicht gab. Aber das breite Spektrum von Meinungen ist vermutlich ein Hinweis darauf, daß es nicht schwierig war, den Staat damals als verfolgend zu erleben, der ja doch auch als rücksichtslose Großmacht auftrat. Gerade die relative Wohlfahrt, von der Thompson spricht, dürfte es für eine Minderheit schwierig machen, sich nicht verführen zu lassen. Gegen die zunehmende Attraktivität, mit diesem Staat zu kollaborieren, zu "huren" und damit die Hoffnung auf eine künftige Ordnung zu verlieren, richtet sich die Spaltung der Welt, wie ich sie in dieser Arbeit immer wieder beschrieben habe. Vielleicht hätte die Apokalypse selber etwas weniger "apokalyptisch" sein können, wenn das reale Los der Christen es etwas mehr gewesen wäre. Vermutlich hat es immer wieder auch Anfeindungen gegen Christen gegeben, sie hätten dann den realen Kern geboten, um eine Verfolgungssituation zu zeichnen, die, als real genommen, genügenden Schutz gegen die Gefahr einer Vermischung bot.

Wenn Robinson von "psychotic imagination" spricht, so hat er wohl recht, aber psychotische Phantasien sind keine Psychose. Ohne mich noch einmal in psychoanalytische klinische Theorie begeben zu wollen, möchte ich nur auf den Standpunkt der Schule Melanie Kleins verweisen, daß jeder Mensch einen "psychotischen Kern" habe, der in manchen Situationen aktualisiert werden könne. Ich halte es für möglich, daß der Apokalyptiker weniger ein Psychotiker als ein recht begabter Dichter war. Er wäre dann dazu in der Lage gewesen, in einer von ihm als feindselig empfundenen Situation, die ihn bedrohte, seine Phantasien in ein Kunstwerk umzusetzen. Allerdings ist die Apokalypse keine zweckfreie, sondern eine politische Agitationskunst. Lampe hat wohl recht, wenn er sagt, daß die Passivität durch die Umstände erzwungen war. Aber wir können nicht wissen, ob der Apokalyptiker sich gern *real* am großen Blutbad beteiligt hätte oder ob ihm seine Phantasien genügten. Sein Werk mag jetzt in Mitteleuropa durchaus als Kunstwerk gelesen werden, durch das der Leser seine eigenen destruktiven und perversen Phantasien sublimiert ausleben kann. Damit stellt sich das Werk neben andere literarische Werke[67].

Es gibt aber Situationen, in denen die äußeren Umstände sich den in der Apokalypse beschriebenen Verhältnissen annähern oder sie sogar weit übertreffen. In diesen Fällen, für die Boesaks (1988) Buch ein gutes Beispiel liefert, kann die Apokalypse eine Weltdeutung anbieten, die durch die phantasierte Spaltung zwischen Gut und Böse dabei hilft, den sicheren Glauben an eine letzte Gerechtigkeit zu bewahren[68]. Die Textpragmatik, zunächst eine textimmanente Eigenschaft, realisiert sich in verschiedenen Situationen auf verschiedene

---

[66] Yarbro Collins (1989) S. 737/738.
[67] Zum Verständnis der Rezeption von Werken, in denen es vor allem um psychotische Phantasien geht, verdanke ich viel dem Buch von Evelyne Keitel (1986).
[68] Eine lesenswerte Diskussion des Verhältnisses zwischen Rache und Gerechtigkeit bei G. M. Martin (1984) 130-133.

Weise. Der poetische Charakter der apokalyptischen Sprache erlaubt damit eine Fülle von verschiedenen Deutungen, die von den Umständen des Lesers abhängig sind. Schüssler Fiorenzas vermutete "rhetorisch-historische Situation" ist auch dann, wenn sie zutrifft, nur das rekonstruierte erste Glied einer unbegrenzten Kette von Auslegungssituationen und Deutungsmöglichkeiten[69].
Ehe ich im nächsten Abschnitt dieses Kapitels ein semiotisch orientiertes Modell dafür vorstelle, wie eine Verschiedenheit von Deutungen je nach pragmatischer Situation vorstellbar ist, möchte ich noch kurz auf der Problem der Autor-Analyse zurückkommen. Ich habe ja in den letzten Zeilen oft vom "Autor" gesprochen und meine damit *jetzt* den realen, nicht mehr den impliziten Autor. Die Perspektive hat sich durch den kulturanalytischen Ansatz geändert. Ging es vorher um textimmanente Strukturen, so jetzt um die Verbindung des Textes mit der Umwelt. Aber der Autor interessiert mich dann weniger als individuelle Person, denn als Funktion innerhalb einer Gesellschaft. Diese Funktion ist hier psychoanalytisch bestimmt, nicht etwa ökonomisch oder soziologisch. Aber auch bei einem psychoanalytischen Ansatz ist es nicht nötig, etwa die Kindheit des Autors zu rekonstruieren. Für Johannes fehlt dafür jedes Material, aber man braucht es auch gar nicht, wenn man die synchrone Beziehung zwischen Autor und Umwelt psychodynamisch und nicht die diachrone individuelle Entwicklung des Autors genetisch analysieren will. Das wäre allenfalls ein allerletzter Schritt, der klären könnte, wie eine Lebensgeschichte einen Autor in die Lage gesetzt hat, in einer bestimmten Situation mit diesem seinem Text auf diese spezielle Art zu antworten.

7.4 Psychoanalytische Textinterpretation als Isotopiebildung

7.4.1 Rückblick

In 7.2 habe ich in Anlehnung an Weimar und Bleich die Interpretation als Weg vom ersten zu einem zweiten Verständnis beschrieben. Ich habe allerdings die Begriffe dahingehend relativiert, daß ich von einem ersten Verständnis nicht nur als von einem absolut ersten sprechen möchte, sondern von jedem, das die Ausgangsbasis für ein folgendes und insofern zweites Verständnis bildet. Konkret bedeutet das folgendes: *ein* erstes (nicht "*das*" erste") Verständnis wäre auch ein solches, in das bereits einige Kenntnisse des historischen Codes eingegangen und in dem erhebliche Fehler im Gebrauch des "Wörterbuchs" und der "historischen Enzyklopädie" vermieden sind. Aber es ist ein erstes Verständnis, insofern es - im Verhältnis zum zweiten, reflektierenden Verständnis - ein unmittelbares bleibt. Diese Unmittelbarkeit, auch wenn sie bereits durch gute Kenntnisses des historischen Codes angereichert ist, hat ihren Ort in der Beziehung zwischen Erzähler und narrataire und damit in der durch den Erzähler vermittelten Teilnahme an der fiktiven Textwelt. Sie erscheint innerhalb des ersten Verständnisses allerdings nicht als fiktiv, weil dazu ein reflek-

---

[69] Das ist ein Thema, das das Werk von H. R. Jauß durchzieht, und es wird auch behandelt von Frank Kermode (1979) in seiner originellen Interpretation des Messiasgeheimnisses und der Gleichnistheorie des Markus.

tierender Standpunkt außerhalb der Textszene - und damit ein Ansatz zu einem zweiten Verständnis - erforderlich wäre.
Ich hatte vor allem im 4. Kapitel gezeigt, wie in einer literarischen Interpretation an die Stelle der Rekonstruktion einer historischen Autorfigur die Konstruktion des Bildes eines "impliziten Autors" träte, als hierarchisch oberster Bedeutungsposition innerhalb eines Textes, die zugleich an der Peripherie zur außertextlichen Welt stünde. Ich hatte mich in 7.2 teilweise gegen Norman Holland gewendet, weil mir schien, daß seine Form der analytischen Textinterpretation bei einem sehr erweiterten ersten Verständnis stehen bliebe, während er zugleich für die klinische Situation das Verständnis des Themas des "Anderen" fordere. In diesem Abschnitt 7.4 möchte ich etwas über den Weg sagen, den jede Interpretation und jeder Interpret gehen muß, um von einem je ersten Verständnis zu einem zweiten zu gelangen. Ich beschränke mich dabei zwar auf die psychoanalytische Textinterpretation, meine aber, daß einige meiner Erwägungen auch auf andere Interpretationsweisen übertragbar sein könnten.

7.4.2 Ist ein psychoanalytischer Textsinn im Text vorhanden?

Die historisch-kritische Textforschung hat das vornehmliche Ziel, den historischen Code zu rekonstruieren, über den die Autoren und die mutmaßlichen Leser eines Textes zur Zeit seiner Entstehung verfügten. Als Kriterium dient dafür oft eine vermutete Autorintention, die es zu rekonstruieren gelte. Der schließlich gefundene Textsinn gilt als die Botschaft, die ein damaliger Autor mindestens seinen gleichzeitigen Lesern mitteilen wollte, vielleicht auch noch späteren.
Ein solches Kriterium ist für eine psychoanalytische Deutung undenkbar, auch dann, wenn sie sonst an der Benutzung des historischen Codes durchaus nicht vorbei geht. Selbst wenn man nämlich mit Freud annimmt, daß dem Menschen Selbstverrat aus allen Poren dringe, so gilt doch ebenso das Gegenteil, daß jeder Mensch seine Phantasien in ihrer elementaren Form gerade nicht zeigen möchte. Dasjenige, was das Ergebnis einer psychoanalytischen Textdeutung wäre, ist alles andere als eine bewußte Autorintention. Diese hat jede Autorin und jeder Autor sicherlich gehabt, aber darum geht es jetzt *nicht* oder jedenfalls nicht *nur*. Wo im Text ist aber dann der psychoanalytische Textsinn enthalten? Es liegt nahe, die altkirchliche Lehre vom Schriftsinn danach zu befragen, ob mit ihr vielleicht eine Lösung gefunden werden könne. Das liegt deshalb sogar besonders nahe, insofern die Interpretationstheorie des frühen Freud enge Parallelen zur origenistischen Lehre vom dreifachen Schriftsinn zeigt.

7.4.2.1 Origenes und Freud

Ich beschränke mich für diesen Vergleich auf Origenes' Hermeneutik, soweit er sie in Peri Archon[70] dargestellt hat. Danach fordert Origenes einen dreifachen Schriftsinn, der der Dreiteilung von Fleisch, Seele und Geist entspricht. Der fleischliche Sinn ist der Literalsinn des Textes und gilt für die Anfänger im Glauben, der seelische Sinn, von Origenes am wenigstens klar umrissen, enthält meistens ethische Anweisung, und der geistliche Sinn für die Vollkommenen enthüllt die ewigen Geheimnisse Gottes[71]. Aber wichtiger als die Inhalte ist etwas anderes. Der geistliche und der seelische Sinn gelten durchgehend, der fleischliche jedoch nicht[72]. Er enthält nämlich Lücken und zweitens Erzählungen von Geschehnissen, die nicht geschehen sein können oder wenigstens so nicht geschehen sind[73]. Hierin sei eine Absicht des göttlichen Logos zu erkennen. Ihm ging es vor allem darum, die göttlichen Geheimnisse zu offenbaren. Damit nun der Mensch nicht verführt würde, beim Literalsinn stehen zu bleiben, deshalb hat der Logos ihn so weit gestört, daß der Leser genötigt ist, hinter ihm nach einem anderen Sinn zu suchen. Gerade dort, wo der fleischliche Sinn am anstößigsten zu sein scheint, dort kann der Leser sicher sein, göttliche Geheimnisse zu finden[74]. Der fleischliche Sinn ist also für Origenes nicht kohärent, während seelischer und geistlicher Sinn eine durchgehende Kohärenz aufweisen, deren Aufdeckung Ziel einer angemessenen Interpretation ist. Denjenigen Leserinnen und Lesern, die sich noch an meine Ausführungen über die "freie Assoziation" als Sprache der psychoanalytischen Situation erinnern, werden die Parallele gleich bemerken. Durch die Anweisung, die konventionellen Kohärenzregel außer acht zu lassen, wird die Oberfläche des mündlich produzierten Textes zum Ausgangspunkt der Suche nach "psychoanalytischen Geheimnissen". Speziell in seiner Theorie der Trauminterpretation hat Freud mit seiner Trennung eines manifesten Traumtextes vom latenten Traumsinn und von den hinter ihnen stehenden unbewußten infantilen Wunschphantasien ein ähnliches dreigeteiltes Schema[75] geschaffen und ist dabei immer von der Voraussetzung ausgegangen, daß die beiden unbewußten Ebenen nicht konstruiert, sondern rekonstruiert würden. Erst wenn eine Rekonstruktion unmöglich sei, mag manchmal auch eine Konstruktion therapeutisch wirksam werden[76]. Aber eine solche Theorie des Unbewußten entspricht noch ganz der frühen Meinung Freuds, daß die unbewußte Bedeutung der Äußerungen des Patienten leicht zu erraten sei, während das eigentliche Problem die Übertragung darstelle[77]. Ich habe im Kapitel 2 ausführlich gezeigt, wie die Beziehung von Übertragung und Gegenübertragung zunehmend zum

---

[70] Möglicherweise könnte sich durch die Heranziehung anderer Schriften des Origenes das Bild noch etwas verschieben, aber in Peri Archon scheint mir Origenes eine reine Text-Hermeneutik zu vertreten, die sich damit von der Augustins unterscheidet.
[71] IV 2,4.
[72] IV 2,5.
[73] IV 2,9.
[74] IV 2,9.
[75] Besonders deutlich wird das an einer Stelle in der 14. Vorlesung von Freuds "Vorlesungen zur Einführung in die Psychoanalyse" (Studienausgabe Bd. 1, S. 229).
[76] Freud (1937) S. 403.
[77] Siehe oben unter 2.2.1.

notwendigen Kontext einer jeden Interpretation wurde und danach im Kapitel 4 versucht, dieses Konzept auf die Textdeutung zu übertragen. Indem das Verständnis der Beziehung, sei es als Übertragung, sei es als projektive Identifizierung, zur Bedingung der Deutung des Unbewußten wird, kann der psychoanalytische Sinn nicht einfach hinter dem Oberflächen- oder Literalsinn verborgen sein und auf Entdeckung harren. Und selbst wenn man das annähme, brächte das keine neue Einsicht, denn es ist unumgänglich, den nicht manifesten unbewußten Sinn vom Verständnis der Beziehung her zu konstruieren. Es gibt keinerlei Kriterium, außerhalb eben dieser Konstruktion, eine Deutung zu verifizieren. Die Annahme eines objektiv vorhandenen psychoanalytischen Textsinnes ändert nichts an der Notwendigkeit, eben diesen Sinn zu konstruieren.

Die mittelalterliche Lehre vom Schriftsinn, die vor allem auf Augustin zurückgeht, führt neben dem textuellen mehrfachen Sinn auch noch die Bedeutung der res, der Sachverhalte ein. Diese sind in sich mehrdeutig, aber doch wieder so, daß auch diese Bedeutungen auf Gott zurückgehen. In der ausgeführtesten Version dieser Lehre, bei Richard von St. Victor, ist die Sprache der res die Ursprache Gottes, die in allen Sprachen gleich sei und damit vor der babylonischen Sprachverwirrung stehe. Auch hier ist es also wieder ein (in Gott) objektiver Sinn, den es zu finden, nicht zu erschaffen gilt[78]. Wenn es aber nach Winnicott nötig ist, im "potential space" die Bedeutungen ebenso sehr zu erschaffen wie zu finden, derart, daß beides ununterscheidbar wird, dann scheint das traditionelle Konzept vom mehrfachen Schriftsinn unbrauchbar zu sein[79]. Ein anderer Ansatz, auf den P. Szondi (1975) hinweist[80], stammt von Friedrich Ast (1808) und setzt an die Stelle des mehrfachen Schriftsinnes die mehrfache Auslegungsweise[81]. Dieser Gedanke ist es, der auch einer Neuinterpretation der Lehre vom mehrfachen Schriftsinn zugrunde liegt, die U. Eco (1987) vorgelegt hat. Sie wird es uns ermöglichen, den Konstruktcharakter psychoanalytischer Deutungen recht präzise zu formulieren.

7.4.3 Eco: Der mehrfache Schriftsinn als Isotopiebildung

Man findet Ecos Ausführungen im gerade erwähnten Buch in 5.3.6 unter dem Titel "Festgelegte erzählerische Isotopien in diskursiven isotopischen Disjunktionen, die komplementäre Geschichten hervorbringen". Der Sinn dieses Titels ist teilweise einfacher, als er beim ersten Lesen wirkt. Es ist allerdings nötig, sich vor allem des Begriffes der Isotopie zu vergewissern.

---

[78] Augustins Beziehung zur mittelalterlichen Hermeneutik ist mir vor vielen Jahren erstmals durch Fr. Ohlys Aufsatz von 1958 klar geworden.
[79] Ernst von Dobschütz (1921) zeigt, wie es dann in der Reformation zur Auflösung der mittelalterlichen Lehre vom mehrfachen Schriftsinn kommt.
[80] P. Szondi (1975) S. 153/154.
[81] Fr. Ast: Hermeneutik, Abschnitt 74. In: H.-G. Gadamer/G. Boehm (1976) S. 115/116.

7.4.3.1 Der Begriff der Isotopie nach Greimas

Greimas (1966)[82] versucht, mit dem Begriff der Isotopie zu erklären, wieso ein Text auf der Ebene der Bedeutung als einheitlich, als kohärent erscheint. Er definiert sie als "eine Gesamtheit von redundanten semantischen Kategorien, welche eine einheitliche Lektüre einer Geschichte ermöglicht"[83]. Dabei geht es Greimas nicht nur um eine Theorie der Kohärenz, sondern auch um eine Methodik, solche Kohärenzen zu finden. Welches sind nun diese semantischen Kategorien, deren Redundanz gefordert wird?
Um das zu verstehen, muß man auf einige Grundbegriffe seiner "Sémantique structurale" zurückgreifen. Greimas geht davon aus, daß von der Bedeutung eines Wortes nur im Zusammenhang mit der Bedeutung anderer Worte gesprochen werden könne. Völlig isolierte Worte hätten keine Bedeutung. Das Wort "Junge" hat die Bedeutungseinheit "männlich" nur im Kontrast, in Disjunktion mit der Bedeutungseinheit "weiblich" im Worte "Mädchen", während "Junge" die Bedeutungseinheit "menschlich" in Gemeinsamkeit, in Konjunktion mit "Mädchen" habe. Bedeutungen setzen sich zusammen aus Disjunktionen und Konjunktionen von solchen kleinsten Bedeutungseinheiten, die Greimas "Seme" nennt. Mit diesen Festlegungen steht er in der Tradition strukturalistischer Sprachtheorie, die auf de Saussure zurückgeht.
Neben den Begriff des Sems treten einige andere Grundbegriffe, die kurz erläutert werden sollen. Ein "Lexem" ist ein Wort in der Art, wie es im Lexikon oder genauer: wie es im Wörterbuch zu finden ist, also zunächst in seiner ganzen Vieldeutigkeit. Ein Beispiel dafür ist etwa "Schloß" mit den alternativen Semen "bauwerkartig" und "zu einer Tür gehörig". Ein anderes Beispiel ist "Übertragung" mit den ebenfalls alternativen Semen "zum Rundfunk gehörig" oder "psychoanalytisch". Dabei sind Seme nur virtuell im Wort enthalten. Wenn eines von ihnen, z.B. durch den Kontext, aktualisiert ist, so daß eine der möglichen Bedeutungen festgelegt wird, so spricht man von einem "Klassem". Allerdings hat Greimas einige Zweifel, ob eine solche objektive Sem-Analyse möglich sei. Das von ihm so bezeichnete "kulturelle Gitter"[84], das im Vorwissen des Lesers vorhanden sei, gäbe jeder Analyse eine subjektive Färbung.
Ein Sem, das in einem Lexem aktualisiert wird, nennt man "Klassem", und das Lexem, in dem ein Sem als Klassem dominant gesetzt ist, heist ein "Semem". Wenn in dieser Arbeit das Wort "Übertragung" auftaucht, wird vom Kontext her das Sem "psychoanalytisch" als Klassem aktualisiert, und das Semem "Übertragung" bedeutet dann nicht "Übermittlung von Informationen mittels Radiowellen", sondern "Neuauflage einer infantilen Objektrepäsentanz in der Beziehung zum Analytiker".
Solche Fälle von Mehrdeutigkeit oder "Polysemie", wie ich sie eben aufführte, sind für meinen gegenwärtigen Zweck allerdings eher Demonstrationsobjekte. Interessant ist an ihnen, daß jeweils eines der virtuellen Seme ausgeschlossen

---

[82] "Sémantique structurale" (1966). Das Kapitel über die Isotopien in einer gekürzten Fassung bei W. Kallmeyer u.a.: "Lektürekolleg zur Textlinguistik" II (1974, S. 126-152). Wichtig dazu die Ergänzung von F. Rastier "Systematik der Isotopien" im selben Sammelband, S. 153-190.
[83] Dieses besonders prägnante Zitat von Greimas verdanke ich U. Eco (1987) S. 115.
[84] Greimas (bei Kallmeyer 1974) S. 137.

wird. Wenn "Übertragung" das Klassem "psychoanalytisch" hat, dann kann das andere Sem "zur Rundfunktechnik gehörig" nicht mehr vorhanden sein. Es ist gleichsam gelöscht. Noch wichtiger sind andere Fälle, in denen zwar ein Sem als Klassem dominant gesetzt wird, die anderen Seme aber latent erhalten bleiben. Ich möchte das an einem kleinen Beispielsatz aus dem Buch von Schulte-Sasse und Werner zeigen: "Als der Junge um die Ecke bog, sah er wenige Meter vor sich ein anmutiges Mädchen. Verwirrt blieb er stehen und versuchte zu lächeln ..."[85]. Die Autoren erklären, daß in diesem Satz im Worte "Junge" das Sem "männlich" oder noch spezieller "geschlechtlich" dominant gesetzt werde, während zugleich alle anderen Seme latent erhalten blieben. Es kommt in diesem Falle aber noch etwas Zweites hinzu. Das dominant gesetzte Sem oder Klassem aktualisiere auch im Kontext entsprechende Seme, etwa in den Wörtern "verwirrt" oder "lächeln". Durch diese wiederholte Dominantsetzung eines Sems entstehe im Text eine homogene Bedeutungsebene, die als Textkohärenz, als sinnvolle Bedeutungsebene, als *Isotopie* wahrgenommen wird.

Es gehört zu den Eigenschaften vor allem von poetischen Texten, daß sie gleichzeitig eine ganze Reihe von Isotopien haben können. Aber auch das Funktionieren von Versprechern und von Witzen, das Freud vor allem in seiner Anfangszeit so interessierte, läßt sich mit dem Modell der Isotopien gut veranschaulichen. Wenn Freud einen deutschnationalen Abgeordneten zitiert, der der Monarchie auf rückgratlose Weise seine Gefühle darbringt[86], so wird die Isotopie "Dankbarkeit" durch eine andere, in der das Sem "Feigheit" dominant gesetzt ist, durchkreuzt.

Das Beispiel eines jüdischen Witzes, das Freud zitiert, ist ebenso deutlich und führt zugleich noch weiter: "Zwei Juden treffen in der Nähe des Badhauses zusammen. 'Hast du genommen ein Bad?' fragt der eine. 'Wieso?' fragt der andere dagegen, 'fehlt eins?'"[87]. Wiederum treffen zwei Isotopien aufeinander, eine mit dem dominant gesetzten Sem[88] "die Körperpflege betreffend", die andere mit dem Sem "Verdacht auf Eigentumsdelikt betreffend". Es drängt sich hier allerdings sogleich eine Frage auf: wenn die Auffindung einer Isotopie gleichbedeutend ist mit dem Erkennen der Textkohärenz, wieso können dann Texte als kohärent erfahren werden, in denen zwei oder auch noch mehr Isotopien anscheinend gleichgewichtig und unverbunden nebeneinander stehen? Mir scheint, daß sich diese Frage mit dem Begriff des "Topics" (nach Eco) in einer Weise beantworten läßt, die gerade einem psychoanalytischen Verständnis entgegenkommt.

---

[85] S. 67.
[86] "Vorlesungen zur Einführung in die Psychoanalyse" Studienausgabe Bd. 1, S. 82.
[87] Freud (1905), Studienausgabe Bd. IV, S. 49.
[88] Kundigen Lesern wird nicht entgehen, daß ich hier etwas ungenau bin. Was ich hier als "Seme" bezeichne, sind eher komplexe Sembündel, die erst in elementare Seme aufgelöst werden müßten. Aber um den Gedankengang nicht allzu kompliziert zu machen, erlaube ich mir hier und an anderen Stellen diese Vereinfachung, die am Argument nichts Wesentliches verändert.

7.4.3.2 Der Topic als pragmatisches Instrument der Isotopiebildung

Erinnern wir uns zunächst wiederum an das psychoanalytische Verstehen. Die unbewußte Bedeutung der sprachlichen Äußerungen des Analysanden werden verstehbar im Kontext einer Interpretation der Übertragung. Dabei geben die Übertragung und die auf sie antwortende Gegenübertragung die Thematik an, von der aus der "Text" zu interpretieren ist. In Kapitel 6 habe ich diese Gedanken auf die Leserlenkung der Apokalypse zu übertragen versucht und argumentiert, daß der Leser sich mit den nur-guten Objekten des Erzählers identifizieren und dessen paranoid-schizoide Sicht der Welt übernehmen solle. Von dieser durch die Leserlenkung vorgegebenen Themensetzung her habe ich dann einige weitere Texte der Apokalypse zu interpretieren versucht.

Eco führt mit seinem Konzept des *Topic*[89], für das er sich auf van Dijk[90] beruft, einen Begriff ein, mit dem sich genau dasjenige bezeichnen läßt, was ich eben über das durch die Übertragung gegebene Thema gesagt habe.

Eco benutzt mit Bedacht das Wort "Topic", um eine mögliche Verwechslung mit einem "Thema" auszuschließen, das nur eine komprimierte Fassung des Textes selber wäre, die "Fabel" in der Terminologie der Strukturalisten. "Der Topic (ist) ein metatextuelles Instrument, ein hypothetisches, vom Leser aufgestelltes Schema, während die Fabel einen Teil des Textinhalts ausmacht"[91]. An einer späteren Stelle erläutert Eco seinen Gedanken noch ausführlicher: "Der Topic ist eine Hypothese, die von der Initiative des Lesers abhängig ist, der sie auf etwas undifferenzierte Weise und in Form einer Frage formuliert (worum zum Teufel geht es?) und die infolgedessen in einen Vorschlag für einen vorläufigen Titel übersetzt wird (wahrscheinlich geht es um das und das)"[92]. Der gefundene Topic ermöglicht dem Leser, von ihm her eine Isotopie des Textes festzulegen. Beide Begriffe sind, wie Eco sagt, aus gutem Grund etymologisch miteinander verknüpft. Aber sie bezeichnen nicht dasselbe: "*Der Topic* (ist) *ein pragmatisches Phänomen und die Isotopie ist ein semantisches Phänomen*"[93]. Mir scheint, daß Eco hier den Begriff der Pragmatik nicht ganz präzise benutzt: er scheint damit mehr das Handeln des Lesers mit dem Text als die Wirkung des Textes auf den Leser zu meinen. Aber wenn ich sein Konzept übernehme, kann ich es zugleich noch etwas genauer fassen. Der Topic, so wie ich ihn verstehe, ist eine thematische Hypothese über den Text, die der Leser aufgrund der Wirkung des Textes auf ihn bildet. Diese Hypothese ist bei einer psychoanalytischen Textinterpretation notwendigerweise eine analytische Hypothese, und um Mißverständnisse zu vermeiden, sage ich nochmals, daß die Textpragmatik erst als Übertragung *interpretiert* werden muß, um als solche verstanden werden zu können. Diese Interpretation ist damit theorieabhängig.

Eco führt in einem anderen Kapitel zwei Begriffe ein, die die Art dieser Theorieabhängigkeit noch etwas deutlicher erkennen lassen: die "Szenographie" und die "ideologische "Übercodierung"[94]. Für Eco ist die Szenographie "*ein virtueller*

---

[89] (1987) S. 108-114.
[90] A.a.O. S. 109.
[91] A.a.O. S. 109.
[92] A.a.O. S. 114.
[93] A.a.O. S. 114.
[94] A.a.O. S. 100.

Text oder eine kondensierte Geschichte"[95]. In der allgemeinen Szenographie sind Lebenserfahrungen mit alltäglichen Szenen enthalten, die uns ein Vorwissen geben, wie eine Handlung in einem Text ablaufen kann, durch die "intertextuelle Szenographie"[96] haben wir Schemata von Geschichtsabläufen aus anderer Literatur zur Verfügung. Für die Psychoanalyse gehen beide Szenographien ineinander über. Zunächst einmal sind sie intertextuell, denn wir erfahren bei Freud, Klein, Mahler[97] und anderen die maßgebenden menschlichen Szenen.

Ich umreiße sie hier zur Konkretisierung, ohne vollständig sein zu wollen. Auszugehen ist von einer Einteilung von Zweier- oder Dreierszenen. Innerhalb derer ist die ödipale Dreierkonstellation zentral. Andere Szenen sind die präödipalen Dreier- und Zweiersituationen, wie sie vor allem Melanie Klein und Margret Mahler beschrieben haben. Auch die "archaische Matrix des Ödipus-Komplexes" ist als Szenographie zu verstehen. Wenigstens für einen ausgebildeten Analytiker sollten diese Szenographien aber nicht nur intertextuell vorhanden, sondern auch unmittelbar erfahren sein, teils als Phantasien über die eigene Entwicklung, teils als deren Wiederholung in der Analyse im Rahmen einer analytischen Ausbildung.

Mit der "ideologischen Übercodierung"[98] benutzt Eco einen Ausdruck, der leicht mißverständlich ist. Ideologie ist hier nicht wertend gemeint als ein falsches Bewußtsein, sondern es geht Eco nur um die Weltanschauung, die der Leser oder die Leserin in ihrer "Enzyklopädie" haben, und die in irgendeiner Form in den Interpretationsprozeß mit eingeht[99]. "Übercodierung" meint vermutlich "über den unmittelbar vorausgesetzten Code hinausgehend". Wenn ich die Leserlenkung als Übertragung und sogar noch als eine für die Freudsche Theorie spezifische Form der Übertragung verstehe, dann wende ich einen über das unmittelbar Notwendige hinausgehenden Verstehenscode an.

Szenographie und ideologische Übercodierung wirken mit, um aus der Reflexion auf die Textpragmatik einen Topic zu konstruieren. Dabei scheint es mir sinnvoll zu sein, sich eine Hierarchie von Topics vorzustellen. Der oberste ist das Postulat "psychoanalytische Sinngebung" und ist den Oberbegriffen der einzelnen Schriftsinne analog. Darunter steht als Topic "Übertragung", und erst durch ihn werden einzelne Übertragungstopics vom Text her konstruierbar. Diese stehen auf der hierarchisch untersten Ebene und sind der Ausgangspunkt der Isotopiebildung.

Damit bin ich wieder zu dem Anfang zurückgekehrt, von dem ich unter 7.3.3 ausgegangen war. Im Sinne Ecos ließe sich die psychoanalytische Textdeutung als eine Isotopiebildung nach der Art eines Schriftsinnes ansehen. Sie ist dann keineswegs der eigentliche Sinn, sondern *eine* von "komplementären Geschichten", die zwar alternativ sind, aber zugleich nebeneinander bestehen. Die Forderung nach einer alternativen Existenz der einzelnen Auslegungen kann ich

---

[95] A.a.O. S. 98-101.
[96] A.a.O. S. 101-105.
[97] Von Margaret Mahler, die sonst in dieser Arbeit nicht erwähnt wird, stammen die wichtigen Untersuchungen zum Thema "Symbiose und Individuation", z.B. in "Die Psychische Geburt des Menschen" (1978).
[98] Eco (1987) S. 105/106.
[99] Wenn gelegentlich auch bei Eco der Eindruck entstehen kann, "Ideologie" sei pejorativ gemeint, dann weniger wegen des Begriffes selber, als vielmehr aufgrund der speziellen inhaltlichen Füllung.

nur unterstreichen, einzelne psychoanalytische Deutungen haben *innerhalb* anderer Deutungen, z.B. innerhalb einer heilsgeschichtlichen Interpretation nichts zu suchen. Das schließt allerdings nicht aus, daß verschiedene Deutungsebenen miteinander verglichen und aufeinander bezogen werden können, etwa die historisch-kritische und die psychoanalytische. Aber zunächst einmal sind beide Deutungsweisen zu unterscheiden, sie stehen in Disjunktion zueinander.

Ich hatte in 7.3.3.1 die Frage gestellt, wie ein Text, in dem sich mehrere Isotopieebenen überschneiden, doch als kohärent erlebt werden könne. Meine Vermutung ist, daß das dadurch geschieht, daß der Leser einen umfassenden Topic findet oder wenigstens ahnt, der mehrere isotopiespezifische Topics zusammenfaßt. Ich will das an dem Witz vom "fehlenden Bad" zeigen. Als die beiden elementaren Topics hatte ich "Körperpflege" und "Eigentumsdelikt" festgestellt. Ein zusammenfassender Topic wäre dann "Körperpflege *als* phantasierte Beraubung", wobei der gefürchtete und vermiedene Verlust von der wertvollen Körpersubstanz, dem sog. "Schmutz", auf das Bad verschoben wäre. Vielleicht kann man den Witz auch anders deuten, aber es geht mir nur darum, die Kohärenz von Texten mit komplexen Isotopien zu erklären. Die Kohärenz wird durch einen Makro-Topic gestiftet, der hierarchisch über den einzelnen Topics steht. Wenn dieser Macro-Topic ein psychoanalytischer ist, dann wird er die beiden Basis-Topics in ein dynamisches Verhältnis zueinander bringen. Körperpflege wird zu einer phantasierten Gefahr, die durch die witzige Pseudo-Debilität des Eigentums-Topics gebannt wird.

7.4.4 Isotopiebildung

Wie ist es möglich, in einem Text von einem Topic her eine Isotopie zu konstruieren?

7.4.4.1 Elementare Semanalyse

Den elementaren Vorgang formulieren W. Kallmeyer u.a. (1974) folgendermaßen: "Willst du einen Text verstehen, dann sortiere seine Lexeme zuerst nach Gruppen, in denen ein (gemeinsames) semantisches Merkmal eindeutig alle übrigen Merkmale dominiert"[100]. Mit dem gemeinsamen Merkmal ist dasselbe gemeint, was ich nach Greimas "Sem" genannt hatte. Wie sinnvoll ein solches Vorgehen sein kann, zeigen Egger[101] für neutestamentliche Exegesen und Schulte-Sasse und Werner vor allem an Gedichten von Gottfried Benn[102]. Der erste Schritt ist es also, Wörter mit eindeutig dominanten Semen aus einem Text herauszusuchen und zu ordnen. Ihnen werden in einem zweiten Schritt solche Lexeme beigeordnet, in denen das entsprechende Sem nicht von vornherein dominant ist, aber durch den Kontext dominant wird. Ein solches

---

[100] Bd. I, S. 146.
[101] S. 92-102.
[102] S. 78-89.

kontextuell dominant gesetztes Sem nennt man, wie ich hier wiederhole, ein Klassem.

Aber woher weiß man, welche Seme ein Wort enthält? Intuitiv erfährt man es durch die eigene Kompetenz als Sprecher. Wenn diese nicht reicht, kann man einiges in einem Wörterbuch nachsehen. Aber auch damit kommt man manchmal an Grenzen, etwa dann, wenn dieses nur die Gegenwartssprache enthält. Für jeden zeitlich oder räumlich entfernten Text bedarf es eines zweiten Hilfsmittels. Greimas und Schulte-Sasse und Werner[103] nennen es:

7.4.4.2 Das kulturelle Raster

Wörter verlieren und gewinnen im Laufe der Zeit und an verschiedenen Orten Seme. "Kosen", wir sahen es oben im Abschnitt über das erste Verständnis, hat zwar das Sembündel "Soziale und verbale Beschäftigung" behalten, hat aber jetzt ein Sem "Erotik" gewonnen und das Sem "plaudernde Unterhaltung" zwar nicht ganz verloren, aber doch wesentlich modifiziert durch die Nähe zum hinzugewonnenen Sem "Erotik"[104]. Mit der Rekonstruktion des kulturellen Rasters geht die Sem-Analyse über ein elementares Wörterbuch hinaus und wendet sich einer kulturellen Enzyklopädie zu, in der sie letztlich die Seme zu finden hofft, die für eine umfassendere Isotopiebildung nötig sind. Die Gewinnung des kulturellen Rasters ist eine der wichtigsten Aufgaben der historisch-kritischen Forschung.

7.4.4.3 Das Konzept der Sem-Übertragung

Die Frage, um die es in diesem Abschnitt geht, heißt: "Welche Seme aktualisiert ein psychoanalytischer Topic, um eine psychoanalytische Isotopiebildung zu ermöglichen?" Für ein naives psychoanalytisches Verständnis liegt hier kein Problem vor. Dominant werden Seme der unbewußten Bedeutungsschicht des mündlichen oder schriftlichen Textes, die mit den Worten des manifesten Textes in assoziativer Verbindung stehen. Eine solche Auffassung setzt das Postulat eines objektiv vorhandenen psychoanalytischen Textsinnes voraus. Wenn man dagegen, wie ich, lieber von der Situations- und Theorieabhängigkeit psychoanalytischer Deutungen ausgeht, dann ist das Problem schwieriger. Eine Lösung legt sich mir dabei durch die Theorie der Merkmalsübertragung nach Uriel Weinreich nahe, die mir vor allem durch das Buch von Ursula Oomen (1973)[105] und einige Hinweise bei Schulte-Sasse und Werner[106] recht einleuchtend geworden ist.

Ich möchte in aller Kürze zeigen, worum es dabei geht. Weinreich führt mit seiner Theorie eine Modifikation in die generative Grammatik von Noam Chomsky ein. Während Chomsky die poetische Sprache nur als *Abweichung*

---

[103] S. 85-90, vgl. auch Anm. 82.
[104] Vgl. 7.4.2.
[105] S. 14-33.
[106] S. 115.

von der Normalgrammatik erfassen konnte, und zwar als Abweichung von deren *Syntax*, versucht Weinreich, die poetische Sprache vor allem von der *Semantik* abzuleiten. Er tut das auf eine Art, die dem Erleben beim Lesen poetischer Texte recht nahe kommt. Ich will das an einem eigenen Beispiel erläutern:
"Der Himmel lacht! die Erde jubilieret und was sie trägt in ihrem Schoß!" So beginnt die Kantate Nr. 31 zum Osterfest von J. S. Bach[107], und scheinbar werden die Wörter hier falsch verwendet. Denn "lachen", "jubilieren" und "im Schoße tragen" sind verbale Ausdrücke, die ein Subjekt erfordern, in dem das Sem "menschlich" vorhanden ist. Andernfalls ist eigentlich eine Isotopiebildung unmöglich. Nach dem Modell von Weinreich wird nun das Sem "menschlich" von den Verben her auf "Himmel" und "Erde" *übertragen*, ohne daß deren bisherige Seme gelöscht würden. Es entsteht also im Kontext eine spannungsgeladene "schillernde" Bedeutung, wie sie für Metaphern üblich ist. Isotopien werden also nicht nur dadurch homogen, daß dominante Seme einzelner Wörter auch in anderen Wörtern die entsprechenden latent vorhandenen Seme dominant setzen, sondern auch auf die Weise, daß dominante Seme in einem metaphorischen Prozeß auf Wörter übertragen werden, in denen sie vorher gar nicht vorhanden waren. Allerdings reicht dieses Modell für die Erklärung psychoanalytischer Isotopien noch nicht aus und auch nicht für die Lehre vom mehrfachen Schriftsinn. Denn Weinreich setzt voraus, daß wenigstens aus *einem* Wort ein dominantes Sem auf die anderen übertragen werden könne. Was aber, wenn dieses Wort im Text nicht vorhanden ist?
Nehmen wir als Beispiel den anagogischen, also den eschatologischen Schriftsinn: "Jerusalem" hat für Johannes Cassian[108] das Sem oder wohl eher Sembündel, das er mit "civitas dei illa caelestis, quae est mater omnium nostrum" umschreibt. Gemeinsam mit den Semen von Jerusalem secundum historiam ist nur "civitas", alle anderen Seme stammen aus einer anderen Quelle. Da Cassian hier kontextfrei nur von Jerusalem spricht, können die Seme nicht von anderen Lexemen übertragen werden. Woher kommen sie dann? Ich meine, daß sie am ehesten vom Titel "anagogischer Schriftsinn" her stammen. Man fängt von diesem Titel her an, sich zu überlegen, was "Jerusalem" eschatologisch bedeuten könne. Zugleich verweist der Titel den Leser auf die Intertextualität: Gal. 4,26; Heb. 12,22; Apc. 3,12; 21,2.10. Der hierarchisch hochstehende Topic "Anagoge" und die Intertextualität übertragen auf "Jerusalem" z.B. das Sem "zum Bereich des Himmels gehörig", das in einem elementaren Wörterbuch nicht verzeichnet ist.
In analoger Weise ist die Konstruktion einer psychoanalytischen Isotopie vorstellbar. Ausgehend von einem Topic, der durch eine analytische Reflexion der Textpragmatik gefunden wird, werden in den Lexemen des zu interpretierenden Textes Seme realisiert, die diese Lexeme an sich durchaus nicht haben, die sie aber im Zusammenhang mit einem entsprechenden Topic annehmen. Zugleich verweist der Topic auf eine Intertextualität, die durch das Corpus der psychoanalytischen Schriften gebildet wird, jedenfalls auf denjenigen Ausschnitt aus ihm, der von ähnlichen Themen handelt. Allein durch diese Sem-

---

[107] A. Dürr (1985) Bd. 1, S. 307.
[108] Am einfachsten zu finden bei von Dobschütz (1921) S. 3.

übertragung, mit der aus Lexemen, die mit Psychoanalyse nichts zu tun haben, Metaphern für psychoanalytische Vorgänge werden, ist es möglich, semantisch kohärente psychoanalytische Isotopien zu bilden. Im Prinzip sollte das mit allen Texten möglich sein, die praktische Schwierigkeit dürfte vor allem darin liegen, angemessene psychoanalytische Topics zu finden.

7.4.5 Die psychoanalytische Interpretation des himmlischen Jerusalem als Isotopiebildung

Es geht mir in diesem Abschnitt nicht um eine Weiterführung meiner Auslegung aus 6.4, sondern ich will lediglich die Anwendung des vorausgegangenen Abschnittes kurz vorführen. Ich schrieb, daß Isotopien von vorher pragmatisch gefundenen Topics her konstruiert würden, und hatte weiterhin von einer Hierarchie von Topics gesprochen. Für die Interpretation des Textes vom himmlischen Jerusalem ist als ein höherstehender Topic die Identifikation mit dem guten Objekt des Erzählers und die Übernahme der paranoid-schizoiden Position vorauszusetzen. Sie gilt für die gesamte Apokalypse. Durch die gleiche Textpragmatik veranlaßt, aber spezifischer, ist der Topic des einzelnen, jetzt zu betrachtenden Textes. Ich formuliere ihn folgendermaßen: "Gewinnung (der Phantasie) eines ebenmäßigen mütterlichen Leibes als Verwirklichung des anfänglichen Paradieses unter Ausschluß von allem Schlechten". Dieser Topic ist verwurzelt in der Textpragmatik, hat einen Bezug zu den verschiedenen Szenographien des Ödipus-Komplexes, speziell zu seiner frühesten Form und verweist damit zugleich intertextuell auf die Schriften von J. Chasseguet-Smirgel. Die ideologische Übercodierung ist vor allem in der Perversionstheorie und in allgemeinen anthropologischen Ausführungen derselben Autorin zu finden, ein fernerer Bezug ist natürlich der auf Freuds Werk.
Vermutlich ist auch dieser Topic noch als ein Makro-Topic anzusehen, der bereits zwei zusammenfaßt: einer bezogen auf den ebenmäßigen Mutterleib, der andere auf die Vernichtung der Unterschiede. Ich bleibe zunächst bei dem Mutterleibs-Topic.
Kein Lexem des Textes hat ein genau passendes Sem. Aber die Kennzeichnung des himmlischen Jerusalem als Braut schließt die künftige Kennzeichnung mit "mütterlich" immerhin ein, ebenso natürlich das Lexem "Frau". Das "Holz des Lebens" hat ausdrücklich das Sem "fruchtspendend", das damit auch für das Ganze des himmlischen Jerusalem, innerhalb dessen es sich befindet, gelten kann. Alle Formelemente der Gestalt des himmlischen Jerusalem bekommen durch Semübertragung das Sem "zum phantasierten idealen Mutterleib gehörig". Die Edelsteine, deren enzyklopädische Charakteristika, die die verschiedenen Ausleger[109] vorgelegt haben, gewahrt bleiben, erhalten eine neue semantische Funktion als Schmuck dieses Leibes. Der Thron erhält das Sem "phallisch", die Völker und Könige in V. 24 nehmen nach meiner Deutung in 6.4.4.3.3 die Seme "zu den Geschwistern" oder "zu den Vätern gehörig" auf. Die offenen Tore haben die Bedeutung "ständige Zugänglichkeit".

---

[109] Z.B. O. Böcher (1983) S. 144-156.

Gehen wir zu dem anderen Basis-Topic über, so bekommt "unrein" das Sem "Unterschied erzeugend", "Greuel und Lüge tun" (21,27) erhielte "auf Differenz, speziell auf sexuelle Unterschiedenheit verweisend". Der übergreifende Topic schließt auch "Spaltung" ein, eine Spaltung, die dann so radikal ist, daß die eine Isotopie "Mutterleib" innerhalb dieses Textes fast die einzige bleibt. Nur in 21,27 und 22,3 kreuzt sich mit ihr die zweite Isotopie "Vernichtung der Unterschiede", die mit der endgültigen Spaltung in 21,10 eigentlich hätte abgeschlossen sein sollen.

Ich breche hier ab. Mir scheint die "Strukturale Semantik" nach Greimas einerseits eine handhabbare Methodik zu sein, um sich schwer verständlicher Literatur anzunähern. Zweitens aber ist sie ein recht geeignetes Mittel, um für solche Textauslegungen, die auf andere Weise gefunden wurden, am Text deren Möglichkeit - nicht "Richtigkeit" - zu erweisen. Mit der Isotopiebildung wird - von einem ersten Verständnis her ausgehend - die semantische Basis für eine noch weitergehende Interpretation erschaffen, vor allem für die Beantwortung der Frage nach dem "Sinn"[110] des Textes. Die Isotopiebildung selber ist noch nicht die endgültige Interpretation oder Sinn-Gebung eines Textes. Mir scheint, daß das, was eine Interpretation ausmacht, sich wenigstens aus drei Faktoren zusammensetzt: erstens ist sie eine Zusammenfassung der verschiedenen Topics, zweitens eine begründete Vermutung über deren Verhältnis zueinander und drittens die Explikation dieser Verhältnisse am Text. Und genau diese Explikation läßt sich mit der Isotopiebildung methodisch klar umschreiben. Mit der Findung oder eher *Er*findung der Topics ist dieser Textsinn allerdings bereits im Ansatz vorweggenommen. Das ist infolge der Struktur des Verstehens nicht anders möglich, indem immer schon das im voraus entworfen wird, was nachträglich argumentativ abgesichert werden soll und vielleicht auch verworfen werden muß.

7.4.6 Erstes und zweites Verständnis, dyadische und triadische Interpretation

Ich schrieb in 7.2.4, daß für Holland der Leser den Inhalt des Buches allmächtig "herstellt". Begrenzt sei er dabei nur durch den Text selber, der manche Deutungen von sich her ausschlösse. Aber abgesehen davon setze sich das "Identitätsthema" des Auslegers immer durch. Ich nannte seine Interpretationsweise "dyadisch" und zeigte, wie sich für Holland auch durch den Gebrauch von Sekundärliteratur keine Triangulierung einstelle.

Ich möchte nochmals davon ausgehen, wie Hollands Konzept in den gesamten Prozeß einer Textinterpretation einzuordnen sei. Ich sagte, daß er auf etwas durchaus Wichtiges hinweise, nämlich auf jenes Textverständnis, das sich nicht aus der Beziehung zwischen Erzähler und dem fiktiven Leser löst. Aber damit wäre Hollands Ansatz keine Theorie der Textinterpretation, sondern eine Theorie der *Voraussetzung* von Textinterpretation. In derjenigen Zweierbeziehung, in der die Welt der Erzählung in der Phantasie zur Wirklichkeit wird, geschähe das, was Hollands Versuchs-Leser ihm erzählen, indem sie ihm von ih-

---

[110] Weimar (1980) § 311 oder die "Resymbolization" nach David Bleich.

rem Lesen erzählen. Aber die Reflexion ist ausgeklammert, und zwar sowohl die Reflexion auf die Textinhalte, wie auch auf die Textpragmatik innerhalb der Erzählsituation, also auf die übertragungsähnlichen Vorgänge. Mir scheint, daß Holland sich auch theoretisch nicht vorstellen kann, daß ein Leser beim Lesen etwas Neues erführe, das über dasjenige hinausginge, was sein sog. "Identitätsthema" zuließe. Für ihn ist Textverstehen der kurze Rückweg zu einer Selbstverdoppelung im Text und nicht der viel längere Weg zu einer Deutung, an deren Schluß auch einmal die Einsicht in die relative Fremdheit und Nichtrezipierbarkeit eines Textes, z.B. der Apokalypse, stehen könnte.

Ich knüpfe mit meiner Argumentation an die schon erwähnte Theorie des Ichideals nach J. Chasseguet-Smirgel in 6.4.3.3.2 an. Die Autorin hatte vom Ichideal als vom Erben des kindlichen Narzißmus gesprochen. Es könne entweder illusionär in einem kurzen Rückweg als erfüllt erscheinen, oder es suche progressiv den Anschluß an die Triebentwicklung, speziell an den Ödipus-Komplex. Dadurch erhalte das Ichideal die Möglichkeit zu reifen und wenigstens zeitweise eine Erfüllung zu finden, die nicht mehr illusionär sei. Dies geschehe vor allem im Orgasmus und in der ästhetischen Erfahrung. Wenn wir versuchen, diesen Gedanken auf die Textinterpretation zu übertragen, so wäre jenes Verstehen, wie Holland es als unausweichlich beschreibt, eine Vereinigung mit dem Text, die aber als Vereinigung mit dem *Text* deshalb illusionär bleibt, weil der Text ein vom Ich völlig kontrollierter und beherrschter ist. Der andere Weg wäre derjenige, der zwar ebenso von der beschriebenen Unmittelbarkeit mit dem Text und der Herrschaft über ihn seinen Ausgang nimmt, dann aber eine Trennung von ihm ermöglicht, in der er als "nicht mein Text"[111], als ein anderer erscheinen kann. Für diese Trennung ist es vermutlich immer notwendig, daß etwas Drittes dazu kommt: die Reflexion, die Theorie oder der andere Leser und die andere Leserin mit ihren vielleicht ganz anderen Leseerfahrungen. Das kann auch ein wissenschaftlicher Kommentar sein. Das Ziel aber wäre dann nicht eine totale Trennung, sondern, wenn wir Chasseguet-Smirgel folgen, eine neue Unmittelbarkeit, die aber eine mühevolle Interpretationsarbeit voraussetzt. Sie ist der Weg zwischen dem ersten und dem zweiten Verständnis, wie ihn Weimar fordert und wie ich ihn mit dem Modell der Topic-Findung und Isotopiebildung zu einem Teil dargestellt habe. Aber auch alle Rekonstruktionen des Codes und der Enzyklopädie gehören in diese Arbeit. Dieses gefundene zweite Verständnis bleibt notwendig subjektiv, weil es seinen Ausgang vom subjektiven ersten Verständnis genommen hat. Aber es unterscheidet sich von diesem in einzelnen Punkten:

1. Es trennt zwischen auslegendem Ich und ausgelegtem Text und kann damit einen Sinn ausdrücken, der zum Text gehört, den das Ich aber nicht teilen muß[112].

2. Es ist in einem höheren Maße intersubjektiv mitteilbar, weil es die allgemeinen Codes berücksichtigt und durch Sekundärliteratur "die Anderen" immer schon einbezieht.

---

[111] Diese Trennung wird ermöglicht durch die Zerstörung des Objektes, wie ich sie oben auf S. 127 beschrieben habe.
[112] Vgl. Kap. 4, Anm. 238.

3. Das zweite Verständnis entwirft ein differenzierteres Bild des "impliziten Autors" als oberster Bedeutungsposition als es vom ersten Verständnis her möglich wäre. Psychoanalytisch gesehen wird das Beziehungsmuster, das sich im Verhältnis zu dieser Person entfaltet, mehr von der depressiven als von der paranoid-schizoiden Position geprägt sein.

In ihrem einflußreichen Essay "Gegen Interpretation" (1964) schreibt die Schriftstellerin Susan Sontag am Schluß: "Statt einer Hermeneutik brauchen wir eine Erotik der Kunst"[113]. Ich fürchte, daß damit eine zu schnelle neue Unmittelbarkeit postuliert werde und würde eher formulieren: Wir brauchen Hermeneutik, aber vor allem als ein Nachdenken, das uns zu einer subtileren, intensiveren und differenzierteren Erotik der Kunst und der biblischen Überlieferung führt. Eine Hermeneutik und dann auch ein Textverstehen, die von diesem Ziel nichts wissen oder nichts wissen wollen, sind auf die Dauer unwesentlich und langweilig.

7.4.7 Die Objektivität der psychoanalytischen Interpretation

Um der Gefahr einer interpretatorischen Willkür zu begegnen, gibt es ein verbreitetes Postulat, das in der Tat geeignet wäre, alle Befürchtungen dieser Art zu zerstreuen. Es ist das Postulat eines an sich seienden richtigen Schriftsinnes im Text, der vielleicht über aller menschlichen Vernunft liegen mag, dem sich der Interpret aber dienend zu unterwerfen habe. In einer solchen Annahme vereinen sich brüderlich und schwesterlich alle Formen von biblischer Theologie, die das Schriftprinzip vertreten, mit den meisten Zweigen der Philologie. Alle sind Diener des Wortes und haben gelernt, mehr oder weniger auf es zu hören. Auch Psychoanalytiker hören auf die leise Stimme des Unbewußten, wenn es sich in seinen "Abkömmlingen" indirekt offenbart. Es zeigt sich zwar nie selber, aber wenn der Analytiker das empfängliche Organ seiner "gleichschwebenden Aufmerksamkeit" auf die Rede des Analysanden richtet, kann er es aufspüren. Den verschiedenen Versionen dieser Art von Objektivismus ist zweierlei gemeinsam: der monumentale, fast heilige Charakter des in sich ruhenden Gegenstandes und die dienende passive Haltung derer, die sich der Erkenntnis dieses Gegenstandes verschrieben oder besser: geweiht haben.

Mit diesem Konzept ist es relativ einfach, Textinterpretationen zu beurteilen. Sie müssen Methoden gehorchen, die dazu geschaffen wurden, den objektiven Sinn möglichst neutral zu erschließen. Wenn diese Methoden richtig angewendet werden, dann muß sich etwas vom Text in der Interpretation offenbaren. Vom Text her, durch Rückgriff auf ihn, lassen sich zumindest falsche Interpretationen ausschließen. Insgesamt gibt es einen Fortschritt in der Erkenntnis des Gegenstandes, obwohl leider immer wieder Interpreten auftreten, die die Wahrheit nicht sehen wollen oder sie aus persönlichen Gründen verzerren. Aber nötig wäre das nicht, wenn man sich nur darauf ausrichtet, dem Gegenstande zu dienen. Jede Leugnung des objektiven Status des Erkenntnisgegen-

---

[113] (1980) S. 18.

standes würde die Wissenschaft dem Chaos oder der menschlichen Willkür überantworten.

Was ich hier ohne Einzelbelege dargestellt habe, scheint mir mehr oder weniger eine stillschweigende Voraussetzung aller Textwissenschaften, wenn auch nicht aller ihrer Vertreter, zu sein. Und es ist ja wirklich schwierig, sich, je nach Standpunkt, etwa der Überzeugung zu entziehen, daß neue Ergebnisse der historisch-kritischen Forschung oder auch der befreiungstheologischen oder der feministischen Auslegung *keine* Fortschritte in der Erkenntnis der Wahrheit seien. Es ist aber keineswegs nötig, diese Überzeugung aufzugeben, wenn man trotzdem auf die Annahme verzichtet, daß es eine objektive Instanz gäbe, von der her sich ein solcher Fortschritt beweisen ließe.

Es ist der schon erwähnte amerikanische Literaturwissenschaftler Stanley Fish[114], der in einer Serie von scharfsinnigen und brillanten Arbeiten zu zeigen versucht, daß die Annahme einer objektiven Instanz von Wahrheit unnötig sei, um die Gefahr von Willkür im Umgang mit Texten zu bannen. Im Gegensatz zu der Befürchtung, daß ein Interpret ohne Kontrolle durch Objektivität in die Versuchung gerate, alles nur Denkbare über einen Text zu behaupten, sei vielmehr "Interpretation" selber ein Regelsystem, das gewisse Interpretationen ermögliche und andere ausschlösse. Interpretation sei nicht etwas, was von außen komme und damit möglicherweise ihren Gegenstand in seiner Eigenständigkeit bedrohe. Vielmehr konstituiere Interpretation eben jenen Gegenstand, insofern sie bestimme, "what will count as a fact, as a text, as a piece of evidence, as a reasonable argument"[115]. Die Angst vor einer Anarchie, wenn die Objektivität des Gegenstandes aufgegeben würde, sei völlig unberechtigt, denn allenfalls könnten randständige Interpretationsweisen in den Mittelpunkt rücken, aber in den Mittelpunkt kämen sie nur, wenn sie andere Interpretationsweisen an den Rand verwiesen[116]. Wir können das an Drewermann beobachten: er versucht, die historisch-kritische Methode aus ihrer zentralen Stellung an den Rand zu weisen und seine eigene tiefenpsychologische Textdeutung an deren Stelle zu rücken, weil *sie* das Eigentliche des Textes aussage und nicht die historisch-kritische Forschung. Worauf nun Fish immer wieder hinweist, ist, daß es keine Instanz gäbe, von der her dieser Streit zu entscheiden sei. Man könne zwar versuchen, auf den Text zu zeigen, aber das impliziere nur eine weitere Auslegung, entweder aus einer dritten Position oder aber aus einem der beiden strittigen Interpretationssysteme heraus. In allen diesen Fällen könne und müsse man argumentieren, aber der Rekurs zu einer objektiven Instanz sei deshalb unmöglich, weil diese "Objektivität" immer nur innerhalb eines Auslegungssystems gelte. Deshalb sei das Verhältnis zwischen verschiedenen Konzepten notwendig durch Überredung, und das heißt: durch Rhetorik gekennzeichnet. Fish lobt an Freud vor allem dessen rhetorische Fähigkeit, seine Gedanken hinreißend darzustellen. Diese Rhetorik zwischen verschiedenen Schulen laufe oft nach einem ganz bestimmten Schema, das

---

[114] (1980), (1989). Auf Deutsch sind meines Wissens nur ältere Arbeiten von Fish verfügbar, die die entscheidende Wendung seiner Gedanken noch nicht zeigen. In seinem englischen Sammelband von 1980 kommentiert er jeweils sehr witzig die "Fehler" seiner früheren Aufsätze.

[115] (1980) S. 356.

[116] A.a.O. S. 356/357.

Fish sogleich an der Diskussion zwischen seiner "konventionalistischen" und der gegnerischen "objektivistischen" Schule aufweist[117]. Jeder versuche dabei zu zeigen, daß die Grundanliegen der anderen Seite jeweils im eigenen System im Grunde besser aufgehoben seien. So sei die Nichtbeliebigkeit der Auslegung bei den Objektivisten nur scheinbar gewahrt, was die *Vielzahl* "objektiver" Deutungen zeige, während er, Fish, Möglichkeit und Grenzen von regelorientierter und damit bestimmter Auslegung viel klarer aufweise.

Bezogen auf Drewermann sieht das so aus: dieser könnte argumentieren, daß die Anliegen der historisch-kritischen Forschung bei seiner Auslegungsweise besser erfüllt würden als in ihr selber, oder aber er argumentiert, was er tatsächlich tut, daß die Anliegen religiöser Menschen durch ihn besser befriedigt werden. Das ist eine rhetorisch wirkungsvolle Begründung. Wenn er allerdings auf die Texte selber verweist, daß sie von sich her eine archetypische Interpretation verlangten, so hat das eine Gültigkeit nur *innerhalb* seines Systems. Meine eigene Diskussion in dieser Arbeit läßt sich ebenfalls leicht auf diese Weise umschreiben. Ich versuche, Drewermann selber, aber vor allem meine allfälligen Leserinnen und Leser zu folgender Einsicht zu bringen: "*Wenn* Sie Psychoanalyse auf Texte anwenden wollen, dann können Sie es konsequenter innerhalb meines Auslegungssystems tun. Sie brauchen dabei ihre historisch-kritischen Überzeugungen nicht aufzugeben."

Die Möglichkeit, verschiedene Systeme von Auslegung zuzulassen, könnte wie ein zynischer Relativismus aussehen. Aber diesen Vorwurf weist Fish zurück[118]. Innerhalb eines jeden Systems könne man durchaus feste Überzeugungen haben, und wer versuche, alles zu bezweifeln, brauche immer noch einen festen Ort, von dem aus er alles bezweifle. Aber feste Überzeugungen zu haben, schließe einen Relativismus auf einer höheren Ebene keineswegs aus. Er lege sich um so mehr nahe, als jedes Individuum viele seiner festen Überzeugungen im Laufe des Lebens wechsle. Sie gelten also jeweils nur *jetzt*. Dadurch entstehe auch notwendigerweise der Eindruck eines Fortschrittes in der Erkenntnis: Einzelne und Gemeinschaften gäben Meinungen auf, weil sie andere gewännen, die ihnen besser erschienen. Ohne diese Überzeugung gäbe man niemals eine Ansicht auf, und am Beispiel der Entwicklung der Transformationsgrammatik zeigt Fish, wie frühere Überzeugungen sogar nur widerstrebend aufgegeben würden, wie sich dann aber bessere Einsichten doch langsam durchsetzten[119].

Was bedeutet diese Argumentation für die Einschätzung meines Versuches, Texte psychoanalytisch zu interpretieren? Meine Deutungen sind abhängig von den Regeln, die ich in Abhängigkeit von der Theorie der Freudschen psychoanalytischen Technik aufgestellt habe. Innerhalb dieses Systems haben sie Gültigkeit, und das heißt zugleich, daß sie auch nur systemimmanent widerlegt werden können. Kein historisch-kritisches Argument kann die Interpretationen widerlegen, *insofern* sie psychoanalytisch sind. Das betrifft natürlich nicht den Teil, wo ich selber historisch-kritisch argumentiere oder entsprechende Behauptungen aufstelle. Genauso aber kann eine psychoanalytische Deutung in

---

[117] S. 367. Vgl. Anm. 23.
[118] S. 358.
[119] S. 363.

keiner Weise eine historisch-kritische Argumentation widerlegen, sofern sie nicht etwa ins Psychoanalytische übergreift, und sei es auch nur negativ. Von daher sind Drewermanns Argumente gegen die historisch-kritische Forschung dort, wo er ihr Terrain betritt und mit seiner archetypischen Auslegung bestritet, als Argumente hinfällig und werden vielmehr zum Teil einer rhetorischen Auseinandersetzung.

Textauslegungen sind gebunden an Auslegungsregeln. Mein zweites Anliegen war, auch diese Regeln neu zu formulieren und zu präzisieren. Dieses zu tun, ist Hermeneutik, und damit ist dieser Versuch von einer allgemeinen Hermeneutik her kritisierbar. Schließlich sind meine Ergebnisse natürlich auch von der Psychoanalyse her anfechtbar, wenn etwa einzelne Theorien nicht richtig angewandt worden sind. Aber alle diese Kritiken sind immanent, alles was darüber hinausgeht, ist, nach Fish, Rhetorik im Dienste von Überredung.

Es ist durchaus möglich, verschiedene Systeme gleichzeitig zu vertreten. Dann ist es allerdings nötig, davon überzeugt zu sein, daß keines dieser Auslegungssysteme ein Alleinvertretungsrecht habe. Diese Überzeugung habe ich, und deshalb ist es mir unmöglich, dem Leser und der Leserin glaubhaft zu machen, daß psychoanalytische Textinterpretation das beste oder das eigentliche sei. Historisch-kritische Forschung ist es deshalb für mich übrigens auch nicht. Psychoanalyse ist etwas sehr Spannendes in geeigneten Situationen, aber so, wie man seine Freunde und seine Kollegen nicht analysiert, so ist es keineswegs nötig, alle Texte psychoanalytisch zu deuten. Mir scheint die Reflexion über die Möglichkeit psychoanalytischen Textverstehens manchmal sogar interessanter zu sein als die Anwendung auf Texte selber.

Ehe ich im letzten Kapitel kurz auf Drewermann zurückkomme, möchte ich den schwierigen Gedankengang dieses Kapitels in einem letzten Abschnitt kurz zusammenfassen und noch um einen Punkt ergänzen.

7.4.8 Zusammenfassung

In dieser Zusamenfassung ist es notwendig, nacheinander das darzustellen, was im Vorgang der Interpretation gleichzeitig oder zirkulär geschieht. Eine lineare Auffassung hat aber den Vorteil, daß sie sich wenigstens teilweise auch in Methoden einer psychoanalytischen Exegese umsetzen läßt.

1. Jede psychoanalytische - wenn nicht überhaupt jede - Interpretation eines Textes beginnt mit seiner Lektüre. Unter Text ist hier auch jede begründbare synchrone Ebene innerhalb eines umgrenzten Textes verstanden. Aber der Ausgangspunkt bleibt die Synchronie eines Textes, diachron kann man nicht lesen[120]. In diese erste Lektüre gehen elementare Kenntnisse des Wörterbuches und der Enzyklopädie ein. Dazu kommen vorbewußt verschiedene Szenographien und die Weltanschauung des Lesers. Dieses alles verbindet sich zu einer Konstituierung der Welt des Textes als eines Ereignisses in der Imagination der Leserin oder des Lesers. An dieser phantasierten Welt nehmen die Leser als Beobachter teil.

---

[120] Vgl. W. Egger (1987) S. 74.

Die Welt des Textes ereignet sich in der Phantasie, aber sie geschieht durch eine sprachliche Erzählsituation. In ihr bietet ein Erzähler dem biographischen Leser eine fiktive Leserrolle an, die sie oder er in der fiktiven Erzählsituation realisieren. Das "erste Verständnis" ist - als Text - eine Erzählung aus der fiktiven Leserrolle heraus. Sie erzählt davon, wie der Erzähler des Textes dem Leser die fiktive Welt des Textes darbietet und ihn an ihr teilnehmen läßt.

Dieses erste Verständnis kann schon allein durch ein phantasievolles Lesen erreicht werden. Aber auch alle die verschiedenen Mittel der Erlebnisförderung durch Spielen, Malen, Meditieren, durch Musik haben hier ihren sinnvollen Platz und bereichern das erste Verständnis. Man darf sie nur nicht mit Textinterpretation verwechseln. Andererseits: was nicht irgendwann einmal als Phantasie, als Leben in das Verstehen eingegangen ist, kommt durch Interpretation allein auch nicht ins Textverständnis[121].

2. Im "zweiten Verständnis" oder in der Re-Symbolisierung reflektiert der Leser sein erstes Verständnis. Ich beschränke mich hier auf psychoanalytische Interpretation, doch dürften sich einige Erwägungen auch auf die historisch-kritische Interpretation übertragen lassen. Der Leser reflektiert seine Leseerfahrung vor allem im Hinblick darauf, was ihm vom Erzähler zugemutet wird. Das merkt er z.B. durch die Reflexion seiner Gefühle beim Lesen, möglicherweise auch beim Vergleich seiner Leseerfahrung mit der Erfahrung anderer, wie ich es vor allem in 6.3 gezeigt habe. Die Rollenzuweisung wird danach als übertragungsartiges Phänomen verstanden und von ihm her, im Zusammenhang mit einem vorläufigen Verständnis der Textsemantik, ein Topic gebildet. Dieser Vorgang setzt entsprechende Kenntnisse und Fähigkeiten im psychoanalytischen Verstehen und Denken voraus.

Der aus der Textpragmatik gewonnene Topic ist der Ausgangspunkt der Konstruktion eines zweiten Verständnisses, das eine Antwort auf die Frage nach dem Sinn, und jetzt vor allem nach dem *unbewußten Sinn* des Textes gibt. Diese Sinnkonstruktion kann als Bildung von komplexen Isotopien verstanden werden, deren übergreifender Topic die dynamische Beziehung der Isotopien untereinander ausdrückt. Die Dynamik einer psychoanalytischen Interpretation ist dabei letztlich auf das Schema von Wunsch und Abwehr des Wunsches zurückzuführen. Aber in einer einzelnen Textinterpretation sollte vor allem herausgearbeitet werden, wie sich diese Dynamik konkret in Text zeigt. In die Interpretation gehen - auf eine reflektierte Weise - Enzyklopädie, Szenographie und ideologische Übercodierung ein. Diese müssen nicht unbedingt der Psychoanalyse angehören. Es ist aber darauf zu achten, daß es nicht zu voreiligen Übergriffen von einem Bereich in den anderen kommt, sondern daß die Entlehnungen vorher gleichsam übersetzt werden. Informationen über die Edelsteine an den Toren des himmlischen Jerusalem und über deren historisch eruierbare Symbolik sind interessant, können aber nicht ohne weiteres Bestandteil einer psychoanalytischen Deutung werden.

Während die Konstruktion komplexer Isotopien vor allem die Bedeutungspositionen[122] von Erzähler und Leser betrifft, kommen als mögliche weitere Be-

---
[121] Darauf hingewiesen zu haben, scheint mir vor allem das Verdienst von W. Wink zu sein (z.B. 1982).
[122] Vgl. oben 4.2.5.

standteile auch noch Interpretationen von einzelnen Textfiguren und deren Reden hinzu, sofern diese nicht schon Bestandteil der gebildeten Isotopien sind. Aber auf alle Fälle ist es das Ziel, eine zwar beliebig komplexe, aber doch kohärente oberste Bedeutungsposition zu konstruieren, die Sinnebene des "impliziten Autors". Sie ist weder der eigentliche noch der einzige mögliche Textsinn, aber sie ist argumentativ abgesichert in einem interpretativen Rahmen, innerhalb dessen sie auch kritisierbar und widerlegbar bleibt. Eine Diachronie läßt sich als Reihe von Synchronien interpretieren. Dabei wird entweder bei den als identisch gesetzten "impliziten Autoren" eine Entwicklung vorausgesetzt. Oder aber in dem Fall, daß die "impliziten Autoren" offensichtlich nicht identisch sind, wie es z.B. in der Überlieferungsgeschichte der Evangelien der Fall ist, wäre die Tradition der Gegenstand der Interpretation. Aber auch sie kann einer psychoanalytischen Reflexion unterzogen werden[123].

Zum Schluß noch die angekündigte Ergänzung: Die Sprache der klinische Psychoanalyse ist eine möglichst erlebnisnahe Umgangssprache, mit der der Analytiker versucht, dem Analysanden sein Erleben von Wunsch und Abwehr in der Übertragung nahe zu bringen. Die Sprache der analytischen Theorie gehört nicht ins Sprechzimmer. Das gleiche dürfte auch für Textinterpretationen gelten, die dementsprechend zwar umgangssprachliche, aber psychodynamisch orientierte Nach-Erzählungen[124] des zu interpretierenden Textes sind. Ich finde es jedoch sinnvoll und habe es vor allem in 6.4 auch selber getan, die abstraktere Sprache der psychoanalytischen Reflexion mit der nacherzählenden Sprache zu kombinieren. Das bedeutet nicht, daß plötzlich z.B. das "Über-Ich" oder das "Es" in die Nach-Erzählung gleichsam eindringen, wohl aber, daß diese reflektierende Sprache als zweite Sprachebene sich mit der Umgangssprache verbindet. Weil der Autor, im Gegensatz zur klinischen Situation, nicht anwesend ist, scheint mir diese Verbindung möglich zu sein. Unbedingt nötig ist sie übrigens nicht, jedenfalls nicht dafür, daß eine Deutung mit Recht psychoanalytisch genannt werden darf[125]. Es hängt vielmehr ganz vom Zweck ab, und der war für mich in 6.3 nicht zuletzt, die Theorien von Chasseguet-Smirgel und Grunberger zu diskutieren.

---

[123] Obwohl ich meine Arbeit eine "hermeneutische" nenne, so liegt es mir doch fern, eine herrschende "Einheit" im Text zu finden, was die Antihermeneutiker mit Recht an der klassischen Hermeneutik kritisieren (J. Hörisch 1988). Mir geht es mehr um eine spielerische Konstruktion von "Einheiten", ich finde es zugleich aber schwierig, auf den Gedanken von Einheit und Kohärenz ganz zu verzichten. Nur sind sie keine textimmanenten Eigenschaften, sondern Konstruktionsvorgaben von Lesern.

[124] Zu den verschiedenen Sprachebenen der Psychoanalyse ist immer noch wichtig die Arbeit von D. Rapaport und M. Gill (1959), speziell Anm. 2. Die Autoren unterscheiden "empirical propositions", "specific psycho-analytic propositions", "general psycho-analytic propositions" und "metapsychological propositions". Den Begriff der Nach-Erzählung zur Charakterisierung von analytischer Interpretation verdanke ich R. Schafer (1983), vor allem Kap. 14 "Narration in the Psychoanalytic Dialogue".

[125] H. Lüddes Canetti-Interpretation, in: Lorenzer (1986) S. 375-396 und auch Pietzckers erster Teil seiner Auslegung von Hebels "Vergänglichkeit" kommen fast ohne psychoanalytische Terminologie aus. Sie zeigen gerade deshalb vorbildlich das psychoanalytische Vorgehen, weil sich ihre Sprache nur wenig vom klinischen, analytischen Dialog entfernt.

8. Nachwort: Rückblick auf Drewermann

Drewermann schreibt in "Tiefenpsychologie und Exegese" Bd. I, auf S. 35: "Wenn wir mit Hilfe des vorliegenden Buches in den Stand gesetzt würden, ein Stück gesünder zu leben, ein Stück weit reiner zu träumen, ein Stück weit mutiger zu hoffen, über alle Welt hinaus, und wenn unsere Ohren sich öffnen ließen zu der geheimnisvollen Poesie und Gleichniswelt alles Geschaffenen, so hätte diese Arbeit ihren Dienst erfüllt: Eine Hermeneutik wäre entstanden, in der anhand ehrwürdiger und heiliger Texte ein jeder wieder die Heiligkeit und Würde seines eigenen Daseins erfahren könnte".

Diese programmatischen Sätze Drewermanns möchte ich zum Ausgangspunkt meiner Schlußbetrachtung machen. Viele Themen klingen darin an: Drewermanns Neuplatonismus und seine Nähe zur Romantik in der "geheimnisvollen Poesie" und in der "Gleichniswelt alles Geschaffenen", seine Frömmigkeit in der Verehrung der "heiligen Texte", sein Humanismus in der Erfahrung der "Heiligkeit und Würde seines eigenen Daseins". Auch auf Drewermanns Interesse an der Psychoanalyse deutet der Text hin mit der Hoffnung, "ein Stück weit reiner zu träumen". Doch genau an dieser Stelle wird der Konflikt offenbar, in den Drewermann dadurch geraten ist, daß er die Psychoanalyse als Zeugin gegen die historisch-kritische Forschung zu Hilfe gerufen hat. Gewiß, die Psychoanalyse unterstützt sein Anliegen nach dem Aufmerken auf die Gefühle, auf das vielfältige Spiel metaphorischer Sprache. Aber die Psychoanalyse ist vor allem eine Anwältin des Individuums in seiner letztlichen Unverrechenbarkeit gegen die Kultur, zu der auch alles Religiöse zunächst einmal schlicht hinzugehört. Drewermann versucht nun, mit seiner Art von Psychoanalyse eine Spaltung aufzurichten: zwischen einer kulturellen Religiosität, wie er sie z.B. in der katholischen Kirche wiederfindet und einer eigentlichen religiösen Schicht im Menschen, die er als ewige Träume Gottes im Menschen umschreibt. Die erste Form ist diejenige der Schriftgelehrten, über die er seinen ganzen Hohn ausschüttet und vor der er die Menschen bewahren möchte[1]. Aber die andere Weise der Religion ist gut und nicht zu hinterfragen. Sie wird von der Psychoanalyse oder Tiefenpsychologie erschlossen. Für eine solche Aufgabe aber ist die Psychoanalyse gänzlich ungeeignet. Und das ist sie nicht so sehr, weil sie atheistisch wäre, sondern weil sie erstens die Spaltung und zweitens die damit verbundene Behauptung ewiger Instanzen im Menschen vor allem auf ihre Abwehrfunktion hin befragen würde.

Zu dieser guten Religiosität gehört nun für Drewermann auch die Reinheit, die er sich für künftige Träume erhofft. Mir scheint das eine völlig unangemessene, moralisierende und antipsychoanalytische Kategorie zu sein. Mir ist auch durch Béla Grunberger[2] klar geworden, mit welchem destruktiven Potential die Forderung nach "Reinheit" verbunden ist. Es geht in der Psychoanalyse nicht darum, Träume zu reinigen (nach wessen Sauberkeitsansprüchen?), son-

---

[1] Daß Drewermann in seinen biblischen Auslegungen oft gegen die jüdischen Schriftgelehrten schreibt, wenn er vermutlich die Kollegen in seiner eigenen Kirche meint, ist eine betrübliche Facette seiner Bücher. Vgl. dazu vor allem N. Rubeli (1992).
[2] Durch seine Arbeit "Von der Reinheit" in: (1988) Bd.2, S. 111-132. Vgl. dazu auch R. Heim (1992).

dern der Stimme des Individuums wieder Gehör zu verschaffen. Dazu würde aber gehören, das Individuum in seinem Sosein zu hören und vor allem diejenigen Träume und Gefühle wahrzunehmen, die es tatsächlich hat, und nicht so sehr andere zu fordern, die es haben sollte.

Drewermann hat aber mit dem, was er am meisten fordert, zugleich die größte Mühe: mit den Gefühlen, und zwar vor allem mit seinen eigenen[3]. Während er über Seiten hin genau weiß, wie sich der Besessene in Gerasa gefühlt hat und auch wenig Mühe hat, seine Wut gegen die historisch-kritische Forschung im allgemeinen und gegen seine Kollegen Lohfink und Pesch im speziellen zu formulieren, so sagt er doch kaum je, was er gegenüber Texten empfindet, und wenn er es tut, wie im Falle der Apokalypse, wo man einmal etwas von seinem Widerwillen gegen deren Gottesbild erfährt, so bleibt am Schluß seiner Interpretation nichts davon übrig: mütterliche Bilder jenseits der zwangsneurotischen Ambivalenzen des Weiblichen prägen das Lebensgefühl, so schreibt er. Mein Eindruck ist, daß Drewermann Gefühle nur dort wertschätzt, wo sie verbinden und ihnen dort zu entkommen versucht, wo sie individuell sind und trennen. Damit verfolgt er eine einseitig regressive Tendenz, die die Psychoanalyse zwar beschreiben kann, die sie aber sicherlich nicht zu ihrem Programm macht. Während Drewermann im 2. Band von "Tiefenpsychologie und Exegese" um den "Vorrang des Individuellen vor dem Kollektiven"[4] kämpft und hier nicht gerade mit Polemik spart, scheint mir die Tendenz in seinem Werk selber gerade umgekehrt zu sein. Das, was *er* "Individualität" nennt, dürfte mit seiner Hoffnung auf "reine Träume" recht gut umschrieben sein: Träume, die zwar der Einzelne noch träumt, die aber von allem Trennenden, A-Sozialen gereinigt sind.

Dieses "Trennende" vor allem ist es, das Drewermann Mühe macht. Deshalb polemisiert er unermüdlich gegen die historisch-kritische Forschung; *krinein* heißt ja vor allem "trennen, scheiden, differenzieren". Das ist die Aufgabe der gerade erwähnten Schriftgelehrten, und die sind Drewermanns erwählte Feinde. Deshalb wird auch die Apokalypse zu einem Integrationsdrama. Ihm gelingt das, weil er die historische und damit "fremde" Aussageabsicht von Texten gering schätzt und sich folglich auch nicht sehr um sie bemühen muß. Er kann deshalb versuchen, das archetypisch-allgemeine Material für sich selber und für seine Leser zu deuten. Dabei geschieht aber etwas Merkwürdiges: gerade weil Drewermann am historischen Sinn der Apokalypse Ärgernis nimmt und sie auf ihren zeitlosen Gehalt hin auslegen möchte, eben deshalb holt "der Apokalyptiker" ihn gleichsam mit seinem Text ein. Oder anders: der Ausleger flieht vor dem Text an einen Ort, an dem dieser längst schon seinen Hauptsitz hat, nämlich in das himmlische Jerusalem mit der Verheißung illusionärer Wunscherfüllung. Auf dem Weg dorthin überantwortet er seine Feinde Lohfink und Pesch einem ebenfalls illusionären Gericht. Damit trägt Drewermanns "Auslegung" der Apokalypse selber apokalyptische Züge, und seine Theologie mit ihrem Hang zu Reinheit und Unmittelbarkeit ist von den Verheißungen der Apokalypse nicht so weit entfernt. Anders gesagt: Drewermanns

---

[3] Das habe ich vor allem auch in meiner Rezension seines Buches "Kleriker" zu zeigen versucht (1990).
[4] T. u. E. I 251-262.

Interpretationsprozeß führt ihn semantisch in die falsche Richtung auf einer Straße, die pragmatisch genau der Apokalypse entspricht. Seine Auslegung ist gleichsam ein Rollenspiel. Mit den Maßstäben der Psychoanalyse, die er für sich beansprucht, muß man seine Auslegung, wie ich schon mehrfach formulierte, als ein Agieren in der Gegenübertragung bezeichnen. Anstatt zu erleben *und* dieses Erleben zu reflektieren, wie es analytisch allein angemessen wäre, nimmt er an dem Erleben Anstoß und sucht einen Punkt, von dem her er sich nicht mehr ärgern muß. Dort ist er zufrieden - und merkt nicht, daß er damit dem Text in die Falle gegangen ist und sich plötzlich am grausamen Gott nicht mehr stören muß. Der ist jetzt unversehens mit Drewermann eins, so wie auch der Apokalyptiker sich mit seinem Gott eins wußte und sich dabei der Zustimmung von Lohfink und Pesch sicher sein konnte.

Jeder, der in Drewermanns Auslegung seine eigene Theologie wiederfindet, wird meine Kritik an ihm zurückweisen. Vielleicht tue ich ihm theologisch in anderer Hinsicht tatsächlich Unrecht. Ich habe natürlich nichts dagegen, gesünder zu leben und mutiger zu hoffen. Aber worum es mir vor allem geht, ist, zu zeigen, was in seiner Interpretation psychoanalytisch geschieht. Sie ist ein Handeln ohne angemessene Reflexion und damit ein Scheitern an dem, was Drewermann an der Wissenschaft so tadelt: an der Reflexion, an der Differenzierung und vor allem an der Rationalität.

Das, was Drewermann in seinen zwei Bänden "Tiefenpsychologie und Exegese" und auch in seinen anderen Werken anbietet, hat mit genuiner Psychoanalyse fast nichts zu tun und erreicht wohl auch nicht die Standards Jungscher Tiefenpsychologie, wobei ich hier vorsichtiger urteilen muß. Mir scheinen seine Auslegungen jungianisch-psychologisch nachzeichnende Homilien zu sein, die manchmal recht anregend sein können, aber exegetisch nicht wesentlich über altkirchliche Allegoresen hinausweisen. Irgendeinen neuen Impuls für die Verbindung von Psychoanalyse oder Tiefenpsychologie mit exegetischer Wissenschaft habe ich in Drewermanns Büchern nicht gefunden. Im Gegenteil, ich fürchte, daß die Polemik, mit der der Autor schreibt, dem Ruf der Psychoanalyse in den exegetischen Wissenschaften eher noch mehr schaden wird.

Wie ist diese Unzulänglichkeit zu erklären? Ich habe es im Text mehrfach angedeutet und kann es hier nur wiederholen. Drewermanns Kenntnisse der Psychoanalyse sind bestenfalls fragmentarisch. Zwar hat er vieles von Freud gelesen, aber was bei ihm gänzlich fehlt, ist die Kenntnis der lebendigen Auseinandersetzung und Weiterentwicklung in der und um die Psychoanalyse, wie sie vor allem in internationalen Fachzeitschriften geführt wird. Drewermanns Kenntnissen in der Psychoanalyse fehlt, wie mir scheint, genau das, was ich sonst bei ihm zu viel finde, nämlich "Einheit". Damit meine ich keineswegs eine dogmatische Einheitlichkeit, von der ich selber weit entfernt zu sein hoffe, sondern das Bewußtsein eines Zentrums in der Psychoanalyse. Und das ist für mich der psychoanalytische Prozeß, jene Verwicklung zwischen Analytiker und Analysanden, die immer wieder auch zur Klärung und Trennung führt. Um dieses Zentrum geht es in aller Theorie, die von einer in sich ruhenden Kohärenz weit entfernt ist und wohl auch bleiben wird. Ziel meiner Arbeit war es, diese Form von analytischem Prozeß auch auf die Auslegung von biblischen

Texten auszudehnen. Bei Drewermann sehe ich dafür leider kaum ein Problembewußtsein.

Drewermanns außerordentlicher Erfolg dürfte daher rühren, daß er dem verbreiteten Bedürfnis nach Unmittelbarkeit und Reinheit eine Stimme verleiht und zugleich verspricht, es durch seine Hermeneutik stillen zu können. Das vor allem ist die Verheißung, die ich im anfangs aufgeführten Zitat finde. Mit meinen Erwägungen zum himmlischen Jerusalem glaube ich den illusionären Charakter solcher Verheißungen gezeigt zu haben. Ich fürchte, daß Drewermann hier einen latenten Fundamentalismus vertritt, bei dem letztlich doch wieder in den Texten die verbindliche Wahrheit zu finden ist. Hierin steht Drewermann übrigens auch der historisch-kritischen Forschung näher als er meint, denn auch hier besteht ja oft die Hoffnung, über die historische Erhellung des Sinnes der theologischen Wahrheit näher zu kommen. Hermeneutische und dogmatische Wahrheit, bei Baumgarten in der Bibel ungetrennt[5], sind in den exegetischen Wissenschaften noch immer zu nahe verbunden. Aber er steht damit natürlich vor allem auch innerhalb seiner katholischen Kirche, gegen die er, nach meinen Urteil mit vollem Recht, so heftig polemisiert und die nach meiner Überzeugung eine noch wesentlich ausgeprägtere Illusion vertritt als er, nämlich die Illusion einer den Menschen eignenden, unhinterfragbaren und absoluten Wahrheit.

In der Psychoanalyse gibt es seit Beginn eine ähnliche Tendenz: Psychoanalyse ist für viele Autoren vor allem Freud-Exegese. Es ist in der Tat schwierig, sich von einem so großen Vorbild zu lösen. Aber es ist ein Unterschied, ob man sich von einem bedeutenden Stifter anregen läßt oder ob man bei ihm "die Wahrheit" sucht. Mir scheint Psychoanalyse ohne Freud-Lektüre zur Zeit nicht möglich zu sein, aber sie ist Bezugspunkt, nicht allverbindliche Norm. Ähnlich dürfte es mit der Bibel stehen: es ist kaum möglich und auch nicht wünschenswert, ohne sie Theologie zu treiben. Aber das heißt noch nicht, daß Theologie nicht auch im Gegensatz gegen biblische Texte legitim getan werden dürfte. Biblische Theologie bedeutet für mich vor allem eine Theologie, die sich in biblische Texte verwickeln läßt und sich klärend und reflektierend auch immer wieder von ihnen trennt, sie als "anders" zwar hört, sie aber auch verwirft[6].

Was kann eine Auslegerin oder ein Ausleger der Bibel von der Psychoanalyse lernen, sofern sie oder er das will?

Das erste ist der Prozeß- und Konstruktionscharakter von Auslegungen überhaupt.

Das zweite dürfte die Möglichkeit sein, sich als auslegendes Subjekt zu erfahren und zu reflektieren.

Drittens schließlich kann ein Ausleger, der auch hinreichende Kenntnisse der psychoanalytischen Theorie hat, etwas darüber erfahren, welche seiner Wünsche und Befürchtungen sie oder er mit seinem exegetischen Bemühen immer

---

[5] Siehe oben Anm. 64 zu Kap. 5.
[6] In einer sehr treffenden Formulierung sagt H. Frankemölle (1983): "Soll biblische Tradition heute rezipiert werden, verlangt das *historische* Interpretation, damit sie biblisch vorgegebene, auch fremde Tradition bleibt, die den Erwartungen der Rezipienten oftmals auch querliegen dürfte" (S. 48).

schon symbolisiert hat, wieweit er fixiert bleibt oder wie er oder sie sich davon wegbewegen kann.

Die Psychoanalyse lehrt nichts direkt über Gott, weder positiv noch negativ, aber einiges darüber, *warum* und *wie* Menschen an ihn glauben. Über die "seelische Matrix" der Theologie, wie ich es nannte[7], führt die Psychoanalyse nicht hinaus. Das ist eine relativ nüchterne Position und zugleich meine zentrale Kritik an der Art, wie Drewermann die Psychoanalyse gebraucht oder eher: mißbraucht. Sie zur Kronzeugin für eine reine Theologie mit reineren Träumen zu machen, hieße, sie für eine reine Illusion zu mißbrauchen. Welche destruktive Kraft solche Illusionen bekommen, wenn man daran geht, sie in die Wirklichkeit umzusetzen, das zeigt die Wirkungsgeschichte der Apokalypse mit größter Klarheit, und das weiß auch Drewermann. Trotzdem scheint es mir, daß er sich gerade wegen seiner guten Vorsätze davon nicht lösen kann.

Würde sich die Psychoanalyse für ein solches Ziel zur Verfügung stellen, wäre sie keiner Verteidigung wert. Dagegen war es das Ziel meiner eigenen Auslegung von Texten der Apokalypse, die in der Tradition Freuds stehende Psychoanalyse gerade zur Aufklärung über solche Illusionen zu gebrauchen.

---

[7] siehe oben S. 182.

Bibliographie

Abraham, Karl, Der Versöhnungstag (1920). In: Y. Spiegel (Hrsg.) (1972), 117-127
Abend, Sander M., Countertransference and Psychoanalytic Technique. Psychoanalytic Q. (1989) 58, 374-395
Anonyma, Verführung auf der Couch. Kore, Freiburg (1988)
Anzieu, Didier, Le Groupe et l'Inconscient. Dunod, Paris (1984)
ders., Freuds Selbstanalyse und die Entdeckung der Psychoanalyse, Bd. 1 und 2. Verlag Internationale Psychoanalyse, München-Wien (1990)
Arlow, Jacob A., The Consecration of the Prophet. Psychoanal. Q. (1951) 20, 374-397. Auszugsweise deutsche Übersetzung in: Y. Spiegel (Hrsg.) (1972), 232-242
Ast, Friedrich, Hermeneutik. In: Seminar: Philosophische Hermeneutik. H.-G. Gadamer und G. Boehm (Hrsg.). Suhrkamp, Frankfurt am Main (1976), 111-130
Atwood, George E., Stolorow, Robert D., Metapsychology, Reification and the Representational World of C. G. Jung, Int. Rev. Psycho-Anal. (1977) 4, 197-214
Austin, John L., How to do Things with Words (Second Edition). Oxford University Press (1980)

Bachmann, Michael, Die apokalyptischen Reiter. Dürers Holzschnitt und die Auslegungsgeschichte von Apk 6,1-8. ZThK. (1989) 86, 33-58
Bärsch, Claus-Ekkehard, Erlösung und Vernichtung. Klaus Boer, München (1987)
Bakan, David, Das Opfer im Buch Hiob (1968). In: Y. Spiegel (Hrsg.) (1972), 152-166
Balzac, Honoré de, Vater Goriot. Diogenes, Zürich (1977)
Barthes, Roland, The death of the author. In: D. Lodge (ed.), Modern Criticism and Theory. Longman, London and New York (1988), 167-172
Baumgarten, Siegmund J., Unterricht von Auslegung der Heiligen Schrift. J. J. Gebauer, Halle (1759²)
Beland, Hermann, Bespr.: J. Chasseguet-Smirgel, Zwei Bäume im Garten. Zeitschr. f. psychoanal. Theorie und Praxis (1989) 4, 94-102
Bergeret, Jean, OEdipe avant Thèbes. Revue Française de Psychanalyse (1989) 53, 857-71
Bernfeld, Siegfried, Der Begriff der "Deutung" in der Psychoanalyse. Zeitschrift für angewandte Psychologie (1932) 42, 448-497
Bird, Brian, Notes on Transference: Universal Phenomenon and Hardest Part of Analysis. J. Amer. Psychoanal. Assn. (1972) 20, 267-301. Auch in: R. Langs (ed.) (1981)
Bleich, David, Subjective Criticism. The Johns Hopkins University Press, Baltimore and London (1978)
Bloom, Harold, The Anxiety of Influence. Oxford University Press, London, Oxford, New York (1973)
ders., Kabbala. Poesie und Kritik. Stroemfeld Roter Stern, Basel/ Frankfurt am Main (1988 [1975])
Böcher, Otto, Kirche in Zeit und Endzeit. Neukirchener Verlag, Neukirchen-Vluyn (1983)
ders., Die Johannesapokalypse (Erträge der Forschung Bd. 41). Wissenschaftliche Buchgesellschaft, Darmstadt (1988)
Boesak, Allan, Schreibe dem Engel Südafrikas. Kreuz-Verlag, Stuttgart (1988)
Booth, Wayne, The Rhetoric of Fiction. The University of Chicago Press, Chicago/London (1961, Second Edition 1983)
ders., Critical Understanding. The University of Chicago Press, Chicago/London (1979)
Bornkamm, Günther, Die Kompositionen der apokalyptischen Visionen in der Offenbarung Johannis. In: Studien zu Antike und Christentum, Bd. 2, Christian Kaiser, München (1963), 204-222
Bousset, Wilhelm, Die Offenbarung Johannis. Vandenhoeck & Ruprecht, Göttingen (1966 [1906])
Breuer, Dieter, Einführung in die pragmatische Texttheorie. Wilhelm Fink, München (1974)
Britton, Ronald, The Oedipus Complex and the Depressive Position. Sigmund Freud House Bulletin, Vol. 9 (1985) No. 1, 7-12

ders., The missing link: parental sexuality in the Oedipus complex. In: R. Britton, M. Feldmann, E. O'Shaughnessy (ed.), The Oedipus Complex Today. Karnac Books, London (1989)
Broich, Ulrich/Pfister, Manfred, Intertextualität. Max Niemeyer Verlag, Tübingen (1985)
Bronzwaer, W., Implied Author, Extradiegetic Narrator and Public Reader. Gerard Genette's Narratological Model and the Reading Version of *Great Expectations*. Neophilologus (1978) 62, 1-18
Bucher, Anton Alois, Tiefenpsychologie und Exegese? Anmerkungen zum Psychologiekonzept Eugen Drewermanns. In: H. Meesmann (Hrsg.) (1990), 112-121
Bultmann, Rudolf, Das Problem der Hermeneutik (1950). In: Rudolf Bultmann, Glaube und Verstehen, Bd.2., J.C.B. Mohr (Paul Siebeck), Tübingen (1965^4).

Camus, Albert, La chute. Gallimard, Paris (1956)
Carveth, Donald L., The Analyst's Metaphors. Psychoanalysis and Contemporary Thought (1984) 7, 491-560
Chasseguet-Smirgel, Janine, Perversion and the universal law. Int. Rev. Psycho-Anal. (1983) 10, 293-301
dies., Das Ichideal (stw 682). Suhrkamp, Frankfurt am Main (1987 [1975])
dies. A woman's attempt at a perverse solution and its failure. Int. J. Psycho.-Anal. (1988) 69, 149-161
dies., From the Archaic Matrix of the Oedipus-Complex to the Fully Developed Oedipus Complex: Theoretical Perspective in Relation to Clinical Experience and Technique. Psychoanal. Q. (1988) 57, 505-527
dies., Kunst und schöpferische Persönlichkeit. Verlag Internationale Psychoanalyse, München und Wien (1988[1971])
dies., Zwei Bäume im Garten. Verlag Internationale Psychoanalyse, München-Wien (1988)
dies., Anatomie der menschlichen Perversion. Deutsche Verlagsanstalt, Stuttgart (1989 [1984])
dies., Sadomasochism in the Perversions: Some Thoughts on the Destruction of Reality. J. Amer. Psychoanal. Assn. (1991) 39, 399-415
Chatman, Seymour, Story and Discourse. Cornell University Press, Ithaca and London (1978)
Clark, Ronald W., Sigmund Freud. S. Fischer, Frankfurt am Main (1981 [1979])
Coen, Stanley J., Introduction (zu dem Panel: Current Concepts of Transference and Countertransference). Psychoanalysis and Contemporary Thought (1982a) 5, 3-15
ders., Louis-Ferdinand Céline's *Castle to Castle:* The Author-Reader Relationship in its Narrative Style. American Imago (1982b) 39, 343-368
ders., The Author and his Audience: Jean Genet's Early Work. In: The Psychoanalytic Study of Society Vol. 10 (1984), 301-320
Cohn, Norman, Das neue irdische Paradies. Rowohlt Taschenbuch Verlag, Reinbek bei Hamburg (1988)
Cooper, Arnold M., Some Persistent Issues in Psychoanalytic Literary Criticism. Psychoanalysis and Contemporary Thought (1982) 5, 45-53
Coseriu, Eugenio, Synchronie, Diachronie und Geschichte, Wilhelm Fink, München (1974)
ders., Textlinguistik. Hrsg. von Jörn Albrecht. Günter Narr, Tübingen (1981)
Cox, David, C. G. Jung und Paulus (1959). Auszug in: Y. Spiegel (Hrsg.) (1972), 60-74
Culler, Jonathan, Issues in American Critical Debate. In: E. Ibsch (Hrsg.) Schwerpunkte der Literaturwissenschaft außerhalb des deutschen Sprachraumes. Amsterdamer Beiträge zur neueren Germanistik, Bd. 17 (1982), Rodopi, Amsterdam

Dahl, Gerhard, Notes on Critical Examinations of the Primal Scene Concept. J. Amer. Psychoanal. Assn. (1982) 30, 657-677
Deserno, Heinrich, Die Analyse und das Arbeitsbündnis. Verlag Internationale Psychoanalyse, München-Wien (1990)
Deutsch, Helene, Okkulte Vorgänge während der Psychoanalyse. Imago (1926) 12, 418-433

Dieckmann, Hans, Die Konstellierung der Gegenübertragung beim Auftreten archetypischer Träume (Untersuchungsmethoden und -Ergebnisse). Z. Analytische Psychol. (1971) 3, 11-28

Dilthey, Wilhelm, Die Entstehung der Hermeneutik (1900). In: Gesammelte Schriften Bd. 5. Teubner, Stuttgart/Vandenhoeck & Ruprecht, Göttingen (1982[7]) 317-331

Dobschütz, Ernst von, Vom vierfachen Schriftsinn. In: Harnack-Ehrung. J. C. Hinrichs, Leipzig (1921) 1-13

Dolto, Françoise, L'évangile au risque de la psychanalyse. jean-pierre delarge, éditeur, Paris (1977), Tome II, Editions du Seuil, Paris (1982)

Drewermann, Eugen, Strukturen des Bösen, Bd. 1-3. Ferdinand Schöningh, Paderborn (1987[6] [1977])

ders. Tiefenpsychologie und Exegese. Bd. I und II, Walter-Verlag, Olten (1984/1985)

ders., "An ihren Früchten soll ihr sie erkennen", Walter-Verlag, Olten (1988)

ders., Wort des Heils-Wort der Heilung, Bd. III, Patmos Verlag, Düsseldorf (1989)

Dürr, Alfred, Die Kantaten von Johann Sebastian Bach, Band 1 u. 2, dtv/Bärenreiter, München/Kassel (1985)

Eagleton, Terry, Einführung in die Literaturtheorie. (Sammlung Metzler Bd. 246) J. B. Metzler, Stuttgart (1988)

Ebach, Jürgen, Apokalypse. Zum Ursprung einer Stimmung. In: Einwürfe 2. Christian Kaiser Verlag, München (1985)

Ebeling, Gerhard, Wort Gottes und Hermeneutik (1959), in: G. Ebeling: Wort und Glaube, Bd. 1., J.C.B. Mohr (Paul Siebeck), Tübingen (1967[3])

Eco, Umberto, Einführung in die Semiotik. Wilhelm Fink, München (1972)

ders., Lector in fabula, Carl Hanser, München/Wien (1987)

Egger, Wilhelm, Methodenlehre zum Neuen Testament, Herder, Freiburg-Basel-Wien (1987)

Eissler, Kurt R., The Relation of Explaining and Understanding in Psychoanalysis. In: Psychoanalytic Study of the Child, Vol. 23, 141-177. The Hogarth Press, London (1968)

Epstein, Lawrence/Feiner, Arthur H. (ed.), Countertransference. Jason Aronson, New York/London (1979)

Faber, Richard, Der Collage - Essay. Gerstenberg, Hildesheim (1979)

Fehrenbacher, Gregor, Drewermann verstehen. Walter-Verlag, Olten und Freiburg im Breisgau (1991)

Felman, Shoshana, Turning the Screw of Interpretation. Yale French Studies (1977) 55/56, 94-207

Ferenczi, Sandor, Versuch einer Genitaltheorie. Internationaler Psychoanalytischer Verlag, Leipzig/Wien/Zürich (1924)

Ferenczi, Sandor/Rank, Otto, Entwicklungsziele der Psychoanalyse. Internationaler Psychoanalytischer Verlag, Leipzig/Wien/Zürich (1924)

Fischer, Hermann, Gespaltener christlicher Glaube. Herbert Reich, Hamburg (1974)

Fish, Stanley, Is there a Text in this Class? Harvard University Press, Cambridge (Mass.) and London (1980)

ders., Doing what comes naturally. Clarendon Press, Oxford (1989)

Flader, Dieter/Grodzicki, W.-D., Was bewirkt die psychoanalytische Grundregel? Psyche, (1978) 32, 545-594

Fodor, A., Der Sündenfall im Buch Genesis. In: Y. Spiegel (Hrsg.) (1972), 167-173

Fordham, Michael, Counter-transference (1960), in: M. Fordham et al. (ed.), Technique in Jungian Analysis. Karnac Books, London (1989[2]), 240-250

ders., Technique and Counter-transference (1969), in: M. Fordham et al. (ed.), Technique in Jungian Analysis. Karnac Books, London (1989[2]), 260-288

ders., Analytical Psychology and Countertransference. In: L. Epstein/A. Feiner (ed.) (1979) 193-209

Fordham, Michael/Karnac Books et al. (ed.), Technique in Jungian Analysis. London (1989[2] [1974])

Frankemölle, Hubert, Biblische Handlungsanweisungen. Grünewald, Mainz (1983)
Freud, Anna, Schwierigkeiten der Psychoanalyse in Vergangenheit und Gegenwart (1969). In: Die Schriften der Anna Freud, Bd. 9. 2481-2508, Kindler, München (1980)
Freud, Sigmund, Die Traumdeutung (1900a). Studienausgabe Bd. 2. S. Fischer, Frankfurt am Main
ders., Die Freudsche psychoanalytische Methode (1904a). Studienausgabe, Ergänzungsband zur Behandlungstechnik, 99 - 106
ders., Bruchstück einer Hysterie-Analyse (1905e). Studienausgabe Bd. 6, 83-186
ders., Der Dichter und das Phantasieren (1908e). Studienausgabe Bd. 10, 169-179
ders., Eine Kindheitserinnerung des Leonardo da Vinci (1910c). Studienausgabe Bd. 10, 87-159
ders., Die zukünftigen Chancen der psychoanalytischen Therapie (1910d). Studienausgabe, Ergänzungsband zur Behandlungstechnik, 121-132
ders., Über den Gegensinn der Urworte (1910e). Gesammelte Werke. Bd. 8, 213-221. S. Fischer, Frankfurt am Main
ders., Formulierungen über die zwei Prinzipien des psychischen Geschehens (1911b). Studienausgabe Bd. 3, 13-24
ders., Psychoanalytische Bemerkungen über einen autobiographisch beschriebenen Fall von Paranoia (Dementia paranoides) (1911c). Studienausgabe Bd. 7, 133-203
ders., Zur Dynamik der Übertragung (1912b). Studienausgabe, Ergänzungsband, 157-168
ders. , Ratschläge für den Arzt bei der psychoanalytischen Behandlung (1912e). Studienausgabe, Ergänzungsband, 169-180
ders., Totem und Tabu (1912-1913). Studienausgabe Bd. 9, 287-444
ders., Ein Traum als Beweismittel (1913a). Gesammelte Werke Bd. 10, 11-22
ders., Zur Einleitung der Behandlung. (1913c). Studienausgabe, Ergänzungsband, 181-203
ders., Zur Einführung des Narzißmus (1914c). Studienausgabe Bd. 3, 37-68
ders., Zur Geschichte der psychoanalytischen Bewegung (1914d). Gesammelte Werke Bd. 10, 43-113
ders. Erinnern, Wiederholen und Durcharbeiten. (1914g). Studienausgabe, Ergänzungsband, 205-215
ders., Triebe und Triebschicksale (1915c). Studienausgabe Bd. 3, 75-102
ders., Über Triebumsetzung, insbesondere der Analerotik (1917c). Studienausgabe Bd. 7, 123-131
ders., Trauer und Melancholie. (1917e [1915]). Studienausgabe Bd. 3, 193-212
ders., Jenseits des Lustprinzips. (1920g). Studienausgabe Bd. 3, 213-272
ders., "Psychoanalyse" und "Libidotheorie". (1923a). Gesammelte Werke Bd. 13, 209-233
ders., Das Unbehagen in der Kultur. (1930a). Studienausgabe Bd. 9, 191-270
ders., Die endliche und die unendliche Analyse. (1937c). Studienausgabe, Ergänzungsband, 351-392
ders., Konstruktionen in der Psychoanalyse (1937d). Studienausgabe, Ergänzungsband, 393-406
ders., Der Mann Moses und die monotheistische Religion: Drei Abhandlungen (1939a [1934-38]) Studienausgabe Bd. 9, 455-581
ders., Briefe an Wilhelm Fließ. J. M. Masson (ed.), (deutsch von M. Schröter), S. Fischer, Frankfurt am Main (1986)
Freud, Sigmund/Abraham, Karl, Briefe 1907-1926, S. Fischer, Frankfurt am Main (1965)
Freud, Sigmund/Breuer, Joseph, Studien über Hysterie (1895), Fischer Taschenbuch Verlag, Frankfurt am Main (1970)
Frier, Ina, Objektbeziehungen im literarischen Prozeß. Jahrbuch der Psychoanalyse 24 (1989) 214-245. frommann-holzboog, Stuttgart-Bad Cannstatt
Fromm, Erich, Der Sabbath (1927). In: Y. Spiegel (Hrsg.) (1972), 174-184
Frye, Northrop, The Great Code. Ark Paperbacks, London, Melbourne and Henley (1983)

Gadamer, Hans-Georg, Wahrheit und Methode. Ges. Werke Bd. 1, J.C.B.Mohr (Paul Siebeck), Tübingen (1990[1960])

Gager, John G., Kingdom and Community. Prentice-Hall, Englewood Cliffs, New Jersey (1975)
Garcia, Emanuel E., Freuds Verführungstheorie. Jahrbuch der Psychoanalyse Bd. 28 (1991) 148-176 frommann-holzboog, Stuttgart-Bad Cannstatt
Gay, Peter, Freud. S. Fischer, Frankfurt am Main (1989 [1987])
Genette, Gérard, Palimpsestes. Editions du Seuil, Paris (1982)
ders., Seuils. Editions du Seuil, Paris (1987)
Georgi, Dieter, Die Visionen vom himmlischen Jerusalem in Apk. 21 und 22. In: Festschrift für Günther Bornkamm. Dieter Lührmann und Georg Strecker (Hrsg.). J.C.B. Mohr (Paul Siebeck), Tübingen (1980), 351-372
Gibson, Walker, Authors, Speakers, Readers and Mock Readers (1950). In: Jane P. Tompkins, (ed.)
Glowinski, Michal, Der Dialog im Roman. Poetica (1974) 6, 1-16
Goebbels, Joseph, Michael. Ein deutsches Schicksal in Tagebuchblättern. Franz Eher, München (1931^2)
Görres, Albert/Kasper, Walter (Hrsg.), Tiefenpsychologische Deutung des Glaubens? Quaestiones disputatae 113. Herder, Freiburg, Basel, Wien (1988)
Greenson, Ralph R., Technik und Praxis der Psychoanalyse (1967) (deutsch:) Ernst Klett, Stuttgart (1973)
Greimas, Algirdas J., Sémantique structurale. Presses Universitaires des France, Paris, Nouvelle Edition (1986 [1966])
ders., Die Isotopie der Rede. In: W. Kallmeyer u.a. (Hrsg.) Lektürekolleg zur Textlinguistik Bd. 2. Athenäum, Königstein/Ts. (1974), 126-152
Grubrich-Simitis, Ilse, Freuds Moses-Studie als Tagtraum. Psyche, (1990) 44, 479-515
Grunberger, Béla, Vom Narzißmus zum Objekt. Suhrkamp, Frankfurt am Mai (1976)
ders., Narziß und Anubis, Bd 1 und 2, Verlag Internationale Psychoanalyse, München-Wien (1988)
Güttgemanns,, Die Semiotik des Traums in apokalyptischen Texten am Beispiel von Apokalypse 1. In: Linguistica Biblica (1987) 59, 7-54
Gysling-Schaub, Andrea, Gegenübertragung, die Kontroverse um die analytische Antwort. Phil.-Hist. Diss. Basel (1985)

Hahn, Ferdinand, Die Sendschreiben der Johannesapokalypse. In: Tradition und Glaube. Festgabe für K. G. Kuhn. Vandenhoeck & Ruprecht, Göttingen (1971), 357-394
ders. (Hrsg.), Der Erzähler des Evangeliums. Verlag Katholisches Bibelwerk GmbH, Stuttgart (1985)
Hamburger, Käthe, Die Logik der Dichtung. Klett-Cotta, Suttgart (1977)
Hardmeier, Christof, Prophetie im Streit vor dem Untergang Judas. De Gruyter, Berlin, New York (1990)
Harsch, Helmut, Psychologische Interpretation biblischer Texte? (1968). In: Spiegel (Hrsg.) (1972), 49-59
ders., Gottesbilder. Jakobs Kampf am Jabbok. In: Y. Spiegel (Hrsg.) (1978), 79-91
Harweg, Roland, Inhaltsentwurf, Erzählung, Inhaltswiedergabe. W. Frier/G. Labroisse: Grundfragen der Textwissenschaft. Amsterdamer Beiträge zur neueren Germanistik, Bd. 8 (1979) Rodopi, Amsterdam, 111-130
Heiber, Helmut, Joseph Goebbels. Colloquium Verlag, Berlin (1962)
Heim, Robert, Fremdenhaß und Reinheit - die Aktualität einer Illusion. Sozialpsychologische und psychoanalytische Überlegungen. Psyche (1992) 46, 710-729
Heimann, Paula, On Countertransference, Int. J. Psycho-Anal. (1950) 31, 81-84. Auch in: R. Langs (ed.) (1981)
dies., Die Dynamik der Übertragungsinterpretationen, Psyche (1957) 11, 401-415
dies., Bemerkungen zur Gegenübertragung (engl. 1960), deutsch: Psyche (1964) 28, 483-493
Hofmann, Hans-Ulrich, Luther und die Johannes-Apokalypse. J.C.B. Mohr (Paul Siebeck), Tübingen (1982)
Holland, Norman, 5 Readers Reading. Yale University Press, New Haven and London (1975)

Holtz, Traugott, Die Christologie der Apokalypse des Johannes (TU 85), Akademie-Verlag, Berlin (1962)

Hommel, Hildebrecht, Vergils "messianisches" Gedicht (1950). In: Hans Oppermann (Hrsg.), Wege zu Vergil, Wissenschaftliche Buchgesellschaft, Darmstadt (1963), 386-425

Hopkins, Brooke, Jesus and object-use - a Winnicottian account of the resurrection myth. Int. Rev. Psycho-Anal. (1989) 16, 93-100

Hörisch, Jochen, Die Wut des Verstehens. Suhrkamp, Frankfurt am Main (1988)

Ibsch, Elrud, Leserrollen, Bedeutungstypen und literarische Kommunikation. E. Ibsch (Hrsg.): Schwerpunkte der Literaturwissenschaft außerhalb des deutschen Sprachraumes. Amsterdamer Beiträge zur neueren Germanistik Band 15. Rodopi, Amsterdam (1982)

Isaacs, Susan, The Nature and Function of Phantasy (1943). In: J. Riviere (ed.) Developments in Psycho-Analysis, 67-121. Karnac Books, London (1989²)

Iser, Wolfgang, Der implizite Leser. W. Fink, München (1972)

ders., Der Akt des Lesens. W. Fink, München (1976)

Jaspers, Karl, Der Prophet Ezechiel. Eine pathographische Studie. In: Arbeiten zur Psychiatrie, Neurologie und ihren Grenzgebieten (Festschrift für Kurt Schneider), H. Kranz (Hrsg.), Scherer, Heidelberg (1947), 77-85

Jauß, Hans Robert, Literaturgeschichte als Provokation der Literaturwissenschaft (1967). In: R. Warning (Hrsg.), (1975), 126-162

ders., Ästhetische Erfahrung und literarische Hermeneutik. Suhrkamp, Frankfurt am Main (1982)

Jeremias, Joachim, Artikel "abaddon". In: G. Kittel (Hrsg.), ThWB, Stuttgart, G. Kohlhammer (1933), 4

Johnson, Barbara, The Frame of Reference: Poe, Lacan, Derrida. In: Geoffrey H. Hartman (ed.), Psychoanalysis & the Question of the Text. The Johns Hopkins University Press, Baltimore and London (1978) 149-171

Jones, Ernest, Das Leben und Werk von Sigmund Freud, Bd. I-III, Hans Huber, Bern und Stuttgart (1962)

Jork, Gudrun, Eine uralte Geschichte (Gen. 3). In: Y. Spiegel (Hrsg.), (1978), 44-55

Joseph, Betty, Transference and the total situation (1985). In: Elisabeth Bott Spillius (ed.), Melanie Klein Today, Vol. 2, Tavistock/Routledge, London and New York (1988)

Juhl, P. D., Interpretation. Princeton University Press, Princeton, New Jersey (1980)

Jung, Carl Gustav, Über die Beziehung der analytischen Psychologie zum dichterischen Kunstwerk (1922). Studienausgabe Bd. 3, 35-56, Walter-Verlag, Olten (1972)

ders., Die psychologischen Grundlagen des Geisterglaubens (1948 [1919]). Ges. Werke Bd. 8, 331-348. Walter-Verlag, Olten (1982⁴)

ders., Antwort auf Hiob (1952). Studienausgabe Bd. 8, Walter-Verlag, Olten (1972)

Kallmeyer, Werner u.a. (Hrsg.), Lektürekolleg zur Textlinguistik. Band 1 u. 2, Athenäum, Königstein/Ts (1974)

Karrer, Martin, Die Johannesoffenbarung als Brief. Vandenhoeck & Ruprecht, Göttingen (1986)

Kaufmann, Rolf, Die Krise des Tüchtigen. Walter-Verlag, Olten und Freiburg im Breisgau (1983)

Kayser, Wolfgang, Das Problem des Erzählers im Roman. In: The German Quarterly (1956) 29, 225-238

Keitel, Evelyne, Psychopathographien. Carl Winter, Heidelberg (1986)

Kerényi, Karl, Die Mythologie der Griechen. Rhein Verlag, Zürich (1951)

Kermode, Frank, The Genesis of Secrecy. Harvard University Press. Cambridge (Mass.) & London (1979)

Kernberg, Otto, Countertransference (1965). In: R. Langs (ed.), (1981), 207-216. Deutsch in: O. Kernberg, Borderline-Störungen und pathologischer Narzißmus, 68-87. Suhrkamp, Frankfurt am Main (1978)

King, Pearl/Steiner, Ricardo, The Freud-Klein Controversies 1941-1945. Tavistock/Routledge, London and New York (1991)

Klein, Melanie, A Contribution to the Psychogenesis of Manic-Depressive States (1935). In: Melanie Klein, Love, Guilt and Reparation and Other Works 1921-1945. The Hogarth Press, London (1985). Deutsch in: M. K., Das Seelenleben des Kleinkindes. Klett-Cotta, Stuttgart (1989)

dies., Notes on Some Schizoid Mechanisms (1946). In: Melanie Klein, Envy and Gratitude and other Works 1946. The Hogarth Press, London (1980²). Deutsch in M. K., Das Seelenleben des Kleinkindes. Klett-Cotta, Stuttgart (1989)

dies., The Origins of Transference (1952). In: Melanie Klein, Envy and Gratitude and other Works 1946-1963. The Hogarth Press, London (1980²)

Klessmann, Michael, Zum Problem der Identität des Paulus. Wege zum Menschen (1989) 41, 156-172

Körner, Jürgen, Kritik der "therapeutischen Ich-Spaltung". Psyche, (1989) 43, 385-396

Körtner, Ulrich H. J., Weltangst und Weltende. Vandenhoeck & Ruprecht, Göttingen (1988)

Kraus, Hans-Joachim, Psalmen, 2. Teilband. Neukirchener Verlag, Neukirchen-Vluyn (1961)

Kris, Anton O., The Analyst's Stance and the Method of Free Association. In: The Psychoanalytic Study of the Child, Vol. 45, 25-41. Yale University Press, New Haven and London (1990)

Langs, Robert (ed.), Classics in Psychoanalytic Technique. Jason Aronson, New York/London (1981)

Lampe, Peter, Die Apokalyptiker - ihre Situation und ihr Handeln. In: U. Luz u.a. (Hrsg.), Eschatologie und Friedenshandeln, Verlag Katholisches Bibelwerk, Stuttgart (1981), 59-114

Laplanche, J./Pontalis, J.-B., Das Vokabular der Psychoanalyse. Suhrkamp, Frankfurt am Main (1973)

Laughlin, Henry P., König Davids Zorn (1954). In: Y. Spiegel (Hrsg.), (1972), 224-231

Levy, Ludwig, Sexualsymbolik in der Simsonsage. In: Y. Spiegel (Hrsg.), (1972), 75-93

Link, Hannelore, Rezeptionsforschung. W. Kohlhammer, Stuttgart, Berlin, Köln, Mainz, (1980²)

Loewald, Hans W., Psychoanalysis as an Art and the Phantasy Character of the Psychoanalytic Situation. In: H. W. Loewald, Papers on Psychoanalysis. Yale University Press, New Haven and London (1980 [1975])

Lohfink, Gerhard/Pesch, Rudolf, Tiefenpsychologie und keine Exegese. Stuttgarter Bibelstudien 129. Verlag Katholisches Bibelwerk, Stuttgart (1987)

Lorenzer, Alfred, Sprachzerstörung und Rekonstruktion. Suhrkamp, Frankfurt am Main (1970)

ders., Intimität und soziales Leid. Archäologie der Psychoanalyse. S. Fischer, Frankfurt am Main (1984)

ders. (Hrsg.), Kultur-Analysen. S. Fischer, Frankfurt am Main (1986).

Lüdde, Heinz, Lesarten der Selbstdarstellung. Zu einem autobiographischen Text von Elias Canetti. In: A. Lorenzer (Hrsg.), (1986), 375-396

Luther, Martin, Vorrede auf die Offenbarung St. Johannis (1522). In: H. H. Borcherdt und G. Merz (Hrsg.), Martin Luther, Ausgewählte Werke Bd. 6. Christian Kaiser Verlag, München (1958), 111-112

ders., Vorrede auf die Offenbarung St. Johannis (1530). A.a.O., S. 112-119

Lyons, John, Semantics, Vol. 1 and 2. Cambridge University Press (1977)

Mahler, Margaret u.a., Die psychische Geburt des Menschen. S. Fischer, Frankfurt am Main (1978)

Maier, Gerhard, Die Johannesoffenbarung und die Kirche. J.C.B. Mohr (Paul Siebeck), Tübingen (1981)

Malin, Arthur and Grotstein, James S., Projective Identification in the Therapeutic Process. Int. J. Psycho-Anal. (1966) 47, 26-31

Martin, Gerhard Marcel, Weltuntergang. Kreuz Verlag, Stuttgart (1984)
McDougall, Joyce, Plädoyer für eine gewisse Anormalität. Suhrkamp, Frankfurt am Main (1985 [1978])
dies., Théâtre du Je. Edition Gallimard (1982)
Meesmann, Hartmut (Hrsg.), Kirche und Glaube auf der Couch. Publik-Forum-Dokumentation, Oberursel (1990)
Mentzos, Stavros, Neurotische Konfliktverarbeitung. Fischer, Frankfurt am Main (1984)
Merkur Daniel, The Prophecies of Jeremiah. American Imago (1985) 42, 1-37
Milner, Marion, Aspects of Symbolism in Comprehension of the Not-Self. Int. J. Psycho-Anal. (1952) 33, 181-195
More, Joseph, The Prophet Jonah: The Story of an Intrapsychic Process. American Imago (1970) 27, 3-11
Morgenthaler, Fritz, Zur Theorie und Therapie von Perversionen Psyche (1974) 28, 1077-1098
ders., Der Traum. Edition Qumran im Campus Verlag, Frankfurt am Main und New York (1986)
Müller, Ulrich B., Die Offenbarung des Johannes. Gütersloher Verlagshaus Mohn, Gütersloh/Echter-Verlag, Würzburg (1984)
Mußner, Franz, "Weltherrschaft" als eschatologisches Thema der Johannesapokalypse. In: Festschrift für W. G. Kümmel. E. Grässer/O. Merk (Hrsg.). F. C. B. Mohr (Paul Siebeck), Tübingen (1985), 209-227

Neuhaus, Dieter, Im Schatten der Bilder. In: Einwürfe 4, Christian Kaiser Verlag, München (1987), 79-112
Nerenz, Klaus, Zu den Gegenübertragungskonzepten Freuds. Psyche (1985) 39, 501-518
Nestle-Aland, Novum Testamentum Graece (Kurt Aland et al. ed.) Deutsche Bibelgesellschaft, Stuttgart (1979^{26})
Niederland, William, G., Jakobs Kampf am Jabbok [1954]. In: Y. Spiegel (Hrsg.), (1972), 128-138
Niederwimmer, Kurt, Jesus. Vandenhoeck & Ruprecht, Göttingen (1968)
ders., Tiefenpsychologie und Exegese. Wege zum Menschen (1970) 22, 257-272
Nunberg, Hermann/Federn, Ernst (Hrsg.), Protokolle der Wiener Psychoanalytischen Vereinigung, Band 1., Samuel Fischer, Frankfurt am Main (1916)

Ogden, Thomas H., On Projective Identification. Int. J. Psycho-Anal. (1979) 60, 357-373
ders. The Primitive Edge of Experience. Jason Aronson, Northvale/New Jersey, London (1989)
ders., The Matrix of the Mind. Jason Aronson, Northvale/New Jersey, London (1990)
Ohly, Friedrich, Vom geistigen Sinn des Wortes im Mittelalter (1958). In: F. Ohly: Schriften zur mittelalterlichen Bedeutungsforschung. Wissenschaftliche Buchgesellschaft, Darmstadt (1983), 1-31
Oomen, Ursula, Linguistisches Grundlagen poetischer Texte. Max Niemeyer, Tübingen (1973)
Origenes, Vier Bücher von den Prinzipien, (H. Görgemanns/H. Karpp, Hrsg.) Wissenschaftliche Buchgesellschaft, Darmstadt (1976)
Ostow, Mortimer, The psychodynamics of apocalyptic: discussion of papers on identification and Nazi phenomenon. Int. J. Psycho-Anal. (1986) 67, 277-285
ders., Apokalyptische Archetypen in Träumen, Phantasien und religiösen Schriften. Jahrbuch der Psychoanalyse 23 (1988) 9-25 frommann-Holzboog, Stuttgart-Bad Cannstatt
Otto, Walter F., Mythos von Leto, dem Drachen und der Geburt. In: Walter F. Otto: Das Wort der Antike (Hrsg. Kurt von Fritz). Ernst Klett, Stuttgart (1962), 90-128

Petrey, Sandy, Speech Acts and Literary Theory. Routledge, New York, London (1990)
Pietzcker, Carl, Einführung in die Psychoanalyse des literarischen Kunstwerks. Könighausen + Neumann, Würzburg (1983)

ders., Überblick über die psychoanalytische Forschung zur literarischen Form. In: Freiburger literaturpsychologische Gespräche, Bd. 9, Königshausen + Neumann, Würzburg (1990)

ders., Lesend interpretieren. Königshausen + Neumann, Würzburg (1992)

Pfeiffer, Joachim, Literaturpsychologie 1945 - 1987. Könighausen + Neumann, Würzburg (1989)

Pfister, Oskar, Die Entwicklung des Apostels Paulus. Imago, (1920) 6, 243-290

Pongratz, Ludwig, Psychotherapie in Selbstdarstellungen. Hans Huber, Bern, Stuttgart, Wien (1973)

Popkes, Wiard, Die Funktion der Sendschreiben in der Johannes-Apokalypse. Zugleich ein Beitrag zur Spätgeschichte der neutestamentlichen Gleichnisse. ZNW (1983) 74, 90-107

Porder, Michael S., Projective Identification: An Alternative Hypothesis. Psychoanal. Q. (1987) 56, 431-451

Prince, Gerald, Introduction to the study of the narratee. Poétique (1973) 14, 177-196 (französische Erstveröffentlichung). Gekürzte englische Übersetzung in: Jane P. Tompkins (1980)

Pruyser, Paul, The Play of Imagination. International Universities Press, New York (1983)

Rabinowitz, Peter J., Before Reading, Cornell University Press, Ithaca and London (1987)

Racker, Heinrich, On Freud's Position Towards Religion. American Imago (1956) 13, 97-121

ders., Übertragung und Gegenübertragung, Ernst Reinhardt, München/Basel (1978)

Raguse, Hartmut, Zur psychoanalytischen Deutung von biblischen Texten. Wege zum Menschen (1986) 38, 18-28

ders., Lesevorgang und Übertragungsentwicklung - zur angewandten Psychoanalyse. Bulletin der Schweizerischen Gesellschaft für Psychoanalyse, (1986) Heft 21, 41-49

ders., Der Jubel der Erlösten über die Vernichtung der Ungläubigen. Wege zum Menschen (1990) 42, 449-557

ders., Psychoanalytische Reflexionen über Schuldgefühle und Schuld. ZeitSchrift Reformatio (1990) 39, 362-369

ders., Brave, gehorsame Kinder. Eugen Drewermanns "Kleriker". Merkur 501 (1990), 1085-1090

ders., Leserlenkung und Übertragungsentwicklung - hermeneutische Erwägungen zur psychoanalytischen Interpretation von Texten. Zeitschr. für psychoanal. Theorie und Praxis (1991) 6, 106-120

ders., Autobiographie als Prozeß der Selbstanalyse. Karl Philipp Moritz' "Anton Reiser" und die Erfahrungsseelenkunde. In: Freiburger literaturpsychologische Gespräche. Könighausen + Neumann, Würzburg (1992)

ders., "Freie Assoziation" als Sprache der Psychoanalyse - einige linguistische Reflexionen. Zeitschr. für psychoanal. Theorie und Praxis (1992) 7, 293-305

Rank, Otto, Der Mythus von der Geburt des Helden. Franz Deuticke. Leipzig und Wien (1909)

Rapaport, David/Gill, Merton M., The Points of View and Assumptions of Metapsychology. Int. J. Psycho-Anal. (1959) 60, 153-162

Rastier, Francois, Systematik der Isotopien. In: Lektürekolleg zur Textlinguistik, Bd. 2. W. Kallmeyer u. a. (Hrsg.). Athenäum, Königstein/Ts. (1974), 153-190

Reader, William W, Die Stadt Gottes in der Johannesapokalypse. Diss. Göttingen (1971) (Dissertationsdruck)

Reid, Stephen A., The Book of Job. The Psychoanalytic Review. (1973) 60, 373-391

Reik, Theodor, Das Kainszeichen. Imago (1919a) 6, 31-42

ders., Psychoanalytische Studien zur Bibelexegese I. Imago (1919b) 6, 325-363

ders., Probleme der Religionspsychologie, 1. Teil: Das Ritual. Internationaler Psychoanalytischer Verlag, Leipzig und Wien (1919c)

ders., Myth and Guilt. Grosset's Universal Library, New York (1970 [1957])

ders., Dogma und Zwangsidee. W. Kohlhammer, Stuttgart, Berlin, Köln, Mainz (1973 [1927])

Renik, Owen, The Biblical Book of Job: Advice to Clinicians. Psychoanal. Q. (1991) 60, 596-606
Rieß, Richard, Psychologische Erwägungen zur Perikope von der Versuchung Jesu. Wege zum Menschen (1970) 22, 275-281
Robert, Marthe, Sigmund Freud - zwischen Moses und Ödipus. List, München (1975 [1974])
Roloff, Jürgen, Die Offenbarung des Johannes. (Zürcher Bibelkommentare NT:18) Zürich (1984)
Rosenfeld, Herbert, A Critical Appreciation of James Strachey's Paper on the Nature of the Therapeutic Action of Psycho-Analysis. Int. J. Psycho-Anal. (1972) 53, 455-461
Rosenzweig, Efraim M., Historische und psychoanalytische Bemerkungen über Volk und Land Israel unter besonderer Berücksichtigung des Deuteronomiums. In: Y. Spiegel (Hrsg.) (1972), 185-199
Rubeli, Nico, Antijüdische Clichés und antisemitische Stereotypen bei Eugen Drewermann. Judaica (1992) 48, 98-113

Samjatin, Jewgenij, Wir. Manesse Verlag, Zürich (1977)
Samuels, Andrew, Jung und seine Nachfolger, Klett-Cotta, Stuttgart (1980)
Sandler, Joseph, Gegenübertragung und Bereitschaft zur Rollenübernahme, Psyche (1976) 30, 297-305
ders., Projection, Identification, Projective Identification, Karnac Books, London (1988)
Sandler, Joseph/Dare, Christopher/Holder, Alex, Die Grundbegriffe der psychoanalytischen Therapie. Ernst Klett, Stuttgart (1973)
Sartre, Jean-Paul, Was ist Literatur? Rowohlt, Reinbek (1982 [1948])
Satake, Akira, Kirche und feindliche Welt. In: Kirche. Festschrift für Günther Bornkamm, Dieter Lührmann und Georg Strecker (Hrsg.). J.C.B. Mohr (Paul Siebeck), Tübingen (1980), 329-349
Schafer, Roy, A New Language for Psychoanalysis, Yale University Press, New Haven and London (1976). Deutsch (gekürzt): Eine neue Sprache für die Psychoanalyse, Klett-Cotta, Stuttgart (1982)
ders., Language and Insight. Yale University Press, New Haven and London (1978)
ders., The Analytic Attitude. Basic Books, Inc., New York (1983)
Schapp, Wilhelm, In Geschichten verstrickt, Klostermann, Frankfurt/Main (1985)
Scharfenberg, Joachim, Luther in psychohistorischer Sicht. Wege zum Menschen (1985) 37, 15-27
Schlieffen, Henning, Graf von, Psychoanalyse ohne Grundregel. Psyche (1983) 37, 481-496
Schmid, Wolf, Der Textaufbau in den Erzählungen Dostoevskijs. (1973^1), durch ein Nachwort erweiterte Auflage (1986), Grüner, Amsterdam
ders., Rez.: (Dieter Janik) Die Kommunikationsstruktur des Erzählwerkes, Poetica (1974) 65, 404-415
Schmidt, Siegfried. J., Texttheorie. Wilhelm Fink, München (1973)
Schnackenburg, Rudolf, Exegese und Tiefenpsychologie. In: A. Görres/W. Kasper (Hrsg.), (1988), 26-48
Schneider, Carl, Die Erlebnisechtheit der Apokalypse des Johannes. Dörffling & Franke, Leipzig (1930)
Schneider-Harpprecht, Christoph, Psychoanalytische Bibelauslegung. Wege zum Menschen (1991) 43, 323-335
Schönau, Walter, Einführung in die psychoanalytische Literaturwissenschaft. Verlag J. B. Metzler, Stuttgart (1991)
Schulte-Sasse, Jochen/Werner, Renate, Einführung in die Literaturwissenschaft. Wilhelm Fink, München (1977)
Schüssler Fiorenza, Elisabeth, The Book of Revelation. Justice and Judgement Fortress press, Philadelphia (1985)
Schwartz, Murray M., The Literary Use of Transference. Psychoanalysis and Contemporary Thought, (1982) 5, 35-44
Schwartz-Salant, Nathan, Murray (ed.) Transference/Countertransference. In: Chiron: A Review of Jungian Analysis, (1984)

Segal, Hanna, Melanie Klein. Kindler, München (1974)
dies., Notes on Symbol Formation (1957). In: The Work of Hanna Segal. Free Association Books & Maresfield Library, London (1986)
Sellin, Ernst, Mose und seine Bedeutung für die israelitisch-jüdische Religionsgeschichte. Deichertsche Verlagsbuchhandlung, Leipzig, Erlangen (1922)
Skura, Meredith Anne, The Literary Use of the Psychoanalytic Process. Yale University Press, New Haven and London (1981)
Sontag, Susan, Gegen Interpretation (1964). In: Susan Sontag: Kunst und Antikunst. Carl Hanser, München-Wien (1980), 9-18
Spence, Donald P., Narrative Truth and Historical Truth. W. W. Norton & Company, New York and London (1984 [1982])
Spiegel, Yorick (Hrsg.), Psychoanalytische Interpretationen biblischer Texte. Chr. Kaiser, München (1972)
ders. (Hrsg.), Doppeldeutlich. Tiefendimensionen biblischer Texte. Chr. Kaiser, München (1978)
Spitz, René, Diacritic and Coenesthetic Organizations: The Psychiatric Significance of a Functional Division of the Nervous System into a Sensory and Emotive Part. In: René Spitz, Dialogues from Infancy (ed. Robert N. Emde).International Universities Press, New York (1983), 202-214
Sterba, Richard, Das Schicksal des Ichs im therapeutischen Verfahren (1932). In: P. Kutter und H. Roskamp (Hrsg.), Psychologie des Ichs. Wissenschaftliche Buchgesellschaft, Darmstadt (1974)
Stollberg, Dietrich/Lührmann, Dieter, Tiefenpsychologische oder historisch-kritische Exegese? Identität und der Tod des Ich (Gal. 2, 19-20). In: Y. Spiegel (Hrsg.) 1978, 215-236
Stone, Leo, Die psychoanalytische Situation (1961). Deutsch: S. Fischer, Frankfurt am Main (1973)
Strachey, James, The Nature of the Therapeutic Action of Psychoanalysis. Int. J. Psycho-Anal. (1934) 15, 127-159. Auch in: R. Langs (ed.) (1981)
Stuhlmacher, Peter. Vom Verstehen des Neuen Testamentes. Vandenhoeck & Ruprecht, Göttingen (1986^2)
Szasz, Thomas, The Concept of Transference. Int. J. Psycho-Anal. (1963) 44, 432 - 443. Auch in: R. Langs (ed.) (1981)
Szondi, Peter, Einführung in die literarische Hermeneutik. Stw. 124. Suhrkamp Verlag, Frankfurt am Main (1975)
Sztulman, Henry, La curiosité à l'égard de Sigmund Freud. In: H. Sztulman et J. Fénelon (ed.) La curiosité en psychanalyse. Privat Editeur, Toulouse (1981)

Taeger, Jens-W., Johannesapokalypse und johanneischer Kreis. BZNW 51. De Gruyter, Berlin, New York (1989)
Tarachow, Sidney, St. Paul and early Christianity. Psychoanalysis and the Social Sciences, Vol. 4 (1955), 223-281
ders., Judas, the Beloved Executioner. Psychoanal. Q. (1960) 29, 528-554. Auszugsweise deutsche Übersetzung in: Y. Spiegel (Hrsg.), (1972), 243-256
ders., Interpretation and Reality in Psychotherapy. Int. J. Psycho-Anal. (1962) 43, 377-387
Tertullianus, Quintus Septimus Florens, De spectaculis. In: Tertulliani Opera, Pars I, 225-253. Turnholti, Typographi Brepols Editores Pontificii (1954)
Theißen, Gerd, Psychologische Aspekte paulinischer Theologie. Vandenhoeck & Ruprecht, Göttingen. (1983)
Thilo, Hans-Joachim, Paulus - Die Geschichte seiner Entwicklung psychoanalytisch gesehen. Wege zum Menschen, (1985) 37, 2-14
Thompson, Leonard L., The Book of Revelation. Apocalypse and Empire, Oxford University Press, New York, Oxford, (1990)
Tillotson, Kathleen, The Tale and the Teller, Rupert Hart-Davis, London (1959)
Tompkins, Jane P., Reader-Response Criticism. The Johns Hopkins University Press, Baltimore/London (1980)

Tractenberg, Moisés, Circumcision, Crucifixion and Anti-Semitism. Int. Rev. Psycho-Anal. (1989) 16, 459-471

Ulonska, Herbert, Die Krankheit des Paulus und die ritualisierte christliche Demut. Wege zum Menschen (1989) 41, 356-367

Vergote, Antoine, Der Beitrag der Psychoanalyse zur Exegese. Leben, Gesetz und Ich-Spaltung im 7. Kapitel des Römerbriefs. In: Exegese im Methodenstreit, X. Léon-Dufour (Hrsg.), Kösel, München (1973), 73-116

Vogt, Rolf, Zur "archaischen Matrix des Ödipuskomplexes". Psyche, (1990) 44, 915-952

Vögtle, Anton, Mythos und Botschaft in Apokalypse 12. In: Tradition und Glaube. Festgabe für K. G. Kuhn. Vandenhoeck & Ruprecht (1971), 395-415

ders., "Dann sah ich einen neuen Himmel und eine neue Erde..." (Apk 21,1). Festschrift für W. G. Kümmel. E. Grässer/O. Merk (Hrsg.). J.C.B. Mohr (Paul Siebeck), Tübingen (1985), 303-333

Vondung, Klaus, Die Apokalypse in Deutschland. DTV, München (1988)

Walter, Otto F., Der Stumme. Rowohlt, Reinbeck bei Hamburg (1983)

Warning, Rainer (Hrsg.), Rezeptionsästhetik. Wilhelm Fink, München (1975)

Weder, Hans, Neutestamentliche Hermeneutik, Theologischer Verlag Zürich (1986)

Weimar, Klaus, Enzyklopädie der Literaturwissenschaft. (UTB 1034) Francke Verlag, München (1980)

Weimer, Martin, Bespr.: J. Chasseguet-Smirgel, Zwei Bäume im Garten. Wege zum Menschen (1990) 42, 301-305

ders., Estragons Träume. Wege zum Menschen (1991) 43, 83-97

ders. "Wir setzen uns mit Tränen nieder...". Wege zum Menschen (1991) 43, 222-238

Weinrich, Harald, Für eine Literaturgeschichte des Lesers (1967). In: H. Weinrich: Literatur für Leser. dtv München (1986)

ders., Der Leser braucht den Autor. In: Identität. O. Marquardt und K. Stierle (Hrsg.), Poetik und Hermeneutik Bd. VIII, Wilhelm Fink, München, (1979), 722-724

Weiss, Samuel, A., The Biblical Story of Ruth. Analytic Implications of the Hebrew Msoretic Text. American Imago (1959) 16, 195-209

Westermann, Claus, Genesis. (Biblischer Kommentar/AT, I/2). Neukirchener Verlag des Erziehungsvereins, Neukirchen-Vluyn (1977ff)

Wink, Walter, Bibelarbeit - ein Praxisbuch für Theologen und Laien. Kohlhammer, Stuttgart (1982)

Winnicott, Donald W., Playing and Reality. Tavistock Publications, London (1971)

Wolff, Hanna, Jesus der Mann. Radius-Verlag, München (1984[7][1975])

Wolff, Reinhold, Psychoanalytische Literaturkritik. Wilhelm Fink Verlag, München (1975)

Wright, Elizabeth, Psychoanalytic Criticism. Methuen, London and New York (1984, reprinted with a new appendix 1987)

Yarbro Collins, Adela, Crisis and Catharsis: The Power of the Apocalypse. The Westminster Press, Philadelphia (1984)

Yerushalmi, Yosef Hayim, Freud on the 'historical novel': from the manuscript draft (1934) of *Mose and Monotheism*. Int. J. Psycho-Anal. (1989) 70, 375-395

Zeligs, Dorothy F., Two Episodes in the Life of Jacob. American Imago (1953) 10, 181-203

dies., Abraham and Monotheism. American Imago (1954) 11, 293-315

dies., The Personality of Joseph. American Imago (1955) 12, 47-69

dies., A Psychoanalytic Note on the Function of the Bible. American Imago (1957a) 14, 57-60

dies., Saul, the Tragic King. American Imago (1957b) 14, 61-85, 166-189

dies., The Family Romance of Moses. American Imago (1966) 23, 110-131

Zimmerli, Walther, Ezechiel (Biblischer Kommentar/AT, XIII/1). Neukirchener Verlag des Erziehungsvereins, Neukirchen-Vluyn (1969)

Zwiebel, Ralf, Das Konzept der projektiven Identifizierung. Bericht über die Tagung "Projektion, Identifizierung, Projektive Identifizierung" vom 27. - 29. 5. 1984 in Jerusalem. Psyche, (1985) 39, 456-468

Namenregister

Abraham, K. 39, 69,
Abend, S. M. 51
Anonyma 113
Anzieu, D. 101, 189, 195
Arlow, J. A. 66
Arx, U. von 149
Ast, F. 234
Atwood, G. E. 27, 28
Augustinus 200, 233f
Austin, J. L. 117
Bach, J. S. 172, 241
Bachmann, M. 184
Bachtin, M. 95, 177
Bärsch, C.-E. 74, 174
Bakan, D. 69
Balthasar, H. U. von 134
Balzac, H. de 88, 104, 113
Barthes, R. 24, 90, 96
Baumgarten, S. J. 121, 128, 141, 254
Beckett, S. 86
Beland, H. 85
Bengel, A. 146
Benn, G. 39
Bergeret. J. 164
Berne, E. 30
Bernfeld, S. 43
Bion, W. 22
Bird, B. 37, 44
Bleich, D. 213f, 219, 231, 243
Bloch, E. 27
Bloom, H. 143, 161, 164f, 169, 182, 211
Böcher, O. 153, 192, 208, 242
Boehm, G. 234
Boesak, A. 230
Booth, W. 14, 90-93, 96, 104, 107
Bornkamm, G. 134, 184
Bousset, W. 134, 152, 203
Breuer, D. 116
Breuer, J. 33, 37, 163
Britton, R. 167, 171
Broich, U. 24, 101
Bronzwaer, W. 90, 93
Bucher, A. A. 16, 20
Bultmann, R. 19, 102, 130, 133
Camus, A. 105, 146
Carveth, D. L. 111
Cassian, J. 241
Chasseguet-Smirgel, J. 15, 70, 85, 154, 167, 186, 188, 191-201, 203f, 206-208, 242, 244, 250
Chatman, S. 90-93, 103, 104f, 117
Chomsky, N. 22, 240
Clark, R. W. 39, 66
Coen, S. J. 74f, 122
Cohn, N. 154

Cohn, R. C. 40
Cooper, A. M. 122
Coseriu, E. 97, 117
Cox, D. 84
Culler, J. 120
Dahl, G. 156
Dare, Ch. 55
Derrida, J. 117
Deserno, H. 35, 109, 111
Deutsch, H. 58
Dieckmann, H. 58
Dijk, T. A. van 237
Dilthey, W. 20, 25
Dobschütz, E. von 234, 241
Dolto, F. 71-73, 87
Dowden, E. 91
Drechsel, W. 125, 128
Drewermann, E. 13-16, 18-32, 33, 57, 75, 78, 82f, 87, 122, 128, 130-143, 157-162, 171, 175, 182-184, 209, 210, 215, 218, 221, 246, 247f, 251-255
Droste-Hülshoff, A. von 93
Dürr, A. 172, 241
Eagleton, T. 164
Ebach, J. 130, 136, 154, 155, 192
Ebeling, G. 88
Eco, U. 44, 79, 99-102, 114, 234-238
Egger, W. 19, 89f, 239, 248
Eissler, K. R. 62
Eliot, G. 91
Epstein, L.
Erikson, E. H. 63
Faber, R. 115
Faulkner, W. 212, 215
Federn, E. 63
Fehrenbcher, G. 18, 20, 23, 27
Feiner, A. H.
Felman, Sh. 17
Ferenczi, S. 37, 39-41, 45, 49, 52, 187
Fielding, H. 88, 93
Fischer, H. 63, 65
Fish, St. 14, 108, 115, 117, 213-215, 246-248
Flader, D. 115
Flaubert, 93
Fliess, W. 101, 192
Fodor, N. 68
Fordham, M. 57f
Frankemölle, H. 143, 254
Freud, A. 46
Freud, S. 16, 21-24, 26, 30f, 33-61, 63, 66-68, 70, 73, 75-80, 82, 84, 95, 100f, 111, 116, 125, 132, 135, 159, 163, 166f, 173, 175, 187, 189, 192, 194, 196, 207, 224f, 232f, 236, 238, 242, 246f, 253, 254
Frier, I. 88f

Fromm, E. 69
Frye, N. 14, 77f
Gadamer, H.-G. 19, 234
Gager, J. G. 208, 228
Garcia, E. E. 76
Gay, P. 39, 67
Genet, 74f
Genette, G. 14, 97f, 216, 219
Georgi, D. 184f
Gibson, W. 103, 110
Gill. M. M. 41, 250
Glowinski, M. 98, 100f, 118
Goebbels, J. 74, 174f
Görres, A. 18, 22
Graf, M. 63
Greenson, R. R. 109, 120
Greimas, A. J. 102, 210, 235, 239f, 243
Grodzicki, W.-D. 115
Groen, J. 112
Grotstein, J. S.
Grubrich-Simitis, I. 67
Grunberger, B. 15, 186-190, 198, 202, 206, 250, 251
Güttgemanns, E. 90
Gysling-Schaub, A. 51
Hahn, F. 90, 93, 148, 151
Hamburger, K. 93
Hardmeier, Ch. 90
Harsch, H. 69, 79
Harweg, R. 90f, 93, 104-108, 123f
Hebel, J. P. 221f, 225, 250
Heiber, H. 174
Heigl-Evers, A. 83
Heim, R. 251
Heimann, P. 35, 50, 51-54, 217
Hofmann, H.-U. 155
Holder, A. 55
Holland, N. 16, 54, 101, 114, 165, 182, 211-219, 232, 243f
Holtz, T. 144, 151
Hommel, H. 101
Hopkins, B. 84
Hörisch, J. 250
Ibsch, E.
Isaacs, S. 50
Iser, W. 29, 90, 98f, 117, 170
James, H. 93
Jaspers, K. 66
Jauss, H. R. 25, 71, 164f, 231
Jeremias, J. 160
Johnson, B. 17
Jones, E. 39, 41, 58
Jork., G. 78f
Joseph, B. 78, 110
Joyce, J. 124
Juhl, P. D. 93
Jung, C. G. 20, 22-24, 26f, 30, 32, 39, 41, 57-58, 62, 64, 69, 75-78, 80, 82-84, 131, 157, 175f, 181, 253

Jung-Stilling, H. 153
Kallmeyer, W. 235, 239
Karrer, M. 90, 98, 143-147, 149, 151f, 168
Kasper, W. 18, 22
Kaufmann, R. 65
Kayser, W. 93
Keitel, E. 230
Kemper, W. 53
Kerényi, K. 168
Kermode, F. 14, 231
Kernberg, O. 51
Kierkegaard, S. 160
King, P. 46
Klaus, G. 116, 118
Klein, M. 15f, 22, 27f, 42, 45-47, 50f, 53-55, 57f, 69, 110, 120, 123, 155, 162, 166f, 175, 186, 188, 202, 230, 238
Klessmann, M. 64
Klüwer, R.
Körner, J. 109
Körtner U. H. J. 130
Kohut, H. 83
Kraus, H.-J. 166
Kris, A. O. 115
Lacan, J. 70-72
Langs, R. 37, 42, 52
Lampe. P. 227, 230
Laplanche, J. 22, 115, 156
Laughlin, H. P. 81
Levy, L. 79
Lichtenstein, H. 212
Link, H. 90f, 93, 97f, 100, 103f, 143f
Lodge, 90, 96
Loewald, H. 128
Lohff, W. 13
Lohfink, G. 13, 15, 18, 31, 139-142, 157, 162, 252
Lohse, E. 134
Lorenzer, A. 15, 35, 49-50, 55-59, 64, 116, 155, 224-226
Löwith, K. 133
Lüdde, H. 250
Lüdemann, G. 16
Lührmann, D. 65
Luther, M. 136, 152, 155
Lyons, J. 121
Mahler, M. 238
Malin, A.
Maier. G 200
Mann, Th. 93, 124
Marett, R. R. 67
Martin, G. M. 230
Maslow, A. H. 40
McDougall, J. 81, 112, 193
Meesmann, H. 18, 20, 23, 27
Mentzos, St. 159
Merkur, D. 65
Meyer, C. F. 63, 123
Milner, M. 108

Moltmann, J. 133
More, J. 85
Morgenthaler, F. 47-49, 112, 133, 158, 208
Moritz, K. Ph. 110
Morris, Ch. W. 116
Müller. Ch. 13, 14
Müller, U. B. 184f
Neuhaus, D. 20
Mußner, F. 206
Nerenz, K. 51
Niederland, W. G. 69
Niederwimmer, K. 71, 82
Nunberg, H. 63
Ogden, Th. H. 22, 45, 55, 57, 59, 120, 123, 125-127, 157, 166f
Ohly, F. 234
Oomen, U. 240
Origenes 233
Orwell, J. 197
Ostow, M. 74
Otto, W. F. 168
Pannenberg, W. 133
Paul. J. 221
Peirce, Ch. S. 121
Perls, F. 40
Pesch, R. 13, 15, 31, 139-142, 157, 162, 252
Pestalozzi, K. 14
Petrey, S. 117
Pietzcker, C. 59, 128, 155, 210, 220-225, 250
Pfeiffer, J. 62
Pfister, M. 24, 101
Pfister, O. 64, 89
Pongratz, L. 53
Pontalis, J.-B. 22, 115, 156
Popkes, W. 146
Porder, M. S. 55
Prince, G. 103-106, 110, 143
Pruyser, P. W. 108, 123, 126, 128
Rabinowitz, P. J. 91, 104, 107, 110, 123, 150
Racker, H. 52-54, 56f, 110
Rad, G. von 132
Raguse, H. 100, 128
Rank, O. 37, 39-41, 45, 49, 168
Rapaport, D. 250
Rastier, F. 235
Reader, W. W. 185f, 199f, 208
Reid, St. R. 84
Reik, Th. 68-70, 73, 75f
Renik. O. 85
Richard von St. Victor 234
Riess, R. 79
Riffaterre, M. 24
Robert, M. 67
Robinson, A. T. 229f
Rogers, C. 30, 40
Roloff, J. 140f, 148, 150, 152, 168, 172, 198f, 203, 229
Rosenfeld, H. 44f
Rosenzweig, E. M. 68

Rubeli, N. 251
Sade, D. A. F. Marquis de 191, 193, 198
Sadger, I. 63
Samjatin, J. 197, 200
Samuels, A. 20, 22, 24, 26, 28, 57
Sandler, J. 55f
Sartre, J.-P. 71
Satake, A. 154, 206
Schafer, R. 14f, 26, 60, 75, 88, 91, 101f, 107, 115, 117, 119, 122, 155, 250
Schapp, W. 87
Scharfenberg, J. 63f
Schlieffen, H. Graf von 115
Schmid, W. 62, 75, 89- 91, 93, 95, 97f, 100, 102-105, 114, 121f, 145f
Schmidt, S. J. 117
Schnackenburg, R. 22
Schneider, C. 95
Schneider-Harpprecht, Ch. 83, 168
Schönau, W. 61, 75, 81, 112, 119
Schongauer, M. 17
Schreber, D. P. 187
Schulte-Sasse, J. 114, 116, 120, 236, 239f
Schultz-Hencke, H. 23, 30
Schüssler Fiorenza, E. 227f
Schwartz., M. M. 74, 122
Schwartz-Salant, N. 58
Searle, J. R. 117
Segal, H. 47, 126
Sellin, E. 67
Séverin, G. 71
Simmel, J. M. 96
Skura M. A. 61
Sontag, S. 245
Sophokles 100f
Spence, D. 115, 118
Spiegel, Y. 62, 79, 81
Spitz, R. 188
Stegemann, E. 13f, 184
Stein, M. 58
Steiner, R. 46
Sterba, R. 109, 111
Stollberg, D. 65
Stolorow, R. D. 27, 28
Stone, L. 107
Strachey, J. 41-45
Stuhlmacher, P. 102
Szasz, Th. 35, 163, 182
Szondi, P. 19, 140, 234
Sztulman, H. 67
Taeger, J.-W. 201
Tarachow, S. 60, 65, 68, 108f, 111, 120
Tertullianus, Qu. S. F. 172
Theissen, G. 65, 80
Thilo, H.-J. 64, 89
Thompson, L. L. 142, 145, 148f, 153, 155-157, 170, 184, 200, 203f, 206, 228f, 230
Tillotson, K. 91, 93, 102
Tompkins, J. P. 103, 106

271

Tractenberg, M. 69
Ulonska, H. 64f, 74
Vergil 100f
Vergote, A. 70
Vogt, R. 85
Vögtle, A. 134, 170, 208
Vondung, K. 74, 173
Walter, O. F. 176-182
Warning, R.
Weder, H. 88
Weimar, K. 13, 90-94, 96, 97, 104, 106, 108, 111, 114, 121, 123f, 150, 210f, 214, 216, 219f, 231, 243f
Weimer, M. 85
Weinreich, U. 240f
Weinrich, H. 96, 112

Weiss, S. A. 73
Werner, R. 114, 116, 120, 236, 239, 240
Westermann, C. 73
Wilde, O. 208
Wink, W. 249
Winnicott, D. W. 16, 57, 108, 123-127, 213, 215
Wolff, H. 82, 83
Wolff, R. 61, 63, 119
Wright, E. 61
Yabro Collins., A. 228, 230
Yerushalmi, Y. H. 67
Zeligs, D. 69, 81
Zimmerli, W. 66
Zwiebel, R. 54